高级宏观
经济学

龚刚 ◎ 著

中国视角

ADVANCED
MACROECONOMICS

图书在版编目(CIP)数据

高级宏观经济学：中国视角 / 龚刚著. —北京：北京大学出版社，2020.10
ISBN 978-7-301-31474-6

Ⅰ.①高… Ⅱ.①龚… Ⅲ.①宏观经济学 Ⅳ.①F015

中国版本图书馆 CIP 数据核字(2020)第 134394 号

书　　名	高级宏观经济学：中国视角 GAOJI HONGGUAN JINGJIXUE：ZHONGGUO SHIJIAO
著作责任者	龚刚　著
责任编辑	王晶
标准书号	ISBN 978-7-301-31474-6
出版发行	北京大学出版社
地　　址	北京市海淀区成府路 205 号　100871
网　　址	http://www.pup.cn
微信公众号	北京大学经管书苑（pupembook）
电子信箱	em@pup.cn
电　　话	邮购部 010-62752015　发行部 010-62750672　编辑部 010-62767347
印　刷　者	北京市科星印刷有限责任公司
经　销　者	新华书店
	787 毫米×1092 毫米　16 开本　20.25 印张　481 千字 2020 年 10 月第 1 版　2020 年 10 月第 1 次印刷
定　　价	49.00 元

未经许可，不得以任何方式复制或抄袭本书之部分或全部内容。
版权所有，侵权必究
举报电话：010-62752024　电子信箱：fd@pup.pku.edu.cn
图书如有印装质量问题，请与出版部联系，电话：010-62756370

序

西方主流经济学无疑受到西方主流社会价值观和文化的影响。对于西方主流社会价值观和文化的认识也许可以从美国宪法的设计开始。美国宪法的设计首先把人,尤其是政府官员甚至总统看成恶人和小人,即使当时大家心目中的总统人选华盛顿被认为是一个值得信赖的人。因此,美国宪法正是围绕着如何通过一套法律制度来严防死守政府官员的作恶而设计的。总之,人性本恶不仅是经济学中"经济人"假设的基础,同时也是近代西方社会普遍的认识。由于政府本身也是由人组成的,因此,基于人性本恶之理念,西方社会普遍存在着对政府的不信任,这在知识界尤为普遍,甚至成为一种"政治正确",从而限制政府的权力、"把政府的权力关进笼子"等也就成为西方主流社会的价值观和文化,这样一种价值观和文化也必然影响着经济学的研究。

西方主流社会的价值观和文化对经济学的影响

西方主流价值观和文化对经济学的影响首先体现在对经济学研究对象的设定上。经济学长期以来被认为是研究市场如何有效配置资源的学科。这样一种"先入为主"(即市场能够有效配置资源)的研究范式显然意味着经济学受到了前文所述的西方主流社会的价值观和文化的影响。试想,如果市场不能有效配置资源,那么政府对经济的干预也就变得合情合理了。而这必然与西方社会普遍存在的对政府的不信任、限制政府的权力和"把政府的权力关进笼子"的价值观相冲突。因此,承载着西方主流价值观的经济学家们根本无法接受市场不能有效配置资源的观点。新古典经济学就是为了论证市场能有效配置资源(即有效配置论)而诞生和发展起来的。

为了论证"有效配置论",经济学家们首先需要一个巨大的思想靠山。被封为"经济学鼻祖"的亚当·斯密无疑是最佳人选。尽管斯密从来没有研究过资源配置问题,但经济学家们却在斯密的《国富论》中发现了那句关于"看不见的手"的至理名言。又恰好,对于"看不见的手",因其伦理上的缺陷,斯密不愿过多提及,也觉得没有必要做解释("看不见的手"在当时是家喻户晓的文学名词),这就使得急于寻证的经济学家们如获至宝,硬是将斯密并不敬重的"看不见的手"说成是市场的资源配置机制。于是乎,"有效配置论"就莫名其妙地被公认为源自斯密的"看不见的手"这一早期思想。

然而,寻找思想靠山仅仅是第一步。为了使"有效配置论"成为一个能够被普遍接受的信仰,还必须从学术上进行论证。当然,这样的论证绝非易事——因为现实中根本就不存在能够有效配置资源的市场经济。唯一可能的做法就是虚构一个与现实完全脱节的市场经济,于是,完全竞争的市场经济就被制造了出来,并被推向了经济学学术殿堂的中心。不仅如此,那些天才的数学家们也参与其中,用极为复杂和高深的数学方法,"严格论证"了"有效配置论"。这给人造成了一种高深莫测的感觉,从而在许多不明真相、对经济学和数学一知半解的人看来,"有效配置论"已经通过了严格的数学推演,得到了"科学"的论证。

凯恩斯和异端经济学家们的勇气和坚持

然而,真相或许会迟到,却从来不会缺席。完全竞争的市场经济始终就是假相:它既不会在现实中出现,也不可能被参照构建出来;而非完全竞争下市场经济的真相,即市场在资源配置方面一次又一次的失灵和错配从来就没有缺席过。对斯密那只"看不见的手"的真意的遮蔽和曲解也总有一天将大白于天下。

我们需要感谢凯恩斯,感谢那些非主流甚至在西方世界被看作异端的经济学家们,感谢他们的勇气和坚持,他们(当然也包括本书作者)的努力为我们揭示了市场在资源配置方面的如下失灵:

第一,一般情况下,市场并非处于供给和需求的出清,相反,产能过剩才是常态;

第二,市场是内生不稳定的,由此给经济体带来无休无止的波动、失业和经济危机,如马克思所言,经济危机是资本主义挥之不去的噩梦;

第三,市场也常常不能在关键领域(如基础设施等公共品领域和存在巨大不确定性及风险的创新领域)配置足够的资源,从而使经济常常陷入某种陷阱,如中等收入陷阱或贫困陷阱等;

第四,市场会带来贫富分化,甚至会引发一定的道德伦理风险。

然而,由于凯恩斯主义所提倡的政府干预与西方主流社会的价值观和文化是格格不入的,因此它也频频受到西方学术界的挑战。西方主流经济学界对凯恩斯主义经济学的最大批评就是所谓的微观基础。与新古典经济学相比,缺乏微观基础也许是传统凯恩斯理论最为脆弱的软肋。然而,传统凯恩斯理论缺乏微观基础并不意味着其微观基础不存在,只是我们还没有发现或建立它。本书的一些研究正弥补了凯恩斯主义经济学微观基础的不足。

坚持市场经济和克服市场的盲目性

尽管市场经济不断地失灵,但由于市场经济也为我们提供着高能激励,因此,即使市场经济因参与者各自活动的无序、不协调、预期的不准确和不顾及社会利益等造成了经济资源的错配和浪费,甚至引发了大量的道德风险,但它却也一直激励着人们更加勤奋工作以创造财富。市场的这种激励机制是市场经济真正的魅力所在。正因为如此,我们仍然需要市场经济,就中国而言,仍然需要坚持改革开放,坚决纠正诸如"民营企业退场论"等错误思潮——特别是考虑到当前中国的国力还不够强大、人民的生活水平还有待进一步提高和中国所面临的国际环境越来越复杂和严峻。

必须说明的是,坚持市场经济也必然意味着要坚持让市场在资源配置中起决定性作用。试想,如果不让市场在资源配置中起决定性作用,那么市场的激励机制也就无从发挥作用。然而,由于市场常常错配资源,同时也给人们带来一定程度的生存压力,因此我们在坚持市场经济的同时,也应坚持政府对市场经济的合理介入。政府介入的目的在于以下几个方面:第一,弥补市场在资源配置上的失灵;第二,为社会提供足够的社会保障,以减少市场参与者的生存压力,使他们能更勇敢地面对风险,更积极地投身于创新等经济活动中去。尽管现实中政府的介入并不一定都合理,政府通常也会犯错,如介入过度和在介入过程中产生腐败等,但没有政府介入的市场经济一定不会成功。从这个意义上说,社会主义市场经济远比自由竞争(或资本主义)的市场经济具有更大的优越性。正如习近平在党的十八届三中全会上所指出的:让市场在资源配置中起决定性作用,同时要更好发挥政府作用。经过改革实践,我们认识到,绝不能不克服市场的盲目性,也绝不能回到计划经济的老路上去。要努力将市场的作用和政府的作用结合得更好一些,这是一个止于至善的过程。总之,中国过去四十多年所取得的成就是因为坚持了中国特色的社会主义市场经济,这也将是我们今后坚定不移的发展道路!

龚 刚
2020年7月4日于昆明

目　　录

第一部分　引言与准备

第一章　正名:作为科学的宏观经济学 (3)
　一、经济学是研究"如何有效地配置资源"的吗？ (3)
　二、经济学理论与经济学分析框架 (4)
　三、经济环境 (6)
　四、新古典和凯恩斯主义——西方经济学的简单回顾 (9)
　五、目标、内容和方法 (11)
　参考文献 (15)

第二章　经济波动的基本事实 (16)
　一、发达国家的经济波动 (16)
　二、中国的经济波动 (21)
　三、中国是市场经济国家吗？——宏观数据的视角 (22)
　参考文献 (26)

第三章　经济增长的基本事实 (27)
　一、趋同假设 (27)
　二、人均收入转移矩阵 (30)
　三、贫困陷阱 (32)
　四、中等收入陷阱 (34)
　参考文献 (36)

第四章　哈罗德模型——古典动态分析 (40)
　一、哈罗德模型 (40)
　二、哈罗德模型的均衡和稳定性分析 (42)
　三、对哈罗德理论的批判与反批判 (45)
　参考文献 (48)

第二部分　新古典宏观经济学

第五章　新古典增长模型 (51)
　一、索洛模型 (51)
　二、均衡和稳定性分析 (54)
　三、增长的逻辑 (56)
　附录 (59)

参考文献 ……………………………………………………………………（60）
第六章　新增长理论Ⅰ——人力资本的视角 ………………………………（61）
　　一、人力资本概述 …………………………………………………………（61）
　　二、卢卡斯的经济社会 ……………………………………………………（64）
　　三、平衡增长路径——卢卡斯模型之分析 ………………………………（66）
　　附录 …………………………………………………………………………（67）
　　参考文献 ……………………………………………………………………（69）

第七章　新增长理论Ⅱ——知识资本的视角 ………………………………（70）
　　一、知识资本概论 …………………………………………………………（70）
　　二、罗默的经济社会 ………………………………………………………（72）
　　三、平衡增长路径——罗默模型之分析 …………………………………（73）
　　四、创新及其他——关于新增长理论的几点补充 ………………………（74）
　　附录 …………………………………………………………………………（78）
　　参考文献 ……………………………………………………………………（78）

第八章　实际商业周期理论 …………………………………………………（80）
　　一、实际商业周期理论的微观基础 ………………………………………（80）
　　二、标准 RBC 模型求解 …………………………………………………（84）
　　三、标准 RBC 模型的校正与检验 ………………………………………（86）
　　四、争论、改进与发展 ……………………………………………………（89）
　　参考文献 ……………………………………………………………………（92）

第九章　完全竞争——新古典理论之批判 …………………………………（95）
　　一、新古典的一般均衡理论 ………………………………………………（95）
　　二、集值问题 ………………………………………………………………（97）
　　三、充分信心的预期 ………………………………………………………（100）
　　参考文献 ……………………………………………………………………（103）

第三部分　凯恩斯主义宏观经济学

第十章　有效需求理论——凯恩斯的产量决定 ……………………………（107）
　　一、Javits 中心的交易——虚构的故事 …………………………………（107）
　　二、有界限的理性——凯恩斯产量决定理论的微观基础 ………………（111）
　　三、乘数与乘数过程 ………………………………………………………（114）
　　四、多部门市场交易下的乘数过程之数学模型 …………………………（117）
　　附录 …………………………………………………………………………（119）
　　参考文献 ……………………………………………………………………（121）

第十一章　消费理论 …………………………………………………………（122）
　　一、费雪的跨时期消费决策模型 …………………………………………（122）
　　二、文献中的其他消费理论及对凯恩斯主义理论的挑战 ………………（124）
　　三、消费的最优化选择 ……………………………………………………（127）

附录 ………………………………………………………………………………… (129)
　　参考文献 ……………………………………………………………………………… (131)

第十二章　投资理论 ………………………………………………………………… (132)
　　一、文献中的投资理论 ……………………………………………………………… (132)
　　二、生产、成本与产能利用率 ……………………………………………………… (136)
　　三、无金融约束下的投资——哈罗德投资理论之微观基础 …………………… (140)
　　四、金融约束下的投资 ……………………………………………………………… (141)
　　附录 ………………………………………………………………………………… (145)
　　参考文献 ……………………………………………………………………………… (146)

第十三章　新凯恩斯主义的黏性价格理论 ………………………………………… (148)
　　一、价格理论的一般思考 …………………………………………………………… (148)
　　二、迪克西特-斯蒂格利茨的垄断竞争模型 ……………………………………… (150)
　　三、新凯恩斯主义的黏性价格模型 ………………………………………………… (152)
　　附录 ………………………………………………………………………………… (154)
　　参考文献 ……………………………………………………………………………… (155)

第十四章　稳定机制与非稳定机制——经济波动的真相 ………………………… (157)
　　一、稳定机制与非稳定机制 ………………………………………………………… (157)
　　二、非稳定机制存在吗？一个简单的计量检验 ………………………………… (161)
　　三、模型 ……………………………………………………………………………… (164)
　　四、宏观稳定政策缺席下的经济体 ………………………………………………… (166)
　　五、引入货币政策 …………………………………………………………………… (172)
　　附录 ………………………………………………………………………………… (175)
　　参考文献 ……………………………………………………………………………… (177)

第四部分　超越凯恩斯和新古典

第十五章　非理性的房地产需求 …………………………………………………… (183)
　　一、住房的双重属性与房价的特征化事实 ……………………………………… (183)
　　二、无套利条件和异质性交易者——现有研究与理论基础 …………………… (187)
　　三、模型的构建 ……………………………………………………………………… (190)
　　四、动态分析 ………………………………………………………………………… (194)
　　附录 ………………………………………………………………………………… (200)
　　参考文献 ……………………………………………………………………………… (201)

第十六章　债务与货币 ………………………………………………………………… (206)
　　一、债务危机之一般概述 …………………………………………………………… (206)
　　二、经济学家们的看法 ……………………………………………………………… (208)
　　三、货币循环 ………………………………………………………………………… (211)
　　四、从货币循环看债务的形成 ……………………………………………………… (217)
　　参考文献 ……………………………………………………………………………… (220)

第十七章　债务定理:基于理论模型的研究 ……………………………………… (222)
　　一、债务定理的简单论证 ……………………………………………………… (222)
　　二、融入债务变化的宏观动态模型 …………………………………………… (231)
　　三、动态分析 …………………………………………………………………… (234)
　　四、应对债务危机 ……………………………………………………………… (240)
　　附录 ……………………………………………………………………………… (245)
　　参考文献 ………………………………………………………………………… (247)

第十八章　两阶段理论 ………………………………………………………… (249)
　　一、经济发展的两个阶段 ……………………………………………………… (249)
　　二、中国已经进入经济发展的第二阶段了吗？ ……………………………… (255)
　　三、模型 ………………………………………………………………………… (257)
　　四、分析 ………………………………………………………………………… (262)
　　附录 ……………………………………………………………………………… (269)
　　参考文献 ………………………………………………………………………… (270)

第十九章　跨越中等收入陷阱 ………………………………………………… (273)
　　一、中等收入陷阱:原因、机制和条件 ………………………………………… (273)
　　二、中国能跨越中等收入陷阱吗？——计量检验与模拟 …………………… (278)
　　三、构建中国国家创新体系以跨越中等收入陷阱 …………………………… (283)
　　附录 ……………………………………………………………………………… (291)
　　参考文献 ………………………………………………………………………… (293)

第二十章　市场能有效配置资源吗？——再论"看不见的手" …………… (295)
　　一、文献中"看不见的手"指什么？ …………………………………………… (295)
　　二、能有效配置资源的完全竞争市场既不完全也不存在,更无法参照 …… (298)
　　三、市场在资源配置上的失灵 ………………………………………………… (301)
　　四、再论"看不见的手" ………………………………………………………… (305)
　　五、市场经济的魅力 …………………………………………………………… (309)
　　参考文献 ………………………………………………………………………… (312)

第一部分
引言与准备

第一章 正名:作为科学的宏观经济学

经济学的首要任务无疑是解释经济现象。然而,当面对一个经济现象时,我们的基本分析工具是什么?是现有的经济学理论,还是基本的经济学分析框架?毋庸置疑,答案当然是后者,因为现有的经济学理论本身就来源于分析框架,它们是运用基本的经济学分析框架对某类特定的经济现象进行研究而得到的规律性总结。例如,西方经济学理论便是人们利用基本的经济学分析框架对西方市场经济运行所作的总结。从这个意义上说,经济学理论只是针对一定条件下经济现象的解说,而基本的经济学分析框架则具有普适性,是我们分析一切经济现象的基本分析工具。那么,什么是现代经济学的基本分析框架?这里,我们的论述将从经济学的研究对象开始。

一、经济学是研究"如何有效地配置资源"的吗?

作为一门独立的学科,宏观经济学必然有自己的研究对象。与此同时,作为经济学的一个重要分支,宏观经济学的研究对象与经济学的研究对象也必然存在相关性。因此,在对宏观经济学研究对象的阐释中,我们遵循从经济学到宏观经济学的分析路径。

(一)作为学科的经济学

我国教育部把经济学归为一个学科门类。但学科并不一定等于科学:算命术如果弄得复杂和系统一点也可以成为一门学科,很多人会去研究它,然而它却绝不可能成为科学。那么,什么是科学?科学就是真理、规律和事实。进一步说,科学研究的是在一定的条件下发生了什么。显然,科学不受信仰和意识形态的影响,而学科则不一样,可以具有一定的价值取向。那么,经济学是一门科学吗?还是仅仅是一门学科?

几乎所有的经济学教材都会在一开始就说明"经济学研究的是如何有效地配置资源"。这一定义以前(20世纪七八十年代)被称为规范经济学之定义。显然,按照这样一种定义,经济学实际上就是一门劝说你应该如何去做的学问。目前主流经济学中频繁出现的最优化模型,不能不说受此定义的影响。当然,这样一种定义也非常迎合一些经济学家所喜好的"指点江山"之责任。

遗憾的是,这样一种关于经济学的定义必然意味着经济学带有一定的立场和价值取向,因为对于"什么是最优"或"什么是有效"的回答本身就存在一个立场和价值取向问题。确实,无论是在中国还是在西方,经济学研究已经越来越意识形态化。从这个意义上说,经济学已经不是一门科学,而仅仅是一门学科![1]

---

[1] 参见龚刚(2016)。

(二) 作为科学的经济学

然而,除了上述规范经济学的定义,在20世纪七八十年代,经济学还有如下实证经济学的定义:

【经济学】 经济学是研究在一定的经济环境下,经济社会的运行过程,或经济变量的决定过程。

显然,这样一种定义更符合作为科学的经济学。作为一门科学的经济学不具有阶级性,也不受意识形态的影响。如果经济学家抱着这样一种态度去研究经济问题,则他就是科学家。

(三) 宏观经济学的研究对象

在我们对作为科学的经济学有了一定的理解之后,经济学的微观和宏观之分便顺理成章了。

【微观经济学和宏观经济学】 微观经济学研究个体经济变量(如个别产品的价格和产量等)的决定过程;宏观经济学探讨宏观经济变量(如就业率、国民生产总值和通货膨胀率等)是如何被决定的。

也许有人会说,经济学研究通常是为了解决经济问题,而经济学家有责任向政府献计献策。然而,第一,只有在我们充分研究了经济社会的运行过程或经济变量的决定过程之后,才有可能提出相应的政策和建议。第二,作为一名合格的经济学家,或者作为一名科学的经济学家,他的作用绝不仅仅是提出政策和建议,以期达到某种被社会和政府所认可的目标,事实上,他还必须告诉政府和民众,这样一种政策和建议对经济所产生的各种可能的影响。例如,某项政策尽管能减少失业(这也许是一个为社会和政府所认可的目标),然而,它却有可能造成通货膨胀的恶果(而这不会为政府和民众所认可)。当然,该项政策最终是否被采纳,仍然在于政治家和政府的抉择,而这似乎又让我们重新回到了科学的经济学之定义。相反,如果仅仅提出某项建议而吝于展示它可能带来的全方位的经济效果,则我们很难称其为合格或科学的经济学家。

二、经济学理论与经济学分析框架

我们已经知道,宏观经济学研究的是在一定的经济环境下宏观经济变量是如何决定的。于是我们不妨要问:经济变量到底是如何决定的?

(一) 经济人的行为特征

毫无疑问,经济运行和经济变量的决定是众多经济人(家庭、企业和政府)的经济决策综合的结果,因此,研究经济人的决策行为(或经济人行为)是经济学研究的基本出发点。某种程度上说,经济学是对经济人行为进行研究的一门科学。① 那么,经济人行为到底具有什么样的特征?

【经济人的行为特征】 在经济学研究中,人们对经济人行为特征有一个基本的定义,即"自私"和"理性"。所谓"自私",是指经济人在从事经济活动时总是追逐自己的利益而不顾他人的利益;所谓"理性",是指经济人是明智的,他知道自己该如何去做才能达到最优的结果。

经济人行为特征的这一假设来自经济学鼻祖亚当·斯密的《国富论》。经济学研究中经常出现的最优化模型事实上反映了理性经济人的这一假设。在现代经济学的研究中,对经济人行为特征的强调已经要求任何经济人行为方程的设定都必须来自优化,否则将被认为不符合学术规范。

(二) 经济学分析框架

然而,无论如何上述经济人行为特征的具体表现离不开一个具体的经济环境,也绝不会是一个放之四海而皆准的真理。事实上,无论经济人如何理性,如何聪明,也无论经济人如何自私,如何贪婪,他们的行为毕竟仍然受到经济人在从事经济活动时所处经济环境的约束。② 因此,经济学的研究必然是针对一定的经济环境,研究该环境下经济社会的运行过程或经济变量的决定过程。上诉讨论让我们能够得出关于现代经济学研究方法和分析框架的三部曲(见图 1-1):

1. 界定经济环境;
2. 确定经济人行为目标(反映自私和理性);
3. 分析经济运行(众多经济人各种经济行为的综合表现)。

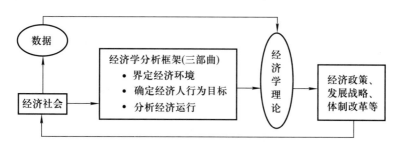

图 1-1 经济学分析框架与经济学理论

上述三部曲应该说是经济学分析的标准范式,任何合理的经济学分析都应该遵循这样一种范式。当然,合理的经济学分析并不意味着合格。按所研究的内容、读者对象和严谨性要求的不同,具体的研究过程有可能极为复杂。例如,为了完成这三部曲,经济学家们可能

---

① 钱颖一(2003)和田国强(2005)都采用了这一定义。
② 关于经济环境更具体的讨论将在下一节展开。

会建立数学模型,借用一定的数学工具来进行分析,与此同时,为了使研究所得出的结果更加具有说服力,经济学家们还会利用数据进行检验。此外,当我们利用经济学分析框架经过实证分析得出经济学理论时,也不能忽略经济学的规范作用,如提出相应的经济政策、发展战略和体制改革建议等。而经济学的这种规范作用有可能会推动经济的发展,改变现有的经济环境,而当这样一种改变达到一定程度(即从量变达到质变)时,就要求我们重新界定经济环境,由此而产生新的经济环境下新的经济学理论。从这个意义上说,没有永恒不变的经济学真理。①

(三) 经济学理论

应该说,现代经济学的这种分析框架具有普遍性和一般性,它不会因时而异,也不会因地而异。因此,就现代经济学的分析框架而言,"某国经济学"并不是一门独立的学科,也不存在"西方经济学"和"东方经济学"的区分。然而,现代经济学的这种分析框架并不排斥不同的经济学流派和与某一区域在特定时期相适应的经济学理论。

不同的经济学流派和经济学理论来自分析框架中特定的经济环境。正如前文所指出的,经济环境制约着经济人的行为和选择,从而形成不同的经济变量的决定过程。例如,凯恩斯主义和新古典被看作宏观经济学的两大主要学派,它们都来自西方发达国家,因而都是针对西方发达国家市场经济所做的研究。然而,这两种学派对西方发达国家市场经济的观察和理解是不一样的。正是由于它们对市场经济这一经济环境的界定不同,才产生了凯恩斯主义和新古典这两大国际主流经济学学派。②

由此可见,当人们用经济学的分析框架对不同的经济环境或不同的经济环境界定进行研究时,就会得到不同的经济学理论。同理,由于目前全世界普遍接受并用于课堂教学的经济学理论来自对西方发达国家市场经济的研究,因此,当我们利用这些产生于截然不同的经济环境下的经济学理论来考察中国和其他发展中国家的经济现象时,必然会因水土不服而感到"迷惑"和"反逻辑"。

三、经济环境

我们已经知道,经济环境制约着经济人的行为和选择。作为科学的经济学,其所研究的就是在一定经济环境下,经济社会的运行过程,或经济变量的决定过程。然而,什么是经济环境?显然,经济环境是一个非常宽广的概念。这里,我们只讨论构成经济环境最重要的两个方面,即经济发展程度和经济体制。经济发展程度和经济体制构成了经济社会环境各个方面的基础。但在这之前,我们首先需要讨论经济资源。

---

① 按照林毅夫教授所倡导的新结构经济学,这样一种"没有永恒不变的经济学真理"的状态被称为"常无"(林毅夫,2012)。

② 关于凯恩斯主义和新古典经济学理论的初步比较,我们将在本章的第四节中予以讨论。更为详细的比较请参见龚刚(2007)。

(一) 经济资源

实际上,经济资源并不是人们通常所理解的那样仅仅指由自然所赐予的土地和矿产等,更多的经济资源是由人类本身的经济活动所创造与积累的。这种非自然所赐予的资源不仅包括厂房、机器等资本设备以及道路、公园等基础设施,同时更应包括那些与技术相关的无形的人力资本和知识资本等。这其中,机器设备为企业的固定资产投资所创造;基础设施通常由政府投资而建成;人力资本从个体角度讲是个体后天获得的具有经济价值的知识、技术、能力和健康因素等,从社会角度讲是指一个国家或地区的人口素质,它的积累则来自教育投资;知识资本则是人类科学研究的成果,它可以具体表现为各种论文、专著、设计和专利等,知识资本的积累来自研发投入。

【经济资源】 一个国家的经济资源不仅包括自然资源(如山川、树林和矿产等),同时更应包括人类自身经济活动所创造和积累的各种有形资源(如固定资产和基础设施等)与无形资源(如人力资本和知识资本等)。

这里我们还需强调,资源不仅是可以再生的,是可以被创造和积累的,同时也可以被破坏、被损耗、被报废。资源的再生性和被创造性为发展中国家赶上发达国家提供了希望;同时,资源的被破坏性又要求我们保护资源。我们应注意不要在创造了一种资源的同时却破坏了其他资源,减慢了资源的积累速度。

(二) 经济发展程度

毫无疑问,一个国家的经济资源,更确切地说是人均资源拥有量决定了一国居民的生活水平,而这种决定显然是通过影响和制约经济人的行为选择而实现的。当人们拥有更多经济资源时,其经济活动的选择空间就会更大,从而其经济活动的效益及生活水平就会更高。在中国,农民的生活水平要远低于城市居民,西部地区的发展要落后于东部地区,这些都与他们拥有的资源有关。就中国的农民而言,他们除拥有一小块赖以生存的土地和必需的生产资料外,几乎一无所有(包括没有足够的人力资本)。这样,即使改革开放以后,他们被允许进入城市寻找工作,但由于他们的人力资本水平低和缺乏其他资源,其选择也极为有限,所能从事的只是技术含量低、报酬低的工作。同理,中国西部地区的落后,在很大程度上也源于其资源的匮乏。

从某种程度上讲,发达国家和发展中国家的主要区别在于其人均资源拥有量;人均资源决定了人均 GDP(国内生产总值),从而影响一国居民的生活水平。由此,人均资源决定了一国的经济发展水平。

例如,就处于低收入水平的贫穷国家而言,其资源的禀赋结构主要体现为大量低素质的劳动力(即人力资本水平较低)与相对较少的其他资本(包括固定资产及知识资本等),人均所拥有的资源很少。这样一种资源禀赋结构在经济学研究中通常被形容为大量(甚或无限)的剩余劳动力。而就处于中等收入水平的国家而言,其资本的积累(主要体现为固定资产)已达到一定程度,大规模的剩余劳动力也不复存在,但与发达国家相比,其人力资本水平仍然不高,知识资本的积累程度仍然不够。

这里有必要强调一种特殊情况:发达国家(或经济发展程度高的国家)和高收入国家并不是完全相同的概念。一个高收入国家有可能不是一个发达国家,如部分依赖天然资源的高收入国家等,这些国家的技术水平也许并不高;但拥有先进技术和普遍高素质人力资本的发达国家一定是高收入国家。依赖天然资源的高收入国家,其选择并不多,有可能因国际资源价格的波动而重新沦为中等收入甚至低收入国家。从这个意义上说,它们并不是发达国家。

(三) 经济体制

接下来我们将讨论经济体制。显然,经济体制必然是制约经济人行为选择的另一重要因素。但什么是经济体制?又如何区分不同的经济体制呢?

> 【经济体制】 一个国家的经济体制基本上可以从以下两个方面进行甄别:一是它的经济运行机制,即所谓的资源配置机制;二是它的企业制度。就经济运行机制而言,主要有市场经济和计划经济的划分;就企业制度而言,很大程度上取决于企业的所有制形式(参见图1-2)。

需要说明的是,尽管企业制度取决于所有制形式,然而同样的所有制形式可以有不同的企业制度。例如,改革开放以来,中国的国有企业制度已经经历了不同形式的演变,有些企业制度甚至可以说是不同所有制形式的混合(如图1-2中的企业3)。尽管如此,我们仍不能否认企业的所有制形式在很大程度上制约着企业制度的设计。

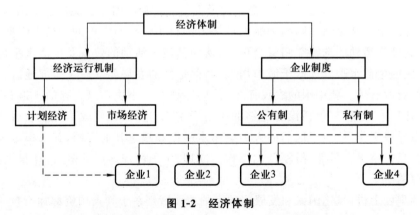

图 1-2 经济体制

注:企业1——计划经济下的国有企业;企业2——市场经济下的国有企业;企业3——市场经济下的混合所有制企业;企业4——市场经济下的私有企业。

企业制度对经济的影响主要表现为对企业行为或企业所追求的目标的影响。换句话说,企业制度制约着企业的行为规范。例如,在一个集体所有制企业,如果企业经理是由企业职工选举产生,那么,企业的行为很可能表现为追求企业职工的最大福利,即企业职工的人均收入最高。这样的行为模式对企业的投资、雇佣和产量决策等都会产生影响。

企业制度对企业行为的影响早已引起西方新制度学派理论家们的重视。例如，加尔布雷思在其《新工业国》①中就曾经指出：在新工业国中，主导市场的是一些大型股份公司，由于股权的极度分散，企业的决策者并不完全代表股东的利益，他们更可能是一些受过良好教育的职业经理人。因此，他们所追求的目标很可能是在一定盈利条件下企业的稳定增长或市场份额。显然，这种对企业行为目标转变的强调必将冲击传统的企业行为理论。

这里我们不妨提出一个问题：构成经济体制的两大要素（即经济运行机制和企业制度）之间是否存在着一个相适应的问题。我们认为，这一问题显然是存在的。例如，市场作为资源配置的一种调节机制，它的运行是否有效取决于市场参与者或交易者本身的行为。当价格上升时，我们要求供给增加或需求减少。如果交易者因企业制度的约束而反应迟钝，或作出截然相反的决策，那么我们将很难想象这样的市场能有效地调节资源的配置。

中国经济体制的改革，特别是国有企业体制的改革，在很大程度上可以理解为对构成经济体制的两大要素（即经济运行机制和企业制度）进行不断调整以使两者逐步相适应的过程（龚刚，2017）。

四、新古典和凯恩斯主义——西方经济学的简单回顾

经济学中存在着各种不同的声音。如林毅夫所说："对于同一个问题，五个经济学家可能会有六种不同的答案。"②然而，不同的声音背后必然有着不同的经济学理论体系和流派的支撑。接下来，我们将对本书所要讨论的两大经济学流派作一简单介绍。③

（一）新古典与凯恩斯主义

西方经济学是以西方现有的经济体制和经济环境为主要背景来研究经济变量的决定过程，而市场经济和私有制企业制度是现有西方经济体制的主要特征。然而，即使是针对这样一种共同的经济体制环境，西方经济学的研究长期以来也存在着两个主要的学派：新古典学派和凯恩斯主义学派。新古典学派奉行的是自由放任的市场经济，主张减少政府干预；而凯恩斯主义学派则主张具有政府调节和干预的市场经济。

两大学派截然不同的政策主张来自它们对资本主义市场经济的不同理解。在新古典学派看来，资本主义市场经济是完全竞争的市场经济。这种完全竞争不仅体现在企业的规模和市场地位上，同时也体现在经济社会信息传递的完整性和完全性上。这种完全的信息传递使得企业和个人都能合理地预期未来，并在此基础上作出理性的经济抉择。于是，市场得以出清，社会资源得到最合理的配置。毋庸置疑，新古典学派的经济理论在很大程度上体现了亚当·斯密"看不见的手"的思想。④与此同时，它也反映了西方主流社会一向引以为傲的价值观。

---

① 参见 Galbraith(1985)。
② 引自 http://www.sohu.com/a/237766002_680938，访问日期：2020年5月13日。
③ 其他学派（如奥地利学派等）还没有发展到能够按照前文所述的学术规范形成较为完整的理论体系，即使其思想极为活跃，也为很多经济学家们所追捧。
④ 事实上，经济学界对"看不见的手"有着巨大的误解。本书将对此命题逐渐展开讨论。

凯恩斯主义经济学产生于20世纪30年代西方资本主义社会所出现的"大萧条"。凯恩斯主义的这种产生背景注定了它对资本主义市场经济的解释将无法与新古典经济学相一致。在凯恩斯主义看来,资本主义市场经济并不是完全竞争的市场经济,垄断和垄断竞争是资本主义市场经济的主要特征;信息的传递通常是不对称的,具有非完整性;无论是企业还是家庭,未来对它们来说是不确定的,也不可能合理地预期;与此同时,市场的价格调整通常也具有黏性。正因为如此,失业和非均衡是资本主义市场经济的主要特征。所有这些都表明政府干预对经济具有积极的作用:它能减少失业和修复市场的失衡,特别是当这种失业和失衡十分严重的时候。

(二) 新古典综合

新古典学派传统上注重微观层次下对经济人个体行为的研究,而凯恩斯主义学派则更注重宏观经济问题。正是这种在研究内容上的侧重点的不同,使得它们在经济学研究的某一阶段被当时在学术界占统治地位的经济学家们结合起来,形成了新古典综合派中的微观经济学和宏观经济学两大体系。①

然而这种结合只是一种强行的撮合:它们是两种截然不同,甚至在许多情况下相互冲突的理论体系。凯恩斯主义宏观经济学不可能建立在新古典微观经济学的基础上。事实上,传统凯恩斯主义体系中的许多行为方程(如消费函数和投资函数等)并没有像微观经济学中的分析那样,从经济人的最优化过程中导出,此种形式的分析通常被认为违背了经济人行为特征的基本假设,即经济人在从事经济活动时总是最大限度地追求自己的私利。然而在20世纪70年代中期以前,传统凯恩斯主义理论这种缺乏微观基础的弱点并没有引起经济学家们的足够重视。这在某种程度上可归因于凯恩斯主义宏观经济政策在当时对经济的有效调节。进入70年代以后,西方主要发达国家都先后经历了几次严重的滞胀(Stagflation),即通货膨胀和失业同时存在。凯恩斯主义宏观经济政策在面对滞胀时所表现出的无能为力,使得人们开始对传统的凯恩斯主义理论重新进行审视。这不仅导致了新古典综合派的分裂,同时也为新古典宏观经济学的崛起提供了机会。正如曼昆所指出的:

> 宏观经济学在70年代以前并没有严重的分歧。然而,有两个原因破坏了这种和谐:一个来自现实,另一个来自理论。来自现实的缺陷是,综合派的主张并不能有效地处理失业和通货膨胀的同时高涨。而理论上的缺陷则是综合派的观点在微观经济学原理和宏观经济学实践之间划下了一条裂痕。这条裂痕如此之深,使得我们无法在理智上接受。(Mankiw,1990)

(三) 现代新古典和新凯恩斯主义

新古典综合派的分裂使得经济学家们开始沿着两条不同的路径展开他们的研究,并由

---

① 萨缪尔森的《经济学》一书可以被看成新古典综合派思想的集大成者。需要说明的是,即使是现在,许多本科生的教材体系仍然沿用着这一思路。

此产生了当今经济学领域的两大主流学派：现代新古典学派(New Classicals)和新凯恩斯主义学派(New Keynesians)。[①]

现代新古典学派以建立和完善以完全竞争的市场经济为微观基础的宏观经济学理论为己任。这里需要说明的是，即使在新古典综合派的框架下，索洛的新古典增长理论[②]仍然主导着宏观经济学领域对经济增长的解释。因此，新古典所缺乏的是自己的商业周期理论，即对经济波动的解释。现代新古典学派正是基于这样一种需求"成功"地创建了实际商业周期(Real Business Cycle, RBC)理论。本书的第八章将对此理论进行介绍。

新凯恩斯主义学派以研究凯恩斯主义宏观经济学理论的微观基础为己任。然而，由于非完全竞争市场的情况极为复杂，新凯恩斯主义的研究远未成功。截至目前，其最为主要的成果是新凯恩斯主义的黏性价格理论，本书的第十三章将对此进行介绍。然而，新凯恩斯主义并没有解决凯恩斯数量决定理论的微观基础问题，这使得在大量新凯恩斯的研究文献中，其数量的决定方式(如产量和投资等)与新古典并没有区别。不过，数量决定理论(特别是其中的有效需求理论)才是凯恩斯理论的核心。本书对经济学研究的一个重要贡献在于弥补凯恩斯理论的这一缺陷。

五、目标、内容和方法

(一)本书的目标

我们已经知道，宏观经济学研究特定经济环境下宏观经济变量是如何决定的。我们也同时指出，经济发展程度和经济体制基本上概括了经济环境的主要特征。西方国家以其在技术和人力资本等方面的优势通常被看作发达国家，而占世界人口大多数的第三世界则被认为是发展中国家。目前西方发达国家所流行的宏观经济学教科书通常是针对以私有经济为主体的发达的市场经济所做的研究。

中国已经历了40年的改革开放。在这40年的时间里，中国经济已经从传统的计划经济转向了具有中国特色的社会主义市场经济。中国的大多数行业已成功地实现了从计划经济向市场经济的转型。在企业制度和所有制方面，中国实行的是多种经济成分并存的政策：民营企业、外资和合资企业在许多竞争性行业中发挥着重要的作用；与此同时，传统体制中的国有经济成分在某些行业，特别是在一些关系国计民生的非竞争性行业中被完整地保留了下来。然而，就经济发展程度而言，中国仍然是一个发展中国家——尽管中国已经是一个中等收入国家，但技术、人力资本及人均GDP等与发达国家相比仍有很大的差距，部分地区仍存在着剩余劳动力，区域之间的发展也极不平衡，西部地区的经济发展远落后于东部地区。

由此可见，与西方发达经济体相比，中国经济有其自身的特点：它既是一个具有社会主

[①] 我们把 New Classicals 译成现代新古典，这主要是为了区分传统意义上的新古典(Neoclassicals)。关于现代新古典宏观经济学的综述和批判，请参见龚刚(2004)和 Gong and Semmler(2006)；关于新凯恩斯主义宏观经济学的经典文献，请参见 Woodford(2005)和 Christiano et al. (2005)等。

[②] 参见 Solow(1956)。

义性质的市场经济,又是一个发展中经济。中国经济的这些特点造成了中国经济运行中的许多方面与西方发达国家的市场经济不尽相同,从而也无法用现有的西方经济学理论去解释。而这显然也给中国的经济学研究提出了挑战。然而,由于经济人行为中所存在的共性,并且中国的大多数行业已成功地实现了从计划经济向市场经济的转变,民营经济在许多方面已经发挥着越来越大的作用,中国经济与西方发达国家的市场经济也存在着许多共性。这意味着我们仍然可以借用西方经济理论中的一些概念和分析方法等(特别是其中的精华部分)来研究中国的经济问题,尽管我们不能照搬照用。

本书的目标是在全面介绍西方目前所流行的宏观经济学的基础上,引入中国和发展中国家的经济元素,并严格按照现代经济学的学术规范,研究发展中国家在不同发展阶段下的经济增长和波动,对中国的宏观经济运行和宏观经济变量的决定过程进行解释。西方现有的宏观经济学理论为我们理解发达国家成熟市场经济条件下的宏观经济运行提供了许多有益的帮助。然而,在浩如烟海的经济学文献中,对发展中国家宏观经济的研究则相对较少,对社会主义市场经济下的宏观经济的研究则几乎是一项空白。这就要求我们在研究中国的宏观经济时,既要借鉴西方现有的宏观经济学理论,又不能受现有理论的束缚。因此作为一种尝试,我们希望本书不仅能使读者读懂当代西方发达国家的宏观经济学,同时也能理解中国现阶段的宏观经济。

(二)内容安排

本书的内容基本上可以分为如下四个部分:

第一部分,引言与准备;

第二部分,新古典宏观经济学;

第三部分,凯恩斯主义宏观经济学;

第四部分,超越凯恩斯和新古典。

前四章构成本书的第一部分"引言与准备"。其中,第二章讨论宏观经济变量的波动规律以及这些规律在发达国家和发展中国家(中国)之间的不同。第三章讨论与经济增长相关的一些基本事实,其中包括趋同假设、贫困陷阱和中等收入陷阱。第四章介绍哈罗德的古典动态模型。[①] 正如我们所要介绍的,哈罗德的古典动态模型开创了经济学从静态向动态转变的先河。也正因为如此,哈罗德无疑是现代宏观动态分析之父。然而,哈罗德的动态模型由于极为简单,遭遇了众多的批判,并在主流宏观经济学中逐渐消失。不过,通过回归哈罗德,我们发现对哈罗德理论的理解和批判,不仅使我们区分出"经济增长"和"经济波动"这两大现代宏观经济学的研究领域,同时也使我们看到了凯恩斯主义经济学与新古典经济学的本质区别。正因为如此,在对现代宏观经济学理论进行介绍之前,我们有必要首先介绍哈罗德理论。

第五章到第九章构成了本书的第二部分"新古典宏观经济学"。其中,第五章介绍索洛的新古典增长模型。毫无疑问,索洛模型是新古典宏观经济学理论的基础,其他新古典宏观动态模型基本上都可以看成索洛模型的延伸和细化。第六章和第七章分别从人力资本和知

---

① 参见 Harrod(1939)。

识资本的视角介绍新古典内生增长理论(又称新增长理论)。内生增长理论克服了传统索洛模型将技术进行简单外生化处理而没有讨论其如何进步的缺陷。第八章将介绍新古典的实际商业周期(RBC)理论,这是新古典经济学理论从微观领域和增长领域向商业周期领域的延伸。最后,第九章对新古典经济学理论进行批判。批判的目的并不在于否定该理论体系内在逻辑上的一致性和完整性,而是要揭示该理论体系中两个致命的弱点。与此同时,我们将看到,凯恩斯主义理论体系却可以很容易地化解这两个致命的弱点。因此,从某种程度上说,该章可以看成为下一章开始的凯恩斯主义理论体系的介绍作一理论上的准备。

第十章到第十四章构成本书的第三部分"凯恩斯主义宏观经济学"。其中,第十章讨论凯恩斯主义的产量决定理论(又称有效需求理论),这是凯恩斯主义理论的核心,也是凯恩斯主义理论区别于新古典理论的根本所在。第十一章和第十二章讨论凯恩斯主义理论体系下的消费和投资行为,为其补上缺乏微观基础之不足。第十三章介绍凯恩斯主义理论体系下的价格决定理论——黏性价格理论,它是新凯恩斯主义经济学最为主要的贡献。第十四章将前几章所讨论的凯恩斯主义理论体系下的产量、价格、消费和投资的行为方程放入一个统一的动态模型之中,构成一个动态系统,并对其进行动态分析,由此揭示经济波动的真相。通过对该系统的动态分析,我们发现经济波动可以看成经济系统内稳定机制(价格调整)与非稳定机制(投资调整)相互作用的结果。

本书的第四部分"超越凯恩斯和新古典"由第十五章至第二十章构成。其中,第十五章以房地产为例,研究作为另一种非稳定机制的资产价格的调整对经济波动的影响。第十六章和第十七章是关于债务问题的讨论。我们发现债务也是一种非稳定机制。债务危机的根源与凯恩斯主义所讨论的经济危机(即由有效需求不足所引起的危机)有所不同,从而也不能由凯恩斯主义的宏观稳定政策(即需求管理型的宏观经济政策)予以解决。第十八章则回归经济增长问题的讨论。然而与前文第五章到第七章所不同的是,这次回归讨论的是不同发展阶段下的经济增长问题,由此建立了两阶段理论。在两阶段理论框架下,中国当前的经济新常态实际上就可以理解成中国的经济发展进入了其中的第二阶段。由于两阶段之间还存在着中等收入陷阱,因此第十九章讨论了中等收入陷阱问题,这其中包括中等收入陷阱的原因和机制,以及中国如何跨越中等收入陷阱等议题。最后,作为全书的总结,第二十章将讨论经济学的一个关键命题:市场能有效配置资源吗?为此,我们将再论"看不见的手"。

(三) 动态优化和动态分析——宏观经济学的研究方法

在讨论宏观经济学的研究方法之前,我们有必要首先澄清"均衡"这一概念。在经济学的分析中,人们经常会使用"均衡"这一概念。但"均衡"到底是一种什么状态呢?对此,人们通常的理解是:供给等于需求时的状态。而当两者不相等时,市场通常被认为处于非均衡状态。毫无疑问,我们以前在微观经济学中所使用的均衡确实是指这种供需意义上的均衡。然而,在宏观经济学中,所谓的"均衡"通常已不再是指供需意义上的均衡。例如,根据凯恩斯的观点,所谓的均衡通常意味着市场的非出清,或供给不等于需求。

下文中,我将说明:经典学派之前提,只适用于一种特例,而不适用于通常的情形;经典学派所假定的情形,是各种可能的均衡位置之极限点,而且这种特例所含属性,恰不是实际经济社会所含有的。(Keynes,1936)

这是凯恩斯在其《就业、利息和货币通论》的第一章中对经典经济学供给等于需求之"均衡"的批判。在凯恩斯看来,微观经济学中的供给等于需求之均衡只是各种可能的均衡位置上的一个特例(极限点),而且这一特例(或极限点)并非经济社会的常态(或稳定状态)。言下之意,经济的常态(或稳定状态)更可能是供给不等于需求。于是,我们该如何理解凯恩斯所说的均衡呢?

事实上,这种对"均衡"的不同认知很大程度上也体现了宏观经济学与微观经济学在研究方法上的不同。与微观经济学的静态分析相比,宏观经济学通常是一种动态分析。宏观经济学的这种动态分析首先体现在优化问题上。如前所述,经济学研究通常需要以优化为目标来反映经济人的行为。在微观经济学中,这种优化通常是静态的,即经济人的目标函数和约束条件都与时间无关。然而,在宏观经济学中,为推导行为方程所使用的优化方法通常是动态优化。

【宏观经济学的研究方法】 运用动态优化的方法推导行为方程,将这些行为方程组成动态系统,并对动态系统进行动态分析是宏观经济学研究的基本方法。

在我们通过动态优化的方法推导出不同的行为方程,并将其组合进一个动态系统后,对其进行动态分析的第一项任务通常就是推导该系统的不动点(又称均衡点或稳定状态)。正因为如此,这样一种均衡是一种动态意义上的"均衡"。

【均衡】 在宏观经济学中,所谓的均衡是指当经济处于某种不变(或不动)时的状态,有时又称为稳定状态或不动点。与微观经济学所不同的是,这种动态意义上的均衡并不意味着市场出清或供给等于需求。

事实上,在凯恩斯看来,这种动态意义上的均衡通常意味着市场的非出清或供给不等于需求。而所谓供给等于需求的均衡,即经典学派所假定的情形,只是各种可能的均衡位置之极限点。

必须说明的是,当前宏观经济学研究通常使用的所谓动态随机一般均衡(Dynamic Stochastic General Equilibrium,DSGE)方法和本书所倡导的研究方法存在着某种程度的不同。尽管 DSGE 也可以理解成运用动态优化的方法推导行为方程、组成动态系统,并对其进行动态分析,但本质上,DSGE 通常只有一个统一的动态优化过程:这一优化过程包含了所有的经济决策,如企业的产量、价格和投资决策以及家庭的消费决策等,与此同时,优化者通常是所谓的社会规划者或代表性家庭。为了使这样一种研究方法看上去更具有合理性,研究者们通常将其冠之以所谓的一般均衡。

然而,这样一种动态分析很难被看成是一种对经济社会的真实写照。经济社会存在着不同的经济人(如企业和家庭),执行着不同的经济决策(如消费、投资、价格和产量等)。即使是同一个经济人(如企业),其所进行的经济决策也是基于不同时间维度的考量。例如,企业的产量决策是一个短期决策,需要根据市场需求的变化随时调整;价格则是中期决策,每年或每半年作一次调整;而投资则是长期决策,每隔几年才进行一次。将所有这些不同类型的决策放入一个统一的动态优化过程中显然不能正确反映各种不同类型的经济变量的决策过程。此外,由于采用了一些标准的程序分析,现有的DSGE方法也缺乏对动态系统进行必要的动态分析,如均衡(或不动点、稳定状态)的推导和模型的稳定性分析等。如同我们将要看到的,本书的分析(特别是从第三部分开始)将尽可能地克服上述缺陷。

参考文献

龚刚(2004):实际商业周期:理论、检验与争议,《经济学(季刊)》,第3卷第4期,758—802。

龚刚(2007):回归凯恩斯:写于《通论》发表70周年之际,《经济学(季刊)》,第7卷第1期,1—26。

龚刚(2016):论经济学的多元化,《政治经济学报》,第6卷,24—28。

林毅夫(2012):《本体与常无:经济学方法论对话》,北京:北京大学出版社。

钱颖 (2003):《现代经济学与中国经济改革》,北京:中国人民大学出版社。

萨缪尔森,P.、诺德豪斯,W.(2012):《经济学(第19版)》,北京:商务印书馆。

田国强(2005):现代经济学的基本分析框架与研究,《经济研究》,第2期,113—125。

亚当·斯密(1776):《国民财富的性质和原因的研究》,上海:三联书店出版社。

Christiano, L. J., M. Eichenbaum and C. L. Evans (2005): Nominal Rigidities and the Dynamics Effects of a Shock to Monetary Policy, *Journal of Political Economy*, Vol. 113, 1-45.

Galbraith, J.K. (1985): *New Industrial State*, 4th edition, Boston: Houghton Mifflin Company.

Gong, G. and Semmler, W. (2006): *Stochastic Dynamic Macroeconomics: Theory and Empirical Evidence*, New York: Oxford University Press.

Harrod, R.F. (1939): An Essay in Dynamic Theory, *The Economic Journal*, Vol. 49(193), 14-33.

Keynes, J.M. (1936): *The General Theory of Interest, Employment and Money*, London: Macmillan Press.

Mankiw, G.N. (1990): A Quick Refresher Course in Macroeconomics, *Journal of Economic Literature*, Vol. 27, 1645-1660.

Solow, R.M. (1956): A Contribution to the Theory of Economic Growth, *Quarterly Journal of Economics*, Vol. 70, 65-94.

Woodford, M. (2005): Firm-specific Capital and the New Keynesian Phillips Curve, *International Journal of Central Bank*, Vol. 1(2), 1-46.

第二章 经济波动的基本事实

正如我们在第一章中所说的,经济学研究的是经济变量的决定过程。那么,现实中这些变量是如何变化的?它们之间有什么样的联系?有没有规律可循?如果经验和数据告诉我们这些规律确实存在,那么一套成熟且能适用于现有经济环境的经济学理论必须能够解释这种现象。宏观经济学所要研究的经济现象主要包括两类:一是经济波动(或商业周期),二是经济增长。这两种现象也基本上构成了宏观经济学的两大研究领域。本章将首先对经济波动的基本事实进行梳理。

一、发达国家的经济波动

必须说明的是,现实经济中我们所观察到的经济数据通常反映的是经济的短期波动现象。为此,我们可以利用统计数据研究经济波动,并从中寻找出一些规律。我们首先以美国为例,考察发达国家的经济波动。

(一) 商业周期

图 2-1 中给出了美国 1961—2014 年 GDP 的实际年增长率。考察该图,至少可以发现如下两个现象。第一,尽管 GDP 有时偶尔会下跌(即增长率为负),但总体而言,美国的经济是在持续增长的(GDP 的平均增长率为 3.3%)。第二,经济的增长体现出某种具有周期性的波动(每个周期大约在 6—9 年)。在经济学中,这种周期性的波动被称为商业周期(Business Cycles)。

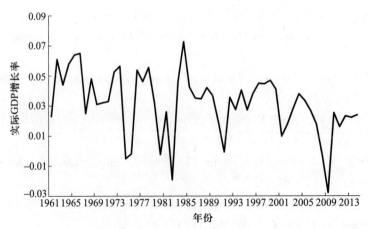

图 2-1 美国实际 GDP 增长率(1961—2014 年)

数据来源:世界银行数据库,http://data.worldbank.org.cn/。

【商业周期】 商业周期也称经济周期,它是指市场经济周期性出现的经济扩张与经济紧缩交替更迭、循环往复的现象。一个商业周期通常需要经历由复苏到繁荣,再到衰退,最后进入危机的连续的过程。

现代市场经济所体现出的这种商业周期现象,是经济学(特别是凯恩斯主义经济学)所要研究的重要课题。

(二) 商业周期中的失业率:奥肯法则

接下来将考察商业周期中失业率的波动。图 2-2 给出了美国 1961—2014 年实际 GDP 增长率和失业率变化之间的相互关系。

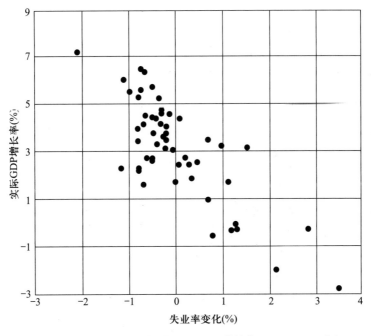

图 2-2　美国失业率变化对实际 GDP 增长率(1961—2014 年)
数据来源:世界银行数据库,http://data.worldbank.org.cn/。

我们看到两者之间是负相关的,即 GDP 的高增长意味着失业率的下降。如果用 N_t 代表 t 期的失业率,g_t 代表 t 期 GDP 的实际增长率,对两者进行统计回归,我们会发现如下关系式:

$$N_t - N_{t-1} = -0.5(g_t - 2.25)$$

该关系式表明,要使失业率回落,GDP 增长率必须高于 2.25%。

GDP 增长率和失业率之间的这种关系通常被称为"奥肯法则",它是以发现这一关系的美国经济学家奥肯的名字命名的。[①]

---

① 参见 Okun(1962)。

【奥肯法则】 奥肯法则是指经济增长率和失业率的关系：当经济增长率不断上升时，失业率将从上升变为下降。

尽管把从数据所得出的某种稳定关系称为"法则"似乎有夸张之疑，然而奥肯法则对宏观经济政策的制定具有明显的指导意义，与此同时，任何成熟的经济理论也必须对此有所解释。

（三）商业周期中的通货膨胀率：菲利普斯曲线

通货膨胀率和失业率之间有没有稳定的关系？经验数据能告诉我们一些什么样的事实？图 2-3 给出了美国 1961—2014 年通货膨胀率和失业率之间的关系。该图似乎告诉我们，它们之间并没有明显的稳定关系。

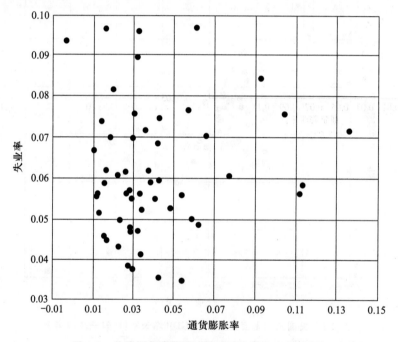

图 2-3　美国通货膨胀率对失业率（1961—2014 年）

数据来源：世界银行数据库，http://data.worldbank.org.cn/。

然而，如果我们仔细考察一下图 2-3 中的散点，就可以隐隐约约地发现三条几乎平行的向下倾斜的曲线。于是我们有必要对所观察的样本区间进行某种程度的重新组合。表 2-1 列出了我们所要考察的三个样本组合。图 2-4 给出了这三个样本组合下的通货膨胀率和失业率之间的关系。

表 2-1 考察通货膨胀率和失业率之间稳定关系的三个样本组合

	年份
样本组合 1	1961—1969 年,1994—2007 年
样本组合 2	1970—1973 年,1984—1993 年,2008—2014 年
样本组合 3	1974—1983 年

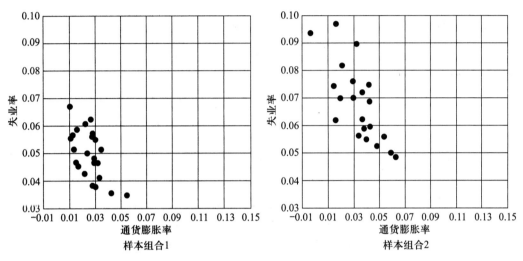

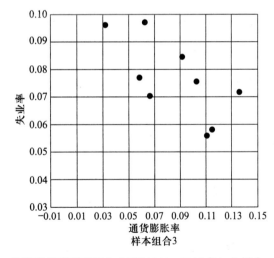

图 2-4 美国通货膨胀率对失业率(1961—2014 年):分样本

数据来源:世界银行数据库,http://data.worldbank.org.cn/。

容易发现,在我们所重新组合的三个样本组合中,通货膨胀率和失业率之间存在着较为明显的替代关系。人们把通货膨胀率和失业率之间的这种替代关系称为"菲利普斯曲线"(Philips Curve),它是以发现这一替代关系的英国经济学家菲利普斯的名字命名的。①

---

① 参见 Phillips(1958)。

【菲利普斯曲线】 菲利普斯曲线是指通货膨胀率和失业率之间的替代：当通货膨胀率上升时，失业率会下降；反之亦然。

然而，通货膨胀率和失业率之间的这种替代关系并不稳定，即菲利普斯曲线可以移动。1970年以前，通货膨胀率和失业率之间的这种替代关系不仅极为明显，而且实际上也发生于相对低水平的通货膨胀率和失业率之间（见图2-4样本组合1），这使得高通胀和高失业不可能同时并举。事实上，如果我们把样本从1960年往上推移到20世纪50年代初，这一低水平上的替代关系仍然非常明显。① 这一稳定关系的发现曾被看成是凯恩斯主义经济学的一大胜利，因为它不仅能为凯恩斯主义经济学所解释，而且也为凯恩斯主义宏观经济政策的实施提供了可行的基础。

然而，20世纪70年代以后菲利普斯曲线似乎在逐渐地往外移，这一移动在1973年达到极致（见图2-4样本组合2和样本组合3）。事实上，在1973年以后的10年中，西方发达国家普遍经历了所谓的"滞胀"。尽管在这段时期里失业率和通货膨胀率之间仍然是相互替代的（见图2-4样本组合3），然而与20世纪70年代以前的情况相比，无论是通货膨胀率还是失业率都可以说是极其严重的。滞胀的出现使得人们开始怀疑由菲利普斯曲线所揭示的替代关系，而这种怀疑也同样冲击着经济学理论界，因为当时在宏观经济学领域占主导地位的传统凯恩斯理论既不能解释滞胀，也找不出合适的宏观经济政策来应对滞胀。毋庸置疑，滞胀的发生是导致现代新古典宏观经济学崛起的重要原因。

1984年以后，菲利普斯曲线似乎又在往下移。在此后的20年间，失业率和通货膨胀率之间的替代关系稳定地停留在1970—1973年的水平（见图2-4样本组合2）。而到了1994年，即克林顿执政的第二年，菲利普斯曲线开始回落到20世纪70年代以前的水平（见图2-4样本组合1）。这时，我们所看到的是较低的通货膨胀率和同时存在的较低的失业率。这一状态一直保持到2007年金融危机发生之前：如图2-4样本组合2所示，金融危机使得菲利普斯曲线再次外移至1970—1973年的水平。

由此我们可以看到，失业率和通货膨胀率之间确实存在着某种替代关系，尽管这种替代关系有时并不稳定，即菲利普斯曲线有时是可以移动的。

（四）供给冲击

关于菲利普斯曲线的移动，通常的解释是：价格不仅取决于在给定供给下的总需求，而且取决于供给过程中的成本。事实上，人们把通货膨胀分成两类：一类是需求拉动型，另一类是成本推动型。后者通常产生于非积极的供给冲击，如石油危机造成进口原材料价格猛涨，布雷顿森林体系崩溃使经济环境突变造成交易成本猛增等。毫无疑问，成本推动型的通货膨胀通常意味着滞胀。经济学家们通常把菲利普斯曲线的移动归因于"供给冲击"。

【供给冲击】 所谓供给冲击，是指使总供给曲线移动，进而造成菲利普斯曲线

---

① 有关数据我们不在此列出。感兴趣的读者可以参见Samuelson and Solow(1960)。

移动的经济冲击。①

供给冲击有所谓积极和非积极之分:积极的供给冲击(如技术进步等)使菲利普斯曲线向内移动,非积极的供给冲击(如石油危机和货币危机等)则使菲利普斯曲线向外移动(见图2-5)。菲利普斯曲线向外移动通常意味着滞胀。滞胀经常使政府的宏观稳定政策无处着手。

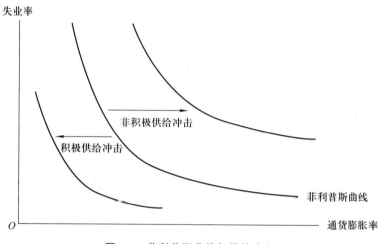

图 2-5 菲利普斯曲线与供给冲击

二、中国的经济波动

以上我们所给出的有关宏观经济变量的变化规律来自西方发达国家市场经济的经验。中国的改革开放已经使得中国从传统的计划经济转向了具有中国特色的社会主义市场经济,与此同时,中国仍然是一个发展中国家。那么,中国经济的运行是否也呈现出典型市场经济国家所具有的规律呢?

(一)中国的经济增长

对中国经济的考察,我们将从20世纪70年代末开始。在此之前,中国的经济体制改革还没有开始,因此,当时的中国经济可以被看成是一个传统的苏联模式的计划经济。时至20世纪70年代末,中国的经济体制改革才引入了市场机制,使得中国的经济开始区别于过去传统的苏联模式。然而,中国的经济改革是一个渐进的过程,即使是现在,许多传统计划经济的因素仍然被保留了下来。与此同时,中国还是一个发展中国家。所有这些都表明,过去40年中国经济的运行与发达国家的市场经济相比会有许多不同之处。

图2-6揭示了中国自1979年以来的实际GDP增长率。可以看到,中国的经济和其他市

---

① 关于供给冲击如何使总供给曲线移动,进而造成菲利普斯曲线移动属于中级宏观经济学的内容,详细讨论请参见龚刚(2012)。

场经济一样也会有波动,体现出明显的周期性特征。然而,中国的 GDP 平均增长率却远远高于美国等发达国家:过去三十多年,中国 GDP 的平均增长率为 9.69%,而同期美国及一些西方发达国家 GDP 的平均增长率则在 2%—3% 左右。事实上,高增长是改革开放以来中国经济的最大亮点。①

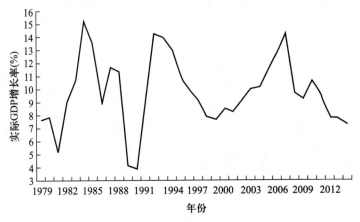

图 2-6　中国实际 GDP 增长率(1979—2014 年)
数据来源:国家统计局(2015)。

(二) 中国的奥肯法则

奥肯法则在中国是否成立呢? 图 2-7 展示了中国失业率变化和实际 GDP 增长率之间的关系。与图 2-2 所揭示的美国的情况相比,我们发现,在中国,失业率变化和实际 GDP 增长率之间并不存在明显的关系。

(三) 中国的菲利普斯曲线

如果我们考察的样本从 1979 年开始,则菲利普斯曲线在中国似乎也不成立。图 2-8 揭示了 1979 年以来中国的失业率和通货膨胀率之间的关系。我们发现它们之间并不存在明显的替代关系。

上述对于中国三大宏观经济变量——GDP 增长率、通货膨胀率和失业率——的考察,让我们基本可以得出如下两个结论:

- 与发达的市场经济国家相比,中国经济具有明显的高增长态势。
- 中国的宏观经济波动与发达的市场经济国家相比具有明显的不同:无论是菲利普斯曲线还是奥肯法则在中国都还不能成立。

三、中国是市场经济国家吗?——宏观数据的视角

对于中国经济为什么会出现违反奥肯法则和菲利普斯曲线的讨论,首先需要我们理解

---

① 对于中国经济高增长的解释,请参见龚刚(2008,2017)。

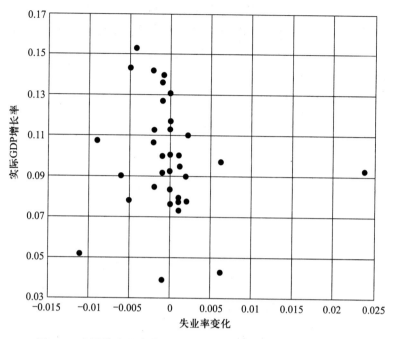

图 2-7 中国的失业率变化对实际 GDP 增长率(1979—2014 年)

数据来源:国家统计局(2015)。

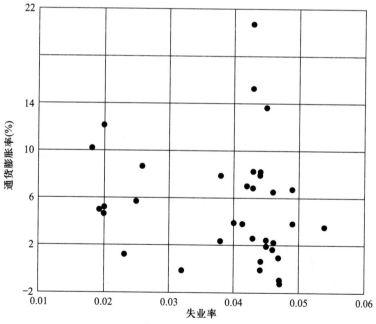

图 2-8 中国的失业率对通货膨胀率(1979—2014 年)

注:通货膨胀率按 GDP 平减指数衡量。
数据来源:国家统计局(2015)。

奥肯法则和菲利普斯曲线背后的经济学逻辑。

(一) 如何理解奥肯法则和菲利普斯曲线？

在经济波动中，关于奥肯法则和菲利普斯曲线的经济学原理，可以由如下三个市场经济中的基本经济关系式导出。

- 关系式1：就业量取决于社会总产量。社会总产量越多，其所要求的劳动力投入也就越多。
- 关系式2：社会总产量取决于社会总需求。社会总需求越多，厂商所愿意提供的产量也就越多。
- 关系式3：价格取决于与社会生产能力相对应的社会总需求。过高的社会总需求通常会引发通货膨胀。

需要说明的是，以上三大关系式中，关系式1和关系式2均来自凯恩斯主义经济学。在新古典体系下，就业并非取决于产量，而是取决于工资，并通过劳动力边际产量递减曲线而得以体现。此外，在新古典体系下，产量是通过生产函数由经济社会的供给能力所决定的。

显然，奥肯法则的理论基础来自关系式1：社会总产量越多，经济增长越高，其所要求的劳动力投入就越多，于是在给定的劳动力供给情况下，失业率也就当然地下降。而在给定的社会生产能力下，经济的增长通常由社会总需求的上升来拉动(关系式2)，从而引起价格上涨(关系式3)。由此我们可以看出：失业率与通货膨胀率之间是相互替代的，不可能同高或同低，即确实存在着所谓的菲利普斯曲线关系。

(二) 失业率统计数据的缺失

现在让我们回到中国经济为什么会出现违反奥肯法则和菲利普斯曲线的讨论。可以看到，无论是菲利普斯曲线还是奥肯法则，都涉及失业率这一统计数据。而失业率在中国是无法正确统计的。

第一，中国的失业率目前只是针对城镇居民进行统计，而对于占人口大多数的农民，其就业状况国家并不进行统计。然而，农村剩余劳动力不断涌入城市并在城市中就业和发展是过去三十多年中国经济的一大特点。由于中国户口制度的约束，农民在进入城市之后，无论是否找到工作，一般都不能享受城镇居民的福利待遇，因而他们的就业状况我们并没有掌握。

第二，在传统计划经济体制下，城镇居民的就业是一种政府行为，也就是说，企业新增劳动力并不是因为生产的需要，而是由政府分配的。尽管这种分配制度造成了城镇居民充分就业的表象，它却加重了企业的负担，并造成了大量的隐性失业。中国的国有企业体制改革在一定程度上显化了由旧体制所造成的隐性失业，然而无论如何，这种显化仍是一个渐进的过程。

第三，如果我们一定要对中国劳动力市场的就业状况进行某种程度的描述，则可以沿用刘易斯对发展中国家二元经济的假设,即无限的剩余劳动力供给(Lewis,1954)。①

(三) 经济增长率与通货膨胀率之间的关系不违反典型市场经济国家的特征

如果失业率数据不能真实地反映中国劳动力市场的状况,那么我们是否还有其他方法(或数据)来考察中国是否具有市场经济国家的特征?为此我们有必要回到前文所述的支撑奥肯法则和菲利普斯曲线的三个经济学关系式。

可以发现,尽管我们因缺失正确的失业率统计数据而无法对关系式1进行求证,但如果我们能够获得正确的经济增长率和通货膨胀率数据,则我们仍然可以对关系式2和关系式3所体现的经济关系进行求证。事实上,从关系式2和关系式3中我们可以得到:经济增长率越高,通货膨胀率就越高。这一关系也可以通过奥肯法则和菲利普斯曲线推出。这里,奥肯法则是指经济增长率与失业率之间存在逆向关系,即经济增长率越高,失业率就越低;而菲利普斯曲线则反映了通货膨胀率和失业率之间的替代关系,即失业率和通货膨胀率不可能同高或同低。很显然,上述两大规律同时也意味着通货膨胀率和经济增长率之间是正相关的:较高的经济增长率通常伴随着较高的通货膨胀率。

利用与前文同样的数据,我们在图2-9中给出了中国自改革开放以来通货膨胀率和经济增长率之间关系的散点图。可以看到,中国的通货膨胀率和经济增长率之间呈现出明显的正相关关系,当然,个别年份除外。

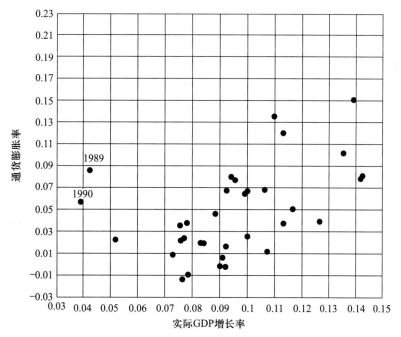

图 2-9　中国实际 GDP 增长率对通货膨胀率(1979—2014 年)

数据来源:国家统计局(2015)。

---

① 需要说明的是,就业率统计数据不能反映劳动力市场的真实性(即无限剩余劳动力的存在)是发展中国家的通病。

由此我们看到,至少从宏观经济数据的视角看,中国特色的社会主义市场经济并不违反典型市场经济的基本宏观经济关系。

参考文献

龚刚(2008):《当代中国经济——第三种声音》,北京:高等教育出版社。

龚刚(2012):《宏观经济学——中国经济的视角》,北京:清华大学出版社。

龚刚(2017):《当代中国经济(第二版)》,北京:高等教育出版社。

国家统计局(2015):《2015年中国统计年鉴》,北京:统计出版社。

Lewis,W.A.(1954):Economic Development with Unlimited Supplies of Labour,*The Manchester School*,Vol.22,139-191.

Okun,A.M.(1962):Potential GNP:Its Measurement and Significance,Proceedings of the Business and Economics Statistics Section,*American Statistical Association*,Vol.7,98-104.

Phillips,A.W.(1958):The Relationship between Unemployment and the Rate of Change of Money Wage in the United Kingdom,1861—1957,*Economica*,Vol.25,283-299.

Samuelson,P.and R.Solow(1960):Analytical Aspects of Anti-inflation Policy,*American Economic Review*,Vol.50,177-194.

第三章 经济增长的基本事实

对于经济的观察,人们容易为当前的经济波动所左右:衰退令人沮丧,它给百姓的生活带来困难;扩张尽管带来了希望,但又使人们开始担心通货膨胀。然而,如果我们把眼光放长远一些,回过头去考察一下更长期的经济活动,或者展望一下未来的经济发展,经济波动的重要性也许就会被淡化,而经济增长,即总产量的不断上升则成为一个更值得关注的问题。正如诺贝尔经济学奖得主罗伯特·卢卡斯所指出的:

一旦一个人开始思考(经济增长问题),他就不会再考虑其他任何问题。
(Lucas,1988)

本章将考察经济增长的一些基本事实。关于经济增长的基本事实有哪些?这些基本事实在发展中国家(包括中国)和发达国家有区别吗?经济学理论能解释这些事实吗?

一、趋同假设

从长期来看,世界绝大多数国家的经济都在不断增长。当经济增长速度大于人口增长速度时,人均产出(或人均收入)将会提高,而这意味着人们的生活水平将会得到改善。因此,研究经济增长时,通常考虑的是人均产出(或人均收入)的增长,而不是单纯的GDP增长。

(一) 趋同假设

首先给出趋同假设的定义。

【趋同假设】 所谓趋同假设,是指经济落后的国家有可能增长得更快,从而趋同于经济发达的国家。

在表3-1中,我们给出了美国、英国、德国、法国和日本自1950年以来的人均产出和经济增长率记录。之所以选择这五个国家,不仅因为它们在世界上具有超强的经济实力,而且因为它们的发展代表了发达国家第二次世界大战以来的经历。

我们的第一个发现是,所有五个国家都经历了十分强劲的经济增长,经济的增长明显大于人口的增长,这使得人均产量上升,人们的生活水平得以提高。例如,美国2014年的人均实际产出是1950年的4.9倍,德国的该数据是11倍,而日本是19.9倍。

第二,五个国家的人均产出增长率在1973年以后开始下降,这种下降在日本、德国和法国更为明显。

表 3-1 一些发达国家的经济增长

国家	人均产出增长率(%)			人均产出(美元)		
	1950—1973 年	1973—1998 年	1998—2014 年	1950 年	2014 年	2014 年/1950 年
法国	4.2	1.6	0.95	5150	42732	8.3
德国	4.9	1.8	1.39	4356	47821	11.0
日本	8.1	2.5	0.59	1820	36194	19.9
英国	2.5	1.9	1.44	6870	46331	6.7
美国	2.2	1.5	1.32	11170	54629	4.9

数据来源:Blanchard(2000);世界银行数据库,http://data.worldbank.org.cn/。

第三,五个国家的人均产出水平随时间的推移而趋同。例如,1950 年,日本的人均产量只有美国的 16%,而到了 2014 年,这一比例为 66%。这也意味着曾经落后的国家增长速度更快,正是这种更快的增长速度使得它们缩小了与最富裕国家之间的差距。

现在我们考察人均产出趋同这一现象是否能扩展到其他国家。首先,我们把视野扩大到经济合作与发展组织(OECD)国家。在图 3-1 中,我们画出了 OECD 国家 1950—1992 年平均人均产出增长率与最初 1950 年人均产出(GDP)水平之间的关系。可以发现,人均产出的初始水平和人均 GDP 增长率之间有明显的负向关系:1950 年时落后的国家增长得更快。尽管这一负向关系并不完美,但无论如何,我们不能否定,就大多数 OECD 国家而言,经济落后的国家,其经济增长速度更快,正是这种更快的增长速度使得它们缩小了与前沿国家的差距。这就是所谓的"趋同"。

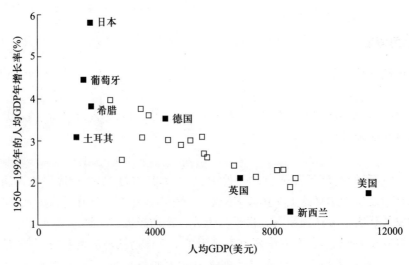

图 3-1 OECD 国家中的趋同

注:本图引自 Blanchard(2000)。

(二) 趋同假设的背离

现在让我们把考察对象扩大到世界范围。图 3-2 画出了 97 个国家和地区 1960 年的人均 GDP 水平与人均 GDP 增长率(1960—1992 年)的关系,其中包括亚洲、非洲和拉丁美洲中的一些最贫穷的国家。可以发现,所谓的趋同假设在更广泛的世界范围内并不存在。总体而言,1960 年,相对贫穷的国家并没有出现更快的经济增长。

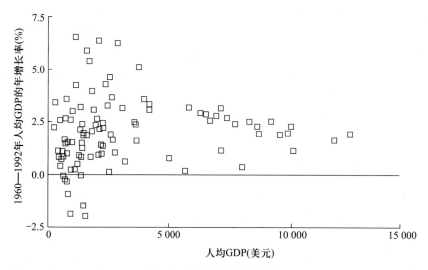

图 3-2 世界范围内的趋同

注:本图引自 Blanchard(2000)。

上述讨论让我们得出如下关于有条件趋同的假设:

【有条件的趋同】 经济落后的国家有可能增长得更快,从而使自己趋同于经济发达的国家。然而,趋同并不是一个普遍规律,趋同的实现必须满足一定的条件。

有条件的趋同(Conditional Convergence)意味着中国经济过去四十年来的高增长实际上并不是一个例外。有条件的趋同同时也给经济学家们提出了难题:趋同需要什么样的条件?

(三) 经济学家们的解释

对于有条件的趋同,经济学家 Barro(1997)等有各自的解释。首先,具有相似政治和经济体制的国家应该会有相似的储蓄率、折旧率以及与技术有关的一些参数,这决定了它们具有相同的人均产量的稳定状态,从而趋同就会发生:趋同过程实际上就是人均产量较低的国家向其稳定状态的移动。由于 OECD 国家在政治和经济制度上较为相同,因此趋同更有可能在 OECD 国家之间发生。其次,那些没有进入趋同的亚非拉贫穷国家由于其政治和经济体制的差异,储蓄率、折旧率和技术等区别较大,从而其人均产量的稳定状态落后于 OECD

国家。

但是,把能否趋同完全归因于政治和经济体制似乎过于简单。中国经济的崛起也一定程度上打破了这种猜想。中国的政治和经济体制在许多方面不同于现有的OECD国家。尽管过去四十年中国不断地朝着市场化方向进行经济体制的改革,但是作为社会主义市场经济,中国在许多方面仍保留着国有经济和强政府的特征。在政治体制上,中国与OECD国家的差别则更为明显。中国经济的崛起给世人展现了经济增长的另一种模式,而这足以引起研究经济增长和中国经济问题的学者们的关注与思考。与此同时,我们还想说明的是,许多OECD国家在其经济起飞时期,其经济体制并不完全和它们现在的体制一样。

我们还是要强调一点:尽管对于趋同的原因我们还不能完全明了,然而,有些事实却是肯定的。比如,社会环境的稳定是落后国家进入趋同行列、实现经济高速增长的前提条件。亚非拉一些最贫穷的国家社会环境的不稳定、军事政变和动乱的频繁发生严重阻碍了它们的经济增长。中国经济的高速增长显然也得益于自改革开放以来稳定的社会和政治环境。

二、人均收入转移矩阵

我们已经看到,尽管有一部分发展中国家能够以比发达国家更高的速度实现经济增长,最终进入趋同行列,而更多的国家则没有。那么,就大多数发展中国家而言,它们的经济增长(和发展)呈现出什么样的特征?具有什么样的基本事实?例如,在漫长的经济增长过程中,有多少发展中国家脱离了贫困?又有多少发展中国成功进入了高收入国家的行列?

(一) 绝对人均收入转移矩阵

表3-2中,我们借助Penn World Table(PWT)数据库收集了167个国家(或地区)1960—2010年的人均GDP数据[1],并且按人均GDP将它们划分为低收入(贫困)、中等收入和高收入国家(或地区),其中,高收入为人均GDP大于15220美元,中等收入为人均GDP在2418美元和15220美元之间,低收入为人均GDP小于2418美元。所有收入经购买力平价(PPP)折算后按2005年的美元衡量,其收入等级的划分也与联合国的划分基本一致。[2]

表3-2中的第二行表示,1960年,低收入国家(或地区)一共有78个,其中有37个(占47.44%)国家(或地区)到2010年时(即50年之后)仍然停留在低收入组别,即人均GDP小于2418美元,38个(占48.72%)国家(或地区)升入中等收入队列,3个(占3.85%)国家(或地区)更是跃入高收入俱乐部。表3-2中的第三行表示,1960年中等收入国家(或地区)一共有79个,其中有3个(占3.8%)到2010年退入低收入队列,39个(占49.37%)则仍然停留在中等收入队列,另外37个(占46.84%)则进入高收入俱乐部。就高收入国家(或地区)而言,1960年只有10个国家(或地区),2010年时全部留在高收入俱乐部,尽管该俱乐部的成员已由1960年的10个增加到2010年50个。

---

[1] 参见Feenstra, Inklaar and Timmer (2013)。

[2] 这里我们没有像联合国那样将中等收入区分为低中等收入和高中等收入,也没有像Han and Wei(2015)那样进一步将低收入区分为极低收入和低收入。对于部分1960年数据缺失的国家,我们用其1970年的数据代替。对于苏联加盟共和国,我们用其1990年的数据代替。这种代替对最后的结果并不具有实质性的影响。

表 3-2 人均收入转移矩阵

	低收入	中等收入	高收入	1960年加总
低收入	37 (47.44%)	38 (48.72%)	3 (3.85%)	78 (46.71%)
中等收入	3 (3.8%)	39 (49.37%)	37 (46.84%)	79 (47.31%)
高收入	0 (0%)	0 (0%)	10 (100%)	10 (6.00%)
2010年加总	40 (23.95%)	77 (46.11%)	50 (29.94%)	167 (100%)

数据来源：Penn World Table 数据库。

表 3-2 的结果表明，经过 50 年的发展，将近一半(48.72%)的低收入国家(或地区)成功转变为中等收入国家(或地区)，有 3 个甚至直接成为高收入国家(或地区)。同时，也有将近一半(46.84%)的中等收入国家(或地区)成功转变为高收入国家(或地区)。而 1960 年时的高收入国家(或地区)仍然属高收入国家(或地区)。

上述讨论似乎告诉我们，只要时间足够长(如 50 年)，收入组别的升级就是一个较大概率(近 50%)的事件。这也意味着，从更长远来看，所有非高收入组别的国家(或地区)最终都有可能进入高收入组别(Han and Wei,2015)。

(二) 相对人均收入转移矩阵

出现以上情况显然是因为我们将高收入的标准固定在 15220 美元。这样，只要 GDP 增长率大于人口增长率，人均 GDP 就会增长，从而经济体早晚要到达高收入的标准——人均收入 15220 美元。

由此可见，利用绝对收入标准来区分国家(或地区)的发展水平在长期是不合理的。一种更合理的考察方式是相对人均收入的转移。表 3-3 中，我们将所收集到的 167 个国家(或地区)按相对于美国人均收入的比例进行组别划分，其中，高收入组别为人均 GDP 大于美国人均 GDP 的 60%，中等收入组别为人均 GDP 在美国人均 GDP 的 10%至 60%之间，低收入组别则为人均 GDP 小于美国人均 GDP 的 10%。同样，所有收入水平经购买力平价(PPP)折算后按 2005 年的美元衡量。

现在我们看到，1960 年低收入组别一共有 56 个国家(或地区)，其中有 42 个(占 75%)到 2010 年时仍然停留在低收入组别，只有 13 个(占 23.21%)升入中等收入组别，1 个国家(占 1.79%)，即韩国进入了高收入俱乐部。表 3-3 中的第三行则表示，1960 年中等收入国家(或地区)一共有 90 个，其中有 17 个(占 18.89%)到 2010 年退入低收入组别，59 个(占 65.56%)仍然停留在中等收入组别，另外 14 个(占 15.56%)则进入高收入俱乐部。就高收入国家(或地区)而言，1960 年有 21 个国家(或地区)，2010 年时有 18 个(占 85.71%)继续留在高收入俱乐部，尽管该俱乐部的成员已由 1960 年的 21 个增加到 2010 年的 33 个。

表 3-3　相对人均收入转移矩阵

	低收入	中等收入	高收入	1960 年加总
低收入	42 (75%)	13 (23.21%)	1 (1.79%)	56 (33.53%)
中等收入	17 (18.89%)	59 (65.56%)	14 (15.56%)	90 (53.89%)
高收入	0 (0%)	3 (14.29%)	18 (85.71%)	21 (12.57%)
2010 年加总	59 (35.33%)	75 (44.91%)	33 (19.76%)	167 (100%)

由此可见，与绝对收入的转移相比，相对收入的转移概率明显下降。经过漫长的 50 年的发展，只有 13 个（占 23.21%）国家（或地区）从低收入国家（或地区）成功转变为中等收入国家（或地区）。同时，也只有 14 个（占 15.56%）国家（或地区）从中等收入国家（或地区）成功转变为高收入国家（或地区）。相反地，50 年后，继续滞留在原收入组别则是大概率事件，其概率从低到高分别为 75%、65.56% 和 85.71%。

三、贫困陷阱

上文提到，即使是经过 50 年的发展，贫困（或低收入）国家（或地区）继续贫困的概率是 75%，这就是发展经济学中的所谓"贫困陷阱"。

【贫困陷阱】 所谓贫困陷阱，是指当一个经济体的财富、人力资本和技术水平等发展要素的积累没有达到一个临界点时，经济体无法脱离贫困。

理论界关于贫困陷阱的研究由来已久，其基本思维是基于一种"临界点"的模式：在一个国家（或地区）经济起飞之前，财富、人力资本和技术进步等发展要素，应该积累达到一个临界点；超过临界点，则经济起飞；处于临界点以下，则经济停滞。

（一）贫困陷阱形成的机制

当一个国家的人均收入很低时，人们会将绝大部分收入用于消费，以维持基本的生存状态，从而储蓄率会非常低，缺乏用于发展工业化的资本积累，经济增长将出现停滞。有的时候，即使经济出现增长，其成果也可能会被加速增长的人口瓜分殆尽，使人均收入重回生存水平附近，无法摆脱贫困。

18 世纪末，马尔萨斯在《人口原理》一书中提出，对于贫困阶级，人均收入只要提高到生存水平之上，人口就将快速增长，从而降低人均收入，重回生存水平，即"贫困阶级之所以贫困，是因为无法摆脱人口陷阱"。

20 世纪 50 年代，Nelson(1956)发展了马尔萨斯的思想，构建了一个低收入水平下低储蓄率和低投资率的模型,从而发现收入、储蓄(或投资)和人口之间相互作用形成一种低水平均衡,即贫困陷阱,以此解释发展中国家的贫困:一个国家由于贫困,将继续贫困,因为它无法积累足够的资本以变得富有。之后关于贫困陷阱的研究大多基于该模型的思想。[①]

(二) "S"形储蓄率函数、生存性消费和门槛消费

很容易发现,上述关于贫困陷阱研究中的一个很重要的假设是:当收入很低时,储蓄率也非常低。这与经典的宏观经济学模型(包括新古典模型和凯恩斯主义模型)中假定储蓄率不变存在着本质的差别。那么,为什么当收入很低时,储蓄率也非常低?这一假定是否具有足够的微观基础?是否经得起经验检验?这是 Nelson(1956)之后理论界围绕贫困陷阱展开研究的一个主要内容。

一种可能途径就是假定储蓄率函数为"S"形。Sachs et al.(2004)认为在收入水平较低时,人们的储蓄率较低,但随着收入的提高,储蓄率有较大的提高。因此,储蓄率函数为"S"形。然而,Kraay and Raddatz(2007)的跨国实证研究并没有发现"S"形储蓄函数的存在。

内生的储蓄率模型从代表性家庭的消费和储蓄决策出发,不做非线性储蓄率函数的假设,而是引入生存性消费(Subsistence Consumption)的概念。Azariadis(1996)由此发现经济发展水平低于生存性消费水平是出现贫困陷阱的一个重要原因。Ben-David(1998)和Steger(2000)的研究也发现,在收入水平较低时,生存性消费限制了人们的储蓄,经济发展水平接近生存性消费水平的国家将跌入贫困陷阱。

Meysonnat et al.(2015)在生存性消费基础上,进一步引入门槛消费(Threshold Consumption)的概念,门槛消费作用于效用函数中的效用折旧率,从而在非线性的效用折旧率假设基础上构建模型。其政策内涵为:如果一个国家处在消极的低储蓄率水平,那么可以通过援助,使其转变为乐观的高储蓄率水平,从而摆脱贫困陷阱。

(三) 走出贫困陷阱

一般认为,常规的市场经济手段已经无法让一个处于生存水平的发展中国家走出贫困陷阱。如 Nelson(1956)所述,要逃离贫困陷阱,必须越过"门槛",在短期内大量投资,即投资规模需达到一个下限,称为"临界最小努力",低于这个下限的投资起不到推动经济持续增长和走出贫困陷阱的作用。显然,市场经济很难完成这样一种"临界最小努力"。

既然经济发展水平接近生存水平是储蓄率太低、无法积累工业资本和陷入贫困陷阱的根本原因,那么,外部援助和强行降低生存水平是提高储蓄率、积累工业资本和走出贫困陷阱的两个根本之道。现实中,美国第二次世界大战后的马歇尔计划帮助自己的许多盟国(如韩国、日本等)走出贫困陷阱;而新中国前三十年则通过计划经济和城乡分治等手段,强行降低了本国居民(特别是农村居民)的生存水平。从这个意义上说,新中国前三十年的经济发展战略并不是一无是处。正如习近平同志最近所指出的:不能用改革开放后的三十年否定新中国的前三十年。[②]

[①] 还有学者提出地理和制度因素也是造成贫困陷阱的主要原因,有关文献请参见 Bloom,Canning and Sevilla(2003)、Kraay and McKenzie(2014)、Jalan and Ravallion(2002)和 Acemoglu,Johnson and Robinson(2001)等。

[②] 参见中共中央党史研究室(2013)。

四、中等收入陷阱

中等收入陷阱的概念最早由世界银行的一份报告(Gill et al.,2007)提出。但围绕着中等收入陷阱,理论界仍存在着诸多争论。这些争论主要包括两个方面:第一是关于中等收入陷阱这一概念本身,第二是关于中等收入陷阱的原因。

(一) 中等收入陷阱的概念

按照 Gill et al.(2007)的报告,大多数发展中国家在进入中等收入阶段之后,经济增长速度明显下降,并长期徘徊在中等收入水平,由此首次提出了中等收入陷阱之概念。姚洋(2011)给出了支持性的证据:1980 年属于中等收入组的 71 个国家中,有 61 个国家到 2009 年仍停留在原来的组别或者下降到了更低的一组。其他相似的经验研究有 Eichengreen et al.(2012,2013)等。需要说明的是,世界银行等的研究只是提供了经验上的支持性证据,对中等收入的范围也只是做了一个大致上的规定,但对陷入中等收入陷阱的原因和机制尚缺乏科学合理的解释。由此,产生了一系列的争论。

关于中等收入陷阱这一定义本身,Han and Wei(2015)就指出,如果将高收入国家定义为人均收入超过某一定值,则由于总体而言任何一个国家的人均 GDP 都具有上升的趋势,从而它们早晚会加入高收入行列,因此,不存在绝对意义上的中等收入陷阱。正如表 3-2 所示,经过 50 年的发展,将近一半(46.84%)的中等收入国家(或地区)成功进入了高收入俱乐部。针对这一问题,有学者提出用相对收入来定义中等收入陷阱。例如,胡永泰(2011)就以一国人均收入占美国人均收入的比值来衡量收入水平。于是,所谓的中等收入陷阱就可定义如下:

【中等收入陷阱】 所谓中等收入陷阱,是指当一个发展中国家在经历了一段时期的高增长(高于发达国家人均 GDP 的增长),并进入中等收入水平之后,其增长动力开始减弱,从而使其人均 GDP 水平与发达国家之间的差距比例再也不能缩小。

我们把这种中等收入陷阱定义为相对意义上的中等收入陷阱。如前所述,如果绝对意义上的中等收入陷阱是一种小概率事件,则相对意义上的中等收入陷阱则是大概率事件。如表 3-3 所示,在 1960 年的 90 个中等收入国家(或地区)中,有 59 个(占 65.56%)仍然停留在中等收入组别,只有 14 个(占 15.56%)进入了高收入俱乐部。其中,又有许多是依靠石油等资源收入进入高收入俱乐部,而这些国家很难看成是发达国家。

(二) 对中等收入陷阱的质疑

然而,也有许多学者对中等收入陷阱的存在持否定观点,其中,最具代表性的观点来自巴罗(Barro,2016)。巴罗认为,中等收入陷阱理论是一个谜。无论是低收入向中等收入转移,还是中等收入向高收入转移,都是一种挑战,因为它们都将要求转移中的经济体以高于前沿国家经济增长率的速度增长。然而,"没有数据能够支持:在达到第一个转移目标的基础上,第二个转移比第一个转移更困难。正因为如此,中等收入陷阱与低收入陷阱没有区别"。郭熙保、朱兰(2016)也以"第二个转移不比第一个转移更困难"为理由,否定中等收入陷阱的存在。

仅仅以"第二个转移不比第一个转移更困难"为理由否定中等收入陷阱的存在并不一定合理。真正能够判断中等收入陷阱是否存在的标准,应该是这种转移是否困难,或者说,这种转移是大概率事件还是小概率事件。由于低收入陷阱(或贫困陷阱)在发展经济学中已经得到普遍承认,因此,即使第二个转移不比第一个转移更困难,但只要两者区别不大,或者说这种转移的成功仍然是小概率事件,那么我们就没有理由否定中等收入陷阱的存在。事实上,由表3-3可知,在50年的时间段内,从中等收入转移到高收入的概率只有15.56%,甚至低于低收入向中等收入的转移概率23.21%,明显是一个小概率事件。

否定中等收入陷阱研究的另一个理由是:从长期来看,任何一个国家的人均GDP都是增长的,从而最后都会进入高收入行列,因此研究中等收入陷阱没有意义。显然,这样一种观点所可能造成的后果是:发展中国家将放弃赶超发达国家的战略意图,由此而固化世界收入分配上的利益格局。对于像中国这样希望赶超发达国家的发展中大国而言,这样一种对中等收入陷阱的理解是不能接受的。

(三)中等收入陷阱形成的原因

理论界对中等收入陷阱形成的原因有着各种不同的解释,大致可以概括为如下几个方面:

第一,发展战略的失误。林毅夫、蔡昉、李周(1999)提出发展中国家在制定发展战略时需要充分考虑自身的要素禀赋条件,按照比较优势来选择适当的产业结构。例如,发展中国家的一大特点是劳动力资源充裕,从而发展劳动密集型产业,充分利用自身充裕的劳动力资源参与国际分工,能够比较容易取得成功,反之,追求资本密集型产业的赶超战略则往往会导致失败,拉美的教训就是值得借鉴的。这种观点在很长一段时期内得到了广泛认可,然而,比较优势战略是否可以解释拉美的停滞还有待进一步的探讨。江时学(1996)强调,拉美执行进口替代战略是特定的国际和国内背景的产物。更为重要的是,传统的比较优势战略只强调劳动密集和资本密集,忽略了知识密集,而体现为知识密集的技术进步才是发展中国家跨越中等收入陷阱的前提条件。

第二,制度缺陷。不利于经济增长的制度是拉美经济停滞的重要原因(Acemoglu et al.,2001)。胡永泰(Woo,2009)的研究发现,马来西亚在马来民族统一机构(简称巫统)执政时期采取的歧视性政策对长期经济缓慢增长负有重要责任。例如,为了提高马来人的经济地位,对华人投资采取一系列的限制措施。印度尼西亚的苏哈托家族长期垄断国内主要的经济部门,裙带关系盛行,严重阻碍了经济增长。刘世锦、徐伟(2011)通过全面总结拉美、南亚和中东欧转轨国家的经验,发现从中等收入向高收入阶段突破的关键在于克服一些制度障碍,他们称其为"制度高墙"。

第三,不良的宏观管理措施。拉美许多国家曾多次爆发货币危机和债务危机,严重扰乱了国内经济秩序,这可能是造成经济缓慢增长的重要原因。这种情况也同样出现在部分南亚国家。一些学者强调,拉美的宏观管理水平低下是危机发生的重要原因(谢亚轩等,2011)。然而,与拉美国家形成对照,韩国在1997年金融危机中同样遭受了打击,但其后却得到了较快的恢复。

第四,分配差距和社会因素。几乎所有关于中等收入陷阱的讨论都关注了收入分配问题。蔡洪斌(2011)认为收入分配的恶化会导致社会阶层固化,不利于穷人投资于人力资本。孙立平(2012)也有类似的观点。卡拉斯(2011)估算了部分国家的中产阶级规模,认为中产阶级是扩大国内消费需求的主力,分配差距过大不利于社会稳定,会阻碍经济增长。

第五,产业结构。大野健一(Ohno,2009)在重点考察了东亚国家和地区的经验之后,强调产业结构升级(即在国际产业分工链中,由低附加值向高附加值生产环节的转变)是避免陷入中等收入陷阱的关键,并特别强调合理的政策引导和适当的干预有助于完成这种转变。马晓河(2010)认为发展中国家,特别是中国,在经历了劳动密集型产业的长期发展之后,能否实现产业结构升级是跨越中等收入陷阱的决定性因素。他认为,中国在进入中等收入阶段以后,现有主导产业的比较优势会明显下降,产业国际竞争力也会大幅度下滑,这是因为有更多的低收入国家开始参与国际竞争,而中国要进入高附加值行业又面临很多困难,从而在国际竞争中出现"两头受挤压的情形"。

(四) 从技术进步的视角看中等收入陷阱

技术进步是推动一个国家经济长期增长的关键力量。技术进步主要体现为干中学(Arrow,1962;Romer,1986;Stokey,1988)、知识资本的积累(Romer,1990)和人力资本的积累(Lucas,1988)等。就发展中国家而言,技术进步还可以通过技术引进(而非自主研发)予以实现(Acemoglu et al.,2006;Vandenbussche et al.,2006)。尽管技术进步如此重要,相关文献也十分丰富,但在对中等收入陷阱的研究中,明显对技术进步仍不够重视,有些文章虽然提到了技术进步,但并没有对其进行深入分析,更没有用到规范的数学模型。

然而,我们认为发展中国家的发展本身是分阶段的。忽略技术进步,特别是自主研发型技术进步也许在发展的初期(或低收入阶段)确实情有可原,但随着剩余劳动力的逐渐消化,以及技术水平逐渐接近前沿,不仅经济增长的动力只能来自技术进步,而且引进技术的空间将越来越小。此时,唯有自主研发型的技术进步才是经济继续保持增长的动力(龚刚等,2013)。

事实上,前文所说的产业结构升级根本上取决于一国的自主研发能力:没有自主研发能力,其在国际产业分工链中的定位只能是低附加值。因此,尽管政策、制度和宏观经济管理等因素均有可能成为发展中国家经济增长的障碍,但长期过分依赖技术引进、缺乏自主研发是很多发展中国家陷入中等收入陷阱的根本原因。而且事实上,政策、制度和宏观经济管理等因素通常也是通过影响技术来影响经济的,例如,能否为自主研发和创新提供足够的激励是衡量制度的重要标准。在本书的第十九章,我们将从技术进步的视角讨论中国是否能够以及如何跨域中等收入陷阱。

参考文献

蔡洪斌(2011):社会流动性与中等收入陷阱,《企业观察家》,第3期,58—59。

龚刚(2016):论新常态下的供给侧,《南开学报》,第2期,13—20。

龚刚等(2013):从技术引进走向自主研发——论新阶段下的中国经济增长方式,《经济学动态》,第5期,16—26。

郭熙保、朱兰(2016):"中等收入陷阱"存在吗?——基于统一增长理论与转移概率矩阵的考察,《经济学动态》,第10期,139—154。

胡永泰(2011):其他国家特别是东亚各国追赶型增长对中国的启示,"亚行-中国论坛,从中等收入到高收入之旅:中等收入转型的机遇与挑战"会议打印稿,2011年3月。

江时学(1996):拉美进口替代工业化发展模式的演变,《拉丁美洲研究》,第4期,8—14+36+63—64。

卡拉斯(2011):增加国内消费和壮大中产阶层,载于林重庚、迈克尔·斯宾塞《中国经济中长期发展和转型:国际视角的思考与建议》,北京:中信出版社。

林毅夫(2003):技术创新、发展阶段与战略选择,《经济参考报》,2003年9月3日。

林毅夫、蔡昉、李周(1999):《中国的奇迹:发展战略与经济改革》,上海:上海人民出版社。

刘世锦、徐伟(2011):"陷阱"还是"高墙":中国经济面临的真实挑战与战略选择,《中国经济时报》,2011年6月19日。

马尔萨斯,T.(2012):《人口原理》,北京:商务印书馆。

马晓河(2010):迈过"中等收入陷阱"的需求结构演变与产业结构调整,《宏观经济研究》,第11期,3—11。

孙立平(2012):"中等收入陷阱"还是"转型陷阱"?,《开放时代》,第3期,125—145。

习近平(2013):在十八届中央政治局第九次集体学习时的讲话(2013年9月30日),载于中共中央文献研究室编《习近平关于科技创新论述编摘》,北京:中央文献出版社。

谢亚轩等(2011):《1980年代拉美债务危机的历史启示》,招商证券研究报告,2011年8月。

姚洋(2011):中等收入陷阱不是臆想,《南风窗》,第17期,8。

张德荣(2013):"中等收入陷阱"发生机理与中国经济增长的阶段性动力,《经济研究》,第9期,17—29。

中共中央党史研究室(2013):正确看待改革开放前后两个历史时期——学习习近平总书记关于"两个不能否定"的重要论述,《人民日报》,2013年11月8日。

Acemoglu, D., P. Aghion and F. Zilibotti (2006): Distance to Frontier, Selection, and Economic Growth, *Journal of the European Economic Association*, Vol. 4(1), 37-74.

Acemoglu, D., S. Johnson and J. A. Robinson (2001): The Colonial Origins of Comparative Development: An Empirical Analysis, *American Economic Review*, Vol. 91, 1369-1401.

Arrow, K. J. (1962): The Economic Implication of Learning by Doing, *The Review of Economic Studies*, Vol. 29, 155-173.

Azariadis, C. (1996): The Economics of Poverty Traps Part One: Complete Markets, *Journal of Economic Growth*, Vol. 1, 449-486.

Barro, R. (1997): *Macroeconomics*, 5th edition, Cambridge: MIT Press.

Barro, R. (2016): Economic Growth and Convergence, Applied Especially to China, *NBER Working Paper* No. 21872.

Ben-David, D. (1998): Convergence Clubs and Subsistence Economies, *Journal of Development Economics*, Vol.55, 155-171.

Blanchard, O.J. (2000): *Macroeconomics*, 2nd edition, New York: Prentice Hall.

Bloom, D.E., D. Canning and J. Sevilla (2003): Geography and Poverty Traps, *Journal of Economic Growth*, Vol.8(4), 355-378.

Eichengreen, B., D. Park and K. Shin (2012): When Fast-growing Economies Slow Down: International Evidence and Implications for China, *Asian Economic Papers*, Vol.11(1), 42-87.

Eichengreen, B., D. Park and K. Shin (2013): Growth Slowdowns Redux: New Evidence on the Middle-income Trap (No.w18673), National Bureau of Economic Research.

Feenstra, R.C., R. Inklaar and M.P. Timmer (2013): The Next Generation of the Penn World Table, available for download at www.ggdc.net/pwt.

Gali, J. (1999): Technology, Employment and the Business Cycle: Do Technology Shocks Explain Aggregate Fluctuations? *American Economic Review*, Vol.89, 249-271.

Gill, I.S., H.J. Kharas and D. Bhattasali (2007): *An East Asian Renaissance: Ideas for Economic Growth*, Washington D.C.: World Bank Press.

Han, X.H. and S.J. Wei (2015): Re-examining the Middle-income Trap Hypothesis: What to Reject and What to Revive, *ADB Working Paper Series*.

Jalan, J. and M. Ravallion (2002): Geographic Poverty Traps? A Micro Model of Consumption Growth in Rural China, *Journal of Applied Econometrics*, Vol.17(4), 329-346.

Kraay, A. and C. Raddatz (2007): Poverty Traps, Aid, and Growth, *Journal of Development Economics*, Vol.82, 315-347.

Kraay, A. and D. Mckenzie (2014): Do Poverty Traps Exist? *Social Science Electronic Publishing*, Vol.28, 127-148.

Lucas, R.E. (1988): On the Mechanism of Economic Development, *Journal of Monetary Economics*, Vol.22, 3-42.

Meysonnat, A., J. Muysken and A. Zon (2015): Poverty Traps: The Neglected Role of Vitality, *United Nations University Working Papers* No.052.

Nelson, R. (1956): A Theory of the Low-level Equilibrium Trap in Underdeveloped Economies, *The American Economic Review*, Vol.46(5), 894-908.

Ohno, K. (2009): Overcoming the Middle Income Trap: The Challenge for East Asian High Performers, *Working Paper*, Presented at WB Conference.

Romer, P.M. (1986): Increasing Returns and Long-run Growth, *Journal of Political Economy*, Vol.94, 1002-1037.

Romer, P.M. (1990): Endogenous Technological Change, *Journal of Political Economy*, Vol.98(5), 71-102.

Sachs, J.D., J.W. McArthur and G. Schmidt-Traub (2004): Ending Africa's Poverty Trap,

Brookings Papers on Economic Activity, Vol.1, 117-240.

Solow, R.M. (1956): A Contribution to the Theory of Economic Growth, *Quarterly Journal of Economics*, Vol.70, 65-94.

Steger, T. (2000): *Economic Growth with Subsistence Consumption, Transitional Dynamics and Economic Growth in Developing Countries*, Springer.

Stokey, N. L. (1988): Learning by Doing and the Introduction of New Goods, *Journal of Political Economy*, Vol.96(4), 701-717.

Vandenbussche, J., P. Aghion and C. Meghir (2006): Growth, Distance to Frontier and Composition of Human Capital, *Journal of Economic Growth*, Vol.11(2), 97-127.

Woo, W.T. (2009): Getting Malaysia Out of the Middle-income Trap, *University of California at Davis, Working Paper*.

Wu, H.X. (2014): China's Growth and Productivity Performance Debate Revisited, *The Conference Board Working Papers*, EPWP1401.

第四章 哈罗德模型——古典动态分析

如前文所述,宏观经济学分析通常是动态分析。如果要追根溯源,有关动态经济学的研究最早可以追溯到哈罗德在 1939 年所作的贡献(Harrod,1939)。哈罗德在 1939 年所发表的"动态理论随笔"开创了经济学研究从静态分析向动态分析转变的先河;在哈罗德以前,很少有人对经济的动态现象有过系统的研究。[①]从这个意义上说,哈罗德无疑是宏观动态分析之父。正因为如此,在对现代宏观经济学理论进行系统介绍之前,我们首先介绍哈罗德理论。

一、哈罗德模型

和凯恩斯一样,哈罗德并没有利用数学模型来解释他的理论。这里所列出的公式是后人对他的理论所作的一种数学解释。[②]

(一) 产品市场

假定我们所考察的经济社会是一个简单经济,因此,总需求(或产量)Y_t 可以写成

$$Y_t = C_t + I_t \tag{4.1}$$

其中,C_t 为家庭消费,I_t 为企业投资。假定家庭的消费函数可以表示为

$$C_t = (1-s)Y_t \tag{4.2}$$

这里,$s \in (0,1)$ 为储蓄率。

设经济社会的潜在产出(或生产能力)Y_t^p 由社会总资本(由厂房、机器等固定资产构成)通过如下公式决定:

$$Y_t^p = AK_{t-1} \tag{4.3}$$

其中,$A \in (0,1)$ 称为资本系数(或产量-资本比,即单位资本的产量)。

这里需要说明两点:第一,我们令资本系数 A 小于 1 意味着由投资所形成的资本回报不可能在一期内实现,或一期内其所产生的 GDP 不可能大于投资额本身,即使其产能得以充分利用。第二,根据公式(4.3),我们假定 $t-1$ 的资本存量 K_{t-1} 按 $t-1$ 期的期末(即 t 期的期初)存量衡量,从而它为 t 期的生产提供产能 Y_t^p。在以后的讨论中,我们将把由公式(4.3)所描述的生产函数定义为 AK 生产函数,让它与现代经济学中流行的柯布-道格拉斯(Cobb-Douglas)生产函数相区别。

给定经济体的生产能力 Y_t^p,产能利用率 U_t 可定义为

$$U_t = \frac{Y_t}{Y_t^p} \tag{4.4}$$

[①] 参见 Hahn and Matthews(1964) 和 Solow(1994)。
[②] 参见 Sen(1967)、Gong(2001)和龚刚(2009)。

经济社会的资本则通过投资不断积累，即

$$K_t = (1-d)K_{t-1} + I_t \tag{4.5}$$

其中,$d \in (0,1)$为折旧率。由于投资通过公式(4.5)的资本积累创造产能,以弥补可能的产能不足,因此,投资必与产能利用率U_{t-1}相关,即

$$\frac{I_t}{K_{t-1}} = -\xi_0 + \xi_u U_{t-1} \tag{4.6}$$

其中,$\xi_0 > 0, \xi_u > 0$。公式(4.6)意味着产能利用率越高,市场需求越旺,越容易引发企业家们的投资热情,从而投资率I_t/K_{t-1}就越高。$\xi_0 > 0$则意味着只有当U_{t-1}达到一定程度,如$U_{t-1} > \xi_0/\xi_u$时,企业追加投资才成为可能。

(二) 劳动力市场

以上我们讨论了产品市场,接下来我们将讨论劳动力市场。按照哈罗德理论,在给定的资本设备下,对劳动力的需求L_t取决于产量Y_t,从而我们有

$$L_t = \frac{1}{A_t} Y_t \tag{4.7}$$

其中,A_t可以理解为劳动生产力,即单位劳动力的产量。显然,公式(4.7)意味着:给定所需要生产的产量Y_t,劳动生产力A_t越高(或技术越先进),对劳动力的需求L_t也就越少。

可以看到,与资本系数A所不同的是,劳动生产力A_t是一个变量,从而是可以提高的,这意味着在哈罗德模型中技术进步反映为劳动生产率A_t的提高。假定技术(或劳动生产力)按一个外生给定的增长率x增长,于是,

$$A_t = (1+x)A_{t-1} \tag{4.8}$$

此外,劳动力供给L_t^s也为外生,并按一固定增长率增长:

$$L_t^s = (1+n)L_{t-1}^s \tag{4.9}$$

其中,n为外生给定的劳动力供给增长率。

(三) 模型背后的经济学逻辑

公式(4.1)—(4.9)构成了哈罗德模型的基本结构。在对模型进行分析之前,我们有必要说明如下几个要点:

第一,就生产技术而言,模型中产量、劳动力和资本之间的投入-产出关系完全由(A, A_t)进行描述,技术进步反映为劳动生产率A_t的提高,而资本系数A(即每单位资本的潜在产出)维持不变。显然,这样一种对生产技术的描述有别于现代经济学中常用的柯布-道格拉斯生产函数。然而,资本系数长期保持稳定并非与事实不符,它是卡尔多关于经济增长的五大特征化事实之一。① 此外,我们将在本书的第十二章中论证:即使使用柯布-道格拉斯生产函数,哈罗德模型的基本结论也不会改变。②

第二,就经济变量的决定方式而言,模型暗含着企业实际所生产的产量由需求决定的假设,也就是说,模型中的Y_t既表示总需求,也表示企业实际所生产的产量。这样一种产量的

---

① 参见 Kaldor(1961)。
② 有关讨论请参见 Gong and Gao(2017)。

决定方式不同于新古典生产函数下的产量决定方式,但与凯恩斯有效需求理论下的产量决定方式是一致的。众所周知,凯恩斯有效需求理论下的产量决定方式同时隐含着一个乘数过程。我们将在本书的第十章中对此作更详细的讨论。

第三,模型中对劳动力的需求由公式(4.7)给出。公式(4.7)意味着在给定的技术条件下,对劳动力的需求完全取决于产量:产量越大,对劳动力的需求就越大;与此同时,就生产同样单位的产量而言,技术越先进,劳动力的使用就越节约,反之亦然。所有这一切看上去都合情合理,然而,它却缺少了工资这一在现代主流经济学中不可或缺的对劳动力就业的影响因素。那么,为什么工资对就业就没有影响呢?我们可以举例说明如下。

【举例】 假定企业的生产技术为一条生产线,让生产线正常运转需要50个工人同时在岗操作,该生产线运转1个小时能生产250箱产品。按照企业目前所获得的市场订单,企业每星期需生产10000箱,企业现有生产线工人50人,工资为每人每星期1000元。显然,为完成10000箱的生产任务,生产线每星期需要运转40个小时,从而企业现有生产线上的工人也需要工作40个小时。上述例子意味着,给定生产技术(生产线),对劳动力的需求(50人,每人工作40个小时)完全取决于产量(10000箱)。现假定有人愿意以更低的工资如每星期800元到生产线上工作,那么企业会增加就业吗?显然不会!为使生产线开工40个小时,每星期生产10000箱,企业只需50人。当然,企业可能会以800元的工资雇用此新人,但会解雇一名现有员工,使总就业人数不变。

由此可见,在给定生产技术和产量的情况下,企业对劳动力的需求与劳动力价格——工资——无关。事实上,整个哈罗德模型并没有引入工资和价格。这与主流经济学工资决定劳动力需求的理论不相一致。关于工资与就业之间关系的讨论,我们以后还会逐步展开。

第四,公式(4.1)—(4.9)中的关键变量是投资 I_t。投资不仅通过公式(4.3)和(4.5)创造了产能 $Y_t^p = A[(1-d)K_{t-2} + I_{t-1}]$,同时也通过公式(4.1)和(4.2)决定了总需求 $Y_t = (1/s)I_t$。总需求的增加意味着产量的增加,进而增加了就业[见公式(4.7)]。尽管哈罗德并没有给出具体的投资函数,但其分析则暗含着:投资与总需求正相关,与产能负相关。换言之,投资取决于设备利用率[见公式(4.6)]。需要说明的是,这样一种投资的决定方式(或投资函数)并非没有微观基础。龚刚、林毅夫(2007)通过构建一个关于投资行为的动态优化模型论证了:当不存在金融方面的约束时,投资方程可以写成如公式(4.7)所示的形式。本书的第十二章也将对此予以介绍。

二、哈罗德模型的均衡和稳定性分析

接下来,我们将对哈罗德模型进行具体分析。

(一) 保证增长率——产品市场的均衡

哈罗德模型中,产品市场的供需均衡反映在 Y_t 和 Y_t^p 的比较上。为此,哈罗德首先引入了保证增长率之概念。

【保证增长率】 所谓保证增长率,是指当供给等于需求(即 $Y_t = Y_t^p$)时,经济社会所体现的增长率。

现推导这一增长率。将公式(4.2)代入(4.1),得

$$Y_t = \frac{1}{s} I_t \tag{4.10}$$

显然,公式(4.10)反映了投资通过乘数效应决定总需求,并进而决定总产量。进一步令 $Y_t = Y_t^p$,即产品市场出清,由公式(4.3)和(4.10)得

$$\frac{1}{s} I_t = A K_{t-1} \tag{4.11}$$

将公式(4.5)两边同时除以 K_{t-1},可得

$$k_t = -d + \frac{I_t}{K_{t-1}} \tag{4.12}$$

这里,$k_t \equiv (K_t - K_{t-1})/K_{t-1}$ 为资本增长率(同时也是产能 Y_t^p 的增长率,从而在 $Y_t = Y_t^p$ 条件下,也是产量 Y_t 的增长率)。把产品市场的均衡条件(4.11)代入公式(4.12),我们得到

$$k_t = sA - d \tag{4.13}$$

由此,保证增长率为一常数 $sA - d$。

显然,保证增长率是一种理想状态,它反映了产品市场供求关系平衡条件下经济的增长速度。当实际的经济增长率偏离保证增长率时,社会的供求将趋于不平衡。因此,从某种程度上讲,保证增长率是社会所应追求的合理的增长率。事实上,在计划经济时代,保证增长率也通常被政府作为编制计划的参考指标。

(二) 刀刃问题——产品市场的非稳定性

在提出了保证增长率这一概念后,哈罗德开始进一步考虑在没有政府干扰的情况下,经济社会是否可能因自己的内生增长机制而自动趋于保证增长率。在哈罗德看来,这似乎不可能,相反地,当经济稍微偏离这一增长率(或供求稍有不平衡)时,它将离均衡越来越远。

例如,当经济有某种程度的过热时,实际增长率高于保证增长率。此时,企业看好市场前景,因而会加大投资。然而,企业的投资不仅会提升自己的生产能力,同时也增加了整个社会的总需求。而且,由于 $A < 1$,而 $1/s > 1$,因此,从宏观角度讲,由投资增加 ΔI 所创造的总需求增加 ΔY 要大于它所增加的产能 ΔY^p,这样,经济的过热将会扩大。而过热的经济将促使企业更进一步地加大投资力度,使得经济社会离供需平衡越来越远。相反地,如果经济社会出现供过于求,则投资将会减少。而投资的减少也同样会减少总需求,而且总需求的减少将大于产能的减少。于是,供过于求的非均衡将进一步扩大。哈罗德把这一现象称为刀刃问题。

从数学角度讲,所谓刀刃问题实际上意味着哈罗德模型是不稳定的。现在我们对此进行数学分析。由公式(4.3)、(4.4)和(4.10),我们有

$$U_t = \frac{I_t}{sAK_{t-1}}$$

将投资函数(4.6)代入,我们得到由模型的结构方程转换而来的标准的一维动态系统:

$$U_t = -\frac{\xi_0}{sA} + \frac{\xi_u}{sA} U_{t-1} \tag{4.14}$$

现在让我们对该动态系统进行分析。令 $U_t = U_{t-1} = \overline{U}$,其中,$\overline{U}$ 为 U_t 的稳定状态,公式(4.14)让我们得到

$$\overline{U} = \frac{\xi_0}{\xi_u - sA} \tag{4.15}$$

显然,为了使公式(4.15)中的 $\overline{U}$ 为正值,$\xi_u > sA$ 必须成立,从而公式(4.14)中的 $\xi_u/(sA) > 1$。这实际上意味着系统(4.14)是不稳定的。图 4-1 给出了 U_t 的变化轨迹,图中 $U_t = i(U_{t-1})$ 即为公式(4.14)。

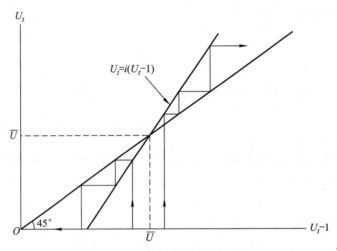

图 4-1 哈罗德模型中的刀刃问题

(三) 自然增长率——劳动力市场的均衡

上述分析是针对哈罗德模型中的产品市场,接下来我们将考察模型中的劳动力市场。为此,哈罗德首先为我们引入了自然增长率的概念。

【自然增长率】 在哈罗德模型中,所谓自然增长率是指当劳动力供给等于劳动力需求(或劳动力市场出清)时经济社会所体现的 GDP 增长率。自然增长率约等于劳动力供给增长率和技术增长率之和。

现推导这一增长率。令

$$L_t = L_t^s \tag{4.16}$$

即劳动力市场出清。使用公式(4.7)解释上式中的 L_t,我们得到

$$Y_t = A_t L_t^s \tag{4.17}$$

将 Y_t 写成 $Y_t = (1+y_t)Y_{t-1}$,其中,y_t 为产量 Y_t 的增长率,并同时将公式(4.8)和(4.9)代入以解释 A_t 和 L_t^s,于是,公式(4.17)可进一步写成

$$(1+y_t)Y_{t+1} = (1+x)A_{t-1}(1+n)L_{t-1}^s \qquad (4.18)$$

由公式(4.17)可知,$Y_{t-1} = A_{t-1}L_{t-1}^s$,将其代入公式(4.18),得到

$$1+y_t = (1+x)(1+n) \qquad (4.19)$$

公式(4.19)意味着按总值增长率(Gross Growth Rate)衡量①,自然增长率等于技术增长率和人口增长率之积。公式(4.19)可进一步写成

$$y_t = x + n + xn \qquad (4.20)$$
$$\approx x + n$$

由此我们看到,自然增长率也为一常数,约等于人口(或劳动力)增长率和技术增长率之和。当经济增长率大于自然增长率时,就业市场上会形成过剩的需求;反之,失业问题就会产生。

(四) 非平衡增长问题

上述分析让我们看到,为了使产品市场得以出清,经济社会需按保证增长率 $sA-d$ 增长,而为了使劳动力市场出清,经济社会需按自然增长率 $x+n+nx$ 增长。于是,即使我们假定经济按照保证增长率增长(即忽略刀刃问题),除非

$$sA - d = x + n + nx \qquad (4.21)$$

能够成立(即自然增长率等于保证增长率),我们仍然会有劳动力市场的非均衡问题存在。而现实中,我们没有理由相信公式(4.21)中的各项常数会恰好使得等式两边相等。这就产生了产品市场和劳动力市场之间的非平衡增长问题。

三、对哈罗德理论的批判与反批判

我们已经对哈罗德模型进行了介绍和分析。可以看到,哈罗德模型无疑是一个极为简单的宏观动态模型。也正是由于这种简单,使得它存在着许多不足,遭受到众多的批判。事实上,随着时间的流逝,哈罗德模型已渐渐淡出了学术界的视野,主流经济学教科书已很少提及哈罗德理论。然而,正如我们将要看到的,哈罗德理论仍然具有极强的生命力。

(一) 对哈罗德理论的批判

哈罗德模型无疑是一个极为简单的宏观动态模型。也正是由于这种简单,使得它存在着许多不足,受到了众多的批判,最终在主流经济学中逐渐消失。

通过引入经济社会的供给侧,哈罗德的分析可以很自然地被认为是对只注重需求分析的凯恩斯理论的补充。然而,很遗憾的是,尽管引入供给侧使经济产生了动态,但此种动态却是不稳定的。这与现实中我们所观察到的经济现象并不一致。现实中,尽管经济是波动的,但这种波动通常围绕着某个中心(或稳定状态),而不至于发散和扩大。正因为如此,哈

---

① 所谓总值增长率就是指增长率加1,即本期产量与上一期产量之比。

罗德模型本身并不能真正解释经济的波动及增长现象,它的作用仅仅在于揭示当我们研究经济动态或经济增长问题时可能遇到的几个不解之谜,如刀刃问题和非平衡增长问题等。从某种程度上说,哈罗德的贡献更在于抛砖引玉,以激发经济学家们对动态经济理论的研究热情。例如,索洛本人就承认他的新古典增长理论是为了解决哈罗德的非平衡增长问题(Solow,1956),尽管我们将会看到,索洛的解决方案已经完全背离了哈罗德的理论框架。

然而,主流经济学对哈罗德理论所采取的"一棍子打死"的做法是否值得商榷?难道哈罗德理论就没有值得我们借鉴的地方吗?

(二) 反批对哈罗德理论的批判

哈罗德模型本身不能解释经济动态也许是因为其模型结构过于简单。哈罗德模型讨论了产量、投资和劳动力需求等的数量类决定方式,这些决定方式都高度符合凯恩斯的有效需求理论,与新古典理论相比,它们具有更好的现实基础。然而,哈罗德模型并没有引入相关的价格因素,如产品价格、资本价格(即利率)和劳动力价格(工资)等。也就是说,该模型只有非稳定机制,即投资调整,而没有稳定机制,如价格调整。与此同时,模型对于技术(A,A_L)的描述也过于简单,不能反映出劳动力和资本之间的替代关系。正是模型的这种简单化,才使得模型产生了刀刃问题和非平衡增长问题等匪夷所思的现象。

如果我们认可哈罗德模型中的数量类变量(如产量、投资和就业等)的决定方式,那么,解决哈罗德不解之谜的一种正确做法是:在哈罗德模型中引入价格类稳定机制,并且在生产函数中容许劳动力和资本之间的替代——这才应该是解决哈罗德之谜的正确方案。但主流经济学却采取了"一棍子打死"的做法,这实际上是将哈罗德模型所揭示的精华部分也一并掩盖住了,例如,哈罗德的刀刃问题为我们揭示了经济社会存在着的某种非稳定机制。很多经济学家认为,通过价格的调整,经济体本身是可以渐进稳定的,从而价格的调整可以看成是一种稳定机制。正因为如此,经济的波动(或商业周期)只能来自外生冲击。然而,在我们承认价格调整这一稳定机制的同时,经济体内是否还存在着其他机制以破坏经济的稳定?而事实上,早在1939年,哈罗德就已经通过其"刀刃问题"为我们揭示了非稳定机制的存在。正如我们所看到的,这一非稳定机制就是企业的投资调整。

遗憾的是,哈罗德这一最为主要的贡献却被当代经济学家无情抛弃了:大量代表性的主流宏观模型甚至都没有独立的投资函数;在这些模型中,投资被简单地规定为等于储蓄。然而,投资无疑是最为重要和最为复杂的宏观经济变量:投资不仅创造了供给,同时也创造需求;与此同时,决定投资的经济要素也最为繁杂,既有市场需求,也有金融和技术要素等;现实中,投资的波动也远大于消费的波动。对于如此重要的宏观经济变量,主流经济学却做出了如此草率的处理(令其简单地等于储蓄),实在是经济学研究的一大缺憾。更为可惜的是,对于哈罗德投资调整这一非稳定机制的漠视,使得主流经济学家很自然地认为经济社会只有稳定机制,而没有非稳定机制,从而经济社会必然是内生稳定的,于是,政府对于经济的宏观稳定就没有必要。事实上,正如我们将要在第十四章所揭示的,经济社会之所以没有出现如哈罗德所描述的"刀刃问题",其原因就在于稳定机制的存在,包括政府宏观稳定,而当我们剥离了政府的宏观稳定政策时,刀刃问题将会重现。

(三) 长期和短期

哈罗德模型没有引入价格也许可以解释为"价格假定不变",在许多经济学家看来,这和资本与劳动力之间的不可替代一起构成了经济社会的短期现象。短期内(甚至中期内)价格和生产技术的调整有可能是不变的,或者呈现出某种程度的黏性和时滞,这样,无论是产品市场还是就业市场都有可能存在非均衡。然而,在长期内,价格和生产技术等都能得到充分的调整。价格和生产技术的这种调整将使得经济在长期内不可能过分地偏离市场的均衡。例如,当劳动力市场出现供过于求时,短期内工资受合约的保护不能下调,而生产技术也是不能改变的;然而在长期中,工资合约需要重新签订,而企业也可以利用设备更新的机会重新选择新的生产技术,这样,劳动力市场上的供过于求必然会使实际工资在长期内下跌,从而使企业选择劳动密集型的生产技术,于是,其他情况不变,企业对劳动力的需求就会上升。[1] 同样,产品价格的调整也能在很大程度上修复市场的失衡。

退一步讲,即使我们不能假定价格和工资的调整在长期内能使产品和劳动力市场都得以出清,我们至少可以假定通过价格和工资的调整,经济在长期内不可能过分地偏离市场的均衡。我们得出这一假定的另一个理由是政府的作用:政府可以通过需求管理型的宏观经济政策对经济进行调控,而调控的目的也是修复产品市场的失衡。

经济的这种长期特征意味着当研究经济增长这一长期问题时,也许可以忽略需求而仅关注于供给,这将使我们能更为容易地抓住推动经济增长的一些关键性因素,如技术进步等。而下一章所要介绍的索洛模型正是此种只注重供给而忽略需求的典范。

然而,我们不得不说,忽略需求无论如何也是一种简化:它能使我们摆脱因同时考虑供给和需求而带来的复杂性。显然,这种简单化的分析方法并不意味着我们应该排斥那些同时考虑供给和需求的经济增长模型。事实上,我们认为,这种仅考虑供给的经济增长模型在某些情况下很难解释一些特殊的经济增长现象,如中国和其他发展中国家的经济增长。[2]

其实,哈罗德将他的开创性论文命名为"动态理论的一个研究"。在现代经济学中,所谓"动态理论"既可以是经济增长理论也可以是商业周期理论,这意味着哈罗德本人并未将他所研究的问题局限于经济增长问题。以现代宏观经济学的研究领域来看,哈罗德的刀刃问题属商业周期问题,非平衡增长问题则属经济增长问题,而将哈罗德的动态问题只限定于增长领域的恰恰是索洛。也许在索洛看来,由于动态系统中的时间 t 可以拉得很长,甚至无穷大,因此,动态问题都是长期增长问题。通过这样一个限定,索洛"成功地"在新古典框架下通过忽略需求而避开了哈罗德的刀刃问题,并通过引入能使资本和劳动力相互替代的柯布—道格拉斯生产函数解决了非平衡增长问题。

(四) 让哈罗德理论复活

随着时间的流逝,哈罗德模型已渐渐地淡出了学术界的视野,主流经济学教科书已很少提及哈罗德理论。然而,我们的上述讨论意味着哈罗德理论可能仍然具有极强的生命力:哈

---

[1] 参见龚刚(2012)第七章的分析。
[2] 例如,在相当长的一段时期内,中国的经济学家们通常用三驾马车(消费、投资和出口)来分析中国的经济增长。

罗德模型尽管简化了许多经济学要素，如没有引进价格调整和劳动力与资本之间的相互替代，但它确实同时考虑了经济的供给和需求，正是由于哈罗德在其分析中同时考虑了供给和需求，才为我们揭示出了"企业的投资调整是经济社会的一种非稳定机制"，这是哈罗德理论最为主要的贡献。

本书的一个重要的特点是让哈罗德理论"复活"。这意味着我们将修补哈罗德模型的不足，例如，我们将用柯布-道格拉斯生产函数来代替 AK 生产函数，与此同时，我们也将引入价格因素。我们将看到，在我们对哈罗德模型进行了这种修补后，不仅使哈罗德理论中最为主要的贡献——"企业的投资调整是经济社会的一种非稳定机制"——被完整地保留了下来，同时也为我们理解商业周期开拓了一种全新的视角：除了外生冲击和随机扰动，现实中的经济波动事实上也是稳定机制和非稳定机制相互作用的结果。在本书的第十四章，我们将沿着这样一种思路构建一个全新的反映商业周期和经济波动的理论模型。

然而，在这之前，我们仍然需要介绍索洛是如何运用其新古典经济学理论来破解哈罗德的不解之谜的。

参考文献

龚刚(2009)：回归哈罗德——发展中国家的增长与波动，《世界经济》，第 4 期，27—37。

龚刚(2012)：《宏观经济学——中国经济的视角(第二版)》，北京：清华大学出版社。

龚刚、林毅夫(2007)：过度反应——中国经济缩长之解释，《经济研究》，第 4 期，53—66。

Calvo, G.A. (1983): Staggered Prices in a Utility-maximizing Framework, *Journal of Monetary Economics*, Vol.12(3), 383-398.

Gong, G. (2001): Irregular Growth with Excess Capacity, *Metroeconomic*, Vol.52, 428-448.

Gong, G. and Y. Gao (2017): Investment and Business Cycles from the Perspective of Stabilizing and Destabilizing Mechanisms: Evidence from China, Working Paper downloadable at http://www.gong-home.com/.

Hahn, F.H. and R.C.O. Matthews (1964): The Theory of Economic Growth: A Survey, *Economic Journal*, Vol.74, 779-902.

Harrod, R.F. (1939): An Essay in Dynamic Theory, *The Economic Journal*, Vol.49(193), 14-33.

Kaldor, N. (1961): Capital Accumulation and Economic Growth, in F.A. Lutz and D.C. Hague ed., *The Theory of Capital*, New York: St. Martin's Press.

Sen, A. (1967): "Introduction", in A. Sen ed.: *Growth Economics*, Harmondsworth: Penguin Books Ltd.

Solow, R.M. (1956): A Contribution to the Theory of Economic Growth, *Quarterly Journal of Economics*, Vol.70, 65-94.

Solow, R.M. (1994): Perspectives on Growth Theory, *Journal of Economic Perspectives*, Vol.8, 45-54.

第二部分

新古典宏观经济学

第五章　新古典增长模型

本书的第二部分将介绍新古典宏观经济理论。新古典宏观经济学以新古典一般均衡理论为微观基础,其基本假设是:市场经济中的市场是完全竞争市场。由此,通过对价格的调整,市场是出清的,或供给等于需求。而市场出清或供给等于需求最为直接的表现是供给决定型经济,即经济社会的产量等均由供给侧决定。[①]

本章将首先介绍索洛的新古典增长模型(Solow,1956)。索洛的新古典增长模型无疑是新古典宏观经济学的基础:无论是之后的新增长理论,还是研究商业周期的实际周期理论,都可以看成是索洛模型的延伸和扩展。

一、索洛模型

索洛的新古典增长模型建立在其对哈罗德理论的批判基础上。如前所述,索洛首先将哈罗德所讨论的问题限制在长期增长问题上,从而使其可以在新古典一般均衡的框架下进行研究。沿着这样一种思路,索洛就可以忽略需求,从而可以避开哈罗德的刀刃问题,专注于解决哈罗德的非平衡增长问题。[②] 在索洛看来,其解决非平衡增长问题的唯一钥匙就是引入柯布-道格拉斯生产函数,使得劳动力与资本之间能相互替代。

(一) 模型的结构形式

假定我们所考察的经济社会是一个简单经济。因此,经济社会的总需求 Y_t 就可以写成

$$Y_t = C_t + I_t \tag{5.1}$$

其中,C_t 为家庭消费,I_t 为投资。我们假定家庭的消费函数仍然为

$$C_t = (1-s)Y_t \tag{5.2}$$

而投资 I_t 则形成了资本 K_t 的积累:

$$K_t = (1-d)K_{t-1} + I_{t-1} \tag{5.3}$$

其中,$d \in (0,1)$ 仍然为折旧率。以上都和哈罗德模型相一致。

与哈罗德模型所不同的是:索洛假定经济社会的总供给(或社会所愿意提供的总产量) Y_t^s 由如下柯布-道格拉斯生产函数给出:

$$Y_t^s = K_t^{1-\alpha}(A_t L_t)^{\alpha} \tag{5.4}$$

其中,L_t 为实际雇佣的劳动力(也可以看成是对劳动力的需求),A_t 为技术,$A_t L_t$ 通常被称

[①] 对于一般均衡理论的评价和批判将在本书的第九章和第二十章中给出。
[②] 事实上,在索洛本人与本书作者的通信中,他明确指出,其1956年的文章并不是为了解决哈罗德的刀刃问题,而只是为了解决其中的劳动力市场和产品市场间的非平衡增长问题。事实上,索洛并不关心哈罗德的刀刃问题。在他看来,刀刃问题是个伪命题,因为现实经济中并没有出现过刀刃现象。

为有效劳动,$\alpha \in (0,1)$则为参数。在新古典理论框架下,α的经济学意义是劳动力的工资性收入占总收入(GDP)的比例。与哈罗德的AK生产函数相比,柯布-道格拉斯生产函数满足了资本和劳动力之间的相互替代。

最后,技术和劳动力供给仍然按外生给定的增长率增长:

$$A_t = (1+a)A_{t-1} \tag{5.5}$$

$$L_t^s = (1+n)L_{t-1}^s \tag{5.6}$$

这和哈罗德模型也是一致的。

(二) 市场是如何出清的?

可以看到,索洛的增长模型与哈罗德模型极为相似:除了生产函数(5.4),其他公式在哈罗德模型中都能看到。然而,与哈罗德模型相比,索洛却给模型增加了一个极强的假设——市场出清。在索洛看来,由于我们讨论的是经济增长这一长期问题,而长期是新古典分析的适合范畴,从而市场出清在研究长期问题时是可以接受的。

在新古典理论框架下,市场的出清是可以通过价格的调整实现的。例如,给定公式(5.4)所表示的生产函数,对劳动力的需求L_t就很自然地由如下一阶条件导出:

$$W_t = \alpha K_t^{1-\alpha}(A_t L_t)^{\alpha-1}A_t \tag{5.7}$$

其中,W_t为实际工资,等式右边则为劳动力的边际产量$\partial Y_t^s / \partial L_t$。公式(5.7)使我们可以得到对劳动力的需求函数:

$$L_t = \left[\frac{\alpha K_t^{1-\alpha}(A_t)^\alpha}{W_t}\right]^{1/(1-\alpha)}$$

从而给定劳动力供给L_t^s,我们可以很容易地得到使劳动力市场得以出清的均衡工资W_t^*。可以设想在t期的劳动力市场上,当实际工资高于W_t^*时,劳动力市场供过于求,工资下降;当实际工资低于W_t^*时,劳动力供不应求,工资上升。因此,实际工资最后必等于均衡工资W_t^*,从而市场得以出清(见图5-1)。

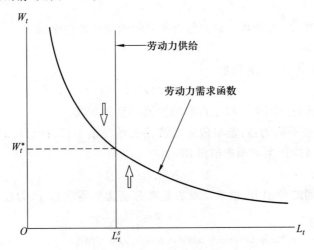

图 5-1 使劳动力市场出清的工资调整

通过类似于图 5-1 中的工资调整,产品市场上的价格调整也必将使产品市场得以出清。于是,

$$L_t = L_t^s \tag{5.8}$$

$$Y_t = Y_t^s \tag{5.9}$$

(三) 模型的集约形式

给定上述两个市场的出清,通过简单替代,我们可以很容易地得到模型的集约形式。它们由如下公式组成:

$$Y_t = K_t^{1-\alpha}(A_t L_t)^{\alpha} \tag{5.10}$$

$$K_t = (1-d)K_{t-1} + I_{t-1} \tag{5.11}$$

$$I_t = sY_t \tag{5.12}$$

$$A_t = (1+a)A_{t-1} \tag{5.13}$$

$$L_t = (1+n)L_{t-1} \tag{5.14}$$

以上,公式(5.11)和(5.13)是公式(5.3)和(5.5)的简单重复,为便于分析,我们把它们重新列出。公式(5.10)来自公式(5.4)和产品市场的出清条件(5.9),公式(5.12)来自公式(5.1)和(5.2),公式(5.14)则来自公式(5.6)和劳动力市场的出清条件(5.8)。

(四) 索洛模型中经济变量的决定

在对索洛模型进行分析之前,我们有必要说明以下几点:

第一,比较公式(4.10)和(5.12),我们发现两者似乎是一致的:它们都来自公式 $Y_t = C_t + I_t$ 和 $C_t = (1-s)Y_t$,从而同时体现为经济学中的投资-储蓄恒等式。然而,就模型所体现的经济学意义而言,两者却截然不同。在哈罗德模型下,公式(4.10)给出的是产量 Y_t 的决定方式,即投资如何通过乘数过程产生需求、收入和储蓄。① 因此,在投资-储蓄恒等式中,投资决定储蓄。与此同时,为了使整个体系完整,必然要求有另外一个独立的投资函数(4.6)。然而,在索洛模型下,产量由生产函数(5.10)给出,从而,投资-储蓄恒等式(5.12)给出的是投资 I_t 的决定方式,即投资等于储蓄(或储蓄 sY_t 决定投资),给定这样一种简单的投资决定方式,模型实际上已不需要另外独立的投资函数。事实上,几乎所有的新古典宏观模型中都没有独立的投资方程。

第二,为了进一步说明上述问题,我们有必要考察公式(5.10)—(5.14)中各经济变量的决定过程。首先,t 期的技术和劳动力供给是完全外生的[由公式(5.13)和(5.14)反映],t 期资本的供给是由 t 期以前的投资所积累的[参见公式(5.11)]。给定资本、技术和劳动力供给,产量由生产函数(5.10)决定。给定生产的产量 Y_t,我们接着考察它的分配。显然,公式(5.12)意味着产量的一部分按 $1-s$ 比例用于消费,其余部分 sY_t 则用于投资。如果我们把 Y_t 看成是收入,那么 sY_t 就可以看成是储蓄。于是,上述 Y_t 的分配过程也可以看成是收入中的一部分 $(1-s)Y_t$ 用于消费,另一部分 sY_t 用于储蓄,而这部分储蓄则转换成了投资。

---

① 关于乘数过程更详细的讨论请参见本书的第十章。

二、均衡和稳定性分析

接下来我们对索洛模型进行具体分析。

(一) 平稳化

需要说明的是,公式(5.10)—(5.14)中的变量都是不平稳的,即都具有随时间而不断增长的特性。因此,为了对模型进行分析,我们有必要首先对模型进行平稳化处理。

将公式(5.10)—(5.14)两边同时除以 $A_t L_t$($A_t L_t$ 通常被称为有效劳动),我们有

$$y_t = k_t^{1-\alpha} \tag{5.15}$$

$$k_t = \frac{1}{(1+n)(1+a)} [(1-d) k_{t-1} + i_{t-1}] \tag{5.16}$$

$$i_t = s y_t \tag{5.17}$$

以上,$y_t \equiv Y_t/(A_t L_t)$ 为有效人均产量;$k_t \equiv K_t/(A_t L_t)$ 为有效人均资本;$i_t \equiv I_t/(A_t L_t)$ 为有效人均投资。将公式(5.15)代入公式(5.17),再将公式(5.17)代入公式(5.16),得到

$$k_t = \frac{1}{(1+n)(1+a)} [(1-d) k_{t-1} + s k_{t-1}^{1-\alpha}] \tag{5.18}$$

显然,公式(5.18)是一个标准的一维动态系统。

(二) 稳定状态

以下是关于该动态系统稳定状态的命题。

【命题5-1】 令 $k_t = k_{t-1} = \bar{k}$,则动态系统(5.18)具有唯一的稳定状态,其可表示为

$$\bar{k} = \left(\frac{s}{a + n + an + d} \right)^{1/\alpha} \tag{5.19}$$

该命题的证明并不复杂,这里不再给出。

给定有效人均资本的稳定状态 $\bar{k}$,有效人均产量的稳定状态 $\bar{y}$ 可以很容易地由公式(5.15)导出:

$$\bar{y} = \left(\frac{s}{a + n + an + d} \right)^{(1-\alpha)/\alpha} \tag{5.20}$$

由此我们可以看到,在稳定状态下,有效人均产量是一个常量。

现在我们将考察当有效人均产量 $Y_t/(A_t L_t)$ 是一个常量时,人均产量 Y_t/L_t 和产量 Y_t 是如何增长的。按照定义,在稳定状态下

$$\frac{Y_t}{A_t L_t} = \bar{y}$$

从而,

$$\frac{Y_t/Y_{t-1}}{(A_t/A_{t-1})(L_t/L_{t-1})} = \bar{y}/\bar{y}$$

利用公式(5.13)和(5.14),我们得到

$$\frac{Y_t/L_t}{Y_{t-1}/L_{t-1}} = 1+a$$

$$\frac{Y_t}{Y_{t-1}} = (1+a)(1+n)$$

上述公式意味着:按总值增长率衡量,人均产量按技术增长率增长,产量则按自然增长率增长。同理,我们可以证明:如果 $K_t/(A_tL_t) = \bar{k}$,则

$$\frac{K_t/L_t}{K_{t-1}/L_{t-1}} = 1+a$$

$$\frac{K_t}{K_{t-1}} = (1+a)(1+n)$$

于是,我们得到索洛模型关于稳定状态的基本结论:

在索洛模型中,稳定状态下,经济社会的人均产量和人均资本均按技术增长率 a 增长,而产量和资本则按哈罗德所定义的自然增长率增长。

需要说明的是,这一结论将反复出现在本书的各种模型中。

(三) 稳定性分析

接下来我们将对索洛模型的稳定性进行分析。以下是关于动态系统(5.18)稳定性的命题:

【命题 5-2】 令

$$f(k) = \frac{1}{(1+n)(1+a)}[(1-d)k + sk^{1-a}]$$

从而公式(5.18)可以写成 $k_t = f(k_{t-1})$。于是,$1 > f'(\bar{k}) > 0$。其中,$\bar{k}$ 由公式(5.19)给出。

该命题的证明由本章的附录给出。

命题 5-2 意味着动态系统(5.18)是渐进稳定的。为了进一步说明其稳定性,我们借助图 5-2 来分析 k_t 的动态变化。为此,首先将公式(5.18)写成

$$\Delta k_t = \delta k_{t-1}^{1-a} - \theta k_{t-1} \tag{5.21}$$

其中,

$$\Delta k_t = k_t - k_{t-1}, \quad \theta = 1 - \frac{1-d}{(1+n)(1+a)} > 0, \quad \delta = \frac{s}{(1+n)(1+a)} \tag{5.22}$$

在图 5-2 中,我们分别画出了曲线 δk_{t-1}^{1-a} 和直线 θk_{t-1},两者之差为 Δk_t。当两线相交时,$\Delta k_t = 0$。因此,k_t 的不动点(或均衡点)为图中的 $\bar{k}$。假如 $k_{t-1} < \bar{k}$,如经济处于 k_1 时,$\delta k_{t-1}^{1-a} >$

θk_{t-1}。按照公式(5.21),此时 $\Delta k_t > 0$,即 k_t 将会增加。相反地,如果 $k_{t-1} > \bar{k}$,如经济处于 k_2 时,$\delta k_{t-1}^{1-\alpha} < \theta k_{t-1}$,此时 $\Delta k_t < 0$,所以 k_t 将会减少。由此可见,不动点 $\bar{k}$ 是收敛和稳定的。

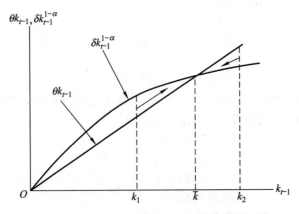

图 5-2　人均有效资本向稳定状态移动

三、增长的逻辑

经济的发展或增长通常意味着人均产量的不断提高,然而,导致人均产量发生变化的机制是什么?这是我们在解释经济增长时所需解决的核心问题。

(一) 从劳动密集转向资本密集

为了讨论索洛模型下人均产量的动态演变,不妨先暂时假定技术水平 A_t 为一常数 A,从而公式(5.22)中的 θ 和 δ 就可以写成

$$\theta = 1 - \frac{1-d}{1+n}, \quad \delta = \frac{sA^\alpha}{(1+n)} \tag{5.23}$$

于是,前文的 y_t 和 k_t 就可表示为人均产量和人均资本。图 5-3 反映了技术水平不变的条件下,人均产量 y_t 和人均资本 k_t 的增长过程,其中,$s' = sA^\alpha/(1+n)$。

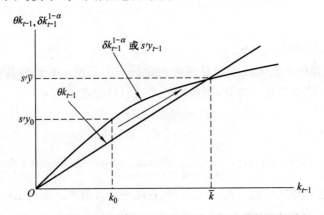

图 5-3　技术不变条件下的人均资本和人均产量的增长过程

图 5-3 给出的经济增长过程可解释如下。假定经济的初始状态 (k_0, y_0) 具有如下特征：第一，经济已脱离了贫困陷阱，从而为资本的积累提供了可能；第二，发展水平落后，这表现为人均产量 y_0 较低，而人均产量较低在很大程度上也体现为人均所拥有的资本 k_0 较低。于是，发展过程实际上就体现为人均资本和人均产量从 k_0 和 y_0 不断提高的过程。显然，在技术不变的条件下，经济增长过程的本质就体现为人均资本不断提高的过程，而这样一个过程是通过持续不断的投资（或资本积累）实现的。

需要说明的是，较低的人均资本（如 k_0）本身也意味着生产方式上的劳动密集，从而人均产量 y_t 的提高也可以表现为生产方式上的趋资本密集化，即人均资本 k_t 不断提高。现实中，人均资本的提高通常表现为更多的农村劳动力进入城市工作，即越来越多的劳动力脱离土地而与资本结合。而事实上，城市也正是通过不断地投资和开工建厂来吸纳和消化农村劳动力。因此，就整个国家而言，农村劳动力的转移和消化过程也就是生产方式从劳动密集向资本密集逐渐转化的过程，或人均资本拥有量不断提高的过程。

（二）从资本密集转向技术密集

然而，如果技术水平维持不变，由资本积累所带动的人均资本和人均产量的提高是有极限的，即人均资本最后稳定在 $\bar{k}$，而人均产量则稳定在 $\bar{y}$（见图 5-3），这实际上意味着经济增长滑入了某种陷阱。①

但上述分析以技术水平保持不变为前提。现假定技术水平发生了变化。为方便起见，我们将公式（5.23）中的 δ 写成 $\delta(A)$。图 5-4 考察了技术从 A 提高到 A' 时经济的动态演变。可以看到，当技术水平从 A 提高到 A' 时，人均资本和人均产出的稳定状态会相应提高到 $\bar{k}'$ 和 $\bar{y}'$，而当技术水平不断提高时，人均资本和人均产量将不断提高。由此可见，技术水平的不断提高是经济的发展达到一定程度时，人均 GDP 不断提高的关键。

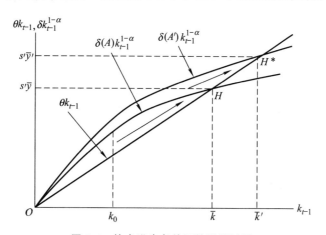

图 5-4 技术进步条件下的增长过程

需要说明的是，在此阶段，人均 GDP 的增长并不是不要投资，而是经济社会的任何投资

---

① 我们以后将要论证，这里的陷阱就是所谓的中等收入陷阱。

都必须体现为一种新的、更为先进的生产技术;如果投资并不能体现为技术进步,则投资所带来的产能只能是过剩产能,从而不会带来人均产量的提高。由于技术进步本身是由知识所推动的,因此,经济社会的生产方式此时已经从资本密集转向了技术密集或知识密集。

(三) 劳动力供给对经济增长的影响

劳动力供给的增加对经济增长有什么样的影响?从稳定状态下的有关增长率结论可知,在稳定状态下,经济的增长率将等于自然增长率,即劳动力增长率加上技术增长率,从而劳动力供给的增加确实能推动 GDP 的增长。然而,稳定状态下,人均产量的提高只能来自技术进步,与劳动力供给无关,从而劳动力供给的增加确实能推动经济增长率,但不能推动人均 GDP 的增长。

然而,情况远非如此简单。接下来我们将论证:在技术不变的条件下,劳动力供给的增长将减少人均资本和人均产量的稳定状态。根据公式(5.23),我们发现

$$\frac{\partial \theta}{\partial n} > 0, \quad \frac{\partial \delta}{\partial n} < 0$$

这意味着当劳动力供给的增长率 n 提高时,直线 θk_{t-1} 向上倾斜,曲线 $\delta k_{t-1}^{1-\alpha}$ 则向下移动。从而,如图 5-5 所示,稳定状态下的人均资本将减少,导致稳定状态下的人均产量也减少。

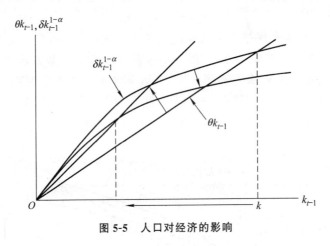

图 5-5 人口对经济的影响

(四) 增长的逻辑

新古典增长模型是以柯布-道格拉斯生产函数为基础来讨论经济增长过程的。柯布-道格拉斯生产函数包括三大生产要素:劳动力、资本和技术。也正因为如此,从表面上看,劳动力、资本和技术的提高必成为经济增长的动力。然而,这样一种分析毕竟是有缺陷的。事实上,并不是在所有情况下,增加三大要素就能促进经济增长或人均 GDP 增长。例如,我们已经看到,在技术不变的条件下,当经济已达到稳定状态时,资本投入的增加将不会促进经济增长,现实中很有可能体现为产能过剩。因此,对于增长逻辑的讨论,要求我们回答在什么条件下,增加某种生产要素能够促进经济增长,在什么条件下则不能。现在让我们总结一下索洛增长理论给我们带来的启示。

假定经济社会已经脱离了贫困陷阱,从而使资本积累成为可能。① 然而,经济的发展水平仍然很低,这体现在其初始状态(k_0, y_0)所代表的人均资本和人均产量都非常低下。从宏观上(即单部门模型)讲,人均资本的低下本身就意味着大量劳动力不与资本结合而是与土地结合,从而滞留于农村,成为农村剩余劳动力。毫无疑问,这一初始阶段的生产方式是一种劳动密集型的生产方式。此时,经济的增长主要体现为通过投资使资本不断积累。现实中,这表现为城市不断开工建厂,由此吸引越来越多的农村剩余劳动力向城市转移。因此,这一过程本质上就是城市化过程和工业化过程。显然,这样一个增长(或发展)过程同时也体现为生产方式逐渐从劳动密集向资本密集的转型,由此带动了人均资本和人均产量的提高。

然而,在技术水平不变的条件下,由资本投入所推动的人均产量的提高是有极限的:一旦达到这一极限,进一步的资本投入将无法助推人均产量的进一步增长。而当人均资本和人均产量达到这一极限时,唯有技术进步才能推动人均资本和人均产量的继续增长。需要说明的是,在此阶段,人均 GDP 的增长并不是不要投资,而是经济社会的任何投资都必须体现为一种新的、更为先进的生产技术。由于技术进步本身是由知识所推动的,因此,经济社会的生产方式此时已经从资本密集转向了技术密集或知识密集。

上述关于增长逻辑的讨论实际上已经蕴含了经济发展两阶段理论。关于经济发展的两阶段理论的研究最早请参见 Gong(2016)。在第十八章中,我们将对此作更为详细的讨论。

附录

命题 5-2 的证明

由命题可知,

$$f'(k) = \frac{1-d}{(1+n)(1+a)} + \frac{s(1-\alpha)}{(1+n)(1+a)} k^{-\alpha}$$

将公式(5.19)中的 $\bar{k}$ 代入,得

$$f'(\bar{k}) = \frac{1-d}{(1+n)(1+a)} + \frac{s(1-\alpha)}{(1+n)(1+a)} \left[\left(\frac{s}{a+n+an+d} \right)^{1/\alpha} \right]^{-\alpha}$$

$$= \frac{1-d}{(1+n)(1+a)} + \frac{(1-\alpha)(a+n+an+d)}{(1+n)(1+a)}$$

整理上式,得

$$f'(\bar{k}) = 1 - \frac{\alpha(a+n+an+d)}{(1+n)(1+a)} \tag{5.24}$$

由于 $d<1$,因此

---

① Galor and Weil(2000)讨论了人类社会漫长历史长河中的增长现象,并据此提出了著名的一致增长理论。一致增长理论把经济发展阶段分为马尔萨斯阶段、后马尔萨斯阶段和现代增长阶段。由于模型刻意没有引入资本这一经济变量(而资本无疑是现代经济增长的核心变量),并且对经济进入现代增长阶段后也没有做更多的研究,因此,我们可以假定其所谓的现代增长阶段就是指经济脱离了贫困陷阱,开始进入现代增长的工业化过程。而索洛的增长模型无疑是针对现代经济增长现象的解说。

$$1 > \frac{a+n+an+d}{(1+n)(1+a)} > 0$$

这实际上也意味着

$$1 > \frac{\alpha(a+n+an+d)}{(1+n)(1+a)} > 0$$

于是,由公式(5.24)可知,$1 > f'(\bar{k}) > 0$。命题得证。

参考文献

Galor, O. and D. N. Weil (2000): Population, Technology, and Growth: From Malthusian Stagnation to the Demographic Transition and Beyond, *The American Economic Review*, Vol. 90(4), 806-828.

Gong, G. (2016): Two Stages of Economic Development, *ADBI Working Paper* 628, available at SSRN: https://ssrn.com/abstract=2893418 or http://dx.doi.org/10.2139/ssrn.2893418.

Solow, R. M. (1956): A Contribution to the Theory of Economic Growth, *Quarterly Journal of Economics*, Vol. 70, 65-94.

第六章 新增长理论I——人力资本的视角

从哈罗德模型和索洛模型的分析中我们可以看到,无论初始状态如何,经济最终都将收敛于自然增长率,这实际上意味着当经济进入稳定状态时,人均产量、人均资本和人均消费都是按技术增长率增长的。确实,与发展中国家相比,发达国家拥有更高的人均产量、人均资本和人均消费的根本原因在于技术的先进。然而,技术是什么?它是如何进步的?影响技术进步的因素又有哪些?显然,传统的新古典增长理论并没有对此作出解释。对于技术 A_t,模型仅仅把它看成是一个外生变量。因此,以索洛模型为代表的传统新古典增长模型通常被认为是外生增长模型。

从 20 世纪 80 年代末起,经济学家们开始更多地关注对技术 A_t 的解释,并由此而产生了大量的文献,有关这方面的研究仍在持续进行中。通常人们把 80 年代以后所形成的更关注于对技术 A_t 进行解释的经济增长理论称为新增长理论(与传统的新古典增长理论相区别)或内生增长理论(与传统增长理论中把技术 A_t 作为外生变量相区别)。

技术就其本身的含义而言,可以理解为生产所使用的工艺和方式(这是一般词典中对技术的解释)。这样一种解释对于某个特定的产品而言是容易接受的。然而,从一个国家的宏观角度而言,这样的解释就显得过于模糊。因此,经济学家们需要采用其他方法从宏观上来解释技术。在新增长理论中,对于技术的解释基本上采用两种途径:一种是把技术理解为与人力资本直接相关,另一种则是把技术看成知识资本。本章中我们首先讨论新增长理论中将技术解释为人力资本的模型。该模型将技术看成人力资本,从而技术的进步也就是人力资本的积累。

本章的安排如下:首先,我们对人力资本进行概述,由此可以看到为什么用人力资本来代表技术是可以接受的。其次,我们将对该理论中的代表性模型——卢卡斯模型进行介绍。最后,对该模型进行分析,讨论该模型下的平衡增长路径。

一、人力资本概述

在过去二三百年的经济学文献中,不乏有关人力资本思想的阐述,许多著名的经济学家都曾提出和阐述过有关人力资本的观点与思想。现代人力资本理论产生于 20 世纪 50 年代末和 60 年代初,主要探讨人力资本的基本特征、形成过程以及人力资本投资的成本和收益。同其他许多新产生的经济理论一样,人力资本理论一出现就异军突起,备受关注,成为解决经济学本身所遇到的困难和向经济学传统以外的领域扩展的有力工具。人力资本理论传入我国较晚,因此,有必要对其作一定程度的介绍。①

(一) 人力资本及人力资本投资

人力资本的定义可以从个人或社会群体角度出发。

【人力资本】 从个人角度而言,人力资本是指存在于个体中后天获得的具有经济价值的知识、技术、能力和健康因素等。从社会角度而言,人力资本是指一个国家或地区的人口素质。

从经济学角度讲,尽管一个国家的人力(或劳动力)资源是外生给定的,然而,人力资本则是内生的。就个人而言,人力资本并非天赋,而是靠后天获得,其获得的途径是人力资本投资。因此,人力资本投资对人力资本具有重要的意义,而人力资本投资理论则是整个人力资本理论的核心内容。接下来,我们将对人力资本投资的成本、收益、特点和回报率等作一番概述。

人力资本投资的成本可以分为两大类:一类是直接成本,即用于人力资本投资而实际发生的费用,包括由政府拨出的费用和学生个人负担的费用;另一类是机会成本,也就是为进行人力资本投资而放弃的眼前收入。需要说明的是,并不是所有的人力资本投资都会有机会成本,例如中小学和幼儿教育等对未成年人所进行的人力资本投资就没有机会成本。

人力资本投资的收益包括两个方面:一方面是个人收益。例如,通过人力资本投资可以实现未来收入的增加,福利状况和工作条件的改善,社会地位和生活质量的提高,拥有较大的职业机动性以及精神生活更加充实等。另一方面,人力资本投资也会给社会带来收益。个人人力资本存量的上升对社会也有贡献,宏观上表现为一个国家科学技术水平的提高、社会生产力的发展、国民收入的增长和经济社会的全面进步等。人力资本投资的这种社会收益与人力资本的间接效益有关,有关间接效益的讨论将随后展开。

(二) 人力资本投资的回报率

大量研究表明,人力资本投资的回报率要远高于物质资本投资的回报率。按照国际经验,人力资本投资的回报率一般在30%左右,这一数字远高于物资资本投资的回报率,其中,中小学和幼儿教育的回报率要高于成人和大学教育的回报率。其理由有两点:第一,中小学和幼儿教育不需要人力资本投资的机会成本;第二,人力资本投资的回报率取决于投资以后个人的工作年限,即工作年限越长,投资的收益越大,而每个人的工作年限是给定的(如退休以后不能工作),因此,随着年龄的增长,人力资本的投资回报率会递减。

尽管人力资本投资(中小学和幼儿教育等)具有极高的回报率,然而人力资本投资是一项长期投资,其投资收益具有很长的滞后性。家庭对子女的人力资本投资只有在子女成长进入劳动力市场以后才能体现出来。这种非立竿见影式的投入和产出之间的关系,显然会

---

① 有关人力资本理论的经典文章和著作,请参见 Ben-Porath(1967),Becker(1975),Lucas(1988)和 Schultz(2003)等。

影响家庭(特别是贫困家庭)对人力资本投资的热情。与此同时,人力资本投资回报受个人性格、机遇、健康等因素的影响,具有很大的不确定性。人力资本投资回报的这种长期性和不确定性会对人力资本投资的融资产生很大的影响。一般而言,银行等私人机构不愿意提供这方面的贷款,家庭内部融资现象极为普遍。这也同时意味着如果没有政府的支持,富裕家庭的子女受教育的机会要高于贫穷家庭的子女。

此外,人力资本投资还具有某种程度的连续性。一个没有受过初级教育的人无法接受中等教育,同理,一个没有受过中等教育的人则无法接受高等教育。人力资本的这种延续性意味着教育应从小抓起,从幼儿抓起。

(三) 人力资本对经济的影响

接下来,我们将分析人力资本对经济的影响。第一,人力资本对经济的影响可以分为直接效应和间接(或外部)效应。从最直接的角度考察,人力资本是一种生产要素,它的直接作用是使生产力提高。一个受过良好培训的技工,在修理引擎方面的效率要高于那些没有受过培训的工人,这是人力资本的直接效应。然而,人力资本对经济的影响更多地体现在它的间接效应上。

> 【人力资本的间接效应】 一个受过良好教育的个人更能适应新的环境,更容易接受新知识、掌握新技能,更懂得如何针对新的环境对自己进行调整。在宏观上,人力资本的这种间接效应意味着国家更容易承受各种可能的外部冲击,更容易实现经济发展模式的转变。在世界这一充满变数的舞台上,在科技日新月异的今天,具有高素质人口的国家无疑会有更强的竞争力。

卢卡斯对人力资本的这种间接效应给予了特别的关注。在他看来,正是人力资本的这种间接效应,使得生产函数具有规模递增效益。

第二,从根本上来讲,技术进步取决于人力资本的提高。首先,新知识和新技术是由人力资本创造的。其次,人力资本是新知识和新技术扩散的必要条件。在其他条件一定的情况下,人力资本存量越大,新知识和新技术扩散的速度就越快,范围就越广。此外,人力资本还是新知识和新技术应用的基础。任何科学知识要转变为现实的生产力都必须实际应用到经济部门或生产领域,完成这一环节必须具备相应的人力资本条件。

第三,人力资本也同样影响着经济社会的和谐,如收入分配等。一个国家的收入分配状况取决于该国的人口结构。就一些经济不发达、人力资本水平较低的国家而言,其人口结构通常呈现出一种金字塔的形状(见图6-1)。大多数文化水平低的人口处于金字塔的底部,这些人由于没有受过良好的教育,所从事的只能是一些低技能的工作,与此同时,他们对市场经济的适应性较差,失业的可能性更大。然而,如果一个国家的人力资本水平较高,其人口结构将呈现为椭圆形。人口中的大多数应为受过良好教育的律师、医生、会计师、工程师等专业化人士,这些人士组成社会的中产阶层,显然,这样一种人口结构意味着收入分配更趋于均匀。

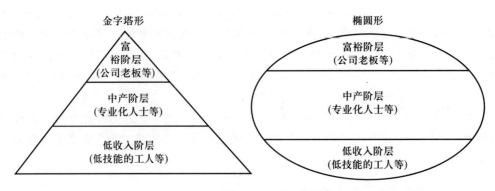

图 6-1 人口结构的金字塔形和椭圆形

由此可见,人力资本对经济的影响是多方面的。它不仅会影响一个国家的生产力和竞争力,同样地,它还会影响一个国家的就业和收入分配。此外,人力资本除了能对经济产生影响,人力资本水平的提高还会提高社会的道德水准,使得社会更为安全,更为和谐。

二、卢卡斯的经济社会

接下来,我们考察卢卡斯是如何把人力资本引入其新古典增长模型之中的。

(一) 人力资本的量化

首先我们定义 h 为一个公民的人力资本水平。这里,我们必须把 h(就如同效用一样)看成是能进行量化和比较的变量。例如,假定有三个公民,其人力资本水平分别为 h_1、h_2 和 h_3。我们可以规定具有 h_1 水平的第一个公民的每小时生产能力为第二个公民的2倍,即 $h_1 = 2h_2$,但为第三个公民的一半,即 $h_1 = 0.5h_3$。

现假定有 $L(h)$ 个同质劳动力,他们具有相同的人力资本水平 h。这样,我们就可以记这 $L(h)$ 个同质劳动力的人力资本存量为 $L(h)h$。于是,经济社会中的人力资本总量 H 就可表示为

$$H = \int_0^\infty L(h)h \, dh \tag{6.1}$$

再假定这 $L(h)$ 个同质劳动力用于工作的时间占总时间的比例为 $u(h)$。于是,我们就可以看到,这 $L(h)$ 个同质工人用于生产的有效人力资本存量为 $u(h)L(h)h$,从而,经济社会中用于生产的有效人力资本存量 N 就可表示为

$$N = \int_0^\infty u(h)L(h)h \, dh \tag{6.2}$$

以上关于人力资本存量的表述尽管精确,却较为复杂,不利于用它们来进行分析。现在我们假定经济社会中所有的劳动力具有相同的人力资本水平和相同的工作时间比例。在这一"同质性"或代表性经济人假设下,公式(6.1)和(6.2)可以写成

$$H = Lh, \quad N = uLh \tag{6.3}$$

其中,L 可以看成劳动力总数;h 为平均人力资本水平;u 则为平均工作时间占总时间的比

例。利用公式(6.3)中 N 的表达式，我们可以把生产函数写成

$$Y = aK^{1-\alpha}(uLh)^{\alpha}h^{\zeta} \tag{6.4}$$

这里，h^{ζ} 可以理解成由人力资本所带来的外部效应。

(二) 人力资本水平的决定

接下来，我们将考察人力资本水平 h 是如何决定的。在我们的代表性经济人模型中，我们假定经济人除把非闲暇时间用于生产外，其他非闲暇时间都将用于接受教育。而受教育的好处在于提高人力资本，由此我们可以得到卢卡斯有关人力资本的决定公式：

$$\dot{h} = \kappa(1-u)h \tag{6.5}$$

这里，κ 为常数，而 $1-u$ 则代表经济人用于教育（提高人力资本）的时间占总时间的比例，显然，它是一个决策变量，只能在 $[0,1]$ 区间内取值。上述公式表明，人力资本的增加 $\dot{h}$ 不仅取决于代表性经济人受教育时间占总时间的比例 $1-u$，同时也取决于该经济人本身的人力资本水平 h。

现在我们考察 u 的选择。显然，它是一个优化问题：u 的增加会使经济人的有效劳动时间增加，这样就直接增加了产量，但与此同时，它会减少经济人受教育的时间，从而减少人力资本 h 提高的可能，影响产量。

(三) 决策问题

在新增长理论框架下，不仅 u 的选择是一个优化问题，消费的选择也同样如此：增加消费通常会提高经济人当期的效用，但这会减少储蓄，从而减少投资，而投资的减少必然意味着减缓资本的积累，从而压缩未来的产出。然而，这样一种优化选择在传统的新古典模型（包括哈罗德模型）中却因固定了储蓄率而被忽略了。在现代新增长理论框架下，储蓄率不再给定，而是通过动态优化技术被内生化。

假定存在着一个代表社会的经济人（如政府），其偏好由如下效用函数给出：

$$U(L,c) = L\frac{c^{1-\sigma}-1}{1-\sigma}$$

其中，L 为社会的劳动力供给，c 为人均消费。给定这一效用函数，代表性经济人的决策问题就可以表示为

$$\max_{c,u}\int_{0}^{\infty}L(t)\frac{c(t)^{1-\sigma}-1}{1-\sigma}e^{-\rho t}dt \tag{6.6}$$

该最优化问题受约束于公式(6.5)和

$$\dot{K} = aK^{1-\alpha}(uLh)^{\alpha}h^{\zeta} - Lc \tag{6.7}$$

我们注意到，公式(6.7)意味着资本的折旧率为 0。① 公式(6.5)—(6.7)有两个状态变量 K 和 h、两个决策变量 c 和 u 以及一个外生变量 L。

---

① 这显然是一种简化以方便求解。

三、平衡增长路径——卢卡斯模型之分析

接下来我们将对公式(6.5)—(6.7)进行分析。需要说明的是，我们的目标是推导模型所揭示的稳定状态下的平衡增长路径，而非对模型进行稳定性分析，这不仅是因为我们现在研究的是增长问题，而非波动问题，同时也是因为该模型极为复杂：高维度加非线性。

（一）一阶条件

按照对此类模型的求解方法，我们首先构建汉密尔顿（Hamilton）函数：

$$H(K,h,\theta_1,\theta_2,c,u) = L\frac{c^{1-\sigma}-1}{1-\sigma} + \theta_1[aK^{1-\alpha}(uLh)^\alpha h^\xi - Lc] + \theta_2[\kappa(1-u)h]$$

从而

$$\frac{\partial H}{\partial c} = Lc^{-\sigma} - L\theta_1$$

$$\frac{\partial H}{\partial u} = \theta_1 \alpha a K^{1-\alpha}(Lh)^\alpha u^{\alpha-1} h^\xi - \theta_2 \kappa h$$

$$\frac{\partial H}{\partial K} = \theta_1(1-\alpha)aK^{-\alpha}(uLh)^\alpha h^\xi$$

$$\frac{\partial H}{\partial h} = \theta_1(\alpha+\xi)aK^{1-\alpha}(Lu)^\alpha h^{\alpha+\xi-1} + \theta_2\kappa(1-u)$$

根据庞特里亚金（Pontryagin）定理：

$$\frac{\partial H}{\partial c}=0, \quad \frac{\partial H}{\partial u}=0, \quad \dot\theta_1 = \rho\theta_1 - \frac{\partial H}{\partial K}, \quad \dot\theta_2 = \rho\theta_2 - \frac{\partial H}{\partial h}$$

我们有

$$c^{-\sigma} = \theta_1 \quad (6.8)$$

$$\theta_1 \alpha a K^{1-\alpha}(Lh)^\alpha u^{\alpha-1} h^\xi = \theta_2 \kappa h \quad (6.9)$$

$$\dot\theta_1 = [\rho - (1-\alpha)aK^{-\alpha}(uLh)^\alpha h^\xi]\theta_1 \quad (6.10)$$

$$\dot\theta_2 = \rho\theta_2 - \theta_1(\alpha+\xi)aK^{1-\alpha}(Lu)^\alpha h^{\alpha+\xi-1} - \theta_2\kappa(1-u) \quad (6.11)$$

公式(6.8)—(6.11)与公式(6.5)和(6.7)一起构成了模型的一阶条件。

（二）模型的集约形式

尽管我们的模型由六个公式，即公式(6.5)和公式(6.7)—(6.11)构成，由此决定六个变量：K、h、θ_1、θ_2、c 和 u，但其中两个是辅助变量 θ_1 和 θ_2。为此，有必要对模型进行转换，以去掉辅助变量 θ_1 和 θ_2。

【命题6-1】 令 $k \equiv K/L$。假定 $\dot L = nL$，其中，k 为人均资本，n 为人口增长率。公式(6.5)和公式(6.7)—(6.11)让我们得到

$$\frac{\dot c}{c} = \frac{-\rho + (1+\alpha)ak^{-\alpha}(uh)^\alpha h^\xi}{\sigma} \quad (6.12)$$

$$\frac{\dot{k}}{k} = a\left(\frac{uh}{k}\right)^{\alpha} h^{\zeta} - \frac{c}{k} + n \qquad (6.13)$$

$$\frac{\dot{h}}{h} = \kappa(1-u) \qquad (6.14)$$

$$\frac{\dot{u}}{u} = \frac{\kappa(1-\alpha-\zeta)}{1-\alpha}u + \frac{\kappa(\alpha+\zeta)}{1-\alpha} - \frac{c}{k} \qquad (6.15)$$

该命题的证明请参见本章附录。

公式(6.12)—(6.15)构成了卢卡斯模型的集约形式。它们刻画了变量 k、h、c 和 u 的动态轨迹。

(三) 稳定状态下的平衡增长路径

现在,让我们分析模型的稳定状态。由于 u 在 $[0,1]$ 区间内取值,因此,稳定状态下的 u 必为一常数。模型中的其他变量 k、h 和 c 均具有增长趋势,从而并不具有稳定状态,因此,我们更关心稳定状态下它们的增长率,即所谓平衡增长路径。

【命题 6-2】 令 $\bar{u} \in [0,1]$ 为 u 的稳定状态。从而,公式(6.12)—(6.15)让我们得到:

稳定状态下,

$$\frac{\dot{k}}{k} = \frac{\dot{y}}{y} = \frac{\dot{c}}{c} = \frac{(\alpha+\zeta)}{\alpha}\frac{\dot{h}}{h} = \frac{(\alpha+\zeta)}{\alpha}\kappa(1-\bar{u}) \qquad (6.16)$$

特别地,当人力资本不具备外部效应(或 ζ 等于 0)时,

$$\frac{\dot{k}}{k} = \frac{\dot{y}}{y} = \frac{\dot{c}}{c} = \frac{\dot{h}}{h} = \kappa(1-\bar{u}) \qquad (6.17)$$

公式(6.16)首先告诉我们:稳定状态下,人均资本、人均产量和人均消费的增长率是一致的,从而经济在平衡增长路径上增长。更进一步地,如果人力资本不具备外部效应,或 ζ 等于 0,则人均资本、人均产量和人均消费的增长率等于人力资本增长率 $\kappa(1-\bar{u})$。由于卢卡斯模型用人力资本代替了技术,因此,这一结论与索洛模型所得出的结论完全一致,即稳定状态下,人均资本、人均产量和人均消费的增长率等于技术增长率。这也同时意味着稳定状态下,经济(GDP)增长率等于自然增长率。

附录

命题 6-1 的证明

由公式(6.8)可知,

$$-\sigma c^{-\sigma-1}\dot{c} = \dot{\theta}_1$$

将公式(6.10)代入,我们得到

$$-\sigma c^{-\sigma-1}\dot{c}=[\rho-(1-\alpha)aK^{-\alpha}(uLh)^\alpha h^\zeta]\theta_1$$

将公式(6.8)重新代入,并用 kL 解释 K,我们得到

$$-\sigma c^{-1}\dot{c}=[\rho-1(1-\alpha)ak^{-\alpha}(uh)^\alpha h^\zeta]$$

从而,

$$\frac{\dot{c}}{c}=\frac{-\rho+(1-\alpha)ak^{-\alpha}(uh)^\alpha h^\zeta}{\sigma}$$

此为命题中的公式(6.12)。将公式(6.7)两边同除以 K,我们得到

$$\frac{\dot{K}}{K}=aK^{-\alpha}(uLh)^\alpha h^\zeta-\frac{Lc}{K}$$

根据定义 k,$\dot{K}/K=\dot{k}/k-n$,$K/L=k$,从而上式可进一步写成

$$\frac{\dot{k}}{k}=a\left(\frac{uh}{k}\right)^\alpha h^\zeta-\frac{c}{k}+n$$

此为命题中的(6.13)。命题中的公式(6.14)直接来自公式(6.5),公式(6.15)的证明请参见 Benhabib and Peri(1994)。

命题 6-2 的证明

由公式(6.14)可知,稳定状态下人力资本 h 的增长率为 $\kappa(1-\bar{u})$。现考察稳定状态下的人均资本 k 和人均消费 c 的增长率。如果稳定状态下人均消费 c 的增长率为一常数,则公式(6.12)中的 $k^{-\alpha}(uh)^\alpha h^\zeta$ 也必为常数,从而其增长率为 0。由此,根据增长率分解定理,我们有

$$-\alpha\frac{\dot{k}}{k}+\alpha\frac{\dot{u}}{u}+(\alpha+\zeta)\frac{\dot{h}}{h}=0$$

以上,等式左边为变量 $k^{-\alpha}(uh)^\alpha h^\zeta$ 的增长率分解表达式。由于稳定状态下,$\dot{u}/u=0$,$\dot{h}/h=\kappa(1-\bar{u})$,从而稳定状态下人均资本增长率为

$$\frac{\dot{k}}{k}=\frac{(\alpha+\zeta)\kappa(1-\bar{u})}{\alpha} \tag{6.18}$$

根据生产函数(6.4),人均产量可以表示为

$$y=ak^{1-\alpha}(uh)^\alpha h^\zeta$$

再次利用增长率分解定理,我们有

$$\frac{\dot{y}}{y}=(1-\alpha)\frac{\dot{k}}{k}+\alpha\frac{\dot{u}}{u}+(\alpha+\zeta)\frac{\dot{h}}{h}$$

将稳定状态下 $\dot{u}/u=0$ 和 $\dot{h}/h=\kappa(1-\bar{u})$ 代入,我们发现

$$\frac{\dot{y}}{y}=\frac{(\alpha+\zeta)}{\alpha}\kappa(1-\bar{u})$$

比较公式(6.18),我们有

$$\frac{\dot{k}}{k}=\frac{\dot{y}}{y}$$

即稳定状态下人均产量增长率等于人均资本增长率。

现在我们考察稳定状态下 c 的增长率。已经知道,稳定状态下,$\dot{u}/u=0$,而 $u=\bar{u}$,从而由

公式(6.15)可知,稳定状态下 c/k 也必为常数,这也同时意味着稳定状态下 c 的增长率等于 k 的增长率。由此,命题中的(6.16)得以论证。而当 ζ 等于 0 时,我们得到命题中的(6.17)。

参考文献

Becker, G. (1975): *Human Capital: A Theory and Empirical Analysis with Special Reference to Education*, Chicago: University of Chicago Press.

Benhabib, J. and R. Perli (1994). Uniqueness and Indeterminacy, *Journal of Economic Theory*, Vol. 63, 113-142.

Ben-Porath, Y. (1967): The Production of Human Capital and the Life Cycle of Earnings, *Journal of Political Economy*, Vol. 75, 353-359.

Lucas, R. E. (1988): On the Mechanics of Economic Development, *Journal of Monetary Economics*, Vol. 22, 3-42.

Schultz, P. T. (2004): Human Resources in China: The Birth Quota, Returns to Schooling, and Migration, *Pacific Economic Review*, Vol. 9, 245-267.

第七章 新增长理论Ⅱ——知识资本的视角

如前所述,对于技术的另一种解释是把技术看成知识资本。本章将从知识资本的视角对技术进行解释。在这一方面,罗默的文章(Romer,1990)堪称经典。

一、知识资本概论

在罗默(Romer,1990)看来,

一个国家的技术水平可以由它的知识存量来衡量。具体地说,技术可以表现为各种论文、专著、设计和专利等。

(一) 知识资本及其特点

技术作为一种知识产品显然有其独特的性质,罗默对此作了精辟的解释。技术既可以看成是一种商品(比如说申请的专利等),同时又不能完全被视为商品(比如说公开发表的论文等)。一项技术如果不能成为商品,而且人人都可以通过很低的成本就获得,那么我们就可以把它看成是"公共品"。

【公共品】 所谓公共品,是指在消费上具有非竞争性和非排他性的物品或服务。非竞争性是指当物品被某个公司或个人使用时,他人也可以无限次地同时使用;非排他性是指拥有者不能禁止他人使用这一物品。

显然,大多数的公共设施(如公园、道路和路灯等)都是公共品。

就技术而言,所有的技术理论和思想都是非竞争性的。一项技术在被某人使用时,也同样可以被他人使用。正是技术的这种非竞争性,使得某些关键性技术一旦成为公共品并被应用于社会,就能在很大程度上提高全社会的生产力。然而,与一般的公共品所不同的是,技术是部分排他。如前所述,那些公开发表的论文和专著等,由于其完全的非排他性,我们可以把它们看成是公共品。然而,许多技术则被拥有者严格地保密或通过申请专利而得到保护,就这些技术而言,它们是排他的。需要说明的是,那些非排他的技术通常是一些基础理论。按照国际惯例,基础理论是不能申请专利的。尽管我们不能否认基础理论的重要性,然而从基础理论到形成实际的生产力,仍需要多重的应用性研究,而应用性研究的成果则通常是排他的。应用性技术的这种排他性,限制了技术成果的推广和应用,从而在一定程度上影响了经济的快速增长。然而,技术的这种排他性却为研发者的研发提供了激励。试想一下,如果一项技术没有受到保护,不具有排他性,技术的拥有者或研发者就不可能凭借其对技术的垄断而在竞争中处于优势,因此他就不愿拥有或开发这项技术。

上述讨论让我们得到作为技术的知识资本的如下特征:

> 知识是非竞争性的,但也是部分排他的,其中,基础知识是非排他的,从而是公共品;应用性知识具有排他性,从而不是公共品。

(二) 知识资本的积累

现在我们考察作为知识资本的技术是如何进步(或积累)的。按照罗默的说法,技术的进步首先取决于已有的知识存量。任何新知识都不是凭空产生的,都建立在已有的知识存量上:唯有前人的知识积累,新知识才有可能产生。影响技术进步的第二个因素是用于技术研发(Research and Development,R&D)的投入,其中最为重要的是人力资本:新技术的产生是由人完成的,投入研发的人力资本越多,新技术产生的可能性就越大。令 A 代表所积累的知识存量(资本),从而,

$$\dot{A} = \delta H_A A \tag{7.1}$$

其中,δ 为参数,H_A 为用于研发的人力资本(也可以解释为高素质劳动力),A 为现有的知识存量,$\dot{A}$ 为新创造的知识。显然,公式(7.1)意味着新的知识不是凭空产生的,它必须建立在已有知识 A 的基础上,并且需要人力资本 H_A 的投入。

(三) 知识资本和人力资本之间的关系

我们已经分别从人力资本和知识资本的角度对技术进行了考察,并讨论了人力资本和知识资本的积累过程。然而,也许有人会怀疑,此种不同视角的解释是否会产生矛盾?

事实上,从不同的侧面对同一事物进行解释和定义是一种常用的科学研究方法,这就如同我们考察一只手,既可以从手心进行考察,也可以从手背进行考察。人力资本和知识资本可以看成是技术的两个层面,它们之间有着密切的联系。这一点,我们首先可以从公式(7.1)中看到。尽管感觉上用知识资本对技术进行解释似乎更贴切一些,但这并不意味着我们可以忽略人力资本。事实上,使用、创造和掌握知识资本都需要靠人力资本。知识存量再高,专利和各种设计再多,如果没有人懂得它们、使用它们,则它们唯有被束之高阁,知识就永远不能转化为生产力。相反地,即使知识存量不多,只要有足够的人力资本,我们也能创造和吸收先进的知识为社会服务。更为重要的是,

> 与知识资本所不同的是,人力资本既是排他的,也是具有竞争性的,即人力资本不能同时被使用,而拥有者也可禁止他人使用。人力资本的这些特性更体现了它的稀缺性和重要性。

与此相反,由于知识的非竞争性和部分的非排他性,知识很容易传播,即知识有所谓的

溢出性。事实上,发展中国家在其发展前期,技术的进步通常体现为引进型技术的进步。[①]

二、罗默的经济社会

接下来,我们将对罗默模型进行介绍。

(一) 三个部门

罗默所考察的经济社会由三个部门组成:生产知识的研发部门、生产资本品的中间产品部门和生产最终产品的最终产品部门。研发部门所生产的产品是新的知识 $\dot{A}$,其投入是研发部门的人力资本 H_A 和已有的知识存量 A,从而其生产函数表现为前述公式(7.1)。

中间产品部门使用由研发部门所生产的知识(或设计等)作为要素投入,生产资本品(或中间产品)。记资本品 i 为 $x(i)$,$i=1,2,\cdots,A$。如前所述,这里 A 为知识存量。$x(i)$ 将被用于生产最终产品。

最终产品部门用资本品 $x(i)$ 和劳动力及人力资本生产最终产品,其生产函数为

$$Y = (\overline{H} - H_A)^\alpha L^\beta \int_0^A x(i)^{1-\alpha-\beta} \mathrm{d}i \tag{7.2}$$

其中,L 为普通劳动者,$\overline{H}$ 为人力资本存量(可理解为经济中受过教育的劳动者数量),从而 $\overline{H} - H_A$ 为用于最终产品部门的人力资本存量。我们假定 $\overline{H}$ 是给定的常数,不具备增长和变化的趋势。

(二) 同质性假设

现假定 $x(i)$ 是同质的,即对所有的 i,$x(i) = x$,从而

$$\int_0^A x(i)^{1-\alpha-\beta} \mathrm{d}i = A x^{1-\alpha-\beta}$$

将其代入公式(7.2),我们得到

$$Y = (\overline{H} - H_A)^\alpha L^\beta A x^{1-\alpha-\beta} \tag{7.3}$$

进一步定义 $K \equiv \bar{\eta} A x$ 为资本存量,其中,$\bar{\eta}$ 为转换单位。将其代入公式(7.3),得

$$Y = \eta (\overline{H} - H_A)^\alpha L^\beta A^{\alpha+\beta} K^{1-\alpha-\beta} \tag{7.4}$$

其中,$\eta = (1/\bar{\eta})^{1-\alpha-\beta}$。公式(7.4)为罗默模型所使用的社会生产函数。

(三) 优化问题

假定社会效用函数为

$$U(C) = \frac{1}{1-\sigma} C^{1-\sigma}$$

其中,C 为消费。从而社会最优化问题就可表示为

$$\max_{C, H_A} \int_0^\infty \frac{1}{1-\sigma} C^{1-\sigma} e^{-\rho t} \mathrm{d}t \tag{7.5}$$

---

① 有关讨论请参见本书的第十八章和第十九章。

该最优化问题受约束于公式(7.1)和

$$\dot{K} = \eta(\overline{H} - H_A)^\alpha L^\beta A^{\alpha+B} K^{1-\alpha-\beta} - C \tag{7.6}$$

也就是说,公式(7.5)、(7.6)和(7.1)共同构成了罗默模型下的最优化问题,其中,C 和 H_A 为两个控制变量,K 和 A 为两个状态变量,L 和 $\overline{H}$ 为两个外生变量。需要说明的是,与卢卡斯模型一样,这里我们并没有引入资本的折旧(或令折旧率为0)。

三、平衡增长路径——罗默模型之分析

接下来我们将对罗默模型所产生的优化问题进行分析。

(一) 一阶条件

首先构建汉密尔顿函数：

$$H(K, A, \theta_1, \theta_2, C, H_A) = \frac{C^{1-\sigma} - 1}{1-\sigma} + \theta_1[\eta(\overline{H} - H_A)^\alpha L^\beta A^{\alpha+\beta} K^{1-\alpha-\beta} - C] + \theta_2 \delta H_A A$$

于是,

$$\frac{\partial H}{\partial C} = C^{-\sigma} - \theta_1$$

$$\frac{\partial H}{\partial H_A} = -\alpha \theta_1 \eta (\overline{H} - H_A)^{\alpha-1} L^\beta A^{\alpha+\beta} K^{1-\alpha-\beta} + \theta_2 \delta A$$

$$\frac{\partial H}{\partial K} = \theta_1(1-\alpha-\beta)\eta(\overline{H} - H_A)^\alpha L^\beta A^{\alpha+\beta} K^{-\alpha-\beta}$$

$$\frac{\partial H}{\partial A} = (\alpha+\beta)\theta_1 \eta (\overline{H} - H_A)^\alpha L^\beta A^{\alpha+\beta-1} K^{1-\alpha-\beta} + \theta_2 \delta H_A$$

由庞特里亚金定理可知,

$$\frac{\partial H}{\partial C} = 0, \quad \frac{\partial H}{\partial H_A} = 0, \quad \dot{\theta}_1 = \rho\theta_1 - \frac{\partial H}{\partial K}, \quad \dot{\theta}_2 = \rho\theta_2 - \frac{\partial H}{\partial A}$$

从而,

$$C^{-\sigma} = \theta_1 \tag{7.7}$$

$$\alpha\theta_1\eta(\overline{H} - H_A)^{\alpha-1} L^\beta A^{\alpha+\beta} K^{1-\alpha-\beta} = \theta_2 \delta A \tag{7.8}$$

$$\dot{\theta}_1 = \rho\theta_1 - \theta_1(1-\alpha-\beta)\eta(\overline{H} - H_A)^\alpha L^\beta A^{\alpha+\beta} K^{-\alpha-\beta} \tag{7.9}$$

$$\dot{\theta}_2 = \rho\theta_2 - (\alpha+\beta)\theta_1\eta(\overline{H} - H_A)^\alpha L^\beta A^{\alpha+\beta-1} K^{1-\alpha-\beta} - \theta_2 \delta H_A \tag{7.10}$$

公式(7.6)—(7.10)与公式(7.1)一起构成了罗默模型的一阶条件。

(二) 模型的集约形式

我们的模型由六个公式,即公式(7.1)和(7.6)—(7.10)构成,由此决定六个变量：K、A、θ_1、θ_2、C 和 H_A,其中,K 和 A 为两个状态变量,C 和 H_A 为两个决策变量,θ_1 和 θ_2 为两个辅助变量,而 L 和 $\overline{H}$ 则是两个外生变量。首先对模型进行转换,以去掉辅助变量 θ_1 和 θ_2。

【命题 7-1】 公式(7.1)和(7.6)—(7.10)可转换成

$$\frac{\dot{C}}{C} = \frac{-\rho + (1-\alpha-\beta)Y/K}{\sigma} \quad (7.11)$$

$$\frac{\dot{K}}{K} = \frac{Y}{K} - \frac{C}{K} \quad (7.12)$$

$$\frac{\dot{A}}{A} = \delta H_A \quad (7.13)$$

$$\dot{H}_A = F(K, A, \overline{H}, L, C, H_A) \quad (7.14)$$

其中,Y 由公式(7.4)给出。

该命题的证明请参见本章的附录。

公式(7.11)—(7.14)构成了模型的集约形式。需要说明的是,上述命题中我们并没有写出公式(7.14)中函数 $F(\cdot)$ 的具体形式。该函数极其冗长,具体形式可以参见 Greiner, Semmler and Gong (2005)。与此同时,我们的目标仍然是分析稳定状态下的平衡增长路径,而不是对模型进行稳定性分析。因此,也无须知道函数 $F(\cdot)$ 的具体形式。

(三) 稳定状态下的平衡增长路径

为方便起见,我们假定外生变量 L 也不具有增长趋势,从而其稳定状态可写成常数 $\overline{L}$。由于 $\overline{H}$ 不具有增长趋势,H_A 也不可能有增长趋势,从而其稳定状态也可写成常数 $\overline{H}_A$。模型中的其他变量 K、A、Y 和 C 均具有增长趋势,从而并不具有稳定状态,但我们可以认为稳定状态下它们的增长率是稳定的。

【命题 7-2】 令 $\overline{H}_A$ 为 H_A 的稳定状态: $\overline{H}_A \in (0, \overline{H})$,于是公式(7.11)—(7.14)让我们得到

稳定状态下,

$$\frac{\dot{Y}}{Y} = \frac{\dot{A}}{A} = \frac{\dot{K}}{K} = \frac{\dot{C}}{C} = \delta \overline{H}_A$$

该命题的证明请参见本章的附录。

需要说明的是,由于我们的讨论是建立在劳动力供给不变的假设条件下,因此,产量、资本和消费的增长率同时也就是人均产量、人均资本和人均消费的增长率,从而前文所述的索洛模型和卢卡斯模型关于平衡增长路径的结论在罗默模型中同样适用和成立。

总而言之,所有的增长理论(包括哈罗德模型、索洛模型、卢卡斯模型和罗默模型等)均告诉我们:经济最终以自然增长率来增加其产量,以技术增长率来增加其人均产量或人均收入。这是经济增长理论到目前为止能告诉我们的最为重要的结论。

四、创新及其他——关于新增长理论的几点补充

新增长理论为我们揭示了技术进步取决于研发投入,包括研发人员(如人力资本)和研

发经费等[参见公式(6.5)和(7.1)]，一定数量的研发投入通过某种概率必然带来一定的技术进步，即所谓全要素生产率 A_t 的提高。尽管这样一种解答在宏观上也许并没有错，但显然是将问题简单化了，事实上也为我们留下了一个巨大的黑箱，无法让我们看到研发是如何启动、如何通过各种传导机制形成技术进步，进而影响经济增长的。此外，发展中国家的许多技术进步并非来自研发，而是来自引进。因此，需要对技术进步的讨论作更多的补充。

(一) 创新

知识本身并不能直接成为生产力，它仅仅体现为各种论文、专著、设计和专利等的存量。要使知识转化为生产力，必须要有一个过程。在经济学中，这一过程通常被称为创新：

【创新】 创新是将知识转化为生产力的过程。

遗憾的是，在现有的新增长理论中，知识的积累和知识的应用之间并没有得到应有的区分。罗默使用了一个完全竞争的拍卖市场使所有的知识一旦被发明就能被出售和使用，从而忽略了创新过程。然而，正如熊彼特早在70多年前就曾经指出的，"如果没有创新，知识将一无是处"(Schumpeter, 1934)。

创新是企业家的责任，但创新本身要具备一定的条件。这些条件至少应包括如下内容：
(1) 知识资本的积累。知识资本的积累为企业家的创新提供了一种技术上的资源。
(2) 人力资本的积累。知识是要靠人去发现、理解、掌握和使用的。
(3) 制度上的激励，即企业家有强烈的愿望和冲动去进行创新。可以设想，如果一个企业依靠垄断等特殊手段就能轻易获得利润，它就没有愿望进行创新。
(4) 金融上的支持。现实中，风险投资等为许多创新提供了很好的金融上的支持。

熊彼特对创新有过精辟的论述。在他看来，创新可分为五大类：新产品、新的生产方式、新市场的开发、新型原材料的使用和行业的重组(Schumpeter, 1934)。现代经济学家们又把创新归为两大类，即所谓过程创新和产品创新。①

(二) 研发和创新机制

创新涉及多个主体。我们通过图7-1来反映各个主体之间的关系及研发和创新发生的机制。首先，创新的源泉来自知识的积累。知识一般有基础知识和应用性知识之分，而直接用于企业自主创新的知识被称为企业专用知识(Firm Specific Knowledge)。显然，企业专用知识建立在基础知识和应用性知识的基础之上。

一般地，政府向教育部门和科研机构直接提供研发资金，对企业的研发活动则通过税收和补贴等予以支持。教育部门培养人力资本，进而将其分配到经济社会的其他部门，成为研发活动的主要要素投入；教育部门同时也从事基础知识的研发。科研机构则专注于研发，从而积累知识(包括基础知识和应用性知识)。在整个创新机制中，企业起着关键作用：企业不

---

① 有关研究请参见 Scherer(1984)、Pavitt(1984)、Nelson and Winter(1982)和 Gong(2001, 2006)等。

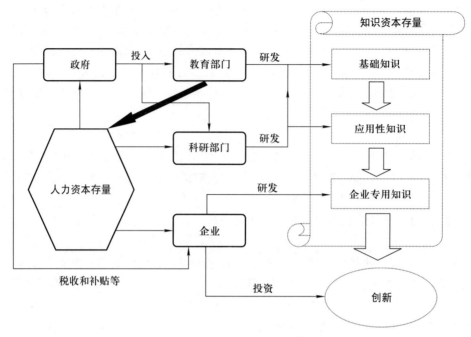

图 7-1 研发和创新机制[1]

仅是创新的执行主体,同时也从事企业专用知识的研发和积累。

实践表明,企业所特有的技术储备和知识存量是其保持技术领先的核心。许多大型企业一般都拥有自己的研发部门,每年都会投入大量的研发资金,从而积累大量的企业专用技术(或知识)。对于这些技术或知识,企业也许并不马上将其投入生产,即不马上进行创新,甚至有可能不申请专利,而只是对其进行严格的保密和保护。然而,恰恰是此种储备能够确保企业在行业中长期保持技术领先:每当已经投入市场的产品开始逐渐变得过时时,企业就会从其技术储备中将新的技术投入使用,以新产品或产品升级的方式将其投放到市场中去。这样一种技术的积累及创新过程,被熊彼特称为创造性毁灭(Creative Destruction)。

【创造性毁灭】 所谓创造性毁灭,是指新产品和新工艺的创新毁灭旧产品和旧工艺的过程。

显然,创造性毁灭能确保企业产品不断地升级换代,从而难以被竞争对手超越。[2]

(三) 技术进步的非线性

现在让我们再次回到公式(6.5)和(7.1)。我们发现,无论是人力资本还是知识资本,在

---

[1] 该图引自龚刚等(2013)。
[2] 企业所从事的这种以产品更新换代和升级为目标的创新通常被称为非经典创新。创新可分为经典创新和非经典创新。关于经典创新的讨论请参见本书的第二十章。

稳定状态下,其增长率均为常数,这也同时意味着技术是按一个固定的增长率增长的。事实上,我们可以把由公式(6.5)和(7.1)所表达的技术进步看成是线性的,即新技术与已有的技术水平线性相关。

然而,许多学者,如索洛(Solow,2003)等也提出技术进步有可能是非线性的。例如Jones(1995)就曾把公式(7.1)修改成

$$\dot{A} = \delta H_A^\lambda A^\phi \tag{7.15}$$

其中,参数 λ 和 ϕ 都在(0,1)区间内取值。该公式表明,不仅人力资本的投入对新技术的产生具有某种边际递减效应,与此同时,新技术 $\dot{A}$ 与已有的技术 A 也并非线性相关。公式(7.15)表明技术 A 的增长率可以写成

$$\frac{\dot{A}}{A} = \delta H_A^\lambda A^{\phi-1} \tag{7.16}$$

于是,技术 A 的增长率将随技术 A 的提高而逐步下降。

关于此种技术进步呈现非线性的原因,Jones(1995)解释为:容易发现的知识通常是首先被发现的。当技术已经发展到一定程度时,进一步的发现可能更为困难,必须付出更多的人力资本等努力才能做到,因此,技术的增长率是随着技术的提高而逐步下降的。

有关的经验研究也证实了这一点。例如,Gong et al.(2004a,2004b)利用美国和德国数据所做的经验研究表明[①],人力资本和知识资本的积累更符合下列等式:

$$\dot{h} = h^{p_1} \kappa (1-u)^{p_2} - \delta_h h \tag{7.17}$$

$$\dot{A} = \delta H_A^\gamma A^\phi - \delta_A A \tag{7.18}$$

其中,δ_h 和 δ_A 可以分别理解成人力资本和知识资本的折旧率;参数 p_1、p_2、γ 和 ϕ 都在(0,1)区间内取值。

(四) 前沿差距——发展中国家的技术进步

关于技术进步的另外一个补充是所谓的前沿差距(Distance to Frontier)理论。此种理论似乎更适合发展中国家的技术进步函数。如前所示,技术是非排他性的,这意味着一种技术可以反复同时在世界各地使用。技术的这种非排他性使得发展中国家可以引进技术,而无须自主研发技术。

按照前沿差距理论,落后国家的技术进步取决于其与技术前沿的差距:当差距很大时,落后国家(或企业)可以很容易地通过引进先进技术来提高自身的技术水平。

令 A 为落后国家(或企业)的技术,A^f 为前沿技术,从而 $A^f - A$ 可定义为与技术前沿的差距。于是,落后国家的技术进步函数可写成

$$\dot{A} = \delta(v)(A^f - A) + \gamma(v)A \tag{7.19}$$

以上技术进步函数反映了推动技术进步的两种方式。第一种是引进,取决于与技术前沿的差距 $A^f - A$;第二种是自主研发,取决于现有的技术水平。当然,两者都与影响技术的其他因素 v(如企业家水平和人力资本水平等)相关。有关讨论请参见 Acemoglu,Aghion and Zilibotti(2006)等。本书的第十八章和第十九章将对此作进一步的讨论。

[①] 此外,还可参见 Greiner,Semmler and Gong(2005)。

附录

命题 7-1 的证明

由公式(7.7)和(7.9)可知,

$$\frac{\dot{\theta}_1}{\theta_1} = -\sigma \frac{\dot{C}}{C}$$

$$\frac{\dot{\theta}_1}{\theta_1} = \rho - (1-\alpha-\beta)\eta(\overline{H}-H_A)^\alpha L^\beta A^{\alpha+\beta} K^{-\alpha-\beta}$$

从而,

$$\frac{\dot{C}}{C} = \frac{(1-\alpha-\beta)\eta(\overline{H}-H_A)^\alpha L^\beta A^{\alpha+\beta} K^{-\alpha-\beta} - \rho}{\sigma}$$

将公式(7.4)代入,我们得到命题中的公式(7.11)。

将公式(7.6)两边同除以 K,并再次将公式(7.4)代入,我们得到命题中的(7.12)。命题中的(7.13)则直接来自公式(7.1)。

命题 7-2 的证明

首先,由公式(7.13)可知,稳定状态下技术 A 的增长率为 $\delta \overline{H}_A$。现考察公式(7.4)所定义的 Y。很容易发现,稳定状态下,

$$\frac{Y}{K} = \theta \left(\frac{A}{K}\right)^{\alpha+\beta} \tag{7.20}$$

其中,$\theta = \eta(\overline{H}-\overline{H}_A)^\alpha \overline{L}^\beta$。

与此同时,利用增长率分解定理,我们得到

$$\frac{\dot{Y}}{Y} = (\alpha+\beta)\frac{\dot{A}}{A} + (1-\alpha-\beta)\frac{\dot{K}}{K} \tag{7.21}$$

考察公式(7.11)可以发现,稳定状态下 Y/K 必为常数(否则增长率 $\dot{C}/C$ 不会稳定)。由公式(7.20)可知,当 Y/K 为常数时,A/K 也必为常数,这也同时意味着稳定状态下 A 和 K 具有相同的增长率 $\delta \overline{H}_A$。而当 A 和 K 具有相同的增长率时,公式(7.21)又同时告诉我们稳定状态下 Y 的增长率也为 $\delta \overline{H}_A$。最后,由公式(7.12)可知,稳定状态下,由于 Y/K 是稳定的,从而 C/K 也必然稳定不变,所以 C 和 K 也具有相同的增长率 $\delta \overline{H}_A$。

参考文献

龚刚等(2013):从技术引进走向自主研发——论新阶段下中国的经济增长方式,《经济学动态》,第 5 期,16—26。

Acemoglu, D., P. Aghion and F. Zilibotti (2006): Distance to Frontier, Selection, and Economic Growth, *Journal of the European Economic Association*, Vol.4, 37-74.

Gong, G. (2001): Irregular Growth with Excess Capacity, *Metroeconomic*, Vol.52, 428-448.

Gong, G. (2006): *Endogenous Technical Change: An Evolution from Process Innovation to Product Innovation*, in T. Asada and T. Ishibawa ed., Time and Space in Economics, Tokyo: Springer Verlag.

Gong, G., A. Greiner and W. Semmler (2004a): The Uzawa-Lucas Model without Scale Effects: Theory and Empirical Evidence, *Structural Change and Economic Dynamics*, Vol.15, 401-420.

Gong, G., A. Greiner and W. Semmler (2004b): Endogenous Growth: Estimating the Romer Model for the U.S. and Germany, *Oxford Bulletin of Economics and Statistics*, Vol.66, 147-164.

Greiner, A., W. Semmler and G. Gong (2005): *The Forces of Economic Growth: A Time Series Perspectives*, Princeton: Princeton University Press.

Jones, C. (1995): R&D-based Models of Economic Growth, *Journal of Political Economy*, Vol.103, 759-784.

Nelson, R. R. and S. G. Winter (1982): *Evolutionary Theory of Economic Change*, Cambridge: Harvard University Press.

Pavitt, P. (1984): Sector Pattern of Change, *Research Policy*, Vol.13, 343-373.

Romer, P. (1990): Endogenous Technological Change, *Journal of Political Economy*, Vol.98(5), 71-102.

Scherer, F. M. (1984): *Innovation and Growth: Schumpeterian Perspectives*, Cambridge: MIT Press.

Schumpeter, J. A. (1934): *The Theory of Economic Development: An Inquiry into Profits, Capital, Credit, Interest, and Business Cycle*, Cambridge: Harvard University Press.

Solow, R. (2003): *General Comments on Part IV*, in P. Aghion et al eds., *Knowledge, Information and Expectation in Modern Macroeconomics*, Princeton: Princeton University Press.

第八章 实际商业周期理论

我们已经对新古典经济增长理论进行了介绍。作为一个理论体系,新古典经济学最基本的特征是市场出清,从而使得产量由供给通过生产函数决定。如前所述,市场出清的假设在解释经济增长这一长期问题时是一种可以接受的简化:它将使我们把更多的精力用于研究推动经济增长的一些关键性因素,如技术进步等。

然而,现代新古典(New Classicals)却将新古典市场出清这一假定延伸至经济波动的研究,由此产生了实际商业周期(Real Business Cycles,RBC)[①]理论。RBC 理论是现代新古典宏观经济学的核心。该理论从产生到发展至今已有二十多年,其间,它无疑是西方主流经济学界最为主要的研究热点之一。围绕 RBC 理论所展开的研究和争论经常见诸各主要的经济学杂志,而对于 RBC 理论的介绍也已成为西方一流大学高级宏观经济学研究生课程的必备内容。

所谓实际商业周期,顾名思义,是指由经济的实体成分(与货币或金融成分相对应)所造成的经济波动。

【实际商业周期】 实际商业周期是指经济的波动主要来源于经济中的实体成分所产生的对经济的干扰和冲击,其中最为主要的冲击是技术冲击。

需要强调的是,在 RBC 理论框架下,这样一种对经济的冲击并不会影响到经济体的市场出清:在冲击下,市场仍然是出清的,供需永远均衡。显然,围绕 RBC 理论所展开的研究和争论,其意义不仅限于澄清经济波动(或商业周期)的原因。事实上,它涉及经济学研究的基本方法和经济学家们对经济运行的基本认识。与此同时,它也反映了经济学的两大流派,即凯恩斯主义学派和新古典学派之间的争论。

本章将介绍 RBC 理论体系以及求解和检验 RBC 模型时所使用的一些技术。与此同时,我们也将揭示 RBC 研究所面临的问题和引发的争论。

一、实际商业周期理论的微观基础

(一) 基本假设

如前所述,RBC 理论的核心是指经济的波动主要受实际(而非货币)冲击的影响。Kydland and Prescott(1982)和 Long and Plosser(1983)分别在一个简单的市场出清、理性预期

[①] 这里的 Real 不是指真实,而是与货币(或金融)相对应的实际或实体。

和不考虑货币的代表性经济人模型中率先提出了这一思想。Stokey et al. (1989) 则进一步指出, 此类模型可以看成是类似于阿罗-德布鲁 (Arrow-Debreu) 的一般均衡模型。[①] 因此, "在适当条件下, 此类问题的求解可以被解释成对市场行为的预测"。

为了与阿罗-德布鲁完全竞争型的一般均衡建立联系, 我们考察一个虚拟的经济社会。首先, 社会中的家庭都是一样的, 有着相同的偏好; 企业也是一样的, 产品无差异并且规模报酬不变。这样, 我们就可以引入代表性经济人来解决资源配置的优化问题。

其次, 在这一经济系统中, 市场被认为是"一次性"开放 (Once-and-for-all Market)。再次引用 Stokey et al. (1989):

> 最终, 假设所有的交易都在 0 时"一次性"地发生。所有的交易都在那时进行, 交易的数量也同时被确定下来。在那以后没有任何其他交易。在市场关闭后, 经济人只是在 t 时, $t=0,1,2,\cdots,T$, 简单地依据已有的合同按规定的数量发送或接收要素和产品。

最后一个基本假设是关于所有权。我们假定家庭拥有生产过程中的所有要素。因此, 家庭向企业出售生产要素, 所得的收入只能用来购买企业的产品, 或用于消费或用于资本积累。我们的代表性企业不拥有任何财产, 它只是租来资本和劳动力, 并把它们用于生产, 然后出售所生产的产品, 所得利润则返还给家庭。

(二) 家庭决策

在市场开放的 0 时初期, 家庭拥有资本的初始存量 k_0^s, 同时给定一个从 0 时到未来无穷期的价格序列 $\{p_t, w_t, r_t\}_{t=0}^{\infty}$, 其中, p_t, w_t 和 r_t 分别为产品、劳动力和资本的 t 期价格。于是, 家庭的决策问题就可以解释为: 选择一个需求和供给序列 $\{c_t^d, i_t^d, n_t^s, k_{t+1}^s\}_{t=0}^{\infty}$, 使得经贴现以后的效用相加最大, 即

$$\max E_0 \left[\sum_{t=0}^{\infty} \beta^t U(c_t^d, n_t^s) \right] \tag{8.1}$$

约束于

$$p_t(c_t^d + i_t^d) = p_t(r_t k_t^s + w_t n_t^s) + \pi_t \tag{8.2}$$

$$k_{t+1}^s = (1-\delta) k_t^s + i_t^d \tag{8.3}$$

以上公式中, δ 是折旧率, β 是折现因子, π_t 是预期分红, c_t^d 和 i_t^d 分别是消费和投资需求, n_t^s 和 k_t^s 分别是劳动力和资本供给。这里, 公式 (8.2) 可以看成是一个预算约束。

接下来, 我们将考察家庭是如何计算预期分红 π_t 的。按照定义,

$$\pi_t = p_t(\hat{y}_t - w_t \hat{n}_t - r_t \hat{k}_t)$$

这里, $\hat{y}_t, \hat{n}_t$ 和 $\hat{k}_t$ 分别是家庭所预期的产出、就业和资本使用量。现假定家庭预期在给定的价格序列 $\{p_t, w_t, r_t\}_{t=0}^{\infty}$ 下, 家庭和企业所愿意的供给 $\{y_t^s, k_t^s, n_t^s\}_{t=0}^{\infty}$ 都能得以实现 (或市场将出清), 于是,

---

[①] 关于阿罗-德布鲁的一般均衡模型, 我们将在第九章中予以介绍。

$$\pi_t = p_t(y_t^s - w_t n_t^s - r_t k_t^s) \tag{8.4}$$

进一步假定家庭也同时知道企业的生产函数 $F(\cdot)$，公式(8.4)就可以写成

$$\pi_t = p_t[F(k_t^s, n_t^s, \hat{A}_t) - w_t n_t^s - r_t k_t^s] \tag{8.5}$$

其中，$\hat{A}_t$ 是预期的技术冲击。将公式(8.5)中的 π_t 代入公式(8.2)，再把公式(8.2)代入公式(8.3)，并消去 i_t^d，我们得到

$$k_{t+1}^s = (1-\delta)k_t^s + F(k_t^s, n_t^s, \hat{A}_t) - c_t^d \tag{8.6}$$

公式(8.1)和(8.6)构成了家庭的决策模型。

给定初始资本 k_0^s，公式(8.1)和(8.6)的解可以表示为一个决策的计划序列 $\{c_t^d, i_t^d, n_t^s, k_{t+1}^s\}_{t=0}^{\infty}$。其中，$k_{t+1}^s$ 由公式(8.6)给出，而

$$c_t^d = G_c(k_t^s, \hat{A}_t) \tag{8.7}$$

$$n_t^s = G_n(k_t^s, \hat{A}_t) \tag{8.8}$$

$$i_t^d = F(k_t^s, n_t^s, \hat{A}_t) - c_t^d \tag{8.9}$$

以上，函数 $G_c(\cdot)$ 和 $G_n(\cdot)$ 可以被看成是关于消费和劳动的决策规则，其具体形式可以从动态优化过程中导出。有关动态优化过程的介绍，我们将在随后展开。

（三）企业决策

给定相同的价格序列 $\{p_t, w_t, r_t\}_{t=0}^{\infty}$ 及预期的技术冲击 $\{\hat{A}_t\}_{t=0}^{\infty}$，企业所面临的决策问题同样可以解释为选择一组产出（供给）和投入（需求）序列 $\{y_t^s, n_t^d, k_t^d\}_{t=0}^{\infty}$，使利润的贴现值相加最大。这里，$y_t^s$ 表示企业的产出供给，n_t^d 和 k_t^d 为对劳动力和资本的需求。然而，由于企业是按期租用劳动力和资本，因此，其长期的最优化问题也就等同于一期的最优化(Stokey et. al, 1989)：

$$\max p_t(y_t^s - r_t k_t^d - w_t n_t^d)$$

受约束于

$$y_t^s = F(k_t^d, n_t^d, \hat{A}_t) \tag{8.10}$$

该问题的解满足

$$r_t = F_k(k_t^d, n_t^d, \hat{A}_t) \tag{8.11}$$

$$w_t = F_n(k_t^d, n_t^d, \hat{A}_t) \tag{8.12}$$

以上两个公式(8.11)和(8.12)可以让我们导出投入需求 k_t^d 和 n_t^d，产出供给 y_t^s 则由公式(8.10)给出。

（四）竞争均衡与应变计划

上述决策问题的讨论让我们得到给定价格序列 $\{p_t, w_t, r_t\}_{t=0}^{\infty}$ 家庭和企业所愿意提供的供给和需求。给定这些供给和需求，经济体的竞争均衡就可定义如下：

【竞争均衡】 经济的竞争均衡（Competitive Equilibrium）可以定义为在一组特定的关于价格的时间序列 $\{p_t^*, w_t^*, r_t^*\}_{t=0}^{\infty}$ 下，经济中的三大市场（产品、劳动力和资本）都恰好达到供需均衡：

$$k_t^d = k_t^s \tag{8.13}$$

$$n_t^d = n_t^s \tag{8.14}$$

$$c_t^d + i_t^d = y_t^s \tag{8.15}$$

这里,$t = 0, 1, 2, \cdots, \infty$。

根据等式(8.6)—(8.12)及均衡条件(8.13)—(8.15),我们可以很容易地证明竞争均衡 $\{p_t^*, w_t^*, r_t^*\}_{t=0}^{\infty}$ 是存在的。这实际上意味着当 $\{p_t, w_t, r_t\}_{t=0}^{\infty} = \{p_t^*, w_t^*, r_t^*\}_{t=0}^{\infty}$ 时,市场将得以出清。

然而,我们很快就发现,这里至少存在着以下两个问题:

第一,尽管我们能够论证市场均衡的存在,然而市场均衡 $\{p_t^*, w_t^*, r_t^*\}_{t=0}^{\infty}$ 是如何达到的?其过程是怎样的?有关这一问题的讨论必然涉及市场的交易过程。按照 Walras(1874) 的说法,这里有一个市场的管理者(Auctioneer),他的作用在于报价、调价直至达到均衡价格,这一过程通常被称为拍卖过程(Tâtonnement Process)。有关新古典体系和凯恩斯主义体系下市场交易过程的讨论将在第九章和第十章中展开。

第二,很容易发现,这里的均衡 $\{p_t^*, w_t^*, r_t^*\}_{t=0}^{\infty}$ 取决于预期的技术进步 $\hat{A}_t$。这样就产生了一个问题:由于我们规定所有的交易(包括与未来有关的交易)只在 0 时展开,当然价格也应在 0 时确定,这就意味着 0 时以后的技术冲击在 0 时交易展开时是不得而知的。于是,如何确定均衡价格、需求和供给呢?

RBC 理论家们巧妙地用所谓的应变计划(Contingency Plan)化解了这一问题。正如 Stokey et al.(1989)所指出的:

> 在随机条件下,我们所讨论的是条件性计划序列而不是数值序列,每期对应一组。具体地,消费 c_t 和每期的期末资本 k_{t+1} ($t = 0, 1, 2, \cdots, \infty$) 都取决于技术冲击 $z_1, z_2, \cdots, z_t$ 的实现值。这一系列的技术冲击只有在决策实施时才是知道的,而在决策制定的 0 时,这些信息都是未知的。从技术上讲,决策者选择的是一组方程序列(Sequence of Functions)。

这样,所谓均衡价格和相应的交易序列在 0 时的确定实际上都体现为一系列的应变性合约,决策的具体执行则完全取决于此后所实现的技术冲击。

如果交易由应变计划所确定,RBC 模型的动态演变过程就可由如下方程组所描述:

$$c_t = G_c(k_t, A_t) \tag{8.16}$$

$$n_t = G_n(k_t, A_t) \tag{8.17}$$

$$y_t = F(k_t, n_t, A_t) \tag{8.18}$$

$$i_t = y_t - c_t \tag{8.19}$$

$$k_{t+1} = (1-\delta)k_t + F(k_t, n_t, A_t) - c_t \tag{8.20}$$

其中,该过程的初始条件为 k_0,而技术冲击 $\{A_t\}_{t=0}^{\infty}$ 则为给定的外生变量。

综合上述分析,我们就可发现 RBC 模型的一个重要特性:虽然这一经济系统同时考虑了家庭和企业行为,但是整个系统的变化只受到家庭行为的影响,尽管家庭行为只代表市场供需的一个方面,即产出的需求和投入的供给,企业的决策行为不起任何作用。

二、标准 RBC 模型求解

在上一节中,我们只是对 RBC 模型作了一个非常简单的介绍,其目的是揭示 RBC 理论的微观基础。我们还没有详细说明 A_t 的随机过程,也没有把增长引入模型之中,所以这一模型是经不起经验数据的检验的。标准的且经常被用于检验的 RBC 模型应首推 King, Plosser and Rebelo(1988)。

(一) 模型结构

令 K_t 表示资本,N_t 表示个人的工作小时,Y_t 表示产出,C_t 表示消费。假定资本按如下规则积累:

$$K_{t+1} = (1-\delta)K_t + A_t K_t^{1-\alpha}(N_t X_t)^\alpha - C_t \tag{8.21}$$

式中,$\alpha \in (0,1)$,A_t 应理解成暂时的技术冲击,X_t 则为永久冲击①,它服从一个固定的增长率 γ。由于 X_t 的存在,K_t 等变量是不平稳的(Non-stationary),即它们都有上升趋势。而这将不利于我们对模型的求解。② 为了使模型转换成平稳形式,我们需要对公式(8.21)进行平衡化处理。针对公式(8.21),两边同除以 X_t,得

$$k_{t+1} = \frac{1}{1+\gamma}[(1-\delta)k_t + A_t k_t^{1-\alpha}(n_t \overline{N}/0.3)^\alpha - c_t] \tag{8.22}$$

这里,$k_t \equiv K_t/X_t$,$c_t \equiv C_t/X_t$,$n_t \equiv 0.3 N_t/\overline{N}$。其中,$\overline{N}$ 是 N_t 的样本均值。注意,n_t 一般被认为是标准化后的工作时间。正如 Hansen(1985)所指出的,n_t 的样本均值为 30%,这也是平均工作时间占总时间的比例。

于是,我们的代表性经济人所作的决策问题就可表示为:选择决策变量 $\{c_t\}_{t=0}^\infty$ 和 $\{n_t\}_{t=0}^\infty$,使得

$$\max E_0 \left[\sum_{t=0}^\infty \beta^t (\ln c_t + \theta \ln(1-n_t))\right] \tag{8.23}$$

并满足约束条件(8.22)和

$$A_{t+1} = a_0 + a_1 A_t + \varepsilon_{t+1} \tag{8.24}$$

这里,$\ln c_t + \theta \ln(1-n_t)$ 为公式(8.1)中的效用函数 $U(\cdot)$;暂时冲击 A_t 则假定服从一个 AR(1)过程,其中,随机变量 ε_t 为独立同分布(i.i.d.)。

(二) 一阶条件

对于随机动态优化模型,一般有两种一阶条件:欧拉等式(Euler equation)和拉格朗日法

---

① 注意,X_t 既包括人口增长也包括技术进步。
② 正如我们即将看到的,对模型的求解通常依赖于以模型的稳定状态为中心所展开的线性化处理。因此,当有关变量具有上升趋势时,对模型的线性转换将变得不够精确。

则所导出的等式,这里我们只采用拉格朗日法则。[①]

定义拉格朗日方程:

$$L = \sum_{t=0}^{\infty} \beta^t [\ln c_t + \theta \ln(1-n_t)] - \sum_{t=0}^{\infty} \left\{ \beta^{t+1} \lambda_{t+1} \left[k_{t+1} - \frac{1}{1+\gamma} \left((1-\delta) k_t + A_t k_t^{1-\alpha} (n_t \overline{N}/0.3)^\alpha - c_t \right) \right] \right\}$$

分别对 c_t、n_t、k_t 和 λ_t 求导并令其为 0,我们得到如下一阶条件:

$$\frac{1}{c_t} - \frac{\beta}{1+\gamma} E_t \lambda_{t+1} = 0 \qquad (8.25)$$

$$\frac{-\theta}{1-n_t} + \frac{\alpha \beta y_t}{(1+\gamma) n_t} E_t \lambda_{t+1} = 0 \qquad (8.26)$$

$$\frac{\beta}{1+\gamma} E_t \lambda_{t+1} \left[(1-\delta) + \frac{(1-\alpha) y_t}{k_t} \right] = \lambda_t \qquad (8.27)$$

$$k_{t+1} = \frac{1}{1+\gamma} [(1-\delta) k_t + y_t - c_t] \qquad (8.28)$$

其中,

$$y_t = A_t k_t^{1-\alpha} (n_t \overline{N}/0.3)^\alpha \qquad (8.29)$$

于是,我们的动态系统由公式(8.22)和(8.24)—(8.29)所组成,它包含了变量 k_t、A_t、c_t、n_t、y_t 和 λ_t 的动态演变。

(三) 稳定状态

按照求解随机动态优化模型的一般程序,现在需要将公式(8.22)和(8.24)—(8.29)中的随机变量转换成对应的确定性等价形式,即取它们的数学期望。很容易发现,A_t 的稳定状态可以从公式(8.24)求得:

$$\overline{A} = \frac{a_0}{1-a_1}$$

其他变量的稳定状态由如下命题给出:

【命题 8-1】 假定 A_t 的稳定状态为 $\overline{A}$。方程(8.22)和(8.24)—(8.29)的确定性等价形式至少有两个稳定状态。一个在边界上(On the Boundary),另一个则在边界内(Interior)。其中,边界内的稳定状态为

$$\overline{n} = \alpha \phi / [(\alpha+\theta)\phi - (\delta+\gamma)\theta]$$
$$\overline{k} = \overline{A}^{1/\alpha} \phi^{-1/\alpha} \overline{n} (\overline{N}/0.3)$$
$$\overline{c} = (\phi - \delta - \gamma) \overline{k}$$
$$\overline{\lambda} = (1+\gamma)/\beta \overline{c}$$
$$\overline{y} = \phi \overline{k}$$

[①] 关于欧拉等式的介绍,请参见 Ljungqvist and Sargent (2000)和 Gong and Semmler(2006)等。需要说明的是,两种一阶条件所导出的结果实际上是一致的,Chow (1997)对这一点作了讨论。

其中，$\phi=[(1+\gamma)-\beta(1-\delta)]/[\beta(1-\alpha)]$。

关于该命题的证明请参见 Gong and Semmler(2006)。

(四) 标准 RBC 模型的数值解法

按照求解随机动态优化模型的一般程序，我们现在需要以边界内的稳定状态为中心[①]，对公式(8.22)和(8.24)—(8.29)进行线性转换。与此同时，设 c_t 和 n_t 的决策规则也为线性：

$$c_t = G_{11}A_t + G_{12}k_t + g_1 \qquad (8.30)$$
$$n_t = G_{21}A_t + G_{22}k_t + g_2 \qquad (8.31)$$

其中，参数 G_{ij} 和 $g_j(i,j=1,2)$ 都是未知参数。所谓未知参数法，就是针对线性决策规则(8.30)和(8.31)，从经过二次线性转换后的线性系统中求解未知参数 G_{ij} 和 g_j。显然，它们都是模型中结构参数的复杂函数。

需要说明的是，求解未知参数本身是一个非常复杂的过程，一般很难用手算完成。不同的一阶条件和不同的线性转换都会影响未知参数的求解过程。现实中，经济学家们通常针对特定的一阶条件和线性转换设计出不同的计算机程序来求解未知参数。我们使用 Gong(1998)和 Gong and Semmler(2006)所介绍的程序来求解未知参数。该程序适用于针对由拉格朗日法则导出的一阶条件所进行的二次线性转换。[②]

给定表 8-1 中所示的结构参数[③]，我们在图 8-1 和图 8-2 中给出了模型解的路径。这些路径由公式(8.22)、(8.24)和(8.30)—(8.31)求得，它们包括状态变量 k_t、决策变量 c_t 和 n_t 及外生变量 A_t。

表 8-1 模型中的结构参数值

α	γ	β	δ	θ	N	a_0	a_1	σ_ϵ
0.5800	0.0045	0.9930	0.0208	2.0189	480.00	0.0333	0.9811	0.0189

三、标准 RBC 模型的校正与检验

RBC 理论家们通常认为，RBC 模型能很好地解释现实中的经济波动和商业周期。他们相信，即便是一个简单的 RBC 模型(如前文所介绍的标准 RBC)，它所产生的时间序列也能较好地反映经验数据的波动特点。正如 Plosser(1989)所指出的：

[①] 由于边界上的稳定状态通常为 0、1 或无穷大，它们显然不能代表经济的一般状态。因此，我们只以边界内的稳定状态为中心进行线性转换。

[②] 该种方法可以看成是针对 Chow(1993)所提方法的一种改进。

[③] 这些参数值在 RBC 研究中都极为标准。参见 King et al.(1988)和 Christiano and Eichenbaum(1992)等。

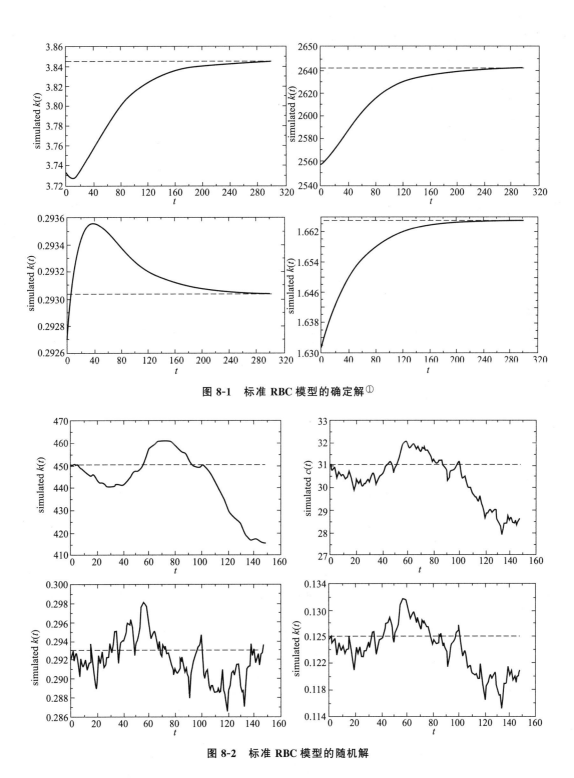

图 8-1　标准 RBC 模型的确定解[①]

图 8-2　标准 RBC 模型的随机解

---

① 该图来自 Gong and Semmler (2006)。

这样一个如此简单的模型——没有政府，没有任何形式的市场失灵、理性预期，没有调整成本——却可以把实际情况模拟得如此之好，真是让人不可思议。

但是，这些早期的评论从它产生的一开始就受到各种各样的质疑和批判。为了使读者了解围绕 RBC 理论所展开的这些争议，我们有必要首先介绍一下经济学家们在对 RBC 模型进行实证检验时通常所使用的方法，即所谓的校正法（Calibration Method）。

（一）校正法

校正法是在对理论模型进行大规模随机模拟的基础上，总结出有关经济变量波动的统计特征，并与实际数据相比较，从而判断模型的有效性。具体地，校正过程一般有如下步骤。

- 步骤 1：选择模拟所需要的结构参数。注意，这些结构参数应包括模型中有关随机变量的标准差，如 σ_ε。有了这一参数，我们就能对模型进行随机模拟。①
- 步骤 2：选择模拟所需的时间序列的长度。该长度通常与样本数据的时间长度相一致。设该长度为 T。
- 步骤 3：选定初始值，使用迭代法，对模型重复计算 T 次，从而获得由模型所产生的有关经济变量的时间序列。此为一次随机模拟。
- 步骤 4：如有必要，首先用滤波器对由步骤 3 所产生的模拟数据进行加工处理，以去掉其时间趋势。②
- 步骤 5：针对去掉时间趋势以后的模拟数据，统计出有关的统计指标。这些指标主要为一些二阶矩（Second Moments）指标，如方差和相关系数等。
- 步骤 6：重复步骤 3 至步骤 5 直至 N 次（N 应足够大），并根据这 N 次重复实验，计算出有关二阶矩指标的分布（由指标的均值和方差表示）。
- 步骤 7：利用实际的样本数据，计算相同的二阶矩指标，并考察其是否落在由模型所产生的二阶矩指标的有效分布内。

需要说明的是，由于随机变量 ε_t 的原因，我们所得出的模拟数据是随机波动的，而波动的大小取决于 ε_t 的标准差 σ_ε 和模型本身的结构。因此，假定模型是正确的，而 σ_ε 的取值也合适（注意，σ_ε 由估计而得），这样，为了考察模型的波动是否与实际相符，计算模型的二阶矩指标，并与样本的二阶矩指标相比较，就能在一定程度上检验模型是否能解释现实中的经济波动和商业周期。

（二）对标准 RBC 模型的校正

表 8-2 报告了利用美国的数据对标准 RBC 模型所进行的校正结果。表中与 RBC 模型所对应的数据为步骤 6 中所估算的二阶矩指标的均值。括号中的数据则为相应的标准差。模型的动态随机系统（数据产生过程）由公式(8.22)、(8.24)、(8.30)和(8.31)组成，其中，产出 y_t 由公式(8.29)给出；结构参数使用表 8-1 中的数值。模拟次数 N 为 5000 次。

---

① 例如，在 GAUSS 语言中，我们可以用 RNDN 程序来产生具有标准正态分布的随机变量。
② 这里一般使用 H-P 滤波器。有关 H-P 滤波器的介绍，请参见 Hodrick and Prescott(1980)。

表 8-2　标准 RBC 模型的校正

	消费	资本	就业	产出
标准差				
样本	0.0081	0.0035	0.0165	0.0156
RBC 模型	0.0091 (0.0012)	0.0036 (0.0007)	0.0051 (0.0006)	0.0158 (0.0021)
相关系数				
样本				
消费	1.0000			
资本	0.1741	1.0000		
就业	0.4604	0.2861	1.0000	
产出	0.7550	0.0954	0.7263	1.0000
RBC 模型				
消费	1.0000 (0.0000)			
资本	0.2043 (0.1190)	1.0000 (0.0000)		
就业	0.9288 (0.0203)	−0.1593 (0.0906)	1.0000 (0.0000)	
产出	0.9866 (0.00332)	0.0566 (0.1044)	0.9574 (0.0076)	1.0000 (0.0000)

就样本经济和 RBC 经济的比较而言,表 8-2 告诉我们如下结果:

首先,就经济的波动性而言,在四个关键变量中,消费、资本和产出的波动性在某种程度上是吻合的。但是这一性质对于就业并不适用。事实上,模型所产生的就业过于平滑了。这一结果同样出现于其他研究中,如 King et al.(1988)和 Christiano and Eichenbaum(1992)等。

其次,让我们来看一下相关性。在样本经济中,主要存在着两个显著的相关关系:一个是消费和产出之间,另一个是就业和产出之间。这两个相关关系在我们的 RBC 经济中也同样存在。然而,除了这两个相关关系,RBC 经济中消费和就业之间也显著相关,而这在样本经济中是不存在的。

四、争论、改进与发展

正如我们在前面所指出的,标准的 RBC 模型虽然简单,但在很多 RBC 理论家们的眼里,它能很好地反映美国宏观经济的波动特征。按照 Prescott(1986)所作的总结,"理论和实际吻合得很好,尽管距离完美尚远"。事实上,一些 RBC 理论家们认为,RBC 研究至少已通过了初步检验。但与此同时,人们对 RBC 理论的质疑和批判也非常多。由 RBC 理论所引发的争论可以参见不同学术杂志上的一些特刊和综述以及相关网站等。① 以下列出其中的一部分争议。

(一) 完全竞争与市场出清

毋庸置疑,RBC 模型在逻辑结构上是完整的。然而,这种逻辑上的完整并不意味着它与现实经济相符。例如,模型中关于市场的一次性开放和应变计划等假设,在现实经济中似乎并不多见。更为重要的是,RBC 是以完全竞争条件下的市场出清为其理论基础。而在许多经济学家看来,这样一种经济在现代社会中并不具有代表性。例如,Taylor (1999) 就曾经指出:

> 实际数据充分表明,工资和价格会在一个相当长的时期内保持稳定(这一时期通常被称作合同期)。在这一时期内,合同一般不会对外界的变化作出应变性的调整。

相反地,大量的经济学家认为不完全竞争、垄断和市场的非均衡可能更为普遍。需要说明的是,新凯恩斯主义在研究凯恩斯主义理论的微观基础时,通常以上述非完全竞争的经济为其理论的出发点。有关凯恩斯主义理论的介绍将在本书的第三部分展开。

(二) 数据问题

对 RBC 模型的经验检验通常建立在对现实数据进行重新组合的基础上。在 RBC 理论家们看来,现实的数据无法反映 RBC 模型的内在逻辑。例如,模型中所定义的产出 Y_t 只是简单地把消费 C_t 和投资 I_t 相加起来,后者则为资本存量 K_t 的增加。因此,为了让模型中的产出 Y_t 和实际数据保持一致,我们必须在 C_t 中加入政府消费,与此同时,资本存量 K_t 也应包括由政府投资所形成的资本(如高速公路等)和一些消费耐用品及存货和土地等。这样一来,产出 r_t 也应包括由这些资本所产生的服务。由于这些数据并不容易获得,因此,我们必须基于一定的假设把它们计算出来。我们所使用的数据是由 Christiano(1987a) 所建立的,它被用于许多 RBC 模型的经验检验中,比如 Christiano(1987b)、Christiano and Eichenbaum(1992) 和 Semmler and Gong(1997) 等。关于数据问题的讨论,请参见 Cooley and Prescott(1995) 和 Gong and Semmler(2006)。

(三) 与校正法相关的问题

对于评估 RBC 模型所采用的校正法,许多经济学家也提出了一些质疑,认为这是一种非正规的评估技术。校正法并没有要求利用统一的宏观数据对模型的结构参数进行估计。

---

① 关于特刊可以参见 *Journal of Economic Perspectives*,1989(3) 和 *The Economic Journal*,1995(Nov.) 等;关于综述,可以参见 King and Rebelo (1999)。

这些参数的选择通常来源于不同的微观研究。有关这一问题的批评请参见 Singleton(1988)和 Eichenbaum(1991)。

需要说明的是,利用正规的计量经济学方法对 RBC 类型的随机动态优化模型进行估计和检验在未来的经济学研究中必然会受到越来越多的关注。Semmler and Gong(1996)、Gong(1998)和 Gong and Semmler(2006)对这一课题进行了一些初步的研究,有关方法将在本书最后的附录予以介绍。

此外,围绕着校正技术的另一个质疑是关于 H－P 滤波器的使用,有关讨论请参见 Harvey and Jaeger(1993)和 Cogley and Nason(1995)。

(四) 劳动力市场

虽然就校正结果而言,由 RBC 模型所产生的消费、产量和资本的波动与现实相符,然而,就业的波动过于平稳,就业与消费之间也存在过分的相关。仔细考察一下消费和就业的决策规则[参见公式(8.30)和(8.31)],存在这样的结果也是不难理解的。由于消费和就业的决策规则在结构上极为相似,即同样是对变量 A_t 和 k_t 的反映,它们之间必然会相关,而就业波动也将和消费一样比较平衡。显然,所有这些问题都与劳动力市场的模型设定有关。解决这一问题的可能方法是在劳动力市场中引入非均衡。有关这方面的一些尝试请参见龚刚、Semmler(2003)。

(五) 索洛残差和技术冲击

最后,也是最具争议性的问题是关于技术冲击的衡量。在 RBC 模型的经验检验中,技术冲击是由索洛残差(Solow Residual)来衡量的。按照 King and Rebelo(1999)的说法,"正是这最后的批判,即索洛残差对技术冲击这一有问题的衡量才是 RBC 文献中真正的阿喀琉斯之踵"。

众所周知,索洛残差是在给定产出 Y_t、资本 K_t、劳动力供给 L_t 和参数 α 的情况下,由生产函数计算而得的。例如,假定生产函数为 $Y_t = A_t K_t^{1-\alpha} L_t^{\alpha}$,则按照索洛残差法,技术 A_t 就可以按如下公式计算而得:

$$A_t = \frac{Y_t}{K_t^{1-\alpha} L_t^{\alpha}}$$

显然,这样一种对技术冲击的衡量不仅以假定生产要素的充分就业为前提,而且它本身就意味着新古典体系下的产量决定方式在研究和衡量经济波动时也是成立的。许多经济学家对这种衡量方法产生怀疑。首先,这样一种衡量通常会导致技术的过分波动,甚至会出现技术退步的情况。而现实中,技术总是在不断进步,而且也不会出现大起大落。[①] 其次,按照计量检验,索洛残差可以由一些与需求有关的外生变量,如军费(Hall,1988)和货币供给(Evans,1992)等得到解释,这些外生变量通常并不与技术相关,这也同样说明索洛残差并不是一种外生变量(冲击)。最后,当生产要素的使用存在明显的波动时,索洛残差就无法解释技术冲击了。

---

① 参见 Mankiw(1989)和 Summer(1986)。

由此可见，索洛残差在衡量技术冲击上是不可信的。也许它在更大程度上反映为需求冲击。从这个意义上说，RBC模型之所以能较好地拟合产量、消费和资本的波动，其原因不在于模型本身的合理性，而在于使用了索洛残差这一不可靠的对技术冲击的衡量。

索洛残差在衡量技术冲击上的不可信，使得许多学者转而研究利用其他方法来衡量技术冲击。参见 Burnside, Eichenbaum and Rebelo(1996)，Basu and Kimball(1997)，Gali(1999)和 Francis and Ramey(2001,2003)等。按照RBC的理论模型，技术总是与产出、消费和就业等成激励周期(Procyclical)。[①] 当我们用索洛残差来衡量技术时，这一结果被认为与现实相符，这也是RBC理论家们早期所感到满意的成果之一。然而，当我们用其他方法来衡量技术冲击时，我们发现技术冲击(至少在短期内)与产出等成抑制周期(Counter Cyclical)。[②]

综上所述，RBC模型在解释经济中所出现的商业周期(波动)方面仍有相当长的路要走。也许，为了更好地解释经济现象，引入非均衡和不完全竞争在所难免。然而，作为现代新古典宏观经济学的核心，RBC模型为我们未来的宏观经济研究设定了严格的学术准则：宏观经济学必须有其微观基础；微观基础的核心在于行为分析；而经济人行为的特征在于最优化。正是在这个意义上，对于RBC模型的研究在经济学中仍具有其特殊的意义。

参考文献

龚刚、W. Semmler(2003)：非均衡劳动力市场的真实经济周期，经济学(季刊)，第2卷第3期，591—604。

Basu, S. and M. S. Kimball(1997): Cyclical Productivity with Unobserved Input Variation, *NBER Working Paper Series* No. 5915.

Burnside, C., M. Eichenbaum and S. Rebelo (1996): Sectoral Solow Residuals, *European Economic Review*, Vol. 40, 861-869.

Campbell, J. (1994): Inspecting the Mechanism: An Analytical Approach to the Stochastic Growth Model, *Journal of Monetary Economics*, Vol. 33, 463-506.

Chow, G. C. (1993): Optimum Control without Solving the Bellman Equation, *Journal of Economic Dynamics and Control*, Vol. 17, 621-630.

Chow, G. C. (1997): *Dynamic Economics: Optimization by the Lagrange Method*, New York: Oxford University Press.

Christiano, L. J. (1987a): Technical Appendix to "Why Does Inventory Investment Fluctuate So Much?" *Research Department Working Paper Series* No. 380, Federal Reserve Bank of Minneapolis.

Christiano, L. J. (1987b): Why Does Inventory Fluctuate So Much? *Journal of Monetary Economics*, Vol. 21, 247-280.

[①] 即当技术有一个正向冲击时，它会刺激产出等的正向波动。

[②] 即当技术有一个正向冲击时，它会引起产出等的负向波动。

Christiano, L. J. and M. Eichenbaum (1992): Current Real Business Cycle Theories and Aggregate Labor Market Fluctuation, *American Economic Review*, Vol. 82(3), 431-472.

Cogley, T. and J. M. Nason (1995): Effects of the Hodrick-Prescott Filter on Integrated Time Series, *Journal of Economic Dynamics and Control*, Vol. 19, 253-278.

Cooley, T. and E. Prescott (1995): Economic Growth and Business Cycles, in T. Cooley ed., *Frontiers of Business Cycle Research*, Princeton: Princeton University Press.

Eichenbaum, M. (1991): Real Business Cycle Theory: Wisdom or Whimsy? *Journal of Economic Dynamics and Control*, Vol. 15, 607-626.

Evans, C. (1992): Productivity Shock and Real Business Cycles, *Journal of Monetary Economics*, Vol. 29, 191-208.

Francis, N. and V. A. Ramey (2001): Is the Technology-driven Real Business Cycle Hypothesis Dead? Shocks and Aggregate Fluctuations Revisited, *Working Paper*, University of California, San Diego.

Francis, N. and V. A. Ramey (2003): The Source of Historical Economic Fluctuations: An Analysis Using Long-run Restriction, *Working Paper*, University of California, San Diego.

Gali, J. (1999): Technology, Employment and Business Cycles: Do Technology Shocks Explain Aggregate Fluctuation? *American Economic Review*, Vol. 89, 249-271.

Gong, G. (1998): *Essays in Economic Fluctuation*, Ph. D. Dissertation, New York: New School University.

Gong, G., A. Greiner and W. Semmler (2004): The Uzawa-Lucas Model without Scale Effects: Theory and Empirical Evidence, *Structural Change and Economic Dynamics*, Vol. 15, 401-420.

Gong, G. and W. Semmler (2006): *Stochastic Dynamic Macroeconomics: Theory, Numerics, and Empirical Evidence*, Oxford University Press.

Hall, R. E. (1988): The Relation between Price and Marginal Cost in U. S. Industry, *Journal of Political Economy*, Vol. 96, 921-947.

Hansen, G. H. (1985): Individual Labor and Business Cycles, *Journal of Monetary Economics*, Vol. 16, 309-327.

Harvey, A. C. and A. Jaeger (1993): Detrending, Stylized Facts and the Business Cycle, *Journal of Applied Econometrics*, Vol. 8, 231-247.

Hodrick, R. J. and E. C. Prescott (1980): Post-war U. S. Business Cycle: An Empirical Investigation, *Working Paper*, Carnegie-Mellon University, Pittsburgh, PA.

King, R. G., C. I. Plosser and S. T. Rebelo (1988): Production, Growth and Business Cycles I: The Basic Neo-classical Model, *Journal of Monetary Economics*, Vol. 21, 195-232.

King, R. G. and S. T. Rebelo (1999): Resuscitating Real Business Cycles, in J. Taylor and M. Woodford ed., *Handbook of Macroeconomics*, Vol. I, New York: Elsevier Science.

Kydland, F. E. and E. C. Prescott (1982): Time to Build and Aggregate Fluctuation, *Econo-

metrica, Vol.50, 1345-1370.

Ljungqvist, L. and T. J. Sargent (2000): *Recursive Macroeconomics*, Cambridge: MIT Press.

Long, J. B. and C. I. Plosser (1983): Real Business Cycles, *Journal of Political Economy*, Vol.91, 39-69.

Mankiw, N. G. (1989): Real Business Cycles: A New Keynesian Perspective, *Journal of Economic Perspectives*, Vol.3, 79-90.

Mankiw, N. G. (1990): A Quick Refresher Course in Macroeconomics, *Journal of Economic Literature*, Vol.27, 1645-1660.

Plosser, C. I. (1989): Understanding Real Business Cycles, *Journal of Economic Perspectives*, Vol.3, 51-77.

Prescott, E. C. (1986): Theory ahead of Business Cycle Measurement, *Federal Reserve Bank of Minneapolis Quarterly Review*, Vol.10, 9-22.

Semmler, W. and G. Gong (1996): Estimating Parameters in Real Business Cycle Model, *Journal of Economic Behavior and Organization*, Vol.30, 301-325.

Semmler, W. and G. Gong (1997): Numerical Procedure to Estimate Real Business Cycle Models Using Simulated Annealing, in H. Amman, B. Rustem and A. Whinston ed., *Computational Approaches to Economic Problems*, Kluwer Inc.

Singleton, K. (1988): Econometric Issues in the Analysis of Equilibrium Business Cycle Model, *Journal of Monetary Economics*, Vol.21, 361-386.

Stokey, N. L., R. E. Lucas and E. C. Prescott (1989): *Recursive Methods in Economics*, Cambridge: Harvard University Press.

Summers, L. H. (1986): Some Skeptical Observations on Real Business Cycle Theory, *Federal Reserve Bank of Minneapolis Quarterly Review*, Vol.10, 23-27.

Taylor, J. B. (1999): Staggered Price and Wage Setting in Macroeconomics, in J. B. Taylor and M. Woodford ed., *Handbook of Macroeconomics*, Vol I, New York: Elsevier Science.

Uhlig, H. (1999): A Toolkit for Analyzing Nonlinear Dynamic Stochastic Models Easily, in R. Marimon and A. Scotted ed., *Computational Methods for the Study of Dynamic Economics*, New York: Oxford University Press.

Woodford, M. (2003): *Interest and Price, Foundation of a Theory of Monetary Policy*, Princeton: Princeton University Press.

Walras, L. (1874): *Elements D'économie Politique Pure*, Lausanne: Corbaz.

第九章 完全竞争——新古典理论之批判

我们已经对新古典经济学(包括其增长理论和商业周期理论)进行了解释。我们发现新古典经济学的核心特征在于市场出清,从而导致产量最终由供给决定,即受资源(供给)的约束。本章中我们将对新古典理论进行一些批判。批判的目的并不在于否定该理论体系内在逻辑上的一致性和完整性,而是要揭示该理论体系中两个致命的弱点:一个是纯技术方面的,我们把它称为集值问题;另一个是关于经济人预期行为的一个基本假设——充分信心的预期。与此同时,我们将看到,凯恩斯主义理论体系在很大程度上可以很容易地化解这两个致命的弱点。因此,从某种程度上说,本章可以看成是为下一章开始介绍的凯恩斯主义理论体系作一理论上的准备。

一、新古典的一般均衡理论

20世纪五六十年代,阿罗和德布鲁等学者的杰出贡献[①],使得新古典经济学在微观领域取得了巨大的成功:基于新古典经济学的一般均衡模型终于被构建起来,与此同时,新古典理论所设想的一系列结论,如"均衡""市场出清",甚至资源的优化配置,如帕累托最优等也在他们的一般均衡模型框架下被严格论证。毫无疑问,阿罗和德布鲁的贡献是令人震惊的:他们将数学如此完美地运用于经济学,突破了经济学只停留在单个市场均衡(Partial Equilibrium)的局面,开创了向多个市场的一般均衡分析的转变。从此以后,经济学与数学就结下了不解之缘。正因为如此,他们分别获得了1972年和1983年的诺贝尔经济学奖。

那么,阿罗和德布鲁是如何构建其新古典经济学模型的?又是如何论证均衡和市场出清的?接下来,我们将对此进行讨论。

(一) 阿罗-德布鲁经济——完全竞争的市场经济

新古典经济学是关于市场经济条件下经济变量决定方式的一大理论体系。然而,市场经济有很多类型,如完全竞争的市场经济、垄断和垄断竞争的市场经济等。不同类型的市场经济必然意味着不同的经济变量的决定方式。阿罗和德布鲁所设想的市场经济则是完全竞争的市场经济。

完全竞争市场具有如下特征:

(1) 市场上有众多的生产者生产同质的无差别的产品。这意味着任何一个生产者单独的产量(或销售量)都无法影响市场价格;

---

① 参见 Arrow and Debreu(1954) 和 Debreu(1959) 等。

(2) 就某一同质的无差别的产品而言,市场上存在着众多的消费者,从而任何消费者也不可能通过其单独的消费行为影响市场价格;

(3) 生产者进出市场不受任何力量的限制;

(4) 市场交易活动自由、公开,没有人为的限制;

(5) 市场信息畅通准确,市场参与者充分了解各种情况;

(6) 各种资源都能够充分流动。

上述六大特征中,前两个特征最为关键:由于任何一个生产者和消费者单独的生产和消费行为都无法影响(或决定)商品的市场价格,因此,它们只能是市场价格的接受者,而不是制定者。正因为如此,它们的供给和需求行为都是在给定的市场价格下进行的。

(二) 完全竞争市场下的供给与需求

假定经济中存在着极多的厂商、家庭、商品和生产要素。用 $j(j=1,2,\cdots,J)$ 标记厂商,用 $h(h=1,2,\cdots,H)$ 标记家庭,用 $i(i=1,2,\cdots,I)$ 标记商品,用 $k(k=1,2,\cdots,K)$ 标记生产要素;厂商 j 使用要素 k 生产商品 i;生产要素则由家庭拥有,体现为家庭的资源禀赋(Endowments);家庭 h 通过出售生产要素 k 获得收入,并将其用于购买厂商所生产的商品 i。由于厂商和家庭都是在给定的价格(包括产品价格和要素价格)下提出自己的供给和需求,因此,就商品 i 和要素 k 而言,其市场的供给 x_i^s 和 l_k^s 及需求 x_i^d 和 l_k^d 就可以表示为

$$x_i^s = \sum_{j=1}^{J} x_{j,i}^s(p_1, p_2, \cdots, p_I, w_1, w_2, \cdots, w_K)$$

$$x_i^d = \sum_{h=1}^{H} x_{h,i}^d(p_1, p_2, \cdots, p_I, w_1, w_2, \cdots, w_K)$$

$$l_k^s = \sum_{h=1}^{H} l_{h,k}^s(p_1, p_2, \cdots, p_I, w_1, w_2, \cdots, w_K)$$

$$l_k^d = \sum_{j=1}^{J} l_{j,k}^d(p_1, p_2, \cdots, p_I, w_1, w_2, \cdots, w_K)$$

以上,$x_{j,i}^s(\cdot)$ 为厂商 j 对商品 i 的供给,$x_{h,i}^d(\cdot)$ 则为家庭 h 对商品 i 的需求,$l_{h,k}^s(\cdot)$ 为家庭 h 对要素 k 的供给,$l_{j,k}^d(\cdot)$ 为厂商 j 对要素 k 的需求。所有这些供给和需求都可以通过厂商和家庭的优化导出,并且都取决于商品的价格,即 $p_i(i=1,2,\cdots,I)$ 和要素的价格 $w_k(k=1,2,\cdots,K)$。

(三) 完全竞争下的一般均衡

经济学文献中关于一般均衡问题的研究通常可以分为两个不同的问题:一个是存在性问题(Existence Problem),另一个是收敛性问题(Convergence Problem)。所谓存在性问题,是指一般均衡是否存在。而收敛性问题则是指假定一般均衡是存在的,那么经济是否会按其内生机制自动地趋于一般均衡。我们首先明确什么是一般均衡。

【一般均衡】 令经济有 I 种商品、K 种要素。所谓完全竞争下的一般均衡,是指在一组商品和要素的价格 $(p_1^*, p_2^*, \cdots, p_I^*, w_1^*, w_2^*, \cdots, w_K^*)$ 下,所有商品和要素的供给与需求是相等的,即

$$x_i^d = x_i^s, \quad l_k^d = l_k^s$$

其中，$i=1,2,3,\cdots,I;k=1,2,3,\cdots,K$。

给定上述关于完全竞争下的一般均衡之定义，阿罗和德布鲁分别证明了如下结论：

(1) 一般均衡$(p_1^*,p_2^*,\cdots,p_I^*,w_1^*,w_2^*,\cdots,w_K^*)$确实存在；

(2) 在某些特定情况下均衡是唯一的；

(3) 在某些特定情况下均衡是收敛的，即经济会遵守其内生机制，自动地趋于一般均衡$(p_1^*,p_2^*,\cdots,p_I^*,w_1^*,w_2^*,\cdots,w_K^*)$。

由此可见其贡献之震撼。①

二、集值问题②

然而，当我们仔细分析新古典经济学的研究结论时，我们会发现其存在着一些无法克服的缺陷，从而其结论并不具有太大的现实意义（尽管数学上非常完美）。首先让我们考察其技术上的缺陷——集值问题。

（一）集值函数

习惯上，人们会认为函数关系，无论是经济的还是非经济的，都是一对一（或点对点）的关系。这意味着，给定函数关系中的自变量，其所对应的因变量总是单值的（Single-valued）。然而，函数关系并非总是单值函数。考察某个规模报酬不变的生产函数（如柯布-道格拉斯生产函数），我们知道，如果资本和劳动力都是可变的，则其导出的供给曲线如图9-1所示。

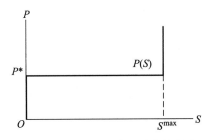

图9-1　规模报酬不变下的供给曲线

图9-1中，S^{max}可以理解为企业最大可能的生产规模（如受资金等约束），而P^*则可以理解为企业的平均成本（规模报酬不变使得平均成本不变）。显然，这是一个典型的集值函数。如果市场所给定的价格正好为p^*，则企业的供给为集合$[0,S^{max}]$，在该集合内，任何供给都能带给企业相同的利润。于是，企业如果没有其他信息（如市场需求等），则无法作出其供给决策。

---

① 这里有必要提一下Gale(1955)和Nikaido(1956)对新古典一般均衡理论的贡献。事实上，Debreu(1959)在其对一般均衡存在性定理的证明中借助了他们的研究成果，并把它称为Gale-Nikaido Lemma。

② 本节关于集值问题的讨论大部分来自本书作者的博士学位论文之一《集值问题和经济行为》，参见Gong(1997)。

需要说明的是,阿罗和德布鲁并没有回避集值函数问题。在他们看来,正是由于企业的供给函数有可能如图 9-1 所示,因此,在我们将所有企业的供给函数相加之后,典型的市场供给曲线就体现为上半连续(Upper Semi-continuous)——某种集值函数(见图 9-2)。

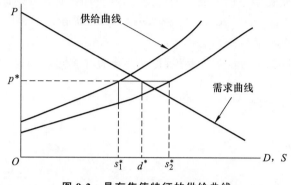

图 9-2 具有集值特征的供给曲线

(二)"是"还是"可能是"?——德布鲁的尴尬

需要再次强调的是,阿罗和德布鲁的一般均衡并不是指市场出清的状态,它是指在一组商品和要素的价格$(p_1^*, p_2^*, \cdots, p_I^*, w_1^*, w_2^*, \cdots, w_K^*)$下,所有商品和要素的供给与需求"是"相等的。然而,当供给或需求曲线是集值函数时,一个很明显的事实是,即使在一般均衡$(p_1^*, p_2^*, \cdots, p_I^*, w_1^*, w_2^*, \cdots, w_K^*)$下,市场也有可能不会出清,即一般均衡不一定意味着市场出清,仅仅"可能是"市场出清。

例如,在图 9-2 中,给定某均衡价格 p^*,其所对应的供给是区间$[s_1^*, s_2^*]$。在该区间内,任何一个数值都有可能是市场的供给,而只有当供给恰好等于区间内的 d^* 时,市场才有可能出清。然而,我们却没有任何理由能够保证市场的供给会等于 d^*[①],除非企业有足够准确的市场需求信息。

这样一种关于一般均衡的尴尬,事实上在德布鲁最著名的著作《价值理论》中也有所体现:

> 一般均衡问题就是要发现包含在 C 中的某个 p,其所对应的净需求是 0,其数学表述为:在 C 中,是否存在着一个 p,使得 $0 \in \zeta(p)$。(Debreu, 1959)

这里,p 是指商品和要素的价格向量,其可存在的空间是 C,即 $p \in C$;$\zeta(p)$ 则为净需求(需求减供给)向量,它是价格向量 p 的函数。显然,该定义的前半部分符合前文关于一般均衡的定义,$(p_1^*, p_2^*, \cdots, p_I^*, w_1^*, w_2^*, \cdots, w_K^*)$ 即定义中的某个 p,其所对应的供给和需求是相等的,即净需求为 0。然而,该定义的后半部分的数学表述则和前部分出现了矛盾。在这里,定义变成了是否存在着某个 p,使得 $0 \in \zeta(p)$,即 0 包含在净需求的集合 $\zeta(p)$ 中,而非 $\zeta(p)$

---

① 注意,区间$[s_1^*, s_2^*]$内的任何一个产量值所创造的利润都是相等的。

=0 或净需求为 0。这实际上意味着 0(即市场出清)只是所有可能的净需求[即集合 $\zeta(p)$]中的一种,从而在一般均衡下,市场有可能是无法出清的。

上述讨论至少让我们得出如下结论:

【一般均衡理论的尴尬】 尽管我们可以证明一般均衡(价格)的存在,但如果生产函数具有规模报酬不变的特征,则

(1) 即使在一般均衡(价格)下,市场也有可能是不出清的;

(2) 一般均衡(价格)也不可能是唯一的。

(三) 对企业行为的启示

新古典的一般均衡理论之所以出现如此尴尬之局面,显然是因为其理论体系假定在给定的价格条件下,经济人只作数量决策。就企业而言,其产量决策只遵从价格信息,而不遵从市场的需求信息。这是新古典经济学在技术上所固有的缺陷。

新古典一般均衡的研究者们并不是没有认识到集值问题所带来的尴尬。他们也尝试了不同方法来规避这个问题。一种方法是假定净需求函数是连续可微和单值,而不是更一般情况下的上半连续和集值(Debreu,1972,1976;Mas-Colell,1974)。然而,这种尝试通常适用于消费经济,即假定供给不变,从而无生产活动。显然,这种尝试很难应用于具有生产活动的经济社会。正如 Kehoe(1980)所指出的,在具有生产活动的模型中,没有单值、可微分函数可供研究。

集值问题本质上意味着新古典企业行为的不可行,即企业在作产量决策时不可能仅仅根据价格信号,按价格的变化而变化产量。因此,另一种试图规避集值问题的方法则是尝试着改变生产者(企业)行为。在这里,生产者不再假设他们的产量决策仅仅根据价格信号。这种尝试最早出现在麦肯齐 1954 年所写的一篇文章中(Mckenzie,1954),该文几乎与阿罗和德布鲁的开创性论文(Arrow and Debreu,1954)同时。

在麦肯齐的模型中[①],作者并不提问在给定的价格条件下供给是多少,而是提出了一个完全相反的问题:给定了供给,什么样的价格可以支持它。而就供给的决定而言,它不取决于价格,而取决于需求。正是通过这样一种类似于凯恩斯主义理论体系下的企业产量行为——无关乎新古典企业行为[②]——使集值问题得以避免。

需要说明的是,这样一种规避集值问题的方法也为之后的一般均衡的研究者们所采用。例如,在 Mas-Colell(1985)的整部著作中,生产者供给曲线始终没有出现,一般均衡则定义为 $y=f(p)$,这里,$f(p)$ 为消费者需求函数,$y \in Y$ 是生产者供给,不再与价格相关。同样的处理可以在 Kehoe(1980,1982)等文献中发现。

再次强调,这样一种规避集值问题的方法实际上体现了凯恩斯主义理论体系下企业的产量决定方式:产量(或供给)由需求决定(而非由价格决定)。

---

① 同时参见 Mckenzie(1959,1981)。

② 关于凯恩斯主义理论体系下企业产量行为的讨论请参见本书的第十章。

三、充分信心的预期

然而,新古典经济学不仅具有上述无法克服的技术缺陷,与此同时,其理论体系也隐含着一个无法让人理解和信服的关于经济人的预期假设——充分信心的预期。

(一) 新古典决策过程之谜

从新古典经济学对家庭和厂商决策的描述过程中,我们可以注意到如下事实:首先,无论是家庭还是厂商,其最优化过程均包括两个方面的决策:供给和需求。其次,两种类型的决策是同时作出的:给定有关产品和要素的市场价格(无论是否为均衡价格),厂商一方面会作出产品的供给决策,另一方面则会作出其要素的需求决策。同理,家庭一方面会作出消费的需求决策,另一方面则会作出要素的供给决策。

然而,就同一经济人而言,其决策的有效性取决于供给和需求能否都得以实现。例如,家庭需求决策的有效性不仅取决于在当前的产品价格水平下家庭能否购买到他所愿意购买的商品数量,同时更取决于他能否在当前的要素价格水平下出售他所愿意出售的要素供给。如果家庭的要素(如劳动力等)供给不能实现,则它就没有收入去购买其所愿意购买的商品数量。

但是,在整个决策过程中,无论是产品价格还是要素价格都是给定的。家庭和厂商并不考虑(事实上并不知道)这些给定的价格是否为均衡价格。此外,决策过程仅仅是一种臆想的确定过程。决策并不意味着交易,唯有交易才能体现决策的有效性,没有交易的决策不具有任何现实意义。于是,尽管同一经济人的供给和需求决策可以同时作出,但现实中,与此相对应的两种交易——出售和购买——却存在着一定的时间差。

【举例】 考察一个来到城市寻找工作的农民工。他随身携带着一些干粮,也可能预备着一些现金。他进入城市后在报纸或街上的广告栏上看到了招工广告:招聘工人在建筑工地工作,每小时 10 元,每周工作 50 小时。根据新古典的逻辑,当看到招工广告时,此农民工会即刻计算出其每星期预期的收入为 500 元,并且将此作为预算约束开始安排其消费计划。假定此消费计划包括每星期看一场电影。于是,当该农民工恰好看到街边有一电影院时,他就完全有可能利用身上的余钱去看一场电影,即使此刻他还未去招聘现场,还未正式获得工作合约。

(二) 充分信心的预期

由此我们可以看到,在新古典均衡分析的背后隐藏着经济人(企业和家庭)在作决策时所持有的一个关于预期的假设。我们可以把这一假设称为"充分信心的预期"。[①]

---

① 参见龚刚(2005,2007,2012)。

【充分信心的预期】 所谓充分信心的预期,是指给定产品和要素的市场价格(无论均衡与否),家庭和厂商预期他们可以出售(或购买)任何数量的其所愿意出售(或购买)的产品和要素。

这里我们想说明的是,上述所谓"任何数量"是指家庭和厂商通过优化过程所得出的最优数量。我们以"厂商愿意出售的产品数量"为例(见图 9-3)。假如企业因生产函数的不同,其可能的供给曲线也有所不同,如图中的 S_1、S_2 或 S_3。显然,它们是因不同的生产函数而由企业的最优化过程导出的。于是,在给定的产品市场价格 P 下,企业愿意出售的产品数量可能为 Q_1、Q_2 和 Q_3,即给出不同的供给曲线,我们会有不同的最优产量。特别地,当存在规模效益不变使得企业的边际成本为常数时,企业的供给曲线为图中的 S_4,此时,当价格为图中的 P 时,企业的最优产量有可能为正无穷。按照充分信心的预期假设,无论最优产量为多少(甚至正无穷),企业都预期它可以出售出去。

显然,这一关于经济人预期行为的假设并不适合于一个充满波动、不确定性和信息不完全的经济。而这样一个经济却是凯恩斯主义经济学所设想和研究的。

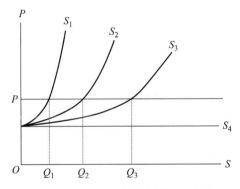

图 9-3 企业所愿意出售的产品数量

需要说明的是,这一关于"充分信心"的预期假设并没有得到经济学家们的足够关注。然而,在浩如烟海的经济学文献中,我们还是可以发现一些相似的思想火花。例如,Weintraub(1977)把经济人有关供给和需求决策的同时性(Simultaneity)称为"谜"(Anomaly);而 Clower(1965)等则把新古典学派所定义的家庭收入称为"概念上的收入"(Notional Income),其需求则称为"概念上的需求"(Notional Demand),使之与凯恩斯的有效需求(Effective Demand)相区别。①

(三) 瓦尔拉斯的拍卖过程

我们已经知道在新古典理论体系中,经济人在作出经济决策时是假定其所提出的供给和需求(由最优化过程导出)都能得以实现,无论当前的市场价格是否为均衡价格。与此同时我们也看到,决策的实现有赖于市场的交易。如果市场的交易使经济人的决策经常无法

---

① 关于有效需求的讨论我们将在第十章中给出。

实现,那么我们有理由相信,经济人将改变其决策方式。因此,对于交易过程的研究是评价新古典决策理论是否有效的一个重要环节。

在经济学文献中,我们不难发现瓦尔拉斯(Walras,1874)曾对市场交易过程的研究有过重要的贡献。更令人惊奇的是,前文所述的经济人的供给与需求决策能在瓦尔拉斯所提出的交易模式中得到充分实现。为此,我们有必要介绍瓦尔拉斯的交易模式。然而在此之前,我们首先需要讨论一下有关市场的概念。

市场是人们从事交易和传递信息的场所。由此,市场可以是多种多样的。从人们日常生活中的小菜场到华尔街的股票交易所都可以看作市场。市场也可以是"穿越时空"的,人们可以在A地的市场交易B地的未来产品。与此同时,市场作为"交易和传递信息的场所"这一概念也可以是抽象的。例如,人们可以在网上或报纸上得到信息,并用信用卡进行购买,显然,这样的交易不需要一个具体的场所。更需注意的是,随着商品经济的发展,市场的交易规则也在不断地更新。而瓦尔拉斯交易模式中的拍卖过程(Tâtonnement Process)也许可以理解为一种传统的市场交易模式。

现在我们开始讨论瓦尔拉斯的交易过程。我们假定经济只存在着一个市场,这意味着所有的产品都必须在这一统一的市场中进行交易。市场有众多的参与者:买方和卖方。然而,当他们来到市场时,他们发现他们之间很难相互交易,因为他们无法确定交易价格。所幸的是,市场中存在着一个管理者(Auctioneer),他的作用在于报价、调价直至得出均衡价格。

所有的交易者都必须遵守如下规则:在市场管理者报出一组价格后,他们必须在该管理者所发的表格上如实地填写在该组价格条件下他们所愿意购买和出售的产品数量,即使他们知道该组价格并不一定是最后的成交价,即均衡价格;即使他们知道这种填报过程需要重复多次。

在市场管理者获得各交易者呈报上来的表格后,他将计算出在该组价格下交易者的供给和需求,并据此作出相应的价格调整:当某种产品的需求大于其供给时,价格上调;反之,则价格下调。由此,我们的市场管理者可以报出一组新的价格并等待交易者新一轮的填报。

瓦尔拉斯声称,如果交易者按照上述规则参与市场交易,那么在反复多次进行此过程后,我们的市场管理者必将得出一组均衡价格;在该组均衡价格下,所有产品的供给将等于它们的需求。①

很容易发现,交易者在这一过程中可以不受约束地按现有的报价填报他的供给和需求,而无须顾忌他所填报的供给和需求是否能得以实现。交易者知道这种填报过程仅仅如同一场游戏,所以他也无须对自己的填报负责。而只有在均衡价格被报出以后,交易才被允许按均衡价格进行。此时,交易者的供需决策照理得以实现。②

然而,正如我们在前文中所指出的,这一交易模式也许只能算作传统交易模式的一种。

---

① 需要说明的是,瓦尔拉斯并没有用数学方法来证明他的结论。这一工作由近代数学家阿罗和德布鲁完成。他们在这方面的杰出贡献为他们赢得了诺贝尔经济学奖。

② 需要说明的是,这一拍卖过程仅仅是一个均衡价格的确定过程,而并没有涉及当均衡价格确定以后交易该如何进行。事实上,即使在均衡价格确定以后,交易者也很难在众多的交易者中找到适合自己的交易伙伴,因此交易过程远未完成。有关交易过程的进一步讨论将在第十四章中进一步展开。

在当今社会中,我们已很难发现它的行踪。正如奈尔所指出的,

> 现在已经没有人把这一被埃奇沃茨(Edgeworth)称为"讨厌和无法令人相信的过程"看成是交易过程的一个真实写照。(Nell,1980)

总之,本章中我们对新古典的一般均衡理论进行了批判。我们发现,新古典一般均衡理论至少存在着两个致命的弱点:一个是集值问题,另一个是预期问题。两个问题都意味着新古典经济学假定企业的产量决策只取决于价格是极不合理的。集值问题意味着只取决于价格的企业产量决策在技术上是不可行的;而预期问题意味着这样的企业产量决策是盲目和不理性的,特别是当经济充满着风险和不确定性时。接下来在对凯恩斯主义经济学的介绍中,我们将发现,凯恩斯主义理论体系下的企业行为恰好弥补了新古典企业行为的这一致命弱点。

参考文献

龚刚(2005):《宏观经济学——中国经济的视角》,北京:清华大学出版社。

龚刚(2007):回归凯恩斯:写于《通论》发表70周年,《经济学(季刊)》,第7卷第1期,1—20。

龚刚(2012):《宏观经济学——中国经济的视角(第二版)》,北京:清华大学出版社。

钱颖一(2002):理解现代经济学,《经济社会体制比较》,第2期,1—12。

Arrow, K.J. and G.Debreu (1954): Existence of an Equilibrium for a Competitive Economy, *Econometrica*, Vol.22, 265-290.

Benassy, J.P. (1982): *Economics of Market Disequilibrium*, New York: Academic Press.

Clower, R.W. (1965): The Keynesian Counter Revolution: A Theoretical Appraisal, in F.H. Hahn and F.P.R. Brechling ed., *The Theory of Interest Rates*, London: Macmillan; New York: St.Martin's Press.

Debreu, G. (1959): *Theory of Value*, New York: Wiley.

Debreu, G. (1972): Smooth Preferences, *Econometrica*, Vol.40, 603-615.

Debreu, G. (1976): Smooth Preferences: A Corrigendum *Econometrica*, Vol.44, 831-832.

Gale, D. (1955): The Law of Supply and Demand, *Mathematics Scandinavica*, Vol.3, 155-169.

Gale, D. (1960): *The Theory of Linear Economic Models*, Chicago/London: The University of Chicago Press.

Gong, G. (1997): *Essays in Economic Fluctuation*, Ph.D. Dissertation, New School University.

Kehoe, T. (1980): An Index Theorem for General Equilibrium Models with Production, *Econometrica*, Vol.48, 1211-1232.

Kehoe, T. (1982): Regular Production Economy, *Journal of Mathematical Economics*, Vol.10, 147-176.

Mas-Colell, A. (1974): Continuous and Smooth Consumers: Approximation Theorem, *Journal of Economic Theory*, Vol.8, 305-306.

Mas-Colell, A. (1985): *The Theory of General Economic Equilibrium: A Differentiable Approach*, Cambridge: Cambridge University Press.

Mckenzie, L. (1954): On Equilibrium in Graham's Model of World Trade and Other Competitive System, *Econometrica*, Vol.22, 146-161.

Mckenzie, L. (1959): On the Existence of General Equilibrium for a Competitive Market, *Econometrica*, Vol.28, 54-71.

Mckenzie, L. (1981): The Classical Theorem on Existence of Competitive Equilibrium, *Econometrica*, Vol.49, 819-841.

Nell, E. J. (1980): Competition and Price-taking Behavior, in E. J. Nell ed., *Growth, Profit and Property*, Cambridge: Cambridge University Press.

Nikaido, H. (1956): On the Classical Multilateral Exchange Problem, *Metroeconomica*, Vol.8, 135-145.

Walras, L. (1874): *Elements D'économie Politique Pure*, Lausanne: Corbaz.

Weintraub, E. R. (1977): The Micro-foundation of Macroeconomics: A Critical Survey, *Journal of Economic Literature*, Vol.15(1), 1-23.

第三部分
凯恩斯主义宏观经济学

第十章 有效需求理论——凯恩斯的产量决定

从本章开始到第十四章是本书的第三部分。在这一部分中,我们将介绍凯恩斯主义宏观经济学的基本理论。我们的目标在于讨论凯恩斯主义理论体系下我们所关心的宏观经济变量是如何决定的,并在此基础上研究经济波动和商业周期现象,考察经济波动的成因和凯恩斯宏观稳定政策的必要性。

本章将首先讨论凯恩斯主义理论体系下产量是如何决定的。凯恩斯关于产量决定的理论又可被称为"有效需求理论"[1],这是整个凯恩斯主义理论体系的核心。

一、Javits 中心的交易——虚构的故事

如前所述,新古典理论体系强调的是经济人的决策,即所谓的最优化过程,但决策的实现有赖于市场的交易。如果市场的交易使经济人的决策经常无法得以实现,那么我们有理由相信经济人将改变其决策方式。因此,对于交易过程的研究是评价任何经济学理论是否有效的一个重要环节。为此,我们将首先探讨凯恩斯主义理论体系所蕴含的交易过程。[2] 读者也可将其与瓦尔拉斯的交易过程相比较,以判断哪种交易过程与现实更为接近。

(一) 先买还是先卖?——新古典均衡分析下无法破解的难题

承接上章,现在让我们的经济人离开瓦尔拉斯的拍卖市场,来到一个充满危机和不确定性(但似乎又充满机遇和诱惑)的经济中。我们假定在这样一个经济中,我们的理性经济人不具备"充分信心的预期"。

当我们的经济人来到这一社会时,他会从事两种类型的交易:买和卖(或购买和出售)。然而到底是先买后卖还是反过来呢?新古典的经济学家们并没有回答这个问题。在他们的理论体系中,有关"买"和"卖"的决策是同时作出的。温特劳布(Weintraub,1977)曾把新古典学派这种买卖决策的同时性称为"谜",而非均衡经济学大师贝纳西则更是在这一问题上纠缠不清。例如,在他的 *Economics of Market Disequilibrium* 一书的第四章中[3],他对经济人在不同市场上从事的交易行为进行了时序上的排列。通过这种方法,他揭示了某一"初始扰动"(Initial Disturbance)在各个市场所引起的"溢出效应"(Spill-over Effect)。然而,在该书的第七章中,他又放弃了这种时序,并重新回到了一致性的假设。在他看来,尽管现实中经济人是有序地访问着一个一个的市场,然而在研究中以同时性的方法描述这种行为却是

---

[1] 注意,它和上一章所介绍的新古典理论体系中的概念需求有所区别。
[2] 本节关于交易过程的讨论来自龚刚(2005,2007,2012)。
[3] 参见 Benassy(1982)。

"绝对标准"的:

> 我们所作的另一简化假定是经济人将在当期内同时在各个市场上展开交易,尽管现实中这种交易是有序的。在一个多种市场的均衡模型中,这一假定是绝对标准的。与此同时,它简化了我们的阐述,因为我们无须对这种交易程序进行排列。(Benassy,1982)

然而,无论如何,就某一经济人而言,交易毕竟是有序的。接下来,我们将尝试回答我们所提出的"先买还是先卖"的问题。我们不妨假定所考察的经济人(家庭或厂商)是先买后卖。如果发生此种情况,那么,我们的经济人必须同时满足如下两个约束:
- 他必须有足够的资金来支付其购买;
- 他必须能够预期到他可以出售与此购买行为相关的产品或服务。

显然,如果我们的经济人并不具有充分信心的预期,则第二个条件无法满足。此时,即使他有足够的资金(如采用借款等)来支付他的购买,他仍然会首先从事他的销售活动(如获得合约和订单等)。在一个充满不确定性的经济中,企业即使拥有足够的资金,也不可能为一些无法确定销路的产品去购买原材料和劳动力等来进行生产。同样地,在无法知道是否可以出售,或者可以出售多少要素服务的情况下,家庭也不可能计划和从事其消费。

因此,在一个充满不确定性的经济中,我们可以预见人们将首先从事他们的销售活动,即大家都会先卖。然而,假如所有的交易者都将先卖后买,那么经济中的需求从何而来呢?如果没有人试图首先提出需求,则整个经济系统将无法运转。就新古典学派而言,这是凯恩斯主义理论因强调经济的不确定性而给新古典经济学所提出的一道理论难题! 显然,在新古典理论体系下,这一难题无法破解。我们需要一场方法论上的革命!

(二) Javits 中心的一个交易日[①]

我们已经知道,新古典关于产量决定理论的一个最大问题在于其所隐含的"充分信心的预期"之假设。我们发现这一假设并不符合一个充满不确定性的经济。为了使读者对凯恩斯的产量决定过程有一个直观的了解,我们不妨模仿一下瓦尔拉斯,构筑一个关于交易过程的故事。

现代经济社会中的交易模式也许可以概括为明码标价。

> 【明码标价】明码标价是一种交易模式。它是指企业(或店家)通过展示商品,并以标签等形式明确注明该商品的价格,以求获得交易的方式。它与瓦尔拉斯交易市场中的拍卖模式具有本质的区别。

显然,现实生活中无论是街边小摊、商店,还是电视广告和互联网上的交易都是明码标

---

① Javits 中心位于美国纽约市的曼哈顿中城。本书作者在纽约攻读经济学博士学位时,曾利用暑假在那里打工,由此观察到 Javits 中心的交易模式。

价式的交易。

假定我们所考察的经济有一个特殊的地方,可以称之为交易中心。在交易中心,人们按照自己的意愿提出需求和供给,并从事交易。然而与瓦尔拉斯的拍卖过程所不同的是,这里,我们无须让所有的交易者都集中在一块听从市场管理者的报价。事实上,整个中心被划分成不同的场地和摊位,被不同的厂商租用,以明码标价的方式宣传、等待和寻找交易。我们可以进一步假定,生产相同类型产品的厂商被要求将他们的摊位放在一处,以保证价格的传递是有效的(尽管各个厂商的生产基地分散在各处)。这样一个交易中心很像美国纽约的Javits中心。在那里,经常会有不同的交易会和展示会。

事实上,我们不妨可以设想:把交易中心中各个明码标价的摊位散落于全国各地,或者说把散落于全国各地明码标价的小摊、实体商店、网上商店和各个工厂的直销店集中于交易中心,并按产品种类划分的区域设置各自的摊位。于是,我们发现Javits中心的交易模式与现实中的交易模式并没有本质的区别,尽管价格等信息的传递在Javits中心更为有效。

为了便于分析,我们假定一个特殊的星期一,它具有如下特点:

(1) 所有的生产合约(包括企业与企业之间的以及企业与个人之间的)都已到期,因此所有的生产活动都已在上星期五停止。

(2) 各个厂商都有一定数量的存货,使得它们无意进货或生产更多的产量(如果没有新的订单)。

(3) 每个家庭都有足够数量的生活必需品和一定数量的存款及现金。

此种情况下,厂商来到交易中心的目的有两个:第一,它必须出售自己的存货或获得新的产品订单;第二,它必须购买新的投入以用于生产。然而,由于所有的生产合约都已过期,而存货又是足够的,因此它的首要任务是销售,即它必须首先守在自己的摊位上等候买主的到来。只有在获得新的订单(或其存货减少到一定数量)时,他才会考虑购买新的投入(或进货)。

就家庭而言,由于他们的工作合约已经到期,未来能否有新的工作仍然未知,而与此同时,他们又有足够数量的生活必需品,因此,他们来到交易中心的目的首先在于出售自己的劳动,以获得新的工作合约。如果成功,他们也许会使用口袋里的钱买点奢侈品回家享用。

(三) 交易过程

可以试想一下,在此种情况下,整个交易中心应该是死气沉沉、冷冷清清的,因为每一个经济人(厂商和家庭)都在等待——等待买主的到来,等待出售自己的产品(或劳动力)。但是如果每个人都在等待自己的买主首先出现,那么交易又如何启动呢?①

由此看来,为了打破这一潭死水,我们需要有一个特殊的交易者来到交易中心,该交易者的特殊之处就在于只买不卖,或先买后卖。然而,现实中有没有这样的交易者呢?

有! 他们是投资者、政府和出口商。投资是一项长期支出,它的回报也是一个长期的过程,因此无须以近期的生产合约为必要条件,况且从投资到形成生产能力同样需要一段时期;就政府和出口商而言,他们的交易目的显然只是购买。正因为如此,对于这三项支出(即

---

① 这实际上意味着经济陷入了前文所提的无法运转之困局。

投资、政府支出和出口），人们赋予其一个特殊的名称——"自需求"。

【自需求和引致需求】 宏观经济学中的需求可以区分为两种不同的类型：一种为引致需求（Induced Demand），另一种为自需求（Autonomous Demand）。引致需求是指近期必须通过某种销售活动以使财务能够获得补偿的需求。自需求是指近期与国内销售无关的需求，尽管从长远来看，其支出仍需补偿。

现实中，引致需求应包括企业的各种中间投入（如原材料投入）和家庭消费等。当然，也不是所有的家庭消费都可看成是引致需求。例如，我们很难把家庭购买住房的消费看成是引致需求，它与家庭的近期收入无关。①

假定我们的投资者来到某建筑公司的摊位上。经过一番艰苦的讨价还价，终于以某一合理的价格敲定生意：由该建筑公司承建一座大楼。于是，该建筑公司的经理们便开始忙碌起来了，他们不停地穿梭于各个摊位间以订单和合约的形式购买建楼所需的钢材、水泥和劳动力等。接着，那些生产钢材、水泥的厂商以及刚签下新合同的工人们也开始活跃起来，他们欣喜地来到各个摊位前提出自己的需求。于是，我们看到整个交易中心开始变得热闹起来，呈现出一派繁荣的景象。

然而，如果没有新的自需求产生，这种繁荣的景象不可能持久，因为由我们那位投资者所带来的一系列反应（即引致需求）最后会收敛于零。② 因此，在所有的反应归于平息之后，我们的交易中心将重新陷入死寂——在希望中等待新的自需求者的到来。

我们可以称这一反应上的静止为均衡。它不同于通常的供需均衡，它是经济社会对先前投资者的投资行为的反应所达到的均衡。显然，它是一种动态意义上的均衡（或不动）。

然而，我们并不应该认为这种均衡可以在现实社会中观察到。事实上，我们的交易中心恐怕没有静止之时（除了周末），因为经常会有新的自需求者来到交易中心，使得在前任自需求者所引起的反应静止之前，又激起一轮新的需求连锁。而每一项自需求所引起的反应均需要一段时间，因此在现实中我们很难区别（事实上根本不可能区别）某项交易是对哪项自需求的反应。然而，在经济分析中，我们不妨把现实生活中所观察到的交易和需求想象成是由发生于以前的某项或多项自需求所引起的反应。

【乘数效应和乘数过程】 我们把由某项自需求所引起的反应（体现为一系列的引致需求）称为由该项自需求所带动的乘数效应，而将这一反应过程称为乘数过程。

我们的故事尽管简单抽象，却反映了凯恩斯产量决定理论的本质。而凯恩斯的产量决定理论通常又被称为"有效需求理论"或"乘数理论"。

---

① 此种类型的消费似乎更应看成是家庭的一种投资，其补偿是一个长期的过程。
② 有关这一收敛结论的证明将在后文给出。

二、有界限的理性——凯恩斯产量决定理论的微观基础

在对上述交易过程的描述中,我们发现,企业的产量决策是由需求决定的:企业只有在获得订单、合约或口头承诺的基础上,才会作出其产量决策,并据此提出对投入(中间原材料和劳动力)的需求。于是,我们希望知道这样一种产量决策方式是否具有微观基础,或者说,是否可以由优化模型中导出。

事实上,在经济学家们看来,凯恩斯主义理论(如产量决定理论或有效需求理论等)的最大缺陷就在于缺乏微观基础,即其经济变量的决定方式并不来自优化。然而,情况果真如此吗?

在接下来的讨论中,我们会发现,凯恩斯主义理论的这种按需求决定产量的观点同样可以被理解为经济人的"理性"行为,只不过这里的"理性"通常被看成是"有界限的理性"(Bounded Rationality),它与新古典所谓的理性具有质的不同。在产量决定的最优化模型中,这种"有界限的理性"体现为一个新增的约束条件。

(一) 产量决策问题

现考察企业 j 的产量决策。我们假定企业 j 在作自己的产量决策前,已经将其决定的价格 $P_{j,t}$ 公布出去[①],由此产生了市场需求 $Y_{j,t}^d$。我们假定这些市场需求由订单、合约和口头咨询等形式传递给企业,企业再根据这些需求信息确定其所生产的产量 $Y_{j,t}$。由此,企业的产量决策问题就可以表示为

$$\max \quad P_{j,t} Y_{j,t} - C(Y_{j,t}) \tag{10.1}$$

满足

$$Y_{j,t} \leqslant Y_{j,t}^d \tag{10.2}$$

其中,$C(Y_{j,t})$ 为企业的成本函数。

这里,我们需要注意两点。第一,如果没有约束条件(10.2),这一决策问题和新古典的产量决策似乎没有任何区别[②],从这个意义上说,新古典的理性是没有界限的(或没有约束的)理性,是建立在充分信心的预期基础上,从而是一种盲目的理性:在一个充满着不确定性的经济中,本质上是非理性的。

第二,新古典理论体系中,价格是由那只"看不见的手"给定的,在瓦尔拉斯交易模型中,这体现为市场管理者的报价。然而,在凯恩斯主义理论体系中,价格是由企业自行决定的。只是这一决定先于产量决策,从而企业在作产量决策前,其价格已经被公布。这也同时意味着凯恩斯所设想的市场经济并不是完全竞争的市场经济,而是非完全竞争(即垄断和垄断竞争)的市场经济。这种非完全竞争(即垄断或垄断竞争)市场的特征主要体现在企业的价格制定上。有关企业的定价行为将在第十三章中进行讨论。

---

① 在 Javits 交易中心中,这可以体现为企业在自己的摊位前为自己的产品贴上了价格标签,即所谓明码标价。
② 关于凯恩斯理论的价格决定,我们将在本书的第十三章中予以讨论。

(二) 产量决策问题的解

首先让我们考察无需求约束(10.2)下企业的产量决策。令这一产量为 $Y_{j,t}^*$。容易发现，此种情况下，$Y_{j,t}^*$ 满足一阶条件：

$$P_{j,t} = MC(Y_{j,t}^*)$$

其中，$MC(Y_{j,t})$ 为成本函数 $C(Y_{j,t})$ 的一阶偏导，即边际成本。显然，如果不考虑市场需求对产量的约束，则企业的最优产量应该在边际成本 MC 等于产品的价格 $P_{j,t}$ 处到达。我们可以把这一最优产量看成是新古典的最优产量，它是无界限的，即不受市场需求的约束。正如我们在第九章中所指出的，只有当经济人持有充分信心的预期时，他才会考虑按这一产量进行生产。

现在，让我们考察加入约束条件(10.2)后企业的产量决策。此时，经济人不再具备充分信心的预期，从而其产量受市场需求 $Y_{j,t}^d$ 的约束。显然，此时企业的产量决策 $Y_{j,t}$ 可表示为

$$Y_{j,t} = \begin{cases} Y_{j,t}^d & Y_{j,t}^d \leqslant Y_{j,t}^* \\ Y_{j,t}^* & Y_{j,t}^d > Y_{j,t}^* \end{cases}$$

即当市场需求 $Y_{j,t}^d$ 小于新古典的最优产量 $Y_{j,t}^*$ 时，企业的产量决策 $Y_{j,t}$ 等于市场需求 $Y_{j,t}^d$，否则，$Y_{j,t}$ 将等于新古典的最优产量 $Y_{j,t}^*$。图 10-1 对企业的产量决策进行了描述。

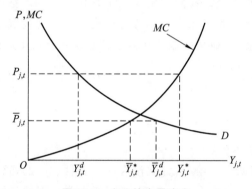

图 10-1 企业的产量决定

图 10-1 中，MC 为边际成本曲线，D 为需求曲线。如图所示，当企业所制定的价格为 $P_{j,t}$ 时，市场对产品 j 的需求为图中的 $Y_{j,t}^d$，此时，企业所愿意提供的产量(新古典的最优产量)为 $Y_{j,t}^*$。由于 $Y_{j,t}^d < Y_{j,t}^*$，企业实际所提供的产量（即企业的产量决策）$Y_{j,t}$ 为 $Y_{j,t}^d$。而当企业所制定的价格为 $\bar{P}_{j,t}$ 时，市场需求则为图中的 $\bar{Y}_{j,t}^d$，企业所愿意提供的产量为 $\bar{Y}_{j,t}^*$。显然，此时，$\bar{Y}_{j,t}^d > \bar{Y}_{j,t}^*$，从而企业的产量决策 $Y_{j,t}$ 应为 $\bar{Y}_{j,t}^*$。于是，企业更可能制定哪一种价格？$P_{j,t}$ 或还是 $\bar{P}_{j,t}$？

如图 10-2 所示，由于企业的边际收入曲线 MR 总是在需求曲线 D 之下，而边际成本曲线 MC 一般总是向上倾斜，因此，企业所制定的价格一般不可能低于图中需求曲线 D 和边际成本曲线 MC 的交点 E。正因为如此，企业一般按市场需求 $Y_{j,t}^d$ 决定其产量。

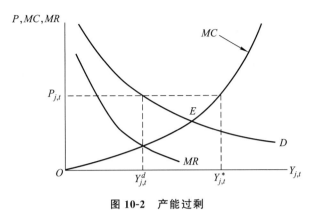

图 10-2 产能过剩

（三）产能过剩的假设

这里我们还想说明的是,如果我们按照传统把市场的供给定义为给定价格条件下企业所愿意出售的产量,则在垄断竞争条件下,市场一般处于供过于求的状况。

由于边际成本曲线通常又被认为是企业的供给曲线,因此,图 10-2 进一步说明,一般情况下,企业处于供过于求或产能过剩的状态。那么,有没有可能企业会按新古典的最优产量 $Y_{j,t}^*$ 决定其产量的供给从而形成供不应求呢？在图 10-3 中,我们假定实际的市场需求曲线为 D_a,而企业预期的市场需求曲线为 D,从而企业按图中的 MR 制定价格 $P_{j,t}$。此种情况下,市场的需求为 $Y_{j,t}^a$。显然,企业此时会按新古典的最优产量 $Y_{j,t}^*$ 决定其供给。由此可见,只有当企业在制定价格时过分低估了市场的需求(如图 10-3 所示),供不应求的情况才有可能出现。

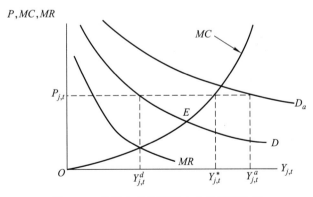

图 10-3 供不应求情况下企业的产量决策

综合上述讨论,我们对凯恩斯主义理论体系下企业的产量决策总结如下：

【企业的产量决策】 当企业在制定价格时,如果其预期的市场需求与实际差别不大,其产量必受市场需求 $Y_{j,t}^d$ 的约束,且企业会处于产能过剩的状态。只有当企业在制定价格时,其所预期的市场需求过小,从而使得其所制定的价格过低(低于完全竞争市场下市场出清的价格)时,企业的产量才会受供给(产能)的制约,此时,产能不再过剩。

显然,企业在一般情况下所形成的产能过剩与企业在制定价格上的垄断行为是分不开的。由此,凯恩斯主义理论的微观基础不可能建立在完全竞争的企业行为基础上,非完全竞争(即垄断或垄断竞争等)是凯恩斯主义理论体系下所设想的微观基础。

三、乘数与乘数过程

前文所讨论的 Javits 交易中心的交易模式已使我们对凯恩斯的有效需求理论有了一个直观的了解。与此同时,我们发现,在这一交易模式中,企业的产量决策行为符合有界限的理性,从而具有微观基础。接下来,我们将以建模的方式从宏观上(即单一部门视角下)讨论凯恩斯的产量决定过程(或乘数过程)。但在这之前,我们有必要首先总结一下凯恩斯有效需求理论背后的一些关键性假设。

(一) 基本假设

凯恩斯的有效需求理论建立在如下几个关键性假设基础上:

【假设 10-1】 家庭以已实现的收入(Realized Income)而不是概念收入为基础作消费决策。同理,企业的产量决策受产品市场需求的约束,并以此产量提出对原材料和劳动力投入的需求。

这里我们想说明的是,所谓企业的市场需求,可以体现为订单、合同,或者在具有足够信息条件下对需求的估计。显然,家庭和厂商的这种决策思维反映了凯恩斯所一再强调的经济的不确定性是如何影响他们的决策行为的。正是经济的这种不确定性,使得家庭和厂商对未来并不充满信心,从而使得他们在作决策时不得不小心谨慎。企业和家庭在上述情况下所提出的需求可以理解为有效需求,这与上一章所讨论的新古典学派的需求概念具有质的不同。

【假设 10-2】 企业有足够的生产能力(或产能)满足客户的需求,也就是说,整个社会一般情况下存在着生产能力过剩。因此,需求的实现不受供给的约束。

这里,我们有必要对生产能力(或产能)这一概念作进一步的补充说明。首先,如果考察美国等西方国家的数据,产能利用率(或设备利用率)在制造行业一般都在80%左右,而且从来没有超过100%。其次,生产能力的确定本身也具有非常大的弹性,因为它显然取决于资本设备的运转时间。如果我们按照每天八小时运转来统计计算,那么考虑加班加点,实际最大可能的生产能力可以远远大于由统计所得出的生产能力,这也同时说明现实中有关生产能力对需求的约束几乎是不存在的。而之前的论证也说明,在非完全竞争条件下,企业一般会处于产能过剩状态。

【假设10-3】 企业的价格和产量决策是分开的。价格在企业决定产量的过程中可以被认为是给定的。

许多教科书在论述凯恩斯主义理论体系时,都假定价格不变。这容易给人一种错觉,认为整个凯恩斯主义理论体系建立在一种价格刚性的基础上。正是由于价格的刚性(即价格不变)才使得经济处于非均衡。[①] 如果离开了价格的刚性,让价格随供求压力上下浮动,凯恩斯主义理论体系就不复存在了。我们认为,这是一种错觉。事实上,凯恩斯关于产量的决定理论,并不受价格是否按市场供需进行调整的影响。这里主要的考虑是价格和产量的决定过程是分开的。关于凯恩斯主义理论体系下价格的决定过程,我们将在第十三章中给予讨论。

【假设10-4】 家庭和企业并不是把所有当前的收入都很快地支出,而是让其中的一部分退出流通领域,储存起来。

在凯恩斯主义理论体系中,这是一个极为重要的假设。在之后的分析中,我们可以看到,如果没有储蓄,则由自需求所带来的乘数效应是无限的。而当需求为无限大时,经济将不再是凯恩斯所设想的需求决定型的经济,新古典所设想的供给决定型经济或将成为必然。

然而,一个追求效用最大化的家庭为什么会储蓄?其微观基础何在?本书的下一章(第十一章)将对此进行讨论。

(二) 简单经济中的产出

现在我们可以从宏观上讨论产量的决定。我们的分析将从简单经济开始。

所谓简单经济,是指没有政府部门的封闭经济(即也没有进出口)。于是,在简单经济中,我们有

$$Y_t^d = C_t + I_t \tag{10.3}$$

其中,Y_t^d 可以理解为简单经济中的总需求,I_t 为投资需求,C_t 为消费需求。根据假设10-4,C_t 服从

$$C_t = (1-s)Y_t \tag{10.4}$$

其中,s 为社会平均消费倾向(或储蓄率),Y_t 为总产量GDP,它同时也体现为总收入。由于在凯恩斯主义理论体系下,社会总存在着一定程度的产能过剩(见假设10-2),从而我们有

$$Y_t = Y_t^d \tag{10.5}$$

[①] 事实上,20世纪70年代,西方理论界还出现过一批研究价格刚性条件下一般均衡理论的文献。此种情况下的一般均衡通常被称为 Fixed Price Equilibrium 或 A General Disequilibrium,同时,其学派也被称为 Neo-Keynesian Economics,与现在的 New Keynesian 相区别。有关文献请参见 Barro and Grossman (1971)和 Benassy(1975,1982)等。

即经济的总产量 GDP(经济所实现的收入)等于经济所提出的需求。① 公式(10.3)—(10.5)让我们得到

$$Y_t = \frac{1}{s} I_t \tag{10.6}$$

公式(10.6)是凯恩斯产量决定理论的核心,也是凯恩斯有效需求理论最为重要的特征。它与新古典的产量决定理论——由生产函数决定产量——有着本质的区别。

(三) 乘数与乘数过程

现在我们考察自需求投资的一个增值 ΔI,公式(10.6)告诉我们,此时,产量的增值 ΔY 为

$$\Delta Y = \frac{1}{s} \Delta I \tag{10.7}$$

由于 s 小于 1,$1/s$ 必大于 1。这意味着产量的增值 ΔY 将是自需求增值 ΔI 的倍数。经济学中,我们把这一倍数,即 $1/s$ 称为乘数。例如,当 s 等于 0.2 时,乘数为 5。

那么,为什么自需求的增加所引起的总需求(或总收入)的增加会是其本身的倍数呢?在本章的 Javits 交易中心的交易模式中我们已经看到,任何自需求的产生都将引起连锁反应,产生一系列的引致需求(尽管这一过程最后会终止)。我们把由自需求所引起的一系列引致需求称为乘数效应,而把这一连串的反应过程称为乘数过程。接下来,我们将证明,当我们把由乘数过程所产生的所有需求(包括初始的自需求)相加时,总收入(或总需求)的增加值将满足公式(10.7)。

表 10-1 中,我们对乘数过程进行了描述。给定初始投资需求 ΔI,产出也将增加相同的单位,从而使收入增加 ΔI,与此同时,储蓄将增加 $s\Delta I$。这是初始投资(自需求)所引起的反应。按照消费函数,当收入增加 ΔI 时,消费需求将增加 $(1-s)\Delta I$,进而带动同样数量的产出和收入,由此而引起的储蓄增加为 $s(1-s)\Delta I$,这是第一轮引致需求所形成的反应。给出这一新增收入 $(1-s)\Delta I$,消费需求将再次增加 $(1-s)[(1-s)\Delta I]$。此过程可以一直持续下去。

表 10-1 由初始投资 ΔI 所引起的乘数过程

	需求增加	产出增加	收入增加	储蓄增加
初始投资	ΔI	ΔI	ΔI	$s\Delta I$
第一轮反应	$(1-s)\Delta I$	$(1-s)\Delta I$	$(1-s)\Delta I$	$s(1-s)\Delta I$
第二轮反应	$(1-s)^2\Delta I$	$(1-s)^2\Delta I$	$(1-s)^2\Delta I$	$s(1-s)^2\Delta I$
第三轮反应	$(1-s)^3\Delta I$	$(1-s)^3\Delta I$	$(1-s)^3\Delta I$	$s(1-s)^3\Delta I$
……	……	……	……	……

---

① 有必要说明的是,现实中,经济的总产量 GDP 也许并不等于经济的总需求,两者之差为存货的变化。显然,为简化起见,我们这里忽略了存货的变化。

如果我们把所有这些收入(或产出)的增加叠加起来,我们会得到

$$\Delta Y = \Delta I + (1-s)\Delta I + (1-s)^2 \Delta I + (1-s)^3 \Delta I + \cdots$$
$$= [1 + (1-s) + (1-s)^2 + (1-s)^3 + \cdots]\Delta I$$
$$= \frac{1}{1-(1-s)}\Delta I$$
$$= \frac{1}{s}\Delta I$$

显然,这与公式(10.7)是一致的。

(四) 投资-储蓄恒等式

与此同时,表10-1也让我们看到,乘数过程不仅是产量、收入和消费的产生过程,同时也是储蓄的产生过程。如果我们把表中所有储蓄增加相加到一起,我们会得到

$$\Delta S = s\Delta I + s(1-s)\Delta I + s(1-s)^2 \Delta I + s(1-s)^3 \Delta I + \cdots$$
$$= s[1 + (1-s) + (1-s)^2 + (1-s)^3 + \cdots]\Delta I$$
$$= s\frac{1}{1-(1-s)}\Delta I$$
$$= \Delta I \tag{10.8}$$

由此,我们可以对经济学中经常使用的投资-储蓄恒等式作如下解释:

【投资-储蓄恒等式】 在凯恩斯主义理论体系下,储蓄是由投资通过乘数过程而产生的。因而,在投资-储蓄恒等式中,投资决定了储蓄。而在新古典理论体系下投资-储蓄恒等式意味着储蓄决定投资。

关于在新古典体系下储蓄决定投资的讨论请参见本书的第五章。本书的第十六章将对投资-储蓄恒等式作更进一步的展开。

四、多部门市场交易下的乘数过程之数学模型

上述对乘数过程的描述只是建立在单一部门或单一产品的基础上,与此同时,我们在上述过程中也忽略了原材料等中间需求的产生。事实上,以上任何一阶循环都包括了许多子循环,里边有很多中间投入和劳动力需求等的产生。例如,我们的初始投资者所带动的需求也应包括建筑公司所购买的原材料等。有关这些中间投入的考量将使我们的描述变得非常复杂,然而,这并不是一个不可能完成的任务。接下来,我们将针对前文所描述的Javits交易中心的交易过程(或乘数过程)构建一个多部门的数学模型,从中我们可以得到由某一自需求所导致的一系列连锁反应(或乘数效应)。该模型类似于古德温的矩阵乘数(Goodwin,1949),但内容却更为丰富和精确。

(一) 基本假设

我们的模型建立在如下一系列的假设基础上,这些假设都是为了简化,这意味即使我们

不作这样的简化，模型所揭示的结论仍然成立，只是证明过程可能更为复杂。

【模型的基本假设】

(1) 劳动力供给是充分的，从而工资 w 保持在社会平均水平。

(2) 生产技术是线性的，从而可以由里昂惕夫的投入-产出矩阵 A 来进行描述。

(3) 总收入由工资和利润两部分组成，工资完全用于消费，利润则被用于储蓄。

(4) 家庭的消费偏好可以用不变的消费束 d 来进行表示。这里，d 为向量，其第 i 项元素 d_i 表示家庭单位消费支出中用于购买第 i 种商品的数量。

(5) 社会各行业的利润率水平是一致的。

上述假设中，假设(1)意味着工资 w 不会在乘数过程中因乘数效应的扩大而增加；假设(2)意味着本模型中著名的剑桥假设成立；假设(4)意味着

$$p'd = 1 \tag{10.9}$$

其中，p 为价格向量，其第 i 项元素 p_i 表示产品 i 的价格；而公式(10.9)意味着价格的决定服从著名的斯拉法公式(Sraffa, 1960)：

$$p'(I - (1+r)A) = wl' \tag{10.10}$$

其中，l' 为劳动力投入向量，其第 i 项元素 l_i 为生产第 i 种产品的单位产量所需的劳动力投入；$r > 0$ 为社会平均利润，I 为单位矩阵。

(二) 模型

令 q_τ 为由自需求 q_0 向量带来的第 τ 轮引致需求(同样为向量)，$\tau = 1,2,3,\cdots$。现在我们考察由自需求 q_0，即 Javits 交易中心故事中的那一栋楼所带来的第一轮反应。显然，为了生产 q_0，建筑商需要购买 Aq_0 作为原材料的投入，同时需要雇用 $l'q_0$ 作为劳动力投入。由于所雇用的劳动力必然(尽管可能不是很快)会用自己的工资性收入 $wl'q_0$ 购买消费品，因此，由自需求 q_0 所引发的第一轮引致需求为

$$q_1 = (A + wdl')q_0$$

其中，Aq_0 是生产 q_0 的原材料需求，$wdl'q_0$ 是消费需求，类似地，

$$q_2 = (A + wdl')q_1$$

以此类推，

$$q_\tau = (A + wdl')q_{\tau-1} \tag{10.11}$$

公式(10.11)是一个标准的一阶差分方程，它反映了多部门情况下市场交易的乘数过程。

(三) 模型的收敛性

现在我们对模型的稳定性和稳定状态进行分析。毫无疑问，公式(10.11)只有唯一的稳定状态 $\mathbf{0}$。以下是关于模型的稳定性命题：

【命题 10-1】 针对任意给定的初始条件 $q_0 > 0$，满足于公式(10.9)和(10.10)的系统(10.11)是渐进稳定的，且收敛于向量 $\mathbf{0}$。

该命题的证明由本章的附录提供。

命题 10-1 意味着乘数效应是有限的,即最终会收敛于其稳定状态 **0**。现在我们在多部门视角下再次考察前文公式(10.8)所揭示的投资-储蓄恒等式。以下是关于该恒等式的命题:

【命题 10-2】 针对任意给定的初始条件 $q_0 > 0$,满足于公式(10.9)和(10.10)的系统(10.11)所产生的利润等于初始投资 $p'q_0$。

该命题的证明仍然由本章的附录提供。

命题 10-2 意味着由乘数过程所产生的储蓄(在剑桥假设下即利润)等于乘数过程初始所注入的投资。在本书的第十五章中,我们将再次从货币循环的角度对命题 10-1 和命题 10-2 予以讨论。

本章中,我们对凯恩斯的产量决定理论进行了讨论。我们发现凯恩斯产量决定理论的核心是产量由需求决定。这与新古典体系下,产量由所谓的最优产量或生产函数决定具有本质的区别。传统上,这样一种决定方式被认为缺乏微观基础,即无法从优化模型中导出。为此,本章首先针对个别厂商构建了一个产量决定的优化模型,补上了这一所谓的微观缺陷。在此基础上,我们将研究扩展到宏观层面,即仿照瓦尔拉斯,构建了一个交易模型——Javits 交易中心,进而对凯恩斯产量决定理论下的交易过程进行了描述。我们发现:这样一个交易过程实际上可以看成是一个乘数过程。由此,传统凯恩斯理论模型,如 IS‐LM 模型中的产量决定方式完全得到了论证。再次强调:凯恩斯的产量决定理论(又称有效需求理论)是整个凯恩斯主义理论体系的核心,即当产量是由需求决定,而不是由所谓的最优产量或生产函数决定时,其他经济变量的决定方式都将发生变化。

附录

命题 10-1 的证明

为了证明该命题,我们有必要使用如下两个引理:

【引理 10-1】 令 $\widetilde{A} \geqslant 0$ 为非负方形矩阵,下列条件是等价的:
(1) 矩阵 $I - \widetilde{A}$ 为主对角矩阵;
(2) 令 λ 为矩阵 $\widetilde{A}$ 的 Frobenius 根,则 $\lambda < 1$;
(3) 当 $\tau \to +\infty$ 时,$\widetilde{A}^{\tau} \to 0$;
(4) 序列 $\sum_{\tau=0}^{\infty} \widetilde{A}^{\tau}$ 收敛并等于 $(I - \widetilde{A})^{-1}$。

【引理 10-2】 令 $\widetilde{A} = A + wdl'$,则矩阵 $I - \widetilde{A}$ 为主对角矩阵。

引理 10-1 的证明可以在许多研究里昂惕夫投入-产出矩阵之数学特征的文献中找到,如 Takayama(1985)。引理 10-2 则证明如下。

将 A、l'、d 和 p 展开,并写成如下形式:

$$A = \begin{bmatrix} a_{11} & a_{12} & \cdots & a_{1n} \\ a_{21} & a_{22} & \cdots & a_{2n} \\ \vdots & \vdots & \ddots & \vdots \\ a_{n1} & a_{n2} & \cdots & a_{nn} \end{bmatrix} \quad l' = \begin{bmatrix} l_1 \\ l_1 \\ \vdots \\ l_n \end{bmatrix} \quad d = \begin{bmatrix} d_1 \\ d_2 \\ \vdots \\ d_n \end{bmatrix} \quad p = \begin{bmatrix} p_1 \\ p_2 \\ \vdots \\ p_n \end{bmatrix}$$

根据主对角矩阵的定义,我们考察是否存在着一个对角矩阵 D,使得矩阵 DA 的对角因素在绝对值上都大于其所对应行(或列)的非对角因素之和。现定义一对角矩阵 P:

$$P = \begin{bmatrix} p_1 & 0 & \cdots & 0 \\ 0 & p_2 & \cdots & 0 \\ \vdots & \vdots & \ddots & \vdots \\ 0 & 0 & \cdots & p_n \end{bmatrix}$$

这里,p_i 是商品 $i(i=1,2,\cdots,n)$ 的价格。于是,

$$P(I-\tilde{A}) = P[I-(A+wdl')]$$

$$= \begin{bmatrix} p_1(1-a_{11}-d_1l_1w) & p_1(-a_{12}-d_1l_2w) & \cdots & p_1(-a_{1n}-d_1l_nw) \\ p_2(-a_{21}-d_2l_1w) & p_2(1-a_{22}-d_2l_2w) & \cdots & p_2(-a_{2n}-d_2l_nw) \\ \vdots & \vdots & & \vdots \\ p_n(-a_{n1}-d_nl_1w) & p_n(-a_{n2}-d_nl_2w) & \cdots & p_n(1-a_{nm}-d_nl_nw) \end{bmatrix}$$

对其中的第 $j(j=1,2,\cdots,n)$ 列,我们发现其非对角因素之和可以写成

$$-\sum_{i=1}^{i\neq j}(p_i a_{ij}+wp_i d_i l_j)$$

将公式(10.9)代入,得

$$-\sum_{i}^{i\neq j} p_i a_{ij} - w(1-p_j d_j)l_j \tag{10.12}$$

而第 $j(j=1,2,\cdots,n)$ 列对角因素则为

$$p_j - p_j a_{jj} - wp_j d_j l_j \tag{10.13}$$

比较公式(10.12)和(10.13),我们发现其绝对值之差为

$$p_j - p_j a_{jj} - wp_j d_j l_j - \sum_{i}^{i\neq j} p_i a_{ij} - w(1-p_j d_j)l_j$$
$$= p_j - \sum_{i=1}^{n} p_i a_{ij} - wl_j \tag{10.14}$$

按照斯拉法理论,如果该系统具有生产的有效性,则必存在着一个价格向量,使得每个行业都能盈利,即对于任意的 $j(j=1,2,\cdots,n)$,公式(10.14)的值都大于 0。由此,我们证明了 $I-\tilde{A}$ 为对角矩阵。

基于以上两个引理,我们现在对命题 10-1 进行证明。令 $\tilde{A}$ 为 $A+wdl'$,从而公式(10.11)可以写成

$$q_\tau = \tilde{A}q_{\tau-1} = \tilde{A}^2 q_{\tau-2} = \tilde{A}^3 q_{\tau-3} = \cdots, = \tilde{A}^\tau q_0$$

引理 10-2 意味着 $I-\tilde{A}$ 是主对角矩阵,即满足引理 10-1 中的条件(1)。其等价条件(2)意味着系统(10.11)是稳定的,而其等价条件(3)则意味着当 $\tau \to +\infty$ 时,$\tilde{A}$ 将趋于 0,从而 q_τ 趋

于 **0**。命题 10-1 证明完毕。

命题 10-2 的证明

令 q 为整个乘数过程所产生的需求（收入），即

$$q = \sum_{\tau=0}^{+\infty} q_\tau = \sum_{\tau=0}^{+\infty} (A + wdl')^\tau q_0$$

已经知道，$A + wdl'$ 满足引理 10-1 中的方形矩阵 $\widetilde{A}$，从而利用引理 10-1 中的条件 (4)，我们得到

$$q = [I - (A + wdl')]^{-1} q_0 \tag{10.15}$$

令 π 为乘数过程所产生的利润，即 $\pi = rp'Aq$，将公式 (10.15) 代入以解释 q，我们得到

$$\pi = rp'A[I - (A + wdl')]^{-1} q_0$$

于是，只有当

$$p' = rp'A[I - (A + wdl')]^{-1} \tag{10.16}$$

时，才有 $\pi = p'q_0$，即命题 10-2 成立。针对 (10.16) 式，两边同乘以 $[I - (A + wdl')]$，并利用公式 (10.9)，我们得到

$$p'(I - A) - wl' = rp'A$$

而这实际上就是 (10.10) 之斯法拉公式，从而，公式 (10.12) 得以满足。命题 10-2 得证。

参考文献

龚刚(2005)：《宏观经济学——中国经济的视角》，北京：清华大学出版社。

龚刚(2007)：回归凯恩斯：写于《通论》发表 70 周年，《经济学（季刊）》，第 7 卷第 1 期，1—20。

龚刚(2012)：《宏观经济学——中国经济的视角（第二版）》，北京：清华大学出版社。

Barro, R.J. and H.I. Grossman (1971): A General Disequilibrium Model of Income and Employment, *American Economic Review*, Vol.61, 82-93.

Benassy, J.P. (1975): Neo-Keynesian Disequilibrium Theory in a Monetary Economy, *Review of Economic Studies*, Vol.42, 502-523.

Benassy, J.P. (1982): *Economics of Market Disequilibrium*, New York: Academic Press.

Goodwin, R.M. (1949): Multiplier as Matrix, *Economic Journal*, Vol.LIX, 537-555.

Sraffa, P. (1960): *Production of Commodities by Means of Commodities*, London: Cambridge University Press.

Takayama, A. (1985): *Mathematical Economics*, 2nd edition, Cambridge: Cambridge University Press.

Weintraub, E.R. (1977): The Micro-foundation of Macroeconomics: A Critical Survey, *Journal of Economic Literature*, Vol.15(1), 1-23.

第十一章 消费理论

本章中,我们将对凯恩斯主义理论体系下家庭的消费决策问题进行讨论。我们已经知道,凯恩斯主义消费理论的一个关键问题是:为什么一个追求效用最大化的家庭会选择储蓄?或者说,为什么家庭的边际和平均储蓄倾向会大于0?这一问题将决定凯恩斯主义有效需求理论是否有效。如前所述,如果家庭不储蓄,那么乘数效应将是无限的[参见公式(10.6)和(10.7)],这意味着任何一个自需求的增长所带来的引致需求都是无限的,从而需求将不再成为产量的一个约束条件,或经济将不再是凯恩斯所设想的需求决定型经济,而新古典所设想的供给决定型经济或将成为必然。

本章中,我们将首先介绍三个典型的具有微观基础的消费理论:费雪的跨时期消费决策模型(Fischer,1907)、莫迪格利尼的生命周期理论(Modigliani,1966,1986)以及弗里德曼的永久收入理论(Friedman,1957)。在此基础上,我们将讨论这些包含行为分析的消费理论对凯恩斯主义理论所形成的可能挑战。最后,我们在凯恩斯主义理论框架下,通过构建一个动态优化模型,研究家庭的消费决策,并且论证在何种情况下,凯恩斯主义理论的消费函数(10.4)可以成立。

一、费雪的跨时期消费决策模型

费雪的跨时期消费模型(Fischer,1907)开创了具有微观基础的消费行为研究。事实上,无论是莫迪格利尼的生命周期理论,还是弗里德曼的永久收入理论,都可以看成是费雪跨时期消费决策模型的进一步展开。

(一) 预算约束

假定某消费者的生命可划分为两个时期:时期1和时期2。消费者在这两个时期中的收入分别为 Y_1 和 Y_2,消费则分别为 C_1 和 C_2。由于我们假定消费者在第2期期末结束生命,因此,如果假定消费者不考虑留下遗产,则其在第2期的储蓄为0。这样,他在第2期的预算约束必然满足

$$C_2 = Y_2 + S(1+r) \tag{11.1}$$

其中,S 可以看成是消费者在第1期中的储蓄,r 为利率。显然,按照定义,

$$S = Y_1 - C_1 \tag{11.2}$$

需要说明的是,S 有可能是负的。此时,我们可以把它看成是贷款。将公式(11.2)带入公式(11.1),我们得到

$$C_2 = Y_2 + (1+r)(Y_1 - C_1)$$

两边同除以 $1+r$,并对公式作进一步整理,我们得到如下跨期的预算约束条件:

$$C_1 + \frac{C_2}{1+r} = Y_1 + \frac{Y_2}{1+r} \tag{11.3}$$

图 11-1 描述了由公式(11.3)所表示的预算约束。

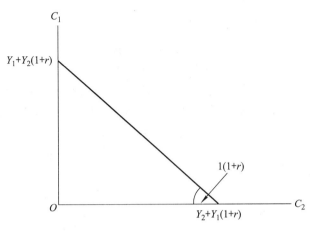

图 11-1 预算约束线

如果我们把 r 看成是贴现率,则公式(11.3)表明,经过贴现以后的消费者两期收入之和应等于经过贴现以后的消费者两期消费之和。可以证明,如果我们把所考虑的视角从两期推广到 n 期,上述结论依然成立:

【命题 11-1】 令 C_i 为家庭在第 i 期的消费,Y_i 为家庭在第 i 期的收入,$i=1,2,\cdots,n$,r 为利率,则家庭的跨期预算满足

$$C_1 + \frac{C_2}{1+r} + \cdots + \frac{C_n}{(1+r)^{n-1}} = Y_1 + \frac{Y_2}{1+r} \cdots + \frac{Y_n}{(1+r)^{n-1}} \tag{11.4}$$

该命题的证明由本章的附录提供。

命题 11-1 具有重要的经济学意义。从跨期预算看,经过贴现以后的消费者收入之和等于经过贴现以后的消费者消费之和。这实际上意味着在人的一生中,尽管储蓄有可能在个别时期发生,但总体而言,消费者是不储蓄的。这似乎违反了凯恩斯主义理论中边际和平均消费倾向大于 0 的消费定律。

(二) 消费者的决策问题

仍然回到跨两期的消费决策问题。假定消费者的效用函数为 $U(C_1, C_2)$,且满足

$$\frac{\partial U}{\partial C_1} > 0, \quad \frac{\partial U}{\partial C_2} > 0, \quad \frac{\partial^2 U}{\partial^2 C_1} < 0, \quad \frac{\partial^2 U}{\partial^2 C_2} < 0$$

即消费函数满足边际效用倾向递减规律。给出消费者的跨期预算约束(11.3)和效用函数 $U(C_1, C_2)$,我们可以把消费者的决策问题作如下表述:

给定当前和未来的预期收入 Y_1 和 Y_2,以及利率 r,选择决策变量 C_1 和 C_2,使得

$$\max U(C_1, C_2)$$

满足约束条件(11.3)。

(三) 消费者决策问题的解

很容易发现,消费者决策问题的一阶条件为

$$\frac{\partial U}{\partial C_1} = (1+r) \frac{\partial U}{\partial C_2} \tag{11.5}$$

于是,联立方程(11.3)和(11.5)能使我们解得 C_1 和 C_2。图 11-2 中,我们描述了 C_1 和 C_2 的确定。I_1 和 I_2 为两条效用无差异曲线,它们代表了相应效用水平下 C_1 和 C_2 的各种组合。显然,图中 A 点所对应的 C_1 和 C_2 是模型的最优解。

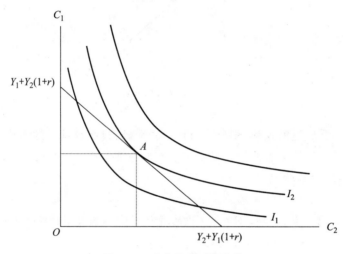

图 11-2　消费的跨时期决策

具体地,我们可以将消费者决策问题的解写成

$$C_1 = h(Y_1, Y_2, r)$$
$$C_2 = f(Y_1, Y_2, r)$$

这意味着消费者的消费决策,如 C_1,不仅取决于当前的收入 Y_1,同时也取决于其未来的收入 Y_2。这似乎再一次违背了凯恩斯主义理论的消费定律。

二、文献中的其他消费理论及对凯恩斯主义理论的挑战

费雪的跨时期消费模型为我们研究消费行为提供了一个基本的框架,显然与凯恩斯简单的消费定理相比,这是一种进步。接下来我们将介绍宏观经济学中另外两个非常著名的消费理论,即生命周期理论和永久收入理论。它们在原理上与费雪的跨时期消费模型具有相似之处,即都是以家庭决策的最优化为出发点。所不同的是,它们对消费者收入和偏好有了更为具体的规定。

(一) 生命周期理论

生命周期理论是由莫迪格利尼在 1961 年提出的[①]，该理论对消费者的收入和偏好作如下规定：

【生命周期理论的假设】 就某一消费者而言，
(1) 收入在他的一生中会有明显的变化：年轻或退休以前挣钱，退休以后没有收入；
(2) 偏好稳定的消费流，即年轻时希望年老时的生活水平不会下降。

这样一种收入和偏好的矛盾意味着消费者年轻时储蓄，年老时使用储蓄。

现在我们考察一个年轻人的消费决策。首先，收入来源可以分为两部分：一部分来源于工作所得，另一部分来自资产(或财富)，如股票、房子、债券等。我们假定目前该消费者的财富为 W，它可能体现为所有财富的市场价值。与此同时，该消费者每年工作所得的收入为 Y，此外，他还可工作 R 年。这样，如果为简化起见，我们不考虑利率，则一生中，该消费者的总收入应为 $W+RY$。更进一步假定该消费者还能生存 $T(T>R)$ 年。于是，在不考虑贴现率的情况下，如果消费者偏好稳定的消费流，即他希望每年的消费水平 C 一样，则我们有

$$C = (1/T)W + (R/T)Y \qquad (11.6)$$

或

$$C = aW + bY \qquad (11.7)$$

值得注意的是，由于 $R<T$，公式(11.7)中的 $b<1$，这似乎和凯恩斯主义消费理论中的边际消费倾向小于 1 的假定相一致。

(二) 永久收入理论

永久收入理论是弗里德曼于 1957 年提出的。[②]在某种程度上，该理论可以看作对生命周期理论的一种补充。该理论对收入作如下规定：当前的收入可以分为两部分：一部分可持续，如受合约保护的工资等，这一部分称为永久收入；另一部分是暂时的(或一次性的)，如中奖等，暂时的收入如同随机变量。按照弗里德曼的说法，如果人们偏好稳定的消费水平，则影响个人消费水平的决定因素是人们的永久收入而不是暂时收入。

考察如下两个例子，我们可以看到为什么这一理论是有道理的。

【举例 1】 假定张某因职务的提升而使工资有所增加：从以前的每月 5000 元人民币增加到每月 8000 元人民币。这一工资的增加对张某而言是永久收入的增加，从而会影响他的一般消费水平。例如，以前他每月消费 4000 元，而现在他每月可能消费 6000 元或更多。

---

① 对生命周期理论最简单明了的介绍可以参见 Modigliani(1986)。
② 参见 Friedman(1957)。

【举例2】 假定李某中了一次体育彩票,获得500万元人民币的奖金。这对李某而言是一次性(或暂时)收入。如果李某偏好稳定的消费流,则他不会一下子把所有的奖金都用完,而是会将其存入银行分期慢慢使用,这500万元的奖金对他消费的可能影响是每月仅增加1万元左右的消费。

(三) 对凯恩斯主义理论的挑战

在我们介绍了一些具有微观基础的经典消费理论之后,我们现在开始讨论凯恩斯主义消费理论的微观基础问题。

显然,无论是费雪的跨时期消费理论,还是莫迪格利尼的生命周期理论或弗里德曼的永久收入理论,这些具有微观基础的消费行为分析与凯恩斯的简单消费理论相比都是一大进步。然而,这样一种进步能否对凯恩斯的有效需求理论形成实质的挑战和冲击呢?

事实上,就消费理论而言,为使凯恩斯有效需求(或乘数)理论得以成立,我们只需假定:

(1) 消费(至少是部分消费)取决于当前已实现的收入。

(2) 当收入增加时,消费也会随之增加。然而,消费的增加幅度并没有收入增加那么多,即所增加的收入中总有一部分会被储蓄下来。

正如前文所说,储蓄的存在才使得乘数效应是收敛的。试想一下,如果边际消费倾向为1,则按照公式(10.6)和(10.7),乘数$1/s$为无穷大。这意味着任何自需求的增加都将引发无限的引致需求。这似乎在告诉我们,经济有着足够的需求,需求不是制约产量的决定因素,唯有供给(或潜在生产能力)才决定着产量。显然,这样一种假定是违反凯恩斯有效需求理论的。

在我们所介绍的三个具有代表性的消费模型中,我们发现尽管消费也取决于其他因素,如利率等,但是消费取决于收入这一假定仍然是存在的,当然,这里的收入并不完全是当前已实现的收入。然而,模型事实上并没有告诉我们这些不同概念的收入,如费雪模型中的未来收入Y_2和弗里德曼的永久收入等是如何产生的。一种可能的解释是它们取决于当前已实现的收入。如果这样一种假定能够存在,那么消费最终仍然取决于当前已实现的收入。由此,我们论证了前文所述的假定(1),即消费取决于当前已实现的收入。

关于前文的假定(2),我们必须要回答:一个追求效用最大化的家庭为什么会储蓄?如果效用取决于消费,而储蓄会减少消费从而减少效用,那么初看起来储蓄似乎违反了家庭消费的基本原则,即效用最大化。然而从长期来看,储蓄是为了未来的消费,是为了防老。关于这一点,莫迪格利尼的生命周期理论已为我们作了很好的解释。由于收入的可变性和不确定性,以及消费者追求的是平稳的消费流,储蓄也就成为一种必要的手段来实现这种平稳的消费。当然,如果我们把留下遗产等作为家庭效用的影响因素之一,那么储蓄的存在也就更为必要了。

由此看来,现有的具有微观基础的消费理论似乎并没有对凯恩斯的有效需求理论构成实质性的挑战。

三、消费的最优化选择

基于上述讨论,我们接下来将通过构建一个动态优化模型,研究家庭的消费决策,并讨论在何种情况下,凯恩斯简单的消费定理,即公式(10.4)可以成立。

(一) 模型的结构形式

在 t 期,我们可以设想家庭关于消费的决策分两步走。第一步是消费的跨期(或动态)决策。给定现在和未来预期的现金流,该决策将决定本期及未来家庭的消费支出序列。第二步是在给定本期(t 期)的消费支出后,家庭如何将这一支出分配于各项消费品中,我们将这一决策称为消费的分配决策。① 关于消费的分配决策问题将在第十三章中予以讨论。本章只讨论消费的第一步决策,即消费的跨期决策。

考察一个代表性家庭 h。令 $C_{h,t}$ 为家庭 h 在 t 期所要决定的实际消费支出。给定家庭当前的实际收入(如工资等)$W_{h,t}$ 和未来一系列的预期实际收入 $E\{W_{h,t+k}\}_{k=1}^{\infty}$,家庭的决策问题就可以表示为选择消费序列 $\{C_{h,t+k}\}_{k=0}^{\infty}$ 使得

$$\max E \sum_{k=0}^{\infty} \beta^k \ln C_{h,t+k} \tag{11.8}$$

约束于如下跨期预算约束

$$M_{h,t+k+1} = (1+r)M_{h,t+k} + W_{h,t+k} - C_{h,t+k} - Q_{h,t+k} \tag{11.9}$$

这里,E 表示预期,r 为利率,β 为贴现因子,变量 $M_{h,t+k}$ 可以理解成家庭 h 在 $t+k$ 期所拥有的实际财富,$Q_{h,t+k}$ 则可以看成是家庭 h 在 $t+k$ 所可能发生的不可预见的支出(如突然的生病和车祸等),显然,这些支出并不用于购买能使个人效用提高的商品和服务。我们假定 $Q_{h,t+k}$ 是一纯随机变量,并服从如下分布:

$$Q_{h,t+k} \sim N(\bar{Q}_{h,t+k}, \sigma_h^2)$$

这里,我们假定 $\bar{Q}_{h,t+k} > 0$。为使问题(11.8)—(11.9)有解,在给定的当前收入 $W_{h,t}$ 条件下,我们做如下关于 $E[W_{h,t+k}]$ 的假定:

【假定】 对于 $k=1,2,3,\cdots$

$$E[W_{h,t+k}] = \theta_h W_{h,t} \tag{11.10}$$

$$E[Q_{h,t+k}] = \bar{Q}_{h,t+k} = \phi_h E[W_{h,t+k}] \tag{11.11}$$

这里,$\theta_h \in (0,1)$,$\phi_h \in (0,1)$。

假定(11.10)意味家庭预期未来任何一期失业的概率为 $1-\theta_h$。假定(11.11)意味着家庭预期未来不可预见的支出与家庭所预期的收入线性相关。②

现在让我们求解问题(11.8)—(11.11)。

---

① 这样一种分两步走的消费决策问题同样可以在其他文献中找到,如 Dixit and Stiglitz(1977)。
② 这实际上意味着收入水平越高,当发生意外时,其要求的服务水平越高,从而其支出就越高。

(二) 模型的解

【命题 11-2】 假定如下横截条件存在：
$$\lim_{k \to +\infty} M_{t+k+1} = 0$$
且 $(1+r)\beta = 1$。则问题(11.8)—(11.11)的解可以表示为

$$C_{h,t} = C_{h,t+1} = C_{h,t+2} = \cdots = C_{h,t+k} \quad (11.12)$$

$$C_{h,t} = rM_{h,t} + \left[(1-\phi_h)\frac{r+\theta_h}{1+r}\right]W_{h,t} \quad (11.13)$$

该命题的证明由附录给出。

该命题的经济学意义极为清晰。公式(11.12)意味着家庭偏好平衡的消费流。家庭的这种偏好在相关消费理论，如生命周期理论中已被证实。公式(11.13)则可以看成是标准的凯恩斯类型的消费函数。

我们首先发现 $rM_{h,t}$ 可以看成是一种来自财富的收入(或利息收入)。令 $Y_{h,t}$ 为总收入，即 $Y_{h,t} = rM_{h,t} + W_{h,t}$。于是，我们可以将 $rM_{h,t}$ 写成 $(1-\alpha_{h,t})Y_{h,t}$，而将 $W_{h,t}$ 写成 $\alpha_{h,t}Y_{h,t}$，其中，$\alpha_{h,t}$ 可以理解成工资性收入占总收入的比例。于是，消费函数(11.13)就可以写成

$$C_{h,t} = (1-\alpha_{h,t})Y_{h,t} + \left[(1-\phi_h)\frac{r+\theta_h}{1+r}\right]\alpha_{h,t}Y_{h,t} \quad (11.14)$$
$$= (1-s_{h,t})Y_{h,t}$$

其中，

$$s_{h,t} = \left[1 - (1-\phi_h)\frac{r+\theta_h}{1+r}\right]\alpha_{h,t} \quad (11.15)$$

显然，式中的 $s_{h,t}$ 是储蓄率(或储蓄占收入的比例)。

(三) 对模型解的解释

公式(11.15)让我们得到如下要点：

第一，由于 $\phi_h \in (0,1)$ 和 $\theta_h \in (0,1)$，因此，只要 $\alpha_{h,t}$ 不为 0(即工资性收入不为 0)，储蓄率必大于 0 小于 1，即 $s_{h,t} \in (0,1)$。

第二，θ_h 越大，即未来收入更加确定时，储蓄率 $s_{h,t}$ 就越小。ϕ_h 越小，即未来不可预见的支出越少时，储蓄率 $s_{h,t}$ 就越小。特别地，当 $\theta_h \to 1$，且 $\phi_h \to 0$ 时，$s_{h,t} \to 0$，这实际上意味着如果未来收入趋于确定，且不可预见的支出趋于 0 时，储蓄率将趋于 0。由此可见，对未来收入的不确定性(即不确定自己是否会失业)和是否会发生不可预见的额外支出是家庭选择储蓄的主要原因。

第三，如果家庭 h 预期工资性收入占总收入的比例 $\alpha_{h,t}$ 不变，则储蓄率有可能是个常数。由此，我们对消费理论作如下总结：

> 如果家庭偏好稳定的消费流，则只要存在收入和支出方面的不确定性，一个追求效用最大化的家庭就必然会选择储蓄，即使其效用函数中不加入遗产。而且就

个人而言,收入和支出的不确定性越大,储蓄率就越高。在某些特定的条件下(如当工资性收入占总收入的比例不变时),储蓄率有可能是个常数。

(四) 启动消费

投资的高涨和出口的繁荣是中国经济过去四十年不争的事实,它们是从需求侧拉动中国经济增长的主要动力。消费在中国则相对疲软:与发达国家相比,中国消费占GDP的比例并不高,为50%左右。然而,越来越多的研究表面,在中国经济进入新常态之后,投资的高涨和出口的繁荣可能一去不复返。因此,在需求的三驾马车中,消费的启动将成为中国进入新常态后从需求角度继续推动中国经济中高速增长的不二选择。[①]

启动消费(或让消费占GDP的比例上升)符合经济发展过程中的国际经验。事实上,当经济社会发展到一定程度(由人均GDP衡量)时,消费占GDP的比例就会上升,而投资占GDP的比例就会下降。这就是所谓的消费和投资的库兹涅茨曲线。[②] Eichengreen et al. (2012)的研究也发现,当经济增长放缓时,唯有消费占GDP的比例明显上升才能阻止经济继续下滑。按照他们的估计,当消费占GDP的比例达到62%—64%时,增长率继续下滑的可能性最小。

然而,正如我们的理论模型所揭示的,中国的消费启动仍需克服经济社会的各种不确定性。例如,中国在医疗和社会保障等方面仍然不够健全,居民在接受基本医疗服务及社会保障等方面所面临的机会也极不平等,这使得大多数居民(特别是中下层居民)对未来缺乏安全感。由于大多数家庭偏爱稳定的消费流,因此,当未来的生活无法得到保障时,家庭将出于强烈的预防性动机而更积极地选择储蓄,以防患于未然。于是,没有好的社会和医疗保障体系,启动消费也就很困难。

附录

命题 11-1 的证明

我们的推导从第 n 期的消费开始。令 S_i 为家庭在第 i 期的消费。假定消费者在第 n 期期末结束生命,则在第 n 期,他的储蓄为 0,这样他的预算约束满足条件:

$$C_n = Y_n + S_{n-1}(1+r) \tag{11.16}$$

其中 $n-1$ 期的储蓄 S_{n-1} 可以表示为

$$S_{n-1} = Y_{n-1} - C_{n-1} + S_{n-2}(1+r) \tag{11.17}$$

同理

$$S_{n-2} = Y_{n-2} - C_{n-2} + S_{n-3}(1+r) \tag{11.18}$$

以此类推,直至第 2 期。在第 1 期,

[①] 参见龚刚(2017)。
[②] 见后文图 18-2 和图 18-3。

$$S_1 = Y_1 - C_1 \quad (11.19)$$

将公式(11.17)—(11.19)代入公式(11.16)：

$$C_n = Y_n + [Y_{n-1} - C_{n-1} + S_{n-2}(1+r)](1+r)$$
$$= Y_n + (1+r)(Y_{n-1} - C_{n-1}) + S_{n-2}(1+r)^2$$
$$= Y_n + (1+r)(Y_{n-1} - C_{n-1}) + (1+r)^2[Y_{n-2} - C_{n-2} + S_{n-2}(1+r)]$$
$$= Y_n + (1+r)(Y_{n-1} - C_{n-1}) + (1+r)^2(Y_{n-2} - C_{n-2}) + S_{n-3}(1+r)^3$$
$$\vdots$$

以此类推，我们可以得到

$$C_n = Y_n + (1+r)(Y_{n-1} - C_{n-1}) + (1+r)^2(Y_{n-2} - C_{n-2}) +$$
$$(1+r)^3(Y_{n-3} - C_{n-3}) + \cdots + (Y_1 - C_1)(1+r)^{n-1}$$

两边同除以$(1+r)^n$并进行重新整理，可得命题中的公式(11.4)。

命题 11-2 的证明

使用公式(11.9)来解释目标函数(11.8)中的$C_{h,t+k}$，目标函数(11.8)就可以写成

$$\max_{\{M_{t+k}\}_{k=0}^\infty} E \sum_{k=0}^\infty \beta^k \{\ln[(1+r)M_{h,t+k} + W_{h,t+k} - Q_{h,t+k} - M_{h,t+k+1}]\}$$

很容易发现，问题的一阶条件为

$$E\left[\beta^k \left(\frac{1+r}{C_{h,t+k}}\right) - \beta^{k-1} \frac{1}{C_{h,t+k-1}}\right] = 0$$

于是，如果$(1+r)\beta = 1$成立，我们有

$$C_{h,t+k} = C_{h,t+k-1} = C_{h,t+k-2} = \cdots = C_{h,t}$$

这实际上是命题中的公式(11.12)。连续迭代状态方程(11.9)，得

$$M_{t+k+1} = (1+r)^{k+1}M_t + (1+r)^k(W_{h,t} - C_{h,t} - Q_{h,t}) + (1+r)^{k-1}$$
$$(W_{h,t+1} - C_{h,t+1} - Q_{h,t+1}) + (1+r)^{k-2}(W_{h,t+2} - C_{h,t+2} - Q_{h,t+2})$$
$$+ \cdots + (1+r)(W_{h,t+k-1} - C_{h,t+k-1} - Q_{h,t+k-1})$$
$$+ W_{h,t+k} - C_{h,t+k} - Q_{h,t+k}$$

两边同除以$(1+r)^k$，并应用横截条件，上式可进一步写成

$$C_{h,t} + \frac{C_{h,t+1}}{1+r} + \frac{C_{h,t+2}}{(1+r)^2} + \cdots + \frac{C_{h,t+k}}{(1+r)^k}$$
$$= (1+r)M_{h,t} + W_{h,t} - Q_{h,t} + \frac{W_{h,t+1} - Q_{h,t+1}}{1+r} + \frac{W_{h,t+2} - Q_{h,t+2}}{(1+r)^2}$$
$$+ \cdots + \frac{W_{h,t+k} - Q_{h,t+k}}{(1+r)^k}$$

使用假设(11.10)，同时利用已经过论证的公式(11.12)，我们发现上述公式可进一步写成

$$C_{h,t}\left(1 + \frac{1}{1+r} + \frac{1}{(1+r)^2} + \cdots + \frac{1}{(1+r)^k}\right)$$
$$= (1+r)M_{h,t} + (1-\phi_h)W_{h,t} + \frac{\theta_h(1-\phi_h)W_{h,t+1}}{1+r} + \frac{\theta_h(1-\phi_h)W_{h,t+2}}{(1+r)^2}$$

$$+ \cdots + \frac{\theta_h(1-\phi_h)W_{h,t+k}}{(1+r)^k}$$

从而

$$\frac{C_{h,t}}{1+1/(1+r)} = (1+r)M_{h,t} + (1-\phi_h)W_{h,t} - \theta_h(1-\phi_h)W_{h,t+1} + \frac{\theta_h(1-\phi_h)W_{h,t+1}}{1+1/(1/r)}$$

整理上式,得

$$C_{h,t} = rM_{h,t} + \frac{r}{1+r}(1-\theta_h)(1-\phi_h)W_{h,t} + \theta_h(1-\phi_h)W_{h,t}$$

$$= rM_{h,t} + \frac{(1-\phi_h)(r+\theta_h)}{1+r}W_{h,t}$$

此即为命题中的公式(11.13)。

参考文献

龚刚(2017):《当代中国经济(第二版)》,北京:高等教育出版社。

龚刚、杨光(2013):消费与投资占 GDP 比例演变规律之研究,南开大学当代中国经济研究中心工作论文。

Dixit, A. K. and J. E. Stiglitz(1977): Monopolistic Competition and Optimum Product Diversity, *The American Economic Review*, Vol. 67(3), 297-308.

Eichengreen, B., D. Park and K. Shin (2012): When Fast-growing Economies Slow Down: International Evidence and Implications for China, *Asian Economic Papers*, Vol. 11 (1), 42-87.

Fischer, I. (1907): *The Rate of Interest*, New York: Macmillan.

Friedman, M. (1957): The Permanent Income Hypothesis, in *A Theory of the Consumption Function*, Princeton: Princeton University Press.

Modigliani, F. (1966): The Life Cycle Hypothesis of Saving, the Demand for Wealth and the Supply of Capital, *Social Research*, Vol. 33 (2), 160-217.

Modigliani, F. (1986): Life Cycle, Individual Thrift, and the Wealth of the Nations, *American Economic Review*, Vol. 76, 297-313.

第十二章 投资理论

我们已经对凯恩斯主义体系下的产量决定理论和消费理论进行了讨论,为其补上了所缺乏的微观基础。本章中,我们将讨论凯恩斯的投资理论。投资是最为重要的宏观经济变量之一。从需求侧来看,投资是总需求的一部分,而且可以通过乘数效应引致其他需求;从供给侧来看,投资所形成的资本存量是关键的生产要素。因此,投资可以从供给和需求两方面推动经济增长。与此同时,由于投资的复杂性和易变性,投资也会带来经济波动。

一、文献中的投资理论

关于投资决策,已有大量文献进行过探讨,现进行简要回顾。

(一) 加速模型

Clark(1917)提出了第一个投资理论模型,即加速模型。假定存在一个固定的资本-产出比 B,使得 $K_t = BY_t$,其中,K_t 为 t 期的资本存量,Y_t 为 t 期的产出。如果每个时期实际资本存量都能迅速调整为最优资本存量,那么

$$I_t = K_t - K_{t-1} = B(Y_t - Y_{t-1}) = B\Delta Y_t$$

这里,I_t 表示投资。[①] 上式表明,产出的增量决定了投资。这一思想无疑和哈罗德的投资理论是一致的。

但是,上述加速模型的假定条件过于苛刻,与现实经济活动不符,也无法说明投资的序列相关性,因此,Clark(1944)和 Koyck(1954)舍弃了实际资本存量能够迅速调整的假设,将原始的加速模型修正为灵活的加速模型

$$I_t = \sum_{\tau=0}^{n} \alpha \lambda_\tau \Delta Y_{t-\tau}$$

这里,α 是固定参数,λ_τ 表示分布滞后参数。不难发现,投资不仅取决于当前产出的增量,而且取决于过去产出的增量。

相对于原始的加速模型,灵活加速模型捕捉了投资的动态特征,因此更贴近现实。然而,加速模型没有考虑价格(尤其是资本成本)因素对投资行为的影响,投资动态性仅由几何分布滞后刻画,缺乏微观基础。

[①] 显然,这里忽略了折旧。

(二) 凯恩斯的投资理论

凯恩斯在《通论》中基于资本边际效率递减规律[①]系统阐述了其投资的决定,随后经济学家们依据其思想,提炼出了凯恩斯的投资理论。[②]

由于投资的收益极不确定,企业在投资时要对投资项目进行谨慎评估,即估计投资项目所带来的净现值,并计算回报率。正常情况下,只有当项目评估的投资报酬率高于利率时,企业才有可能进行投资。根据投资报酬率的大小,将一定时期内经济中所有投资项目依序进行排列,可以得到阶梯状图形(见图12-1)。假定投资项目无限可分,那么阶梯形状图形可以处理成向下倾斜的光滑曲线,它实际上也就成为一条不同利率水平下投资的需求曲线。于是,投资就成为利率的减函数。

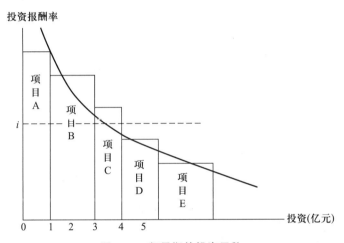

图 12-1 凯恩斯的投资函数

需要说明的是,这里的利率更精确地讲应该是银行的贷款利率,因为企业通常是通过贷款筹集资金的。事实上,现代经济中,利率有多种形式,如银行的存款利率、商业银行给企业的贷款利率、商业银行之间相互借款的利率、中央银行对商业银行的贷款利率、金融市场上的债券回报率等。然而,在建立宏观经济模型时,我们不可能对所有这些利率都一一进行区别。通常,我们会笼统地使用一个利率。显然,这是一种简化的处理。这种简化的处理方法建立在如下假设的基础上:

【各种利率之间的关系】 在一个完善的金融市场上,各种利率之间尽管水平不同,然而变化却是一致的,而各项利率之间的差异则可以看成是一种风险溢价(Risk Premium),它来源于各种资产间的风险差异。

[①] 资本边际效率递减规律是凯恩斯三大基本心理规律之一。三大基本心理规律是指边际消费倾向递减规律、资本边际效率递减规律以及流动性偏好,这是凯恩斯有效需求不足理论的三大基石。

[②] 凯恩斯投资理论的回顾主要参考龚刚:《宏观经济学——中国经济的视角(第二版)》,清华大学出版社,2012年,第73—75页。

另外,凯恩斯投资函数仅考虑利率对投资行为的影响,然而投资的决定不仅仅取决于利率,还可能取决于其他因素,如市场的需求、新技术的产生、总体的投资环境、政府优惠政策和投资者对未来的预期等。因此,凯恩斯的投资函数是很不稳定的。

(三) 新古典投资理论

加速模型和凯恩斯的投资理论模型皆是从宏观总量的视角考察投资行为,缺乏坚实的微观基础。乔根森(Jorgenson,1963)通过引入新古典经济理论的核心假定,推导出具有新古典特征的投资理论模型。

假定生产函数为柯布-道格拉斯型,则按照资本价格等于资本的边际产量这一新古典最优化一阶条件,最优资本存量 K^* 可定义为

$$K^* = \alpha \frac{pQ}{C}$$

这里,α 为资本的产出弹性,p 为产品价格,Q 为产量,C 为资本价格。

假定新投资项目完成的时间分布是固定的,在 t 期被完成项目的比例为 λ_t,可得新古典投资理论模型为

$$I_t = \alpha \sum_{s=0}^{\infty} \lambda_s \Delta \left(\frac{p_{t-s} Q_{t-s}}{C_{t-s}} \right) + \delta K_t$$

其中 δ 是折旧率。于是,乔根森模型反映的是:投资是为了弥补最优资本存量缺口($K_t^* - K_{t-1}^*$)。由于投资本身具有滞后性,即当前投资通常几年后才能形成实质的产能,因此,这样一种弥补具有滞后分布的性质。

(四) 托宾 q 理论

Brainard and Tobin(1968)以及 Tobin(1969)提出了托宾 q 理论。该理论认为:投资取决于企业市场价值与已装置资本的重置成本的比率,这一比率即托宾的 q 值。q 值的分子是由股市决定的企业已装置资本的市场价值,分母是重新购买已装置资本的价格。根据托宾 q 理论,企业投资是 q 值的增函数。

托宾 q 理论将投资决策与股票市场联系起来。其背后蕴含的经济学直觉非常简单:股票价格上升意味着市场对该企业的前景看好,预期盈利空间上升,自然会激励企业投资;股票价格下跌说明市场对该企业的经营前景不看好,盈利空间较小,那么企业会压缩投资。由于股票价格本身包含了企业过去、现在和将来的信息,因此 q 值能反映与投资相关的预期信息。

显然,托宾 q 理论暗含着这样一种前提假设,即股票市场十分发达,接近甚至达到完全有效市场,以至于股票价格能够充分反映市场信息。然而,现实中股票市场存在缺陷,股票价格也不能准确反映企业价值,这就限制了托宾 q 理论的应用。

(五) 调整成本和不可逆性——新古典投资理论的进一步发展

加速模型、凯恩斯投资理论、乔根森模型以及托宾 q 理论皆假定资本存量的调整不存在成本。然而,现实中,企业进行资本存量的调整通常存在着许多摩擦性因素。这些摩擦性因

素必然会对企业的投资决策产生影响。现有文献主要考虑两种类型的摩擦性因素:一是调整成本(Adjustment Cost),二是投资的不可逆性(Irreversibility)。

【调整成本】 按照调整成本理论,任何一种经济调整,大到体制改革,小到价格变化,都将发生除调整本身所需支付的成本之外的调整费用,我们把这些调整费用称为调整成本。

调整成本是一个极为普遍的概念。以调整价格为例,其调整成本不仅包括菜单成本(Manual Cost),如重新制定产品价目单(菜单)所需的印刷费用等[1],同时也包括因不断更改价目表给客户造成的形象损失等[2]。就资本调整而言,除了投资本身所需要的支出,新设备的安装和使用通常也需要重新招募及培训工人等。

Eisner and Strotz(1963)最先讨论了调整成本对企业投资的影响,并设定调整成本函数单调递增且严格凸。循此思路,Rothschild(1971)、Nickell(1978)进一步假定调整成本中包含一个固定部分。20世纪70年代和80年代,调整成本理论开始和托宾q理论相结合。Mussa(1977)在确定性模型框架下推导出最优投资率的必要条件,即投资的边际调整成本等于已装置资本的边际价值。Abel(1983)在随机性模型框架下得到了同样的结果。

【不可逆性】 所谓投资的不可逆性,是指资本品的再销售价格低于购买价格,甚至在极端情况下,资本品一旦购买就不能再销售。

在不可逆性文献中,Arrow(1968)最早在确定性框架下阐述了投资的不可逆性对投资行为的影响。Sargent(1980)和 Bertola and Caballero(1994)在不确定性框架下,构造包含不可逆性的投资理论模型,推导出投资与资本影子价格、新资本品价格之间的关系,与 Arrow(1968)的结论相同。

也有文献把调整成本与不可逆性整合在一起,将二者置于统一的理论框架来考察其对投资行为的影响。比如,Caballero(1991)假定任何负的投资都会带来无限大的调整成本,从而将不可逆性引入调整成本模型中。Abel and Eberly(1994)则避免直接假设投资具有不可逆性,相反,在某些特定情形下,投资的不可逆性是企业最优选择的结果。Abel and Eberly(1994)在不确定框架下,通过引入广义的调整成本,构建了一个更一般化的投资理论模型。该模型包含了投资的不确定性、不可逆性和调整成本,得到了投资与边际托宾q之间的非线性关系,并论证了在特定条件下边际托宾q与平均托宾q的相等。Abel and Eberly(1994)的投资模型在更广泛的意义上综合了影响投资行为的现实因素,赋予新古典投资理论更强大的解释力,从而把新古典投资理论推向新的高峰。

(六) 融资约束的投资理论

以上投资理论模型都有一个共同的隐含前提,即资本市场是完美的,企业可以自由获取

---

[1] 有关讨论请参见 Mankiw(1985)。
[2] 有关讨论请参见 Rotemberg(1982)。

资金,这样企业投资仅取决于未来期望利润和资本使用者成本等实体因素,而与金融系统的摩擦所引致的融资因素无关。事实上,资本市场的不确定性会带来一定的交易风险,也会导致道德风险和逆向选择,企业不可能无成本地为投资进行融资。

其实,Meyer and Kuh(1957)在20世纪50年代就探讨了金融因素对投资行为的影响,提出了与Modigliani and Miller(1958)(即MM定理)完全相反的观点:由于资本市场不完美,企业投资往往受制于自身现金流。虽然这一观点具有很强的现实意义,但由于未构建严谨的理论模型,被湮没了。随后的MM定理可谓"一统江湖",把投资行为与融资约束彻底分离,以致金融摩擦对投资的影响被舍弃了。直至20世纪80年代,经济学家开始把信息不对称加入资本市场的研究中,从而把金融摩擦因素导入投资理论研究中。比如,Myers(1984)将信息不对称引入资本市场,提出了融资的"啄食次序理论"(Peking Order Theory);Chatelain(1998)通过构建理论模型分析了资本市场中的信贷配给对企业投资行为的影响,在其看来,资本市场存在着信贷配额,从而投资率受内部留存积累的影响。Moyen(2004)则将代理问题引入资本市场,认为企业的内外部融资成本存在差异,企业的投资会受到融资约束。

(七) 小结

总之,现有的主流投资理论以完善的市场经济为基本假设。除加速模型和凯恩斯投资理论外,其他主流投资理论都具有典型的"新古典"特征,比如,产品市场和资本品市场完全竞争、企业具有柯布-道格拉斯生产技术、资本价格等于资本的边际产量之一阶条件等。虽然随后的投资理论模型考虑了更多的现实因素,如调整成本和不可逆性等,但是其思想内核并没有脱离"新古典"框架,只不过是新古典投资理论的精细化而已。

就实证研究而言,尽管有大量的文献对不同的投资理论模型展开了系统而深入的经验检验[①],并且在一定程度上能验证现有理论,然而当改变样本选取、指标测算和计量方法时,实证结果往往存在差异,这意味着现有投资理论模型具有不稳定性。此外,现有实证检验主要采用企业样本,而非宏观样本。

接下来,我们将构建一个关于企业投资的动态优化模型。我们发现,前文哈罗德的投资函数(4.6)完全可以在这一投资优化模型下得到论证。与此同时,我们也引入了融资约束,从而得出了具有哈罗德和凯恩斯主义性质的宏观意义上的投资函数。

二、生产、成本与产能利用率

我们的讨论将从企业的生产函数开始。在索洛看来,哈罗德理论最主要的缺陷在于其生产函数无法体现出资本和劳动力之间的相互替代。然而,这是否就意味着当我们容许资本和劳动力之间可以相互替换时,哈罗德的投资函数就不能成立了?

[①] 参见Evans(1967),Clark et al.(1979),Bernanke et al.(1988),Chirinko et al.(1999),Gilchrist and Zakrajsek(2007)和Karim(2010)等。

(一) 生产函数

对于 t 期的代表性企业 j，我们假定其生产技术(或投入-产出关系)为柯布-道格拉斯生产函数：

$$Y_{j,t} = a(A_{j,t}L_{j,t})^a K_{j,t-1}^{1-a} \qquad (12.1)$$

其中，$Y_{j,t}$ 是企业 j 在 t 期所生产的产量，$L_{j,t}$ 是企业 j 在 t 期所雇用的劳动力，$A_{j,t}$ 衡量企业 j 的劳动效率，其动态变化反映了技术进步，文献中通常将 $A_{j,t}L_{j,t}$ 称为有效劳动力，a 是非时变参数，$K_{j,t-1}$ 是企业 j 所特有的资本存量，按 $t-1$ 期的期末值衡量，从而为企业 j 提供 t 期的产能。这里，我们想强调的是，用 $K_{j,t-1}$（而非 $K_{j,t}$）进入生产函数是为了突出企业在作短期生产决策时其资本存量(体现为设备、生产线等)的不可变性，即企业是在给定的资本存量下作生产决策。

显然，公式(12.1)与通常所流行的生产函数没有本质的区别。由该公式可知

$$A_{j,t}L_{j,t} = \left(\frac{Y_{j,t}}{aK_{j,t-1}^{1-a}}\right)^{1/a}$$

$$= Y_{j,t}\left(\frac{Y_{j,t}}{K_{j,t-1}}\right)^{(1-a)/a}\frac{1}{a^{1/a}}$$

进一步令 $B_j^{(1-a)/a} \equiv a^{1/a}$，于是，

$$L_{j,t} = \frac{Y_{j,t}}{A_{j,t}}\left(\frac{Y_{j,t}}{B_j K_{j,t-1}}\right)^{(1-a)/a} \qquad (12.2)$$

公式(12.2)可以看成是凯恩斯主义理论体系下，通过柯布-道格拉斯生产函数所确定的企业对劳动力的需求函数。显然，这与新古典体系下企业对劳动力的需求函数有本质的区别。

在新古典理论体系下，当资本和技术给定时，对劳动力的需求只取决于工资，并通过边际产量等于工资的一阶条件而实现。如前所述，新古典的这一阶条件反映了企业具有充分信心的预期。就对劳动力的需求而言，这意味着它只强调增加一单位劳动力所带来的产量增值是否在财务上能克服其对劳动力的支出，而并没有考虑到增加该单位劳动力所带来的产量增加能否销售出去。在新古典理论框架下，其暗含的假设是：企业只需接受现有的市场价格，其产量就一定能销售出去。

然而，在凯恩斯主义理论体系下，对劳动力的需求完全取决于由需求所决定的产量。由此，我们看到其与新古典本质的区别，即使其投入-产出关系都体现为柯布-道格拉斯生产函数。

(二) 产能利用率

接下来，我们将证明这样一种生产函数关系同样隐含哈罗德所强调的产能利用率。

如同哈罗德，我们定义 $B_j K_{j,t-1}$ 为企业 j 的产能，从而

$$U_{j,t} \equiv \frac{Y_{j,t}}{B_j K_{j,t-1}} \qquad (12.3)$$

为企业 j 的产能利用率。将公式(12.3)代入公式(12.2)，得到

$$L_{j,t} = \frac{Y_{j,t}}{A_{j,t}}(U_{j,t})^{(1-a)/a} \qquad (12.4)$$

于是，对劳动力的需求 $L_{j,t}$ 由产出 $Y_{j,t}$ 正向决定，由效率 $A_{j,t}$ 负向决定，并受产能利用率 $U_{j,t}$ 的调整。公式(12.4)同时也意味着

$$A_{j,t} = \frac{Y_{j,t}}{L_{j,t}}(U_{j,t})^{(1-\alpha)/\alpha} \tag{12.5}$$

即企业的技术水平（或效率）$A_{j,t}$ 可以表现为经产能利用率 $U_{j,t}$ 调整后的劳动生产率 $Y_{j,t}/L_{j,t}$。由于产量和就业的统计数据一般都能获得，因此，只要能够得到产能利用率数据，技术水平就能通过公式(12.5)计算得到。龚刚(2017)就是通过这一方法计算中国的技术水平的。

（三）成本函数

现在我们利用公式(12.3)所表示的产能利用率来描述企业的成本函数。令 $C_{j,t}$ 表示企业的实际生产总成本，$W_{j,t}$ 表示企业支付的实际工资率。在不考虑其他中间投入（如原材料等）的条件下，企业的实际总成本可以写成

$$C_{j,t} = L_{j,t} W_{j,t} + \nu K_{j,t-1} \tag{12.6}$$

其中，劳动力成本 $L_{j,t} W_{j,t}$ 被视为可变成本，随产出而变化；$\nu K_{j,t-1}$ 是固定成本，不随产出而变化。现将公式(12.4)代入公式(12.6)，得到企业的成本函数为

$$C_{j,t} = \frac{W_{j,t} Y_{j,t}}{A_{j,t}}(U_{j,t})^{(1-\alpha)/\alpha} + \nu K_{j,t-1} \tag{12.7}$$

为使分析简化，我们有必要假定实际工资 $W_{j,t}$ 与劳动力效率 $A_{j,t}$ 呈同比例增长①，从而在该假定下，$W_{j,t}/A_{j,t}$ 为常数。令该常数为 ω，即 $W_{j,t}/\widetilde{A}_{j,t} \equiv \omega$。于是，公式(12.7)可进一步写成

$$C_{j,t} = \omega Y_{j,t}(U_{j,t})^{(1-\alpha)/\alpha} + \nu K_{j,t-1} \tag{12.8}$$

由于 $K_{j,t-1}$ 是给定的，从而按照定义(12.3)，$U_{j,t}$ 只取决于 $Y_{j,t}$。于是，在公式(12.8)中，企业成本 $C_{j,t}$ 只取决于产量 $Y_{j,t}$，从而企业的边际成本 $C'_{j,t} \equiv dC_{j,t}/dY_{j,t}$ 可表示为

$$\begin{aligned} C'_{j,t} &= \omega (U_{j,t})^{\frac{1-\alpha}{\alpha}} + \frac{1-\alpha}{\alpha}\omega Y_{j,t}(U_{j,t})^{\frac{1-\alpha}{\alpha}-1}\frac{1}{B_j K_{j,t-1}} \\ &= \frac{\omega}{\alpha}(U_{j,t})^{(1-\alpha)/\alpha} \end{aligned} \tag{12.9}$$

而平均生产成本 $c_{j,t} \equiv C_{j,t}/Y_{j,t}$ 则为

$$\begin{aligned} c_{j,t} &= c(U_{j,t}) \\ &= \omega(U_{j,t})^{(1-\alpha)/\alpha} + \frac{\nu}{B_j}(U_{j,t})^{-1} \end{aligned} \tag{12.10}$$

其中，$\omega(U_{j,t})^{(1-\alpha)/\alpha}$ 是平均可变成本，$(\nu/B_j)(U_{j,t})^{-1}$ 为平均固定成本，即平均可变成本随产能利用率的增加而增加，平均不变成本则随产能利用率的增加而减少。

公式(12.9)和(12.10)意味着企业的边际成本、平均成本、平均可变成本和平均不变成本均是产能利用率 $U_{j,t}$ 的函数。图12-2给出了由产能利用率所表示的各种不同的成本函数。

---

① 显然，这是一个简化假设。利用政治经济学的语言，这意味着资本的有机构成不变。

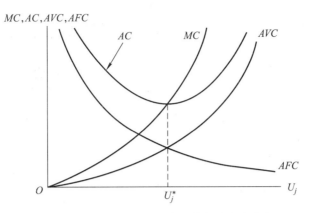

图 12-2　由产能利用率 U_j 表示的各种生产成本

注：MC 为边际成本，AC 为平均成本，AVC 为平均可变成本，AFC 为平均固定成本。

（四）最优设备利用率

接下来，我们将论证上述成本函数的一些特点。首先，由于平均可变成本随产能利用率的增加而增加，平均不变成本随产能利用率的增加而减少，因此，必存在着一个使平均成本最小的产能利用率，我们把它称为最优产能利用率 $U_{j,t}^*$。现在让我们求解 $U_{j,t}^*$。

由公式（12.10）可知，$U_{j,t}^*$ 的一阶条件为

$$\frac{1-\alpha}{\alpha}\omega(U_{j,t}^*)^{\frac{1}{\alpha}-2} - \frac{\nu}{B_j}(U_{j,t}^*)^{-2} = 0$$

由此解得最优产能利用率为

$$U_{j,t}^* = \left[\frac{\alpha\nu}{\omega(1-\alpha)B_j}\right]^\alpha \qquad (12.11)$$
$$= U_j^*$$

即最优产能利用率是个常数。由此，我们可以将其写成 U_j^*。

进一步令 $C'_{j,t} = c_{j,t}$，即边际成本等于平均成本，于是，由公式（12.9）和（12.10）可知：

$$\frac{\omega}{\alpha}(U_{j,t})^{(1-\alpha)/\alpha} = \omega(U_{j,t})^{(1-\alpha)/\alpha} + \frac{\nu}{B_j}(U_{j,t})^{-1}$$

求解上式中的 $U_{j,t}$，我们再次得到公式（12.11）中的 $U_{j,t}^*$。于是，使平均成本最小的最优产能利用率同时也是边际成本和平均成本的交点。由此，微观经济学中所有以产量表示的成本函数之特点在此仍然适用，并且，

> 假定资本存量不变，企业存在着一个使平均成本最小的最优产能利用率，并且该最优产能利用率有可能是个常数。

三、无金融约束下的投资——哈罗德投资理论之微观基础

我们已经知道,当资本存量不变时,企业存在着一个最优产能利用率,而当实际工资与技术同步增长时,该产能利用率又将和时间无关,体现为一个常数。投资意味着调节产能(或资本),于是,当资本存量可以调节时,最优产能利用率是否依然存在?仍然会是常数吗?这是投资理论所需要解决的第一个问题。

(一) 决策问题

我们假定企业在 t 期作投资决策时,对未来拥有一系列的预期,这其中包括:

(1) 需求的预期序列 $E\{Y_{j,t+k}\}_{k=0}^{\infty}$,

(2) 技术的预期序列 $E\{A_{j,t+k}\}_{k=0}^{\infty}$,

(3) 实际工资的预期序列 $E\{W_{j,t+k}\}_{k=0}^{\infty}$,

(4) 价格 j 的预期序列 $E\{P_{j,t+k}\}_{k=0}^{\infty}$,

(5) 价格总体水平的预期序列 $E\{P_{t+k}\}_{k=0}^{\infty}$。

给定这一系列的预期,企业的投资决策问题就可以表示为:选择一个从现在到未来的投资序列 $\{I_{j,t+k}\}_{k=0}^{\infty}$,使折现后的净现金流量之和为最大,即

$$\max_{\{I_{j,t+k}\}_{k=0}^{\infty}} E \sum_{t=0}^{\infty} \beta^t \{[P_{j,t+k}Y_{j,t+k} - P_{t+k}c_{j,t+k}Y_{j,t+k}] - (1+r)P_{t+k}I_{j,t+k}\} \quad (12.12)$$

受约束于

$$c_{j,t+k} = \omega(U_{j,t+k})^{(1-\alpha)/\alpha} + \frac{\nu}{B_j}(U_{j,t+k})^{-1} \quad (12.13)$$

$$K_{j,t+k} = (1-d_j)K_{j,t+k-1} + I_{j,t+k} \quad (12.14)$$

其中,E 为期望算子,$K_{j,t+k}$ 为企业 j 在 $t+k$ 的资本存量(按期末价值衡量,从而为企业 j 在 $t+k+1$ 提供产能),$c_{j,t+k}$ 是企业 j 的实际平均成本,其函数形式由公式(12.10)给出,d_j 为折旧率。显然,公式(12.14)可以理解成资本的积累公式。

与现有文献所不同的是,我们并没有将投资的调整成本引入公式(12.14)内。此外,还需注意的是,尽管上述问题所求解的是投资序列 $\{I_{j,t+k}\}_{k=0}^{\infty}$,但在 t 期,企业所执行的只是 $I_{j,t}$。这意味着在 $t+1$ 期,企业会根据新的信息,重新规划公式(12.12)—(12.14)所示的投资。正因为如此,我们只需关心 $I_{j,t}$,尽管理论上求解公式(12.12)—(12.14)能让我们获得投资序列 $\{I_{j,t+k}\}_{k=0}^{\infty}$。

(二) 投资可调整下的最优产能利用率

命题12-1给出了投资决策问题(12.12)—(12.14)的解。该命题的证明由附录提供。

【命题12-1】 企业的投资决策问题(12.12)—(12.14)的最优解可表示为

$$U_{j,t+k}^* = U_j^* = \left[\frac{(1+r)/(\beta\pi) - (1+r)(1-d_j) + \nu_j}{(1-\alpha)\omega B_j/\alpha}\right]^{\alpha} \quad (12.15)$$

公式(12.15)与假定资本存量不变的最优产能利用率公式(12.11)非常相似。这里,我们假定资本存量可以调整。现假定 $\beta=1, \pi=1, d_j=0$ 及 $r=0$,即假定我们只考虑一期。可以发现,公式(12.15)和(12.11)此时完全一致。

由此我们可以看到:在工资与技术同步增长(即 $W_{j,t}/A_{j,t}=\omega$)的条件下,即使资本是可以调整的,最优产能利用率仍然可以是一个常数:

假定资本存量受投资调整可变,则企业仍然存在着一个使平均成本最小的最优产能利用率,并且该最优产能利用率仍然可能是个常数。

(三) 哈罗德的投资方程

给定最优产能利用率 U_j^*,我们现在讨论企业的最优投资 $I_{j,t}^*$。由公式(12.14)可知,投资 $I_{j,t}^*$ 是为了积累 t 期的资本 $K_{j,t}$,并形成 $t+1$ 期的产能。因此,投资 $I_{j,t}^*$ 应满足

$$\frac{E[Y_{j,t+1}]}{B_j[(1-d_j)K_{j,t-1}+I_{j,t}^*]}=U_j^*$$

以上,方程左边可以理解成预期的产能利用率 $E[U_{j,t}]$。求解方程中的 $I_{j,t}^*$,我们得到

$$I_{j,t}^*=\frac{1}{B_j U_j^*}E[Y_{j,t+1}]-(1-d_j)K_{j,t-1}$$

两边同除以 $K_{j,t-1}$:

$$\frac{I_{j,t}^*}{K_{j,t-1}}=\frac{1}{B_j U_j^*}\frac{E[Y_{j,t+1}]}{K_{j,t-1}}-(1-d_j)$$

简单假定 $E[Y_{j,t+1}]=(1+y_j)Y_{j,t}$,将其代入上式,得

$$\begin{aligned}\frac{I_{j,t}^*}{K_{j,t-1}}&=\frac{1+y_j}{U_j^*}\frac{Y_{j,t}}{B_j K_{j,t-1}}-(1-d_j)\\&=-(1-d_j)+\frac{1+y_j}{U_j^*}U_{j,t}\end{aligned} \quad (12.16)$$

比较第四章中的公式(4.6),我们发现公式(12.16)实际上就是哈罗德的投资函数。由此,我们为哈罗德的投资函数构建了微观基础,即使生产函数为柯布-道格拉斯生产函数:

哈罗德的投资函数实际上意味着:假定投资是可分割的(即投资量可以很小),则企业的投资就是为了调整产能,从而使得在给定的市场需求预期下,企业的产能利用率达到使平均成本最小的最优水平 U_j^*。

四、金融约束下的投资

前文中,我们假定企业投资没有受到资金的约束,这实际上意味着企业有足够多的闲置资金。然而,现实中,企业的投资通常受到金融的约束。金融对企业投资的约束通常来自政府的宏观稳定政策,特别是货币政策。具体表现在两个方面:一是贷款约束,二是利率约束。

(一) 货币政策与金融约束

"促增长"和"抑通胀"无疑是货币政策的目标,为了达到这一目标,货币政策通常需要盯住某一中间目标,并利用货币政策的工具来实现这一中间目标。在西方发达国家,货币政策的中间目标经历了从盯住货币供给向盯住利率的转型。

由于货币供给量中的绝大部分由贷款所创造,只有 M0(即高能量货币)由中央银行所控制,因此,盯住货币供给量实际上就等于同时盯住了贷款,进而盯住(或影响)了总需求。显然,盯住货币供给量无疑是一项有效的需求管理。在以商业银行为主导的传统金融体制下,这样一种目标也较为容易实现。

然而,在进入 20 世纪七八十年代以后,发达国家的金融体制发生了巨大的变化。第一,商业银行的规模越来越大,越来越不被容许倒闭,从而使得中央银行已无法拒绝其在贴现窗口的贷款需求,这实际上意味着中央银行对商业银行的贷款已经失去了"最后求助者"的原意。第二,商业银行和其他金融中介(如投资银行、保险公司等)在各自经营的业务上也开始不断地相互渗透,由此产生各种不同类型的金融衍生品和各种不同类型的融资渠道,这使得信用和货币的创造已绝非由商业银行所独占,而银行贷款在社会各种融资渠道中的地位也变得越来越低。第三,资本市场的开放使得外国和本国的金融资本可以自由出入本国的金融市场。

所有这一切均表明,中央银行已越来越不可能盯住货币的供给,货币供给的内生性变得越来越明显。例如,当经济社会应生产和流通的需要而提出对贷款的需求时,即使商业银行此时已没有足够的储备金,但只要这些贷款需求被商业银行认为是合理的,它仍然会想方设法为其筹集贷款资金,如向其他银行借贷,甚至不惜通过贴现窗口向中央银行借款等,而中央银行在各种压力下已无法拒绝商业银行的此种贷款需求。货币供给的内生性使得西方主要发达国家的中央银行不得不将货币政策的中间目标从盯住货币供给转向盯住利率。

在中国,商业银行仍然占据着企业融资的主导地位,因此,中国的货币政策仍然以盯住货币供给为主。实际中,政府每年会设定一个货币供给增长率指标以反映政府宏观调控的导向,与此同时,为了实现这一目标,政府会使用各种不同的货币政策工具。中国货币政策最为主要的工具是信贷计划和为完成这一信贷计划所采取的各种行政措施。这是发达国家所没有的,也是中国过去计划经济年代所留下的尾巴,而这又与中国目前银行体系的高度国有化程度分不开。

在货币供给量指标被确定的同时,政府有关部门每年会配之以一系列的信贷计划作为实现该指标的工具。在每年的信贷计划中,国有商业银行被赋予一定的贷款额度。有时贷款额度会细化到省份、行业等。尽管在许多情况下信贷计划只是指导性的,从而使国有商业银行在信贷方面具有一定的自由度,然而,政府有时也会运用行政手段来实施信贷计划(特别是当经济处于严峻状态时,如高通胀或紧通缩时)。① 这些行政手段通常体现在为完成货币供给量指标而出现的对贷款的"抑制"和"倒逼"(此种行为通常被称作"窗口指导")。例如,2004 年所推行的宏观调控措施事实上可以理解为对某些行业(如钢铁业等)的贷款"抑

---

① 按照 Brandt and Zhu(2000,2001),这种信贷计划的指导性和行政性特征的轮换交替在很大程度上反映了中国的商业周期。

制"。而在这之前,当经济处于通货紧缩时,各国有商业银行为完成由上级下达的贷款指标,被迫主动地去寻找合适的贷款人,这就是所谓的"倒逼"。

综上所述,中国目前的货币政策在很大程度上仍然具有过去计划经济所留下来的行政色彩,而这又与银行业高度的国有化程度是分不开的。接下来,我们讨论贷款约束下的企业投资,此种金融约束在当前的中国经济中时常发生。

(二) 贷款约束下的企业投资

假定我们的代表性企业 j 能从国有商业银行获得 $\Delta M_{j,t}$ 的贷款。我们已经知道,如果企业不受贷款的约束,其投资将等于前文的 $I_{j,t}^*$。这意味着企业的实际投资 $I_{j,t}$ 可以写成

$$I_{j,t} = \begin{cases} I_{j,t}^*, & I_{j,t}^* < \Delta M_{j,t} \\ \Delta M_{j,t}, & I_{j,t}^* \geqslant \Delta M_{j,t} \end{cases} \quad (12.17)$$

令 ΔM_t 为基础货币的增长总量,则由 ΔM_t 所产生的贷款总量为 $(\gamma-1)\Delta M_t$,其中,$\gamma > 1$ 为货币乘数。我们可以把它看成是国有商业银行所能提供的贷款总量。

考察商业银行的一个贷款分配:$\{\Delta M_{j,t}\}_{j=1}^n$,其中,

$$\Delta M_{j,t} = l_j(\gamma-1)\Delta M_t \quad (12.18)$$

且 $l_j \in [0,1)$。在这一贷款计划下,企业的投资决策如公式(12.17)所示。把所有的 $I_{j,t}$ 加起来,我们得到投资总额 I_t:

$$I_t = \sum_{j=1}^n I_{j,t} \quad (12.19)$$

按照企业所获得的 l_j,我们发现某些企业的投资受贷款约束,即 $I_{j,t} = \Delta M_{j,t}$;另一些企业则是按自己的意愿选择其最优的投资,即 $I_{j,t} = I_{j,t}^*$。重新排列企业的编号 j,使排在前面的 n_1 家企业的投资受贷款约束,于是,根据(12.16),我们可以把公式(12.19)重新写成

$$I_t = \phi \Delta M_t + \sum_{j=n_1+1}^{n-n_1}(1-d_j)K_{j,t-1} + \sum_{j=n_1+1}^{n-n_1} \frac{1+y_j}{U_j^*}U_{j,t}K_{j,t-1} \quad (12.20)$$

其中,

$$\phi = (\gamma-1)\sum_{j=1}^{n_1} l_j > 0$$

现假定所有企业都是同质的。① 由此,我们可以针对所有的 $j(j=1,2,\cdots,n)$ 用 U^*、y 和 d 来代替 U_j^*、y_j 和 d_j。这使得公式(12.20)可以重新写成

$$I_t = \phi \Delta M_t + (1-d)\sum_{j=n_1+1}^{n-n_1} K_{j,t-1} + \frac{1+y}{U^*}U_t \sum_{j=n_1+1}^{n-n_1} K_{j,t-1}$$

将上述方程两边同除以总资本存量 K_{t-1},我们得到

$$\frac{I_t}{K_{t-1}} = \phi \frac{\Delta M_t}{K_{t-1}} + (1-d)\zeta_k + \frac{1+y}{U^*}\zeta_k U_t \quad (12.21)$$

其中,参数 ζ_k 可以被解释为 $n-n_1$ 家企业的资本存量占总资本存量 K_{t-1} 的比例,即

---

① 在宏观经济学中,这是一个常用的假设,目的是简化分析。

$$\zeta_k = \frac{\sum_{j=n_1+1}^{n-n_1} K_{j,t-1}}{K_{t-1}}$$

我们假定其与时间无关。

为了使我们的分析易于处理,我们现在假设货币供给总量和资本总存量之间线性相关,即 $K_{t-1} = \nu M_{t-1}$。由于我们讨论的是总量,因此,这一线性比例的合理性更应从经验的角度进行判断。后文将对我们所给出的投资函数进行统计检验。

给出上述两个线性比例,我们现在可以把投资函数(12.21)重新写成

$$I_t/K_{t-1} = \xi_i + \xi_u U_t + \xi_m m_t \tag{12.22}$$

其中,$m_t = \Delta M_t/M_{t-1}$ 为货币供给增长率,$U_t = Y_t/(BK_{t-1})$ 是宏观意义上的产能利用率,参数 ξ_i、ξ_u 和 ξ_m 满足

$$\xi_i = -(1-d)_{\zeta_k}, \quad \xi_u = (1+y)_{\zeta_k}/U^*, \quad \xi_m = \phi/\nu$$

(三) 投资函数的估计

如前所述,文献中针对投资理论进行实证检验一般采用企业样本,宏观上的投资函数估计很少见。龚刚、林毅夫(2007)和 Gong(2013)分别利用中国的宏观数据对公式(12.22)进行了估计。估计所采用的方程为

$$I_t/K_{t-1} = \xi_i + \xi_u U_t + \xi_m (m_{t-1} - p_{t-1}) + \mu_t, \quad \mu_t = \rho \mu_{t-1} + \varepsilon_t \tag{12.23}$$

以上,m_{t-1} 为名义货币供给增长率,p_{t-1} 为通货膨胀率,随机变量 ε_t 假定为独立同分布。该方程可以用 Cochrane-Orcutt 程序来进行估计。图 12-3 和图 12-4 显示了估计值和观察值的拟合。

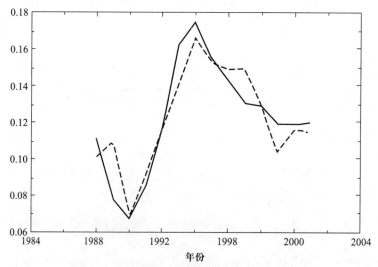

图 12-3 投资率的样本与拟合:1988—2001 年[①]

---

① 该图来自龚刚、林毅夫(2007)。

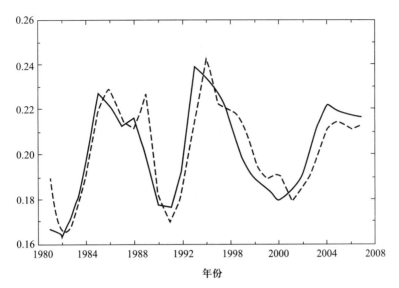

图 12-4 投资率的样本与拟合：1981—2007 年[①]

附录

命题 12-1 的证明

将公式(12.14)代入公式(12.12)，并根据公式(12.10)将成本 $c_{j,t+k}$ 写成 $c(U_{j,t+k})$，可得

$$\max_{\{I_{j,t+k}\}_{k=0}^{\infty}} E \sum_{k=0}^{\infty} \beta^k \{P_{j,t+k} Y_{j,t+k} - P_{t+k} c(U_{j,t+k}) Y_{j,t+k} - (1+r) P_{t+k} [K_{j,t+k} - (1-d_j) K_{j,t+k-1}]\}$$

由于 $U_{j,t+k} \equiv Y_{j,t+k}/(B_j K_{j,t+k-1})$[见公式(12.3)]，从而在给定的 $Y_{j,t+k}$ 条件下，$U_{j,t+k}$ 也同样可以理解成 $K_{j,t+k-1}$ 的函数。于是，问题(12.12)—(12.14)就转化为求最优资本序列。上式针对 $K_{j,t+k-1}$ 求导，可得

$$\beta^k P_{t+k} \left[\frac{(1-\alpha)\omega}{\alpha} (U_{j,t+k})^{\frac{1-\alpha}{\alpha}-1} B_j (U_{j,t+k})^2 - \nu_j (U_{j,t+k})^{-2} (U_{j,t+k})^2 + (1+r)(1-d_j) \right]$$
$$- (1+r) \beta^{k-1} P_{t+k-1} = 0$$

进一步化简上式，可得

$$\beta \pi \left[\frac{(1-\alpha)\omega}{\alpha} (U_{j,t+k})^{\frac{1}{\alpha}} B_j - \nu_j + (1+r)(1-d_j) \right] - (1+r) = 0$$

求解上式，我们得到

$$U_{j,t+k} = \left[\frac{(1+r)/(\beta\pi) - (1+r)(1-d_j) + \nu_j}{(1-\alpha)\omega B_j/\alpha} \right]^{\alpha}$$

---

① 该图来自 Gong(2013)。

参考文献

龚刚(2012):《宏观经济学——中国经济的视角(第二版)》,北京:清华大学出版社。

龚刚(2017):《当代中国经济(第二版)》,北京:高等教育出版社。

龚刚、林毅夫(2007):过度反应——中国经济缩长之解释,《经济研究》,第 4 期,53—66.

Abel, A. B. (1983): Optimal Investment Under Uncertainty, *American Economic Review*, Vol.73(1), 228-233.

Abel, A. B. and J. C. A. Eberly (1994): Unified Model of Investment under Uncertainty, *American Economic Review*, Vol.84(5), 1369-1384.

Arrow, K. J. (1968): *Optimal Capital Policy with Irreversible Investment*, in J. N. Wolfe (ed.): *Value, Capital Policy and Growth: Papers in Honor of Sir John Hicks*, Edinburgh: Edinburgh University Press.

Bernanke, B., H. Bohn and P. C. Ress (1988): Alternative Non-nested Specification Tests of Time-series Investment Models, *Journal of Econometrics*, Vol.37(3), 293-326.

Bertola, G. and R. J. Caballero (1994): Irreversibility and Aggregate Investment, *Review of Economic Studies*, Vol.61(207), 223-246.

Brainard, W. C. and J. Tobin (1968): Pitfalls in Financial Model Building, *American Economic Review*, Vol.58(5), 99-122.

Brandt, L. and X. Zhu (2000): Redistribution in a Decentralized Economy: Growth and Inflation in China under Reform., *Journal of Political Economy*, Vol.108(2), 422-439.

Brandt, L. and X. Zhu (2001): Soft Budget Constraint and Inflation Cycles: A Positive Model of the Macro-dynamics in China during Transition, *Journal of Development Economics*, Vol.64(2), 437-457.

Caballero, R. J. (1991): On the Sign of the Investment-uncertainty Relationship, *American Economic Review*, Vol.81(1), 279-288.

Chatelain, J. B. (1998): Accumulation des Profits et Désendettement des Entreprises, *Revue Économique*, Vol.49(4), 1023-1041.

Chirinko, R. S., S. M. Fazzari and A. P. Meyer (1999): How Responsive is Business Capital Formation to its User Cost? An Exploration with Micro Data, *Journal of Public Economics*, Vol.74, 53-80.

Clark, M. J. (1917): Business Acceleration and the Law of Demand: A Technical Factor in Economic Cycles, *Journal of Political Economy*, Vol.25, 217-235.

Clark, M. J. (1944): Additional Notes on Business Acceleration and the Law of Demand, in American Economic Association ed., *Readings in Business Cycle Theory*, Philadelphia: Blakiston.

Clark, P. K., A. Greenspan and S. M. Goldfeld (1979): Investment in the 1970s: Theory, Performance, and Prediction, *Brookings Papers on Economic Activity*, Vol.1, 73-124.

Eisner, R. and R. H. Strotz (1963): *Determinants of Business Investment*, in *Commission on Money and Credit, Impacts of Monetary Policy*, Englewood Cliffs, NJ: Prentice Hall.

Evans, M. K. (1967): A Study of Industry Investment Decisions, *Review of Economics and Statistics*, Vol.49(2), 151-164.

Gilchrist, S. and E. Zakrajsek (2007): Investment and the Cost of Capital: New Evidence from the Corporate Bond Market. *NBER Working Paper* No.13174.

Gong, G. (2013): Growth and Development in a Harrodian Economy: With Evidence from China, *Metroeconomica*, Vol.64(1), 73-102.

Jorgenson, D. W. (1963): Capital Theory and Investment Behavior, *The American Economic Review*, Vol.53(2), 247-259.

Karim, Z. A. (2010): Monetary Policy and Firms' Investment: Dynamic Panel Data Evidence from Malaysia. *MPRA Working Paper* No.23962.

Koyck, L. M. (1954): *Distributed Lags and Investment Analysis*, Amsterdam: North-Holland.

Mankiw, N. G. (1985): Small Menu Cost and Large Business Cycles: A Macroeconomic Model, *Quarterly Journal of Economics*, Vol.100, 529-538.

Meyer, J. R. and E. Kuh (1957): *The Investment Decision: An Empirical Study*, Cambridge: Harvard University Press.

Modigliani, F. and M. H. Miller (1958): The Cost of Capital, Corporation Finance and the Theory of Investment, *American Economic Review*, Vol.48(3), 261-297.

Moyen, N. (2004): Investment-cash Flow Sensitivities: Constrained versus Unconstrained Firms, *Journal of Finance*, Vol.59(5), 2061-2092.

Mussa, M. (1977): External and Internal Adjustment Costs and the Theory of Aggregate and Firm Investment, *Econometrica*, Vol.44(174), 163-178.

Myers, S. C. (1984): The Capital Structure Puzzle, *Journal of Finance*, Vol.39(3), 575-592.

Nickell, S. J. (1978): *The Investment Decisions of Firms*, Cambridge: Cambridge University Press.

Rotemberg, J. (1982): Sticky Prices in the United States, *Journal of Political Economy*, Vol.90, 1187-1211.

Rothschild, M. (1971): On the Cost of Adjustment, *Quarterly Journal of Economics*, Vol.85(4), 605-622.

Sargent, T. (1980): J. Tobin's q and the Rate of Investment in General Equilibrium, *Carnegie-Rochester Conference Series on Public Policy*, Vol.12, 107-154.

Tobin, J. (1969): A General Equilibrium Approach to Monetary Theory, *Journal of Money, Credit and Banking*, Vol.1, 15-29.

第十三章　新凯恩斯主义的黏性价格理论

我们已经对凯恩斯的有效需求理论(或产量决定理论)、消费理论和投资理论进行了论述。我们看到,在凯恩斯主义理论体系下,产量是由需求决定,而不是由供给(或生产能力)决定的。具体而言,产量并不是由生产函数中的生产要素(如劳动力、资本和技术等)决定的,而是由投资等自需求通过乘数过程产生的。与此同时,在凯恩斯主义理论体系下,企业的价格和产量决策是分开的,或者说价格在企业决定产量的过程中已经给定(见假设 10-3)。那么,价格在凯恩斯主义理论体系下又是如何决定的呢?

一、价格理论的一般思考

首先让我们回顾一下经济学中关于价格决定的各种理论。

(一) 价格决定的市场供求理论

在价格决定的各种理论中,新古典的价格理论无疑最具有影响力。与此同时,它也是新古典理论体系的核心。图 13-1 对此进行了说明。

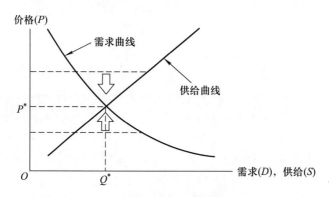

图 13-1　新古典的价格决定过程

图 13-1 中,横轴和竖轴分别代表该产品的数量和价格,其中,S 和 D 分别代表供给和需求。当供给大于需求时,价格下跌;反之,则价格上升。与此同时,当供给等于需求时,价格不变,即达到了均衡。

显然,这种价格的决定过程反映了价格确定的一个重要因素,即市场的供求关系。毋庸置疑,这种市场供求决定价格的理论一直是新古典经济学价格理论的核心,经济学家们在分析价格确定时通常也离不开这一思路。然而,无论如何我们至少可以对这种价格理论提出几点思考。

第一,新古典理论在强调市场的供求关系对价格的影响时忽略了一个基本问题,即到底由谁来制定价格。新古典经济学家们似乎不愿意回答这一问题,他们试图用亚当·斯密神秘的"看不见的手"来进行搪塞。然而,无论如何,这显然不是一种科学的态度。当然,我们也已经知道,在瓦尔拉斯经济下,那只"看不见的手"就是所谓的市场报价员,但瓦尔拉斯式的交易模式已经很难在当代经济社会中找到缩影。

第二,除了市场供求,是否还有其他因素会影响价格?毋庸置疑,影响市场价格的因素还有很多。在我们承认市场的供求关系对价格的影响作用时,也不应该忽视其他因素的影响。

第三,当市场的供求关系发生变化从而使得价格需要调整时,价格的调整是否迅速?是逐步调整还是一步到位地调整?

(二) 影响价格的成本及其他因素

首先让我们讨论上述第二点:影响价格的其他因素。显而易见,成本是其中极为重要的因素;成本的上升通常也会带动价格的上升。以劳动价值论为基础的马克思的生产价格理论也是从成本入手考察市场价格的决定,其他还有斯拉法的价格决定公式等。[①] 此外,技术进步也是通过降低成本而影响价格的。

经济学家通常把通货膨胀分成两类:一类为需求拉动型通货膨胀(Demand Pull Inflation),它是指经济因总需求过热而产生的通货膨胀;另一类为成本推动型通货膨胀(Cost Push Inflation),此种类型的通货膨胀通常由劳动力工资、原材料及其他进口产品价格的上升所引起。值得注意的是,两种不同类型的通货膨胀对经济所造成的危害是不同的。一般来讲,需求拉动型通货膨胀较易控制,因为有相应的宏观经济政策可以应对。而成本推动型通货膨胀则通常伴随着滞胀,即通货膨胀和失业并举。滞胀对经济的危害更大,也更难控制。凯恩斯主义的宏观经济政策在针对滞胀问题上几乎是无能为力的。

影响价格的另一重要因素在于预期。人们的经济活动通常受预期的支配。当人们预期价格未来会上升时,他们可能会要求增加工资,或者会使用更多手中的货币(存款)去购买商品,所有这些都有可能促成通货膨胀。预期可以说是影响经济的重大因素,当一种具有非积极作用的预期普遍存在时,它对经济所造成的杀伤力是十分巨大的。一些恶性的通货膨胀就是由人们对未来失去信心而引起的。而事实上,人们的预期很大程度上是非理性的,通常受他人和媒体等的引导。因此,维护人民对政府及国家未来经济的信心仍是保持经济稳定必不可少的条件。

(三) 价格调整的黏性

现在让我们回到上述第一点:价格到底是由谁制定的?毫无疑问,如果我们离开瓦尔拉斯的拍卖市场,价格必然由生产者自行决定,这同时也意味着我们所考虑的市场并不是完全竞争市场,而是非完全竞争市场,即垄断或垄断竞争市场。正因为如此,凯恩斯主义经济学所设想的市场经济(或经济环境)与新古典经济学所设想的市场经济是不一样的市场经济。

---

① 参见第十章的讨论。

接下来我们将回答上述第三个问题：如果价格是由生产者（或企业）自行决定的，则当市场的供求关系发生变化从而使得价格需要调整时，价格的调整是否迅速？是逐步调整还是一步到位？这实际上是近期新凯恩斯主义研究的一个核心问题。

在新凯恩斯主义者看来，价格调整具有黏性。

> 【价格调整的黏性】 所谓价格调整的黏性，是指价格的调整既不是即时的，也不是一步到位。相反地，价格一旦被确定，它将在相当长的一段时期内保持不变，即使目前的价格在价格制定者看来并非最优。

现实经济中，价格调整的这种黏性具有相当的普遍性。正如当代著名的经济学家泰勒所指出的：

> 关于工资和价格的大量数据表明，工资和价格会在相当长的一段时期内保持稳定（这个时期通常被称为合同期）。在这一时期内，合同一般不会对外界的变化作出应变性调整。（Taylor，1999）

那么，当市场的供求关系发生变化使得当前的市场价格不再是最优价格时，一个追求利润最大化的企业为什么不能及时和有效地作出价格调整呢？这是新凯恩斯主义黏性价格理论所需要解决的核心问题。①

按照新凯恩斯主义理论，调整价格不是没有成本的。这种成本不仅包括菜单成本，如重新制定产品价目单（菜单）所需的印刷费用等（Mankiw，1985），同时也包括因不断更改价目表给客户造成的形象损失（Rotemberg，1982）。有理由相信，当这种调整成本达到一定程度时，一个追求利润最大化的企业将不会对价格进行调整，即使它知道目前的价格并非最优。

显然，从形象损失的角度来看，成本的调整与调整的幅度和调整的频率有关。调整幅度越大，形象损失就越多。例如，消费者也许能够接受5%的价格上调，但很难忍受100%的价格上涨。与此同时，调整的频率越高，形象损失也会越多。偶尔的调价一般能被客户包涵，一个价格多变的企业则最终会被客户抛弃。正因为如此，当市场的供求关系等发生变化时，企业对价格的调整会呈现出某种程度的滞后。② 而所作的调整通常也不是一步到位的（即不是一下子调到最优价格）——如果一步到位所需的调整幅度会过大。

接下来我们将用理论模型对新凯恩斯主义的黏性价格理论进行更深入的探讨。

二、迪克西特-斯蒂格利茨的垄断竞争模型

首先必须说明，当我们讨论企业的价格决策时，其所涉及的企业必然是垄断或垄断竞争企业，而不是完全竞争企业。一个完全竞争的企业不仅具有完全充分的信心，即相信其最优

---

① 关于新凯恩斯主义价格黏性理论的经典文章可以参见 Calvo（1983），Rotemberg（1982），Mankiw（1985），Christiano et al.（2005）和 Altig et al.（2011）等。

② 研究表明，现实中企业的调价频率通常是半年到一年一次，参见 Erceg et al.（2000）。

产量能在给定的市场价格下出售出去(见第九章的讨论),同时它只能是价格的接受者而不是制定者。因此,当我们讨论企业的价格调整时,其所涉及的企业必然是垄断或垄断竞争企业。与此同时,垄断或垄断竞争企业按所面临的市场需求曲线作决策和凯恩斯关于企业的产量决策受市场需求约束的思想是一致的。

关于垄断竞争最为著名的模型是迪克西特-斯蒂格利茨模型(Dixit and Stiglitz,1977)。该模型的作用在于为我们提供一个具有微观基础的个别厂商的市场需求,并且将这一市场需求与经济的总需求和总价格相连接。

(一) 模型

假定我们的代表性家庭的效用函数取如下形式:

$$u = U\left[x_0, \left(\sum_{i=1}^{n} x_i^\rho\right)^{1/\rho}\right] \tag{13.1}$$

这里,x_0 可以看成是计价物(如货币),其价格为 1,$x_i(i=1,2,\cdots,n)$ 为第 i 种商品的价格,ρ 为 $(0,1)$ 区间内的参数。显然,

$$\frac{\partial U}{\partial x_0} > 0, \quad \frac{\partial U}{\partial \left(\sum_{i=1}^{n} x_i^\rho\right)^{1/\rho}} > 0$$

令 p_i 为第 i 种商品的价格,于是,家庭的预算约束条件可以写成

$$x_0 + \sum_{i=1}^{n} p_i x_i = I \tag{13.2}$$

其中,I 可以被理解成家庭的收入。

(二) 模型的解

问题(13.1)—(13.2)的求解可以分解成如下两个步骤:

第一步,求解 x_0,并使其写成

$$x_0 = \theta(\boldsymbol{p}) I \tag{13.3}$$

这里,$\boldsymbol{p}$ 为 n 维的价格向量,函数 $\theta(\cdot)$ 则取决于函数 $U(\cdot)$ 的形式。需要强调的是,这里的第一步决策问题如同第十一章所讨论的消费决策问题,其中,x_0 可以看成是家庭的储蓄。①

第二步,求解如下优化问题:

$$\max\left(\sum_{i=1}^{n} x_i^\rho\right)^{1/\rho} \tag{13.4}$$

约束于

$$\sum_{i=1}^{n} p_i x_i = [1 - \theta(\boldsymbol{p})] I \tag{13.5}$$

命题 13-1 给出了问题(13.4)—(13.5)的解。

【命题 13-1】 令

---

① 所不同的是,在迪克西特-斯蒂格利茨模型中,储蓄直接被引入效用函数,并以 x_0 进行表述。

$$Y = \Big(\sum_{i=1}^{n} x_i^{\rho}\Big)^{1/\rho}, \quad P = \Big(\sum_{i=1}^{n} p_i^{-1/\beta}\Big)^{-\beta} \tag{13.6}$$

其中,$\beta = (1-\rho)/\rho$。于是,问题(13.4)—(13.5)的解可表示为

$$x_i = Y\Big(\frac{P}{p_i}\Big)^{1/(1-\rho)} \tag{13.7}$$

该命题的证明由本章的附录提供。

命题13-1的经济学意义解释如下。公式(13.6)中的Y可以理解成经济的总产量指数,由n种商品构成;P则可以理解成经济的总价格指数,由n种商品的价格构成。而家庭对第i种商品的需求则由x_i表示,从而公式(13.7)可理解成家庭对第i种商品的需求函数。

可以看到,对第i种商品的需求x_i不仅取决于其本身的价格p_i,同时也取决于经济的总价格水平P和总产量水平Y。这实际上意味着对第i种商品的需求x_i由第i种商品的相对价格(相对于总体价格水平),即p_i/P负向决定,同时也随经济的发展(体现为总产量水平Y的提高)而不断增长。

三、新凯恩斯主义的黏性价格模型

接下来,我们将利用迪克西特-斯蒂格利茨的垄断竞争模型所推导的需求曲线(13.7),考察厂商的价格决策过程,并据此推导出宏观意义上的通货膨胀率。

(一)厂商的价格决策问题

现考察代表性厂商j,它是产品j的唯一生产者,其在t期的价格为$P_{j,t}$,产量为$Y_{j,t}$。按照上述新凯恩斯主义的黏性价格理论,在关于$P_{j,t}$的决定上,厂商有两种选择:一种是对现有价格按现有总体价格水平作适应性调整(而非优化),另一种是对现有价格按优化原则进行调整。如果厂商选择前者,则其价格确定按简单指数规则:

$$\widetilde{P}_{j,t} = (1 + p_{t-1})P_{j,t-1} \tag{13.8}$$

其中,p_{t-1}为$t-1$期的社会平均通胀率。如果厂商选择通过优化来确定价格,则其最优价格$P_{j,t}^*$将从如下最优化问题中导出:

$$\max_{P_{j,t}^*} E \sum_{k=0}^{\infty} \beta^k \theta^k \big[(1+\pi)^k P_{j,t}^* Y_{j,t+k} - P_{t+k} c(U_{j,t+k}) Y_{j,t+k}\big] \tag{13.9}$$

满足

$$Y_{j,t+k} = \Big(\frac{P_{t+k}}{(1+\pi)^k P_{j,t}^*}\Big)^{\varepsilon} Y_{t+k} \tag{13.10}$$

以上,E是期望算子,β是贴现因子,$c(\cdot)$是产品的实际平均成本,它取决于厂商j的产能利用率$U_{j,t+k}$,其函数形式由公式(12.10)给出。公式(13.9)表明,如果企业以后不再重新优化价格,则未来$t+k$期时,企业的产品价格为$(1+\pi)^k P_{j,t}^*$,而此种情况所发生的概率为θ^k。这里,π可理解为企业所预期的社会未来平均通胀率。公式(13.10)则是同样情况下产品j的需求函数,其形式与公式(13.7)相似,这里,$\varepsilon = 1/(1-\rho) > 1$为产品之间的替代弹性。

(二) 价格决策问题的解

为使决策问题(13.9)—(13.10)得以获解,我们有必要作如下假设:

【假设 13-1】 对于 $k=1,2,3,\cdots$,厂商预期

$$E[U_{j,t+k}]=U_j^* \tag{13.11}$$

$$E[Y_{j,t+k}]=Y_{j,t}(1+y)^k \tag{13.12}$$

$$E[P_{t+k}]=P_t(1+\pi)^k \tag{13.13}$$

对于 $k=0$,厂商预期

$$E[P_t]=P_{t-1} \tag{13.14}$$

$$E[U_{j,t}]=U_{j,t-1} \tag{13.15}$$

这些假设对于求解问题(13.9)—(13.10)不仅非常有用,同时也不失一定的合理性。假设公式(13.11)意味着企业预期其未来的产能利用率为最优利用率 U_j^*,其值由公式(12.15)给出。假设公式(13.12)和(13.13)意味着企业预期未来市场需求和社会总体物价水平都将按固定比例 y 和 π 增长。假设公式(13.14)和(13.15)则意味着企业把即将出现的状态简单地看成是现有状态的延续。

给定上述假设,命题 13-2 给出了 $P_{j,t}^*$ 的解:

【命题 13-2】 假定公式(13.11)—(13.15)都能得到满足,且

$$\beta\theta(1+y)(1+\pi)<1$$

则优化问题(13.9)—(13.10)可让我们解得

$$P_{j,t}^*=\alpha_0 P_{t-1}+\alpha_1 c(U_{j,t-1})P_{t-1} \tag{13.16}$$

其中,

$$\alpha_0=\frac{\varepsilon c(U_j^*)(\tilde{\beta}-1)}{(\varepsilon-1)\tilde{\beta}}, \quad \alpha_1=\frac{\varepsilon}{(\varepsilon-1)\tilde{\beta}}, \quad \tilde{\beta}=\frac{1}{1-\beta\theta(1+y)(1+\pi)}$$

该命题的证明请参见本章的附录。

(三) 卡尔沃规则:从个别到一般

给定公式(13.8)或(13.16)所决定的厂商 j 的价格,现在考察 t 期社会总体价格水平 P_t。根据著名的卡尔沃规则(Calvo,1983),在 t 期,厂商 j 选择 $P_{j,t}^*$ 的概率为 $1-\theta$,选择 $\widetilde{P}_{j,t}$ 的概率为 θ。进一步假定这一概率分布在不同厂商间和同一厂商不同时期内都是相同的。于是,在代表性经济人假定条件下,总体价格 P_t 就可以写成

$$P_t=\theta\widetilde{P}_{j,t}+(1-\theta)P_{j,t}^* \tag{13.17}$$

将公式(13.8)和(13.16)分别代入,并在公式(13.17)两边同除以 P_{t-1},得

$$p_t=(1-\theta)\alpha_0+\theta p_{t-1}+(1-\theta)\alpha_1 c(U_{j,t-1})$$

进一步简化上式,我们得到

$$p_t = \alpha_p + \theta p_{t-1} + \alpha_u c(U_{j,t-1}) \qquad (13.18)$$

其中,$p_t \equiv P_t/P_{t-1}$为总值通货膨胀率,

$$\alpha_p = (1-\theta)\varepsilon c^* \delta\theta, \quad \alpha_u = (1-\theta)\eta(1-\delta\theta),$$

$$\eta = \frac{\varepsilon}{\varepsilon-1}, \quad \delta = \beta(1+\pi)(1+y)$$

公式(13.18)为宏观经济下的通货膨胀率公式,它将成为后文所要讨论的商业周期模型中重要的行为公式之一。

本章中,我们讨论了凯恩斯主义理论体系下价格的决定过程。我们发现,在凯恩斯主义理论体系下,价格仍然会针对市场的供求状况(由产能利用率U_{t-1}反映)进行调整,然而这种调整具有黏性。也正因为如此,价格调整作为市场的一种稳定机制,其功效可能不够大,不足以克服由投资调整所带来的非稳定机制。接下来,我们将讨论市场的这两种机制,即价格的稳定机制和投资的非稳定机制如何相互作用,从而使经济产生波动,形成商业周期。

附录

命题 13-1 的证明

令决策问题(13.4)—(13.5)的拉格朗日方程为

$$L = \left(\sum_{i=1}^{n} x_i^\rho\right)^{1/\rho} + \lambda\left\{[1-\theta(p)]I - \sum_{i=1}^{n} p_i x_i\right\}$$

从而求得一阶条件:

$$\frac{\partial L}{\partial x_i} = \left(\sum_{i=1}^{n} x_i^\rho\right)^{\frac{1-\rho}{\rho}} x_i^{\rho-1} - \lambda p_i = 0$$

由此,我们得到

$$\lambda p_i = \left(\sum_{j=1}^{n} x_i^\rho\right)^{\frac{1-\rho}{\rho}} x_i^{\rho-1} \qquad (13.19)$$

令$\beta = (1-\rho)/\rho$,从而公式(13.19)可进一步写成

$$(\lambda p_i)^{1/\beta} = \left(\sum_{i=1}^{n} x_i^\rho\right) x_i^{-\rho}$$

即

$$(\lambda p_i)^{-1/\beta} = \frac{x_i^\rho}{\sum_{i=1}^{n} x_i^\rho} \qquad (13.20)$$

针对$i=1,2,3,\cdots,n$,连续叠加公式(13.20),得到

$$\lambda^{-1/\beta} \sum_i p_i^{-1/\beta} = \sum_i \frac{x_i^\rho}{\sum_{i=1}^{n} x_i^\rho} = 1$$

解得

$$\lambda = \left(\sum_i^n p_i^{-1/\beta}\right)^\beta \qquad (13.21)$$

将公式(13.21)代入目标函数(13.19)：

$$\Big(\sum_{i}^{n} p_i^{-1/\beta}\Big)^{\beta} p_i = \Big(\sum_{i=1}^{n} x_i^{\rho}\Big)^{\frac{1-\rho}{\rho}} x_i^{\rho-1}$$

解得

$$x_i = \left[\frac{\Big(\sum_{i=1}^{n} x_i^{\rho}\Big)^{\frac{1-\rho}{\rho}}}{\Big(\sum_{i}^{n} p_i^{-1/\beta}\Big)^{\beta} p_i}\right]^{\frac{1}{1-\rho}}$$

将命题中的定义(13.6)代入上式，我们得到命题中的(13.7)。由此，命题13-1得证。

命题 13-2 的证明

将公式(13.10)代入目标函数(13.9)，则目标函数(13.9)可以写成

$$\max_{P_{j,t}^*} E \sum_{k=0}^{\infty} \beta^k \theta^k \left[(1+\pi)^k P_{j,t}^* \Big(\frac{P_{t+k}}{(1+\pi)^k P_{j,t}^*}\Big)^{\varepsilon} Y_{t+k} - P_{t+k} c(U_{j,t+k}) \Big(\frac{P_{t+k}}{(1+\pi)^k P_{j,t}^*}\Big)^{\varepsilon} Y_{t+k}\right]$$

由此得到一阶条件：

$$E \sum_{k=0}^{\infty} \beta^k \theta^k \left[(1+\pi)^k \Big(\frac{P_{t+k}}{(1+\pi)^k P_{j,t}^*}\Big)^{\varepsilon} Y_{t+k} - \varepsilon(1+\pi)^k P_{j,t}^* \Big(\frac{P_{t+k}}{(1+\pi)^k P_{j,t}^*}\Big)^{\varepsilon} \frac{Y_{t+k}}{P_{j,t}^*}\right]$$

$$+ E \sum_{k=0}^{\infty} \beta^k \theta^k \left[\varepsilon P_{t+k} c(U_{j,t+k}) \Big(\frac{P_{t+k}}{(1+\pi)^k P_{j,t}^*}\Big)^{\varepsilon} \frac{Y_{t+k}}{P_{j,t}^*}\right] = 0$$

再次利用公式(13.10)，上式可简化为

$$E \sum_{k=0}^{\infty} \beta^k \theta^k \left[(1+\pi)^k (1-\varepsilon) Y_{j,t+k} + \varepsilon P_{t+k} c(U_{j,t+k}) \frac{Y_{j,t+k}}{P_{j,t}^*}\right] = 0$$

由此解得 $P_{j,t}^*$：

$$P_{j,t}^* = \frac{\varepsilon E \sum_{k=0}^{\infty} \beta^k \theta^k P_{t+k} c(U_{j,t+k}) Y_{j,t+k}}{(\varepsilon-1) E \sum_{k=0}^{\infty} \beta^k \theta^k (1+\pi)^k Y_{j,t+k}}$$

将假设(13.11)—(13.15)代入：

$$P_{j,t}^* = \frac{\varepsilon E \sum_{k=1}^{\infty} \beta^k \theta^k (1+\pi)^k (1+y)^k P_{t-1} c(U_j^*) Y_{j,t} + \varepsilon P_{t-1} c(U_{j,t-1}) Y_{j,t}}{(\varepsilon-1) E \sum_{k=0}^{\infty} \beta^k \theta^k (1+\pi)^k (1+y)^k Y_{j,t}}$$

$$= \frac{\varepsilon(\bar{\beta}-1) P_{t-1} c(U_j^*) + \varepsilon P_{t-1} c(U_{j,t-1})}{(\varepsilon-1)\tilde{\beta}}$$

此即为命题中的公式(13.16)。命题13-2得证。

参考文献

Altig, D. et al. (2011): Firm-Specific Capital, Nominal Rigidities and the Business Cycle, *Re-*

view of Economic Dynamics, Vol.14(2), 225-247.

Calvo, G. A. (1983): Staggered Prices in a Utility-Maximizing Framework, *Journal of Monetary Economics*, Vol. 12(3), 383-398.

Christiano, L., M. Eichenbaum and C. Evans (2005): Nominal Rigidities and the Dynamics Effects of a Shock to Monetary Policy, *Journal of Political Economy*, Vol. 113, 1-45.

Dixit, A. K. and J. E. Stiglitz (1977): Monopolistic Competition and Optimum Product Diversity, *The American Economic Review*, Vol. 67(3), 297-308.

Erceg, C. J., D. W. Henderson and A. T. Levin (2000): Optimal Monetary Policy with Staggered Wage and Price Contracts, *Journal of Monetary Economics*, Vol. 46, 281-313.

Mankiw, N. G. (1985): Small Menu Cost and Large Business Cycles: A Macroeconomic Model of Monopoly, *Quarterly Journal of Economics*, Vol. 100, 529-538.

Rotemberg, J. (1982): Sticky Prices in the United States, *Journal of Political Economy*, Vol. 90, 1187-1211.

Taylor, J. (1999): Staggered Price and Wage Setting in Macroeconomics, in J. Taylor and M. Woodford ed., *Handbook of Macroeconomics*, Vol. I, New York: Elsevier Science.

第十四章 稳定机制与非稳定机制
——经济波动的真相

在前几章中,我们对凯恩斯主义理论体系下的产量、价格、消费和投资理论分别进行了探讨。本章中,我们将这些个别的行为理论放入一个统一的宏观模型之中,由此看到了经济波动和商业周期的真相。

本章的安排如下。第一部分将对主流商业周期理论进行某种程度的回顾。我们将发现,主流商业周期理论有一个致命的弱点:它只揭示了经济中稳定机制(如价格调整等)对经济的稳定所起的作用,但对经济中可能的非稳定机制(如投资调整等)则予以漠视。对非稳定机制的漠视必然会造成以下两种后果。第一,认为经济体本身是内生稳定的,从而经济的波动来自外生冲击。第二,认为经济社会必然是供给决定型的经济社会,即经济社会的产量不是由需求决定,而是由供给(通过生产函数)决定。第二部分将提供一个非常简单的计量检验以证明非稳定机制的存在。第三部分构建包含稳定机制与非稳定机制的宏观动态模型。第四部分对不包含政府宏观稳定政策的模型进行稳定性分析。第五部分对引入政府宏观稳定政策的模型进行稳定性分析,以考察宏观稳定政策的作用。文中命题的证明则由本章的附录提供。

一、稳定机制与非稳定机制

(一) 文献中的商业周期理论

经济学对于经济波动(或商业周期)的解释基本上存在着两种截然不同的观点。一种是把经济波动归因于系统的外生冲击。此种观点认为,人们所观察到的经常性的和不规则的波动产生于不断重复的对经济的随机扰动。历史上,此种观点可以追溯到 Frisch(1933)和 Slutsky(1937)。当代主流的商业周期理论,如实际商业周期(RBC)理论和新凯恩斯主义随机动态一般均衡(NK-DSGE)理论等,均基于这一观点。[①] 在经济建模中,外生冲击理论通常假设市场均衡占主导地位,这样每个时期所有市场的需求和供给都是出清的。正如我们在第五章中所分析的,市场的均衡假设必然意味着产出是由供给侧通过生产函数决定——即使在 NK-DSGE 模型下,市场是垄断竞争,而价格的调整具有黏性。

[①] 关于 RBC 理论的代表性文献有:Kydland and Prescott(1982),Long and Plosser(1983),King et al. (1988a,1988b),Christiano and Eichenbaum(1992),King and Rebelo(1999)等。关于 RBC 理论的文献综述请参见 Rebelo(2005),Gong and Semmler(2006)和龚刚(2004)等。关于各种新凯恩斯主义随机动态一般均衡(NK-DSGE)模型,请参见 Rotemberg and Woodford(1997),Gali(1999),Gertler et al. (1999),Woodford and Walsh(2005),Walsh(2003),Christiano et al. (2005),Smets and Wouters(2007)和 Altig et al. (2011)等。

另一种观点是把商业周期现象看成是经济体内自我生成的(即内生的)、确定性的、系统性的自我反复现象。按照内生商业周期理论,外生冲击仍然可以发挥作用,但通常已不那么重要,因为经济体内有强大的内部自我传播机制,使得即使没有外部冲击,经济也会内生产生波动(Beaudry et al.,2020)。

在经济建模中,内生商业周期理论又可分为两种类型。第一种类型遵循凯恩斯(Keynes,1936)的核心思想——有效需求理论,从而假定产出是由总需求通过乘数决定的,而不是由生产函数决定。这一类研究在过去曾被许多著名的经济学家所提倡,包括早期的卡莱基(Kalecki,1937)、卡尔多(Kaldor,1940)、希克斯(Hicks,1950)和古德温(Goodwin,1951)等。然而,现代主流经济学家们对这类模型的兴趣已经大大降低,从而使得这一类研究已逐渐退出主流经济学家的研究议程,尽管有些研究人员,如 Flaschel et al.(2001,2002)和 Gong and Lin(2008)等仍然坚持着这一传统。①

第二种类型的内生商业周期理论则仍然遵循以市场出清的均衡为特征的 DSGE 框架,其产量的决定仍然由供给侧通过生产函数决定。在这一类研究中,我们可以进一步找到两种不同的解释。一种解释是将内生商业周期解释为因基本面(如偏好、技术、禀赋、扭曲,甚至非线性)的变化而导致的。例如,Arrow(1964)展示了标准一般均衡模型的某些基本面变化如何传递到整个经济体,由此产生内生商业周期。这方面的研究请参见 Benhabib and Nishimura(1979)、Day(1982)、Grandmont(1985)、Lloyd Braga et al.(2014)和 Beaudry et al.(2020)等。② 另一种 DSGE 框架下对内生商业周期的解释来自太阳黑子均衡(Sunspot Equilibrium)。Shell(1977)和 Cass and Shell(1983)首先发现,即使基本面没有改变,经济人的预期(或人们对未来的信念)在经济波动中也起着极为重要的作用。在太阳黑子均衡中,内生商业周期往往来自经济人预期的协调失败:不同类型的预期协调失败可能会导致极为丰富的动态,包括多重均衡和不同类型的局部稳定。有关文献请参见 Wen(1998)、Benhabib and Farmer(1999)、Benhabib and Wen(2004)、Jaimovich(2007)和 Farmer(2016)等。

必须说明的是,无论是外生商业周期理论(包括 RBC 和 NK-DSGE)还是第二种类型的内生商业周期理论,都可以看成是在西方主流经济学的 DSGE 框架下对经济波动和商业周期所进行的研究。DSGE 的一个显著特征是假定经济的每一期都处于一般均衡,从而每一期市场都是出清的。市场的出清意味着三个必然的结果:

第一,产量是由供给侧通过生产函数所决定,而非由需求决定。

第二,非自愿失业和非自愿的产能过剩不会出现——即使经济处于萧条。

第三,投资由市场的均衡条件以残差的形式导出,即投资等于储蓄,从而投资并不对外界的市场状态(繁荣或萧条)进行适应性调整。

---

① 此种类型的内生商业周期理论常常具有较好的经验检验结果。关于对美国经济的经验检验,请参见 Flaschel et al.(2001);对德国经济的经验检验,请参见 Flaschel et al.(2002);对于像中国这样的发展中经济体的经验检验,请参见 Gong and Lin(2008)。

② Beaudry et al.(2020)则是将新凯恩斯主义的黏性价格理论以及非基本面引入模型,从而产生内生商业周期。

（二）稳定机制和非稳定机制

本章所介绍的商业周期模型来自龚刚、高阳（2013），Gong（2013）和 Gao and Gong（2020）。在他们看来，经济的波动是外生还是内生取决于经济体内是否存在着某种非稳定机制。

【稳定机制】所谓的稳定机制是指一种嵌入经济体中的常规的经济活动，这样一种经济活动使得当经济体偏离平衡（或稳定状态）时，可以纠正其偏离，使其回归稳定状态。一种典型的稳定机制是价格调整。

然而，除了价格调整，经济体内是否还存在着其他非稳定机制以破坏经济的稳定？事实上，早在1939年，哈罗德就在其著名的刀刃问题下揭示了非稳定机制——投资调整——的存在。

给定非稳定机制的存在，现实中的经济波动就可以看作经济系统内稳定机制与非稳定机制相互作用的结果。更进一步地，如果稳定机制的力度大于非稳定机制，经济系统将仍然会渐进稳定，此时，经济的波动源就可以看成是来自外生的冲击。相反地，如果经济系统内的非稳定机制力度更大，则经济体本身是内生不稳定的。此种情况下，其他稳定机制，如政府的宏观稳定政策等对于稳定经济是必要的。本章将从稳定机制和非稳定机制的视角研究经济波动和商业周期。

因为在一般均衡（包括动态随机一般均衡）框架下投资必等于储蓄，从而不存在独立的投资函数，或投资不会对外界的市场状态（繁荣或萧条）进行适应性调整，所以我们实际上无法在这一框架下揭示投资的非稳定机制。正因为如此，从稳定机制和非稳定机制的视角研究商业周期必然要求我们脱离主流经济学的一般均衡框架，转向凯恩斯和哈罗德的需求决定性经济的分析框架。从这个意义上说，本章所揭示的商业周期模型继承了前文所述的第一种类型的内生商业周期理论，同时增加了稳定机制与非稳定机制的视角对商业周期进行解释。

然而，在讨论我们的模型之前，我们仍然需要讨论，哈罗德的非稳定机制是如何在主流经济学中消失的。

（三）罗伯特·索洛的贡献

经济学家们通常将哈罗德模型看成是一个增长模型，忽略了其对经济波动理论的贡献。然而，哈罗德将其1939年的开创性论文命名为"动态理论随笔"。就当代宏观经济学而言，所谓的"动态"既可以指增长，也可以指商业周期。这意味着哈罗德并没有将其动态经济学局限于经济增长。实际上，现在已经很清楚，哈罗德的第一个问题，即刀刃问题——一种非稳定机制——属商业周期范畴，而其第二个问题，即平衡增长问题，属增长领域。

刀刃问题（或非稳定机制问题）之所以不再被经济学家们提及，不得不归功于罗伯特·索洛的贡献。为了说明这一问题，我们有必要将哈罗德模型和索洛模型再次进行比较。已经知道，哈罗德的刀刃问题可以由如下公式导出（见第四章的讨论）：

$$Y_t = C_t + I_t \tag{14.1}$$

$$C_t = (1-s)Y_t \tag{14.2}$$

$$K_t = (1-d)K_{t-1} + I_t \tag{14.3}$$

$$Y_t^p = AK_{t-1} \tag{14.4}$$

$$U_t = \frac{Y_t}{Y_t^p} \tag{14.5}$$

$$\frac{I_t}{K_{t-1}} = \begin{cases} -\xi_0 + \xi_u U_{t-1}, & U_{t-1} > \xi_0/\xi_u \\ 0, & \text{其他} \end{cases} \tag{14.6}$$

以上,C_t 为家庭消费,I_t 为企业投资,Y_t 为产量,K_{t-1} 为资本,Y_t^p 为经济的潜在产出(或生产能力),U_t 为产能利用率,$s \in (0,1)$ 为储蓄率,$A \in (0,1)$ 被称为资本系数,$d \in (0,1)$ 为折旧率。

可以发现,与第四章的介绍相比,我们在这里忽略了劳动力市场。模型(14.1)—(14.6)的关键是投资函数(14.6):投资通过(14.1)和(14.2)决定了需求(或产量)Y_t:$Y_t = (1/s)I_t$,又通过(14.3)和(14.4)决定了供给或产能 Y_t^p:$Y_t^p = A[(1-d)K_{t-2} + I_{t-1}]$。由于同样的投资给经济体所创造的需求要大于其所提供的供给,因此,由公式(14.6)所反映的企业投资行为将给经济体带来不稳定,出现刀刃现象(见图4-1)。

学界公认对哈罗德问题的破解作出最主要贡献的是罗伯特·索洛(Solow,1956)。然而,在本书作者本人与索洛的通信中,他却明确指出,他1956年的文章并不是为了解决哈罗德的刀刃问题,而只是为了解决第二个问题,即劳动力市场和产品市场间的非平衡增长问题。[①] 索洛事实上并不关心哈罗德的刀刃问题,在他看来,刀刃问题是个伪命题,因为现实经济中并没有出现过刀刃现象。而他破解非平衡增长问题的唯一钥匙就是引入了柯布-道格拉斯生产函数,使得劳动力与资本之间能相互替代。在他看来,这是他对哈罗德模型的唯一修改,即将公式(14.4)改为

$$Y_t = K_{t-1}^{1-\alpha}(A_t L_t)^{\alpha} \tag{14.7}$$

尽管索洛确实没有再更改哈罗德模型中的其他公式,但却去掉了模型中的许多其他公式,这使得其模型只包括公式(14.1)—(14.3)和生产函数(14.7)。经过这样一种转变,产量已不再由需求侧通过乘数过程决定,而完全由供给侧通过生产函数(14.7)决定。由于公式(14.1)和(14.2)仍然包含在索洛模型中,因此等式

$$Y_t = \frac{1}{s}I_t \tag{14.8}$$

仍然成立,但该等式的经济学意义已完全不同。在哈罗德体系中,等式(14.8)是产量的决定方式,它体现了凯恩斯的有效需求理论,但在索洛体系下,等式(14.8)则体现为投资的决定方式,从而实际上应该写成 $I_t = sY_t$。

由此可见,在索洛模型中,投资就是按国民收入恒等式所推导出的一个简单的残差项。哈罗德体系中关键的行为方程,即投资函数(14.6)被取消了,从而投资并不对市场的供过于求或供不应求等状态进行反应,甚至也不能通过乘数效应创造其他需求。由此,我们看到了哈罗德的非稳定机制是如何在索洛模型中消失的。

---

① 该问题源自劳动力市场的自然增长率和产品市场的保证增长率之间的不同,详见第四章的讨论。

(四) 非稳定机制是如何在主流宏观经济学中消失的?

自 Solow(1956)以来,宏观经济学已经有了巨大的发展,新的分析技术,如动态优化等已经被引进;投资理论也因其微观基础的构建而获得了极大的发展,使得投资不再是一个简单的残差项[①];一些具有凯恩斯主义倾向的概念,如不确定性、调整成本、资本使用率等也经常被引入模型中;特别地,来自价格调整的黏性价格理论成为新凯恩斯主义动态随机一般均衡(NK-DSGE)模型的核心。[②]

尽管这些都是重要的进步,但这些模型中的投资决定仍背离了哈罗德理论。在大多数情况下,投资决策由家庭而非企业作出:家庭被假定拥有资本,从而投资决策与消费决策由家庭同时作出,其目标是效用最大而非利润最大。企业则假定定期租借资本,支付租金。这样一种制度上的假设意味着资本是同质的,即资本(如建筑物和生产线等)一旦形成,不仅可以被企业 A 用于生产,同时也可以被企业 B、C 甚至所有企业使用。典型的 RBC 模型、非基本面模型、太阳黑子模型和大多数的新凯恩斯主义动态随机一般均衡(NK-DSGE)模型,如 Christiano et al.(2005)等都利用了此种假设。

同质资本的假设无疑无法令人满意。为此,经济学家们也进行一些新的尝试,如引入企业特有资本(Firm Specific Capital)的概念,这使得投资由企业,而不是由家庭作出。[③] 然而,在所有这些模型中,投资并没有像哈罗德那样对市场的需求(相对于产能)进行反应。

例如,尽管资本利用率(Capital Utilization,类似于哈罗德的产能利用率)被引入模型,使得公式(14.4)变成

$$Y_t = (U_t K_t)^{1-\alpha}(A_t L_t)^{\alpha}$$

但这里关于资本利用率 U_t 的决策仍然由企业作出(甚至由家庭在同质资本模型下作出),即在企业(或家庭)的优化过程中,它是一个控制变量,从而代表自愿的产能过剩。这里,U_t 被认为与折旧率呈非线性关系,从而作为一个控制变量可以从优化过程中导出。而在哈罗德和传统凯恩斯主义模型(如 IS-LM 模型)下:企业的产量由市场的需求决定。对企业而言,市场需求是外生和不可控制的,给定外生决定的市场需求,企业的产量和产能利用率 U_t(或资本利用率)也应该外生,无法由企业控制。

如前所述,投资针对外生决定的产能利用率所进行的反应(或调整)是投资调整作为非稳定机制的关键。因此,当主流经济学所揭示的投资行为不能对产能利用率进行反应时,投资的非稳定机制必然会消失。

二、非稳定机制存在吗?一个简单的计量检验

(一) 问题的提出

很有意思的是,非稳定机制不仅在主流经济学理论中消失了,同时也在统计数据中消

---

① 参见 Abel and Eberly(1994)等。
② 关于黏性价格理论的讨论,请参见本书的第十三章。
③ 关于企业特有资本的讨论,请参见 Woodford(2005),Sveen and Weinke(2007)和 Atig et al.(2011)等。

失了。

如前所述,索洛对哈罗德刀刃问题的批判是:现实中经济的运行并没有出现刀刃现象。确实,现实中,经济体通常不会出现如图 4-1 所示的刀刃现象。相反地,有关的经济变量通常表现出围绕稳定状态波动。而利用统计方法所构建的结构向量自回归(SVAR)模型也通常表现为:针对任何一个冲击所引起的对稳定状态的偏离,其经济的脉冲响应最后终将回归稳定状态。这实际上意味着经济体本身也许是内在稳定的,从而经济的波动只能来自外生冲击。

然而,我们所观察到的现实世界本身就包含着常规的宏观稳定政策。于是,一个很有意思的问题就是:如果没有政府的宏观稳定政策,经济体是否仍然稳定?对于这一问题的考察将使我们透过统计数据的遮蔽,考察经济体是否存在着非稳定机制。接下来,我们将做一个非常简单的统计检验来回答这一问题。

(二)非稳定机制在统计数据中的消失

我们使用中国的统计数据来进行这一检验,其原因在于后文所分析的宏观稳定政策与当前的中国经济相适应。需要说明,用于模拟的数据均来自中国的年度数据。①

我们考察四个宏观经济变量:实际 GDP、实际投资、CPI 和货币供给量,分别将它们标为 Y_t、I_t、P_t 和 M_t。这里,货币供给量可以看成是当前中国最为主要的宏观政策变量。所有变量都经过了 HP 滤波。

作为一个实验,我们首先估计一个简单的 SVAR 模型:

$$\begin{bmatrix} \hat{Y}_t \\ \hat{I}_t \\ \hat{P}_t \\ \hat{M}_t \end{bmatrix} = \begin{bmatrix} b_{01} \\ b_{02} \\ b_{02} \\ b_{02} \end{bmatrix} + \begin{bmatrix} b_{11} & b_{12} & b_{13} & b_{14} \\ b_{21} & b_{22} & b_{23} & b_{24} \\ b_{31} & b_{32} & b_{33} & b_{34} \\ b_{41} & b_{42} & b_{43} & b_{44} \end{bmatrix} \begin{bmatrix} \hat{Y}_{t-1} \\ \hat{I}_{t-1} \\ \hat{P}_{t-1} \\ \hat{M}_{t-1} \end{bmatrix} + \begin{bmatrix} \varepsilon_{1,t} \\ \varepsilon_{2,t} \\ \varepsilon_{3,t} \\ \varepsilon_{4,t} \end{bmatrix} \quad (14.9)$$

这里,$\hat{X}_t$ 可以看成是变量 X_t(X_t 为 Y_t、I_t、P_t 或 M_t)去趋势后的转换,随机变量 $\varepsilon_{i,t}$,$i=1,2,3,4$,则假定为独立同分布(i.i.d.)。针对投资冲击(偏离投资稳定状态的 5%)的脉冲响应函数如图 14-1 所示。可以看到,所有响应最后都回归稳定状态。由此,由统计数据所揭示的经济体看上去是稳定的。

(三)重现非稳定机制

然而,由统计数据所揭示的经济的稳定现象完全有可能归功于宏观稳定政策 M_t。为了考察在没有宏观稳定政策条件下经济体是否仍然稳定,我们需要将模型(14.9)中的 $\hat{M}_t$ 和 $\hat{M}_{t-1}$ 设定为其稳定状态(即 0)。于是,模型(14.9)将转换为

$$\begin{bmatrix} Y_t \\ I_t \\ P_t \end{bmatrix} = \begin{bmatrix} \hat{b}_{01} \\ \hat{b}_{02} \\ \hat{b}_{03} \end{bmatrix} + \begin{bmatrix} \hat{b}_{11} & \hat{b}_{12} & \hat{b}_{13} \\ \hat{b}_{21} & \hat{b}_{22} & \hat{b}_{23} \\ \hat{b}_{31} & \hat{b}_{32} & \hat{b}_{33} \end{bmatrix} \begin{bmatrix} Y_{t-1} \\ I_{t-1} \\ P_{t-1} \end{bmatrix} \quad (14.10)$$

---

① 季度数据仅最近才有。

第十四章 稳定机制与非稳定机制——经济波动的真相

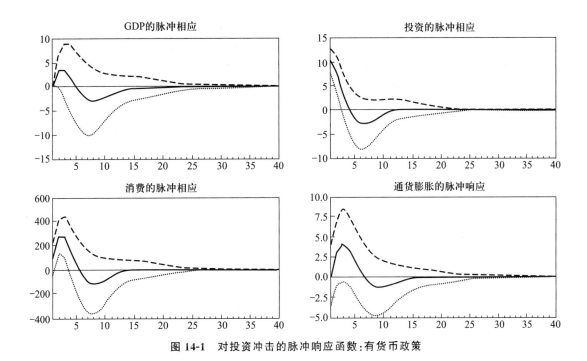

图 14-1 对投资冲击的脉冲响应函数：有货币政策

这里，$\hat{b}_{ij}$ 为模型(14.9)中参数 b_{ij} 的估计值。模型(14.10)的脉冲响应由图 14-2 所示。可以看到，此种情况下脉冲响应不再回归稳定状态，而是呈单边发散状态。这意味着至少在中国，投资的非稳定机制是存在的，而且其效应大于价格的稳定机制。

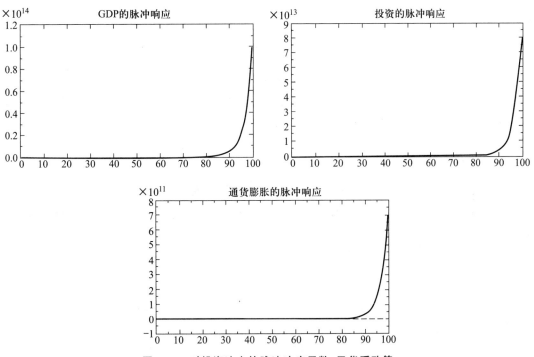

图 14-2 对投资冲击的脉冲响应函数：无货币政策

需要说明的是,尽管非稳定机制在主流经济学中消失了,但仍有部分宏观模型坚持引入了哈罗德的投资调整。在这些模型中,投资被看成是产能利用率 U_t 的函数,从而模型会体现出各种不同类型的非稳定性。为了克服这种非稳定性,模型不仅容许价格调整,同时也引入了政府的宏观稳定政策。需要说明的是,无论是针对发达国家还是针对发展中国家,此种类型的宏观动态模型通常会得到很好的计量检验的结果。[①] 然而,模型中的行为方程通常并非来自动态优化。

接下来,我们将沿着这一思路讨论商业周期或经济波动,同时利用前几章的内容,对模型中相关的行为方程补上动态优化这一微观基础。我们发现,这不仅会丰富我们对商业周期和经济波动的理解,同时也会让我们清楚地看到政府宏观稳定政策的作用。

三、模型

与 RBC 经济相似,我们将仍然遵循代表性经济人之假设。然而,与 RBC 经济所不同的是,这里所考察的经济社会不仅包括家庭和企业,同时也包括金融中介和政府。首先让我们考察家庭的决策。

(一) 家庭的决策

家庭收入包括两部分:一部分来自其出售劳动而获得工资性收入,另一部分则来自其在金融中介存款储蓄而获得的利息收入等。我们假定存款利率和家庭的工资收入分别由金融中介和企业决定,从而它们对家庭而言是外生的。这意味着家庭自主进行的决策仅包括其消费决策。当然,如第十一章所示,在给定的收入情况下,当作出消费决策时,储蓄也自然而生。

在代表性经济人之假设下,我们令家庭收入为 Y_t,家庭消费为 C_t,从而如第十一章所示,

$$C_t = (1-s)Y_t \tag{14.11}$$

其中,s 为储蓄率。当然,如第十一章所示,公式(14.11)的成立包含着一系列的假设。正是这些假设,才使我们的消费函数变得如此简单明了。

(二) 企业的决策

在代表性经济人假设下,企业在 t 期使用如下生产函数进行生产:

$$Y_t = a(A_t L_t)^a K_{t-1}^{1-a} \tag{14.12}$$

这里,Y_t 为企业所生产的产量,A_t 为企业所使用的技术,K_{t-1} 为企业所使用的设备,而 L_t 则为企业所使用的劳动力。于是,根据第十二章的推导,企业的平均成本可表示为 $c(U_t)$,其中,U_t 为企业的产能利用率。函数 $c(U_t)$ 的特征如图 12-1 所示,而产能利用率 U_t 则可表示为

[①] 关于此类模型对美国经济的解释和应用请参见 Flaschel et al. (2001),对德国经济的解释和应用请参见 Flaschel et al. (2002),对发展中国家,如中国的解释和应用,请参见 Gong and Lin (2008),龚刚、林毅夫(2007)和 Gong (2013)。

$$U_t \equiv \frac{Y_t}{BK_{t-1}} \tag{14.13}$$

企业的决策包括雇佣决策、生产决策、投资决策和价格决策。任何决策都需要获得信息。我们假定在 t 期期初,企业所获得的信息包括上一期的产能利用状态 U_{t-1}、上一期的通货膨胀率 p_{t-1} 和由上一期宏观稳定政策所决定的从金融中介处所得到的金融资源 m_{t-1}。根据这些信息,企业将首先作出关于投资 I_t 和价格 P_t 的决策,并将 P_t 公布于众。如第十二章和第十三章所示,企业的投资决策和价格决策可分别表示为

$$I_t/K_{t-1} = \xi_i + \xi_u U_{t-1} + \xi_m (m_{t-1} - p_{t-1}) \tag{14.14}$$

$$p_t = \alpha_p + \theta p_{t-1} + \alpha_u c(U_{t-1}) \tag{14.15}$$

可以发现,公式(14.14)为第十二章的公式(12.22),公式(14.15)为第十三章的公式(13.18)。其中,

$$\alpha_p = (1-\theta)\varepsilon c^* \delta\theta, \quad \alpha_u = (1-\theta)\eta(1-\delta\theta),$$

$$\eta = \frac{\varepsilon}{\varepsilon - 1}, \quad \delta = \beta(1+\pi)(1+y)$$

在企业作出投资决策和价格决策,并将价格 P_t 公布于众之后,市场将对其进行反应:乘数过程将启动,家庭由此也会提出相应的消费需求,这些反应传递至企业,由此产生对企业产品的需求 Y_t^d。显然,

$$Y_t^d = C_t + I_t \tag{14.16}$$

按照第十章所进行的讨论,我们假定 $Y_t^d \leqslant Y_t^*$,这里,Y_t^* 为代表性企业所愿意提供的产量(即新古典的最优产量),从而,企业实际所生产的产量 Y_t 就等于市场需求,即

$$Y_t = Y_t^d \tag{14.17}$$

这就是企业的产量决策。给定企业的产量决策,我们接着讨论企业的雇佣决策。根据企业的生产函数(14.12),企业对劳动力的需求可表示为

$$L_t = \left(\frac{Y_t}{A_t}\right) U_t^{1/\alpha - 1} \tag{14.18}$$

详细推导过程请参见第十二章。

(三) 宏观稳定政策和金融中介

如前所述,中央银行拥有两种途径来进行需求管理(或宏观稳定):一种是盯住货币供给,此种情况下,利率为内生,货币供给为外生;另一种是盯住利率,此时货币供给是内生,而利率则为外生。

中国目前采用的是盯住货币供给的宏观稳定政策。为此,我们假定 p^* 为政府的(总值)通胀率目标,m^* 为货币供给(总值)增长率目标。于是,政府的宏观稳定政策就可体现为如下货币供给规则:

$$m_t - m_{t-1} = \kappa_p (p^* - p_{t-1}) + \kappa_m (m^* - m_{t-1}), \quad \kappa_m, \kappa_p > 0 \tag{14.19}$$

其中,m_t 为 t 期的货币供给增长率。公式(14.19)意味着如果当前的通胀率 p_{t-1} 小于目标通胀率 p^*,或当前的货币供给 m_{t-1} 小于目标供给 m^*,那么中央银行将放松银根,增加货币供给,以刺激需求;反之亦然。

如第十二章所述,在政府按这一货币供给规则确定好货币供给增长率 m_t 之后,中国的金融体制将确保能按此指标予以执行。

(四) 模型的集约形式

我们的模型包括公式(14.11)—(14.19)。由公式(14.11)、(14.13)、(14.16)和(14.17)可知,

$$U_t = \frac{I_t}{sBK_{t-1}} \tag{14.20}$$

将其带入公式(14.14),整理后可得

$$U_t = \frac{\xi_i}{sB} + \frac{\xi_u}{sB}U_{t-1} + \frac{\xi_m}{sB}(m_{t-1} - p_{t-1}) \tag{14.21}$$

公式(14.15)、(14.19)和(14.21)构成了一个标准的三维空间 (m_t, U_t, p_t) 上的离散型动态系统。

四、宏观稳定政策缺席下的经济体

令 $\kappa_p = 0$ 和 $\kappa_m = 0$。此种情况下,系统将转化为

$$U_t = -\frac{\xi_i}{sB} + \frac{\xi_u}{sB}U_{t-1} + \frac{\xi_m}{sB}(m^* - p_{t-1}) \tag{14.22}$$

$$p_t = (1-\theta)\varepsilon c^* \delta\theta + \theta p_{t-1} + (1-\theta)(1-\delta\theta)\varepsilon c(U_{t-1}) \tag{14.23}$$

公式(14.22)和(14.23)可以看作稳定政策缺席条件下的模型。此种情况下,经济体是否会稳定?或者说,在什么情况下经济体会稳定?

(一) 稳定状态

首先推导该系统的稳定状态。以下是相关命题:

【命题 14-1】 假定成本函数 $c(\cdot)$ 在其稳定状态 $\bar{U}$ 处能够线性化成 $c'U$[①],那么由公式(14.22)和(14.23)所构成的经济系统 (U_t, p_t) 仅存在唯一的稳定状态 $(\bar{U}, \bar{p})$,其具体形式如下:

$$\bar{U} = \frac{-\xi_i + \xi_m m^* - \xi_m \varepsilon c^* \delta\theta}{sB - \xi_u + \xi_m(1-\delta\theta)\varepsilon c'} \tag{14.24}$$

$$\bar{p} = \varepsilon c^* \delta\theta + (1-\delta\theta)\varepsilon c' \bar{U} \tag{14.25}$$

该命题的证明相对简单,这里不再赘述。成本函数的线性化假设能够极大地简化我们的分析。不失一般性,它能让我们在利用成本函数 $c(\cdot)$ 求解稳定状态时避免不可逆问题。

---

① 在 Gao and Gong(2020)中,我们将 $c(\cdot)$ 线性化成更为一般的状态 $c'U + c_0$,其分析所得的基本结论不变。

(二) 稳定性分析

下面,我们将分析系统 (U_t, p_t) 在其稳定状态 $(\overline{U}, \overline{p})$ 附近的稳定性。系统 (U_t, p_t) 的雅可比矩阵可以写成

$$J = \begin{bmatrix} \dfrac{\xi_u}{sB} & -\dfrac{\xi_m}{sB} \\ (1-\theta)(1-\delta\theta)\varepsilon c' & \theta \end{bmatrix}$$

这里,c' 是成本函数 $c(\cdot)$ 在稳定状态 $\overline{U}$ 处的一阶导数。由此,J 的特征方程可以写成如下形式:

$$\lambda^2 - \left(\dfrac{\xi_u}{sB} + \theta\right)\lambda + \dfrac{\xi_u}{sB}\theta + \dfrac{\xi_m}{sB}(1+\theta)(1-\delta\theta)\varepsilon c' = 0$$

求解该特征方程,我们可以得到如下两个特征根:

$$\lambda_{1,2} = \dfrac{1}{2}\left\{\dfrac{\xi_u}{sB} + \theta \pm \sqrt{\left(\dfrac{\xi_u}{sB} + \theta\right)^2 - 4\left[\dfrac{\xi_u}{sB}\theta + \dfrac{\xi_m}{sB}(1-\theta)(1-\delta\theta)\varepsilon c'\right]}\right\} \quad (14.26)$$

接下来,我们考察这两个特征根的性质。以下是相关命题:

【命题 14-2】 不失一般性,令 $\lambda_1 \geqslant \lambda_2$。

1. 假定模型的结构参数满足

$$\left(\dfrac{\xi_u}{sB} + \theta\right)^2 \geqslant 4\dfrac{\xi_m}{sB}(1-\theta)(1-\delta\theta)\varepsilon c' \quad (14.27)$$

此种情况下,两个特征根 λ_1 和 λ_2 都是实数。进一步地,如果条件

$$1 - \dfrac{\xi_u}{sB} + \dfrac{\xi_m}{sB}(1-\delta\theta)\varepsilon c' > 0 \quad (14.28)$$

得以满足,那么

$$1 > \lambda_1 \geqslant \lambda_2 > -1$$

2. 如果条件 (14.27) 不能满足,那么两个特征根 λ_1 和 λ_2 将是一对共轭复根。它们的模 $|\lambda_{1,2}|$ 既可能大于 1,也可能小于 1。特别地,如果 $(2-\theta)sB - \xi_u > 0$,那么参数 ξ_m 将存在一个分岔值,记为 ξ_m^*:

$$\xi_m^* = \dfrac{sB - \xi_u\theta}{(1-\theta)(1-\delta\theta)\varepsilon c'} \quad (14.29)$$

当参数 ξ_m 在分岔值 ξ_m^* 附近时,

(1) 如果 $\xi_m < \xi_m^*$,$|\lambda_{1,2}| < 1$;
(2) 如果 $\xi_m = \xi_m^*$,$|\lambda_{1,2}| = 1$;
(3) 如果 $\xi_m > \xi_m^*$,$|\lambda_{1,2}| > 1$。

该命题的详细证明请参见本章的附录。

(三) 模型的稳定机制与非稳定机制

在我们对命题 14-2 进行解释之前,有必要首先考察一下模型的稳定机制和非稳定机

制。稳定机制无疑是价格调整。根据公式(14.15),更高的产能利用率 U_t 将导致更高的通货膨胀率 p_t。给定稳定的货币供给增长率 m^*,用于投资的实际金融资源将减少,从而减少实际投资率 I_t/K_{t-1}[参见公式(14.14)]。投资率 I_t/K_{t-1} 的减少必然通过需求侧减少产能利用率 U_t[参见公式(14.20)]。由此,价格 p_t 将下跌。非稳定机制仍然来自投资调整,其原理与哈罗德的刀刃问题相一致。

给定其他结构参数,如 ξ_u、s 和 B 等,我们发现稳定机制是否足够强劲以克服非稳定机制取决于

- 参数 θ:它反映了价格调整的黏性程度。θ 越大,价格调整的黏性越大,从而经济越不可能稳定;
- 参数 ξ_m:它反映了价格调整的效应,即价格调整对投资的影响。ξ_m 越大,价格调整对投资的影响效应就越大。

(四) 当 ξ_m 不足够大时

下面我们将根据命题 14-2 分析系统(14.22)—(14.23)的稳定性。首先,条件(14.27)可以重写成

$$\xi_m \leq \frac{(\xi_u/(sB)-\theta)^2 sB}{4(1-\theta)(1-\delta\theta)\varepsilon c'}$$

这样我们就可以将条件(14.27)看成是 ξ_m 不足够大。根据命题 14-2,此种情况下,两个特征根 λ_1 和 λ_2 都是实数,从而经济体不会产生波动,U_t 和 p_t 的轨迹要么单调收敛,要么单调发散,具体取决于条件(14.28)是否能得以满足。很容易发现,条件(14.28)也可以写成

$$\theta < \frac{sB - \xi_u + \xi_m \varepsilon c'}{\xi_m \varepsilon c' \delta}$$

从而令

$$\theta^* = \frac{sB - \xi_u + \xi_m \varepsilon c'}{\xi_m \varepsilon c' \delta} \tag{14.30}$$

于是,θ 针对 θ^* 的一个很小的偏离将使系统(U_t,p_t)的稳定性发生质的转变。具体而言,当 $\theta<\theta^*$ 时,价格调整的黏性程度偏低,命题中的条件 $1>\lambda_1 \geq \lambda_2 > -1$ 将得到满足,经济体 (U_t,p_t) 将单调收敛于稳定状态$(\bar{U},\bar{p})$;相反,当 $\theta>\theta^*$ 时,价格调整的黏性程度偏高,条件 $1>\lambda_1 \geq \lambda_2 > -1$ 将得不到满足,经济体 (U_t,p_t) 将会单调发散,即与哈罗德经济一样,离稳定状态$(\bar{U},\bar{p})$越来越远。于是,θ^* 可看成是一个叉型分岔(Pitchfork Bifurcation)。

为了求证上述分析所得出的结论,我们将对模型所表示的经济体进行模拟。模拟所使用的结构参数由表 14-1 提供。

表 14-1 基准参数

ξ_u	ξ_m	B	m^*	s	δ	ε	c'	c^*	ξ_i	θ
0.220	0.040	0.655	1.130	0.300	1.000	1.200	0.962	0.962	0.022	0.55

其中,参数 ξ_u、ξ_m 和 B 来自 Gong(2013),其投资函数与本章的相同,这些参数都是利用中国

的年度数据估计而得。参数 ε 来自 Christiano et al. (2005)。m^* 是中国货币供给的平均总值增长率,按中国的实际情况将其设定在合理范围内,参数 s 和 δ 同理。对于参数 c' 和 c^*,我们首先假定二者相等,这表示当经济系统处于稳定状态时,边际成本曲线相交于平均成本曲线的最低点。给定两者相等,并且令 $\overline{U}=0.8, \overline{p}=1.05$,参数 c'、c^* 和 ξ_i 可以按命题 14-1 中的(14.24)和(14.25)反解得到:

$$c' = c^* = \frac{\overline{p}}{\varepsilon[\delta\theta + (1-\delta\theta)\overline{U}]} \tag{14.31}$$

$$\xi_i = \xi_m(m^* - \overline{p}) - (sB - \xi_u)\overline{U} \tag{14.32}$$

给定上述参数值,我们可以根据(14.30)计算得到分岔 θ^* 的值 0.48986。由此,表 14-1 中的基准参数 θ 要大于 θ^*。

模拟所用的初始状态设定为稳定状态的 95%。图 14-3 和图 14-4 分别给出了两种情况下经济 (U_t, p_t) 的动态轨迹。

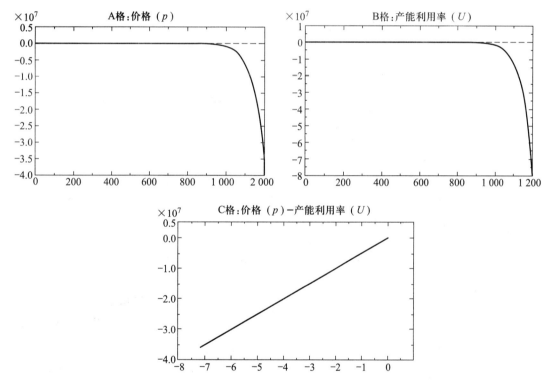

图 14-3 模型的动态轨迹:基准情况($\theta > \theta^*$)

如图 14-3 所示,在基准情况下,价格黏性程度较高,超过了分岔值,即 $\theta > \theta^*$,从而模型的动态轨迹 (U_t, p_t) 将会像哈罗德经济那样单调发散。相反,如果价格黏性程度较低,如小于分岔值,即 $\theta < \theta^*$,经济会单调收敛至稳定状态 $(\overline{U}, \overline{p})$,此种情况如图 14-4 所示。

(五) 当 ε_m 足够大时

前文我们讨论了条件(14.27)满足的情况,接下来我们考察条件(14.27)得不到满足的

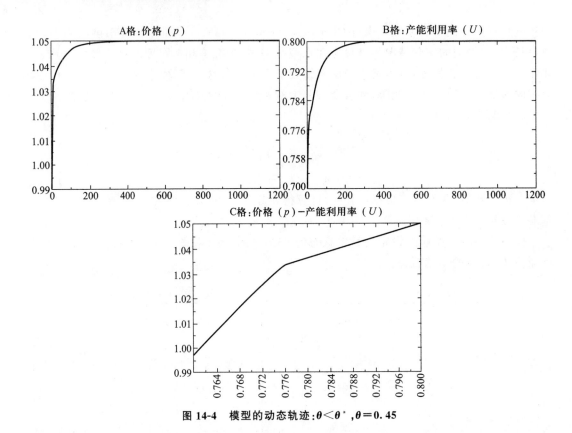

图 14-4 模型的动态轨迹：$\theta < \theta^*, \theta = 0.45$

情况。为此，在基准参数基础上，我们容许 ξ_m 不断增加，直至条件(14.27)得不到满足。如命题 14-2 所示，此种情况下两个特征根 λ_1 和 λ_2 将是一对共轭复根，这意味着经济体将出现循环波动，然而，这种循环波动是否收敛和发散将仍然取决于 ξ_m 的增加幅度。

假定 ξ_m 从 0.04 增加至 0.3，而其他参数仍为基准参数，由于 ξ_m 可以看作一种反周期因素，因此，经济体将波动收敛至稳定状态，此种情况如图 14-5 所示。

（六）当 ε_m 过大时

然而，当反周期因素 ξ_m 增加至 0.35 时，ξ_m 将过大，大于分岔值 ξ_m^*，此时，经济就会像图 14-6 所示的那样波动发散。由此可见，参数 ξ_m 的分岔值处在 0.3 至 0.35 之间，它是一个 Hopf 分岔点。实际上，给定如表 14-1 所示的其他参数，Hopf 分岔点 ξ_m^* 可以根据命题 14-2 中的公式(14.29)计算得出，它等于 0.32253。

由此我们得到在宏观稳定政策缺席条件下关于经济波动的如下结论：

> 经济体的稳定性取决于两个关键参数 θ 和 ξ_m（给定其他参数），其中，参数 θ 反映了价格调整的黏性程度，参数 ξ_m 反映了价格调整对投资调整的效应。如果 ξ_m 过小，或价格调整对投资调整的效应过小，即条件(14.27)得到满足，则经济体有可能如哈罗德经济那样单调发散，此种可能性会随价格调整的黏性参数 θ 的增大而加大。另一种可能的不稳定来自 ξ_m 过大，此种情况下，经济体将呈波动性发散。

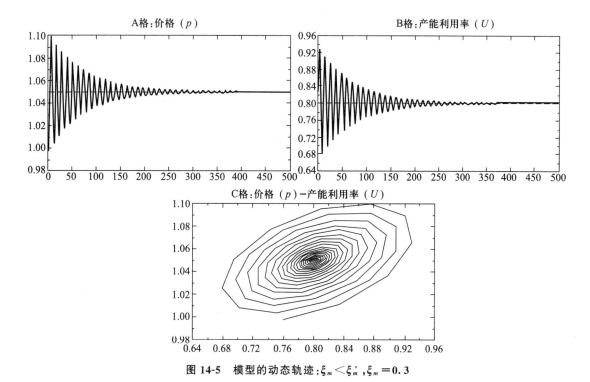

图 14-5　模型的动态轨迹：$\xi_m < \xi_m^*$，$\xi_m = 0.3$

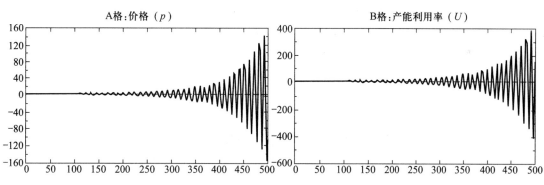

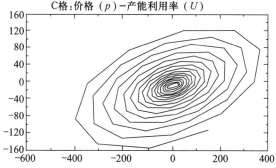

图 14-6　模型的动态轨迹：$\xi_m > \xi_m^*$，$\xi_m = 0.35$

根据中国的实际情况,第一种非稳定更容易发生。

五、引入货币政策

我们已经讨论了宏观稳定政策缺席的经济体。我们发现,此种情况下,经济体很可能不稳定。接下来,我们将把货币政策作为稳定机制引入模型,并检验在第一种非稳定情形下,经济体在引入货币政策这一稳定机制后是否会稳定下来。

(一) 模型的稳定状态

在我们引入宏观稳定政策之后,经济体将由公式(14.15)、(14.19)和(14.21)构成,这是一个标准的三维空间(m_t, U_t, p_t)上的离散型动态系统。首先推导该系统的稳定状态。以下是相关命题:

【命题14-3】 假定成本函数$c(\cdot)$在其稳定状态$\overline{U}$处附近能够线性化成$c'U$,那么,由公式(14.15)、(14.19)和(14.21)所构成的经济系统(m_t, U_t, p_t)存在唯一的稳定状态$(\overline{m}, \overline{U}, \overline{p})$,具体形式如下:

$$\begin{bmatrix} \overline{m} \\ \overline{U} \\ \overline{p} \end{bmatrix} = \begin{bmatrix} 1 & 0 & \frac{\kappa_p}{\kappa_m} \\ -\frac{\xi_m}{sB-\xi_u} & 1 & \frac{\xi_m}{sB-\xi_u} \\ 0 & -(1-\delta\theta)\varepsilon c' & 1 \end{bmatrix}^{-1} \begin{bmatrix} \frac{\kappa_p}{\kappa_m} p^* + m^* \\ -\frac{\xi_i}{sB-\xi_u} \\ \delta\theta\varepsilon c^* \end{bmatrix}$$

该命题的证明相对简单,读者可自行检验。

(二) 模型的稳定性

接下来,我们将讨论系统(m_t, U_t, p_t)的稳定性。以下是相关命题:

【命题14-4】 令

$$\sigma \equiv \frac{\xi_m(1-\theta)(1-\delta\theta)\varepsilon c'}{sB} \tag{14.33}$$

$$a \equiv \left(1 - \frac{\xi_u\theta}{sB} - \sigma\right)\left[1 + (1-\kappa_m)^2\left(\frac{\xi_u\theta}{sB} + \sigma\right) - (1-\kappa_m)\left(\frac{\xi_u}{sB} + \theta\right)\right] \tag{14.34}$$

$$b \equiv \left[(1-\kappa_m)\left(2\frac{\xi_u\theta}{sB} + 2\sigma - 1\right) - \theta + \frac{\xi_u}{sB}\right] \tag{14.35}$$

如果系统(m_t, U_t, p_t)能满足如下条件:

$$(2-\kappa_m)\left[(1+\theta)\left(1+\frac{\xi_u}{sB} + \sigma\right)\right] > \sigma\kappa_p > -\kappa_m\left[(1-\theta)\left(1-\frac{\xi_u}{sB} + \sigma\right)\right] \tag{14.36}$$

$$a + b\kappa_p - (\sigma\kappa_p)^2 > 0 \tag{14.37}$$

则其稳定状态 $(\bar{m}, \bar{U}, \bar{p})$ 是渐进稳定的。此外,如果条件(14.36)满足,则系统 (m_t, U_t, p_t) 将在 $a + b\kappa_p - \sigma^2\kappa_p^2 = 0$ 处出现 Hopf 分岔。

该命题的证明请参见本章的附录。

命题 14-4 的经济学意义解释如下。首先,我们发现如果命题 14-2 中的条件(14.28)不能满足(或如果经济是单向发散的),则命题 14-4 中等式(14.36)右边的 $(1-\theta)[1-\xi_u/(sB)+\sigma]$ 必然为负,从而条件(14.36)意味着如果经济体本来是单边发散的,则为使经济得以稳定,货币政策不能缺位,即 $\kappa_p > 0$。然而,货币政策(由 κ_m 和 κ_p 代表)的力度要适当,或不能用力过猛,即

$$\kappa_p < (2-\kappa_m)\left[(1+\theta)\left(1+\frac{\xi_u}{sB}\right)+\sigma\right]/\sigma$$

下面我们分析条件(14.37)。令 $f(\kappa_p) = a + b\kappa_p - (\sigma\kappa_p)^2$,从而 $f(\cdot)$ 是 κ_p 的二次函数。这意味着 $f(\cdot) = 0$ 有两个根,因此系统存在两个分岔点。不妨设其分别为 κ_p^1 和 κ_p^2,且 $\kappa_p^1 < \kappa_p^2$。由于 $f''(\cdot) < 0$,从而函数 $f(\kappa_p)$ 的形状如图 14-7 所示。于是,如果 $\kappa_p < \kappa_p^1$ 或者 $\kappa_p > \kappa_p^2$,则 $f(\kappa_p) < 0$,从而系统将不稳定;只有当 $\kappa_p^1 < \kappa_p < \kappa_p^2$ 时,$f(\kappa_p) > 0$,系统 (m_t, U_t, p_t) 才能稳定于不动点 $(\bar{m}, \bar{U}, \bar{p})$。

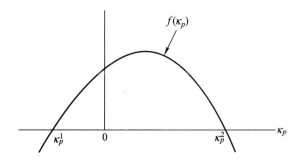

图 14-7 二次函数 $f(\kappa_p)$:分岔分析

(三) 数值模拟

这里,主要的参数值和上一次保持一致,详见表 14-1。参数 c'、c^* 和 ξ_i 依旧由公式(14.31)和(14.32)所决定,其中的例外是用 $p^* = 1.05$ 来替代原来的 $\bar{p}$,$\bar{U}$ 不变,还是等于 0.80。我们发现,此种情况下 $\bar{p} = 1.05$,$\bar{m} = m^* = 1.13$。我们同时知道,此种情况下,如果没有货币政策(即 $\kappa_m = 0$,$\kappa_p = 0$),经济系统将会单边发散(见图 14-3)。这里我们令 $\kappa_m = 0.433$,这是,Gong and Lin(2008)中的估计值。

给定这些参数,我们可以计算出使得 $f(\kappa_p) = 0$ 成立的两个分岔点 κ_p^1 和 κ_p^2,其中,κ_p^1 为负,等于 -32.143,κ_p^2 为正,等于 1.207。由于 $\kappa_p > 0$,我们只需要检验为正的分岔点 κ_p^2。

图 14-8 给出了当 $\kappa_p < \kappa_p^2$ 时的模拟结果。正如我们所分析的,经济系统逐渐趋于稳定。图 14-9 给出了当 $\kappa_p > \kappa_p^2$ 时的模拟结果。此种情况下,由于货币政策力度过大,反而使得经济呈波动性发散。

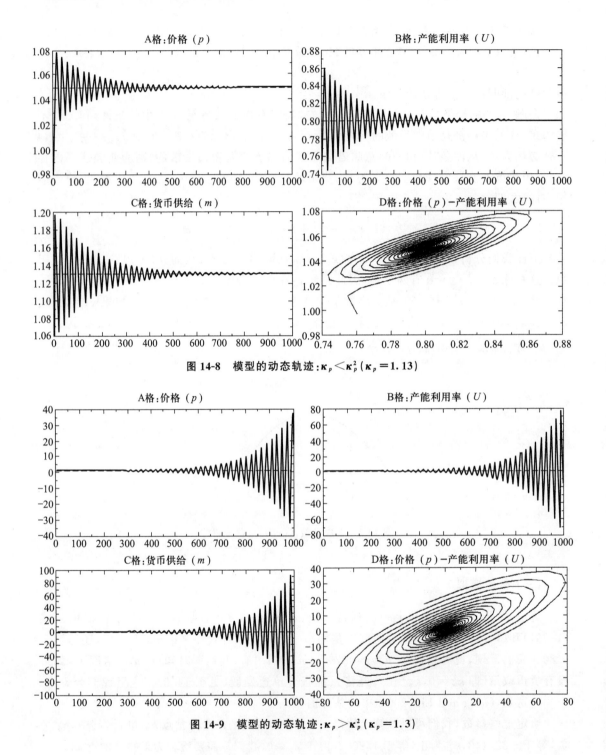

图 14-8　模型的动态轨迹：$\kappa_p < \kappa_p^2$（$\kappa_p = 1.13$）

图 14-9　模型的动态轨迹：$\kappa_p > \kappa_p^2$（$\kappa_p = 1.3$）

总的来说，本章的目标是回答两个问题。第一，市场经济是否存在着非稳定机制？第二，如果存在，其非稳定的力量有多强？是否强于价格调整的稳定机制？

对于第一个问题,我们发现非稳定机制确实存在。我们不仅给出了一个计量检验,同时也给出了一个非常重要的案例,即投资调整。投资调整产生了哈罗德的不稳定问题——刀刃问题。

关于第二个问题,我们首先发现价格的调整在新古典经济学和凯恩斯主义经济学之间是不同的。新古典经济学假设完全竞争的市场经济,从而价格调整作为经济的稳定机制其作用是非常强劲的,这使得经济总能趋于稳定。凯恩斯主义经济学假定的市场经济为非完全竞争,从而其价格调整具有黏性,这意味着价格调整的功效完全有可能不足以克服非稳定机制。此种情况下,如果没有额外的稳定机制,如政府的宏观稳定政策,经济将无法稳定。

当然,本章所讨论的稳定机制与非稳定机制可能并不全面。例如,除了本章所讨论的价格调整和投资调整,经济社会还可能存在着其他稳定机制和非稳定机制。然而,无论如何,本章的研究为经济波动和商业周期提供了一个全新的视角:经济波动和商业周期现象完全可以理解为稳定机制和非稳定机制相互作用的结果,而这在经济学文献中则基本上被忽略了。

最后,我们想说明的是,Gao and Gong(2020)给出了与本章非常相似的宏观动态模型,同样揭示了非稳定机制的存在,并且分析更为透彻和详细。

附录

命题 14-2 的证明

我们首先证明命题中的第一部分。为表述简单起见,令

$$\alpha \equiv \frac{\xi_u}{sB}\theta + \frac{\xi_m}{sB}(1-\theta)\varepsilon(1-\delta\theta)c', \quad \alpha > 0 \tag{14.38}$$

于是,要使 λ_1 和 λ_2 为实数,我们要求

$$\left(\frac{\xi_u}{sB}+\theta\right)^2 - 4\alpha > 0$$

此即为命题中的条件(14.27)。现假定 $1>\lambda_1 \geqslant \lambda_2 > -1$ 得以满足。于是,对于 $1>\lambda_1$,我们有

$$\frac{1}{2}\left[\frac{\xi_u}{sB}+\theta+\sqrt{\left(\frac{\xi_u}{sB}+\theta\right)^2-4\alpha}\right]<1$$

上式可进一步写成

$$\sqrt{\left(\frac{\xi_u}{sB}+\theta\right)^2-4\alpha} < 2-\frac{\xi_u}{sB}-\theta \tag{14.39}$$

对于 $\lambda_2 > -1$,我们有

$$\frac{1}{2}\left[\frac{\xi_u}{sB}+\theta-\sqrt{\left(\frac{\xi_u}{sB}+\theta\right)^2-4\alpha}\right] > -1$$

其可进一步写成

$$\sqrt{\left(\frac{\xi_u}{sB}+\theta\right)^2-4\alpha} < 2+\frac{\xi_u}{sB}+\theta \tag{14.40}$$

比较公式(14.39)和(14.30),我们发现,如果条件(14.39)满足,条件(14.40)也必将满足。于是我们只需认证条件(14.39)。将公式(14.39)两边同时取平方,得

$$\left(\frac{\xi_u}{sB}+\theta\right)^2 - 4\alpha < \left(2-\frac{\xi_u}{sB}-\theta\right)^2$$

简化上式,我们得到

$$\frac{\xi_u}{sB}+\theta-1 < \alpha$$

将公式(14.38)代入以解释 α,得

$$0 < (1-\theta)\left(1-\frac{\xi_u}{sB}\right)+(1-\theta)\frac{\xi_m}{sB}\varepsilon(1-\delta\theta)c'$$

此即为命题中的条件(14.28)。命题的第一部分得以论证。

接下来,我们假定条件(14.27)不能满足。此时特征根的模 $|\lambda_{1,2}|$ 为 α。现假定 $|\lambda_{1,2}|=1$,则

$$\frac{\xi_u}{sB}\theta+\frac{\xi_m}{sB}(1-\theta)\varepsilon(1-\delta\theta)c'=1$$

求解上式,得

$$\xi_m^* = \frac{sB-\xi_u\theta}{(1-\theta)(1-\delta\theta)\varepsilon c'} \tag{14.41}$$

给定 ξ_m^*,我们现在需要证明特征根 $\lambda_{1,2}$ 为一对共轭复根。根据公式(14.26),这事实上要求

$$\left(\frac{\xi_u}{sB}+\theta\right)^2 - 4\left[\frac{\xi_u}{sB}\theta+\frac{\xi_m}{sB}(1-\theta)(1-\delta\theta)\varepsilon c'\right] < 0$$

将公式(14.41)中的 ξ_m^* 代入,以解释上式中的 ξ_m,我们得到

$$\frac{\xi_u}{sB}+\theta < 2$$

这就是命题 14-2 中的条件 $(2-\theta)sB-\xi_u>0$。于是,命题的第二部分得以论证。

命题 14-4 的证明

系统 (m_t, U_t, p_t) 的雅可比矩阵可以写成

$$J = \begin{bmatrix} 1-\kappa_m & 0 & -\kappa_p \\ \dfrac{\xi_m}{sB} & \dfrac{\xi_u}{sB} & -\dfrac{\xi_m}{sB} \\ 0 & (1-\theta)(1-\delta\theta)\varepsilon c' & \theta \end{bmatrix}$$

于是,其特征方程 $\det|\lambda I-J|=0$ 就可以表示成

$$\lambda^3 + c_1\lambda^2 + c_2\lambda + c_3 = 0$$

其中,

$$c_1 = -\left(1-\kappa_m+\frac{\xi_u}{sB}+\theta\right) \tag{14.42}$$

$$c_2 = \frac{\xi_u}{sB}\theta+\frac{\xi_m}{sB}(1-\theta)(1-\delta\theta)\varepsilon c'+(1-\kappa_m)\left(\theta+\frac{\xi_u}{sB}\right) \tag{14.43}$$

$$c_3 = -(1-\kappa_m)\frac{\xi_u}{sB}\theta - (1-\kappa_m-\kappa_p)\frac{\xi_m}{sB}(1-\theta)(1-\delta\theta)\varepsilon c' \qquad (14.44)$$

为了方便我们的证明,我们将借助如下数学定理(Elaydi,1996;Sonis,2000):

【引理 14-1】 令

$$\pi_1 = 1 + c_1 + c_2 + c_3 \qquad (14.45)$$

$$\pi_2 = 1 - c_1 + c_2 - c_3 \qquad (14.46)$$

$$\pi_3 = 1 - c_2 + c_1 c_3 - (c_3)^2 \qquad (14.47)$$

如果 $\pi_i(i=1,2,3) > 0$,且 $c_3 < 3$,则 $|\lambda_i| < 1, i=1,2,3$。更进一步地,当 π_1、π_2 大于 0,且 $\pi_3 = 0$ 时,系统将得到 Hopf 分岔点。

接下来,我们将利用引理 14-1 进行论证。将公式(14.42)—(14.44)代入(14.45)—(14.47):

$$\pi_1 = \kappa_m\left(1-\frac{\xi_u}{sB}\right)(1-\theta) + (\kappa_p+\kappa_m)\sigma$$

$$\pi_2 = (2-\kappa_m)(1+\theta)\left(1+\frac{\xi_u}{sB}\right) + (2-\kappa_m-\kappa_p)\sigma$$

$$\pi_3 = a + b\sigma\kappa_p - (\sigma\kappa_p)^2$$

于是,

$$\pi_1 > 0 \Leftrightarrow \kappa_p\sigma > -\kappa_m\left(1-\frac{\xi_u}{sB}\right)(1-\theta) + \sigma$$

$$\pi_2 > 0 \Leftrightarrow (2-\kappa_m)\left[(1+\theta)\left(1+\frac{\xi_u}{sB}\right)+\sigma\right] > \kappa_p\sigma$$

上述两个条件 $\pi_1 > 0$ 和 $\pi_2 > 0$ 意味着命题 14-4 中的条件(14.36)成立。最后,

$$\pi_3 > 0 \Leftrightarrow a + b\sigma\kappa_p - (\sigma\kappa_p)^2 > 0$$

这实际上是命题中的条件(14.37)。由此,命题 14-4 证明完毕。

参考文献

龚刚(2004):实际商业周期:理论、检验与争议,《经济学(季刊)》,第 3 卷第 4 期,785—802。

龚刚、林毅夫(2007):过度反应——中国经济缩长之解释,《经济研究》,第 4 期,53—66。

Abel, A. B. and J. C. Eberly (1994): A Unified Model of Investment under Uncertainty, *American Economic Review*, Vol.84, 1369-1384.

Altig, D. et al.(2011): Firm-Specific Capital, Nominal Rigidities and the Business Cycle, *Review of Economic Dynamics*, Vol.14(2), 225-247.

Arrow, K. J. (1964): The Role of Securities in the Optimal Allocation of Risk-bearing, *Review of Economic Studies*, Vol. 31(2), 91-96.

Beaudry, P., D. Galizia and F. Portier (2020): Putting the Cycle Back into Business Cycle Analysis, *American Economic Review*, Vol. 110 (1), 1-47.

Benhabib, J. and K. Nishimura (1979): The Hopf-Bifurcation and the Existence and Stability of Closed Orbits in Multisector Models of Optimal Economic Growth, *Journal of Economic Theory*, Vol.21(3), 421-444.

Benhabib, J. and R. Farmer (1999): Indeterminacy and Sunspots in Macroeconomics, In *Handbook of Macroeconomics* 1, 387-448.

Benhabib, J. and Y. Wen (2004): Indeterminacy, Aggregate Demand, and the Real Business Cycles, *Journal of Monetary Economics*, Vol. 51(3), 503-530.

Calvo, G.A.(1983): Staggered Prices in a Utility-Maximizing Framework, *Journal of Monetary Economics*, Vol.12(3), 383-398.

Cass, D. and K. Shell (1983): Do Sunspots Matter? *Journal of Political Economy*, Vol. 91(2), 193-227.

Christiano, L.J. and M. Eichenbaum (1992): Current Real Business Cycle, Theories and Aggregate Labor-Market Fluctuations, *The American Economic Review*, Vol. 82(3), 430-450.

Christiano, L.J., M. Eichenbaum and C. Evans(2005): Nominal Rigidities and the Dynamics Effects of a Shock to Monetary Policy, *Journal of Political Economy*, Vol.113, 1-45.

Day, R. H. (1982): Irregular Growth Cycles, *The American Economic Review*, Vol. 72, 406-414.

Elaydi, S.(1996): *An Introduction to Difference Equations*, New York: Springer.

Farmer, R. (2016): The Evolution of Endogenous Business Cycles, *Macroeconomic Dynamics*, Vol. 20(2), 544-557.

Flaschel, P., G. Gong and W. Semmler (2001): A Keynesian Econometric Framework for Studying Monetary Policy Rules, *Journal of Economic Behavior and Organization*, Vol.46, 101-136.

Flaschel, P., G. Gong and W. Semmler (2002): A Macroeconometric Study on Monetary Policy Rule, Geman and EMU, *Jahrbuch fur Wirtschaftswissenschaften*, Vol.53, 1-31.

Frisch, R.(1933): Propagation and Impulse Problems in Dynamic Economics, *Economic Essays in Honor of Gustav Cassel*, London: Allen and Unwin.

Gali, J. (1999): Do Technology Shocks Explain Aggregate Fluctuations? *American Economic Review*, Vol.89(1), 249-271.

Gao, Y. and G. Gong (2020): Stabilizing and Destabilizing Mechanism: A New Perspective to Understand Business Cycles, *Economic Modelling* (forthcoming).

Gertler, M., J. Gali and R. Clarida(1999): The Science of Monetary Policy: A New Keynesian Perspective, *Journal of Economic Literature*, Vol.37(4), 1661-1707.

Gong, G.(2001): Product Innovation and Irregular Growth Cycles with Excess Capacity, *Metroeconomica*, Vol.52, 428-448.

Gong, G.(2012): *Contemporary Chinese Economy*, New York: Routledge Press.

Gong, G.(2013): Growth and Development in a Harrodian Economy: With Evidence from

China, *Metroeconomica*, Vol.64, 73-102.

Gong, G. and J.Y.Lin (2008): Deflationary Expansion: A Overshooting Perspective to the Recent Business Cycles in China, *China Economic Review*, Vol.19, 1-17.

Gong, G. and W. Semmler (2006): *Stochastic Dynamic Macroeconomics: Theory and Empirical Evidence*, New York: Oxford University Press.

Gong, G. and Y. Gao (2013): Understanding Business Cycles: Perspective from Stabilizing and Destabilizing Mechanism, *Economic Research Journal*, Issue 11 (in Chinese).

Goodwin, R.M. (1951): The Nonlinear Accelerator and the Persistence of Business Cycles, *Econometrica*, Vol.19, 1-17.

Grandmont, J.M. (1985): On Endogenous Competitive Business Cycles, *Econometrica*, Vol. 53, 995-1045.

Harrod, R.F. (1939): An Essay in Dynamic Theory, *The Economic Journal*, Vol.193(49), 14-33.

Hicks, J. (1950): *A Contribution to the Theory of the Trade Cycle*, Oxford: Clarendon Press.

Jaimovich, N. (2007): Firm Dynamics and Markup Variations: Implications for Sunspot Equilibria and Endogenous Economic Fluctuations, *Journal of Economic Theory*, 137(1): 300-325.

Kaldor, N. (1940): A Model of the Trade Cycle, *The Economic Journal*, Vol.50(197), 78-92.

Kalecki, M. (1937): A Theory of the Business Cycle, *The Review of Economic Studies*, Vol. 4(2), 77-97.

Keynes, J. M. (1936): *The General Theory of Employment, Interest Rate and Money*, London: Macmillan.

King, R.G., C.I.Plosser and S.T.Rebelo (1988a): Production, Growth and Business Cycles I: The Basic Neo-classical Model, *Journal of Monetary Economics*, Vol.21, 195-232.

King, R.G., C.I.Plosser and S.T.Rebelo (1988b): Production, Growth and Business Cycles II: New Directions, *Journal of Monetary Economics*, Vol.21, 309-341.

King, R.G. and S.T.Rebelo (1999): Resuscitating Real Business Cycles, in J.Taylor and M. Woodford (ed.): *Handbook of Macroeconomics*, Vol.I, New York: Elsevier Science.

Kydland, F.E. and E.F.Prescott (1982): Time to Build and Aggregate Fluctuation, *Econometrica*, Vol.50, 1345-1370.

Lloyd—Bragaa, T., L. Modestoa and T. Seegmuller (2014): Market Distortions and Local Indeterminacy: A General Approach, *Journal of Theory*, Vol. 151, 216-247.

Long, J.B. and C.I.Plosser (1983): Real Business Cycles, *Journal of Political Economy*, Vol.91, 39-69.

Mankiw, N.G. (1985): Small Menu Cost and Large Business Cycles: A Macroeconomic Model, *Quarterly Journal of Economics*, Vol.100, 529-538.

Rebelo, S. (2005): Real Business Cycle Models: Past, Present and Future, *The Scandinavian Journal of Economics*, Vol.107(2), 217-238.

Rotemberg, J. (1982): Sticky Prices in the United States, *Journal of Political Economy*, Vol.90, 1187-1211.

Rotemberg, J. and M. Woodford (1997): An Optimization-based Econometric Framework for the Evaluation of Monetary Policy, *NBER Macroeconomics Annual*, Vol. 12, 297-361.

Sen, A. (1970): *Introduction*, in Sen, A. (ed.): *Growth Economics*, Harmondsworth: Penguin Books Ltd.

Shell, K. (1977): Monnaie et allocation intertemporelle, CNRS Seminaire d'Econometrie de M. Edmond MalinVaud, Paris, November.

Slutsky, E. E. (1937): The Summation of Random Causes as the Source of Cyclical Processes, *Econometrica*, Vol.5, 105-146.

Smets, F. and R. Wouters (2007): Shocks and Frictions in US Business Cycles: A Bayesian DSGE Approach, *The American Economic Review*, Vol.9, 586-606.

Solow, R. M. (1956): A Contribution to the Theory of Economic Growth, *Quarterly Journal of Economics*, Vol.70, 65-94.

Sonis, M. (2000): Critical Bifurcation Surfaces of 3rd Discrete Dynamics, *Discrete Dynamics in Nature and Society*, Vol.4, 333-343.

Sveen, T. and L. Weinke (2007): Firm-specific Capital, Nominal Rigidities, and the Taylor Principle, *Journal of Economic Theory*, Vol.127, 729-737.

Taylor, J. (1993): Discretion versus Policy in Practice, *Carnegie-Rochester Conference Series on Public Policy*, Vol.39, 195-214.

Taylor, J. (1999): Staggered Price and Wage Setting in Macroeconomics, in J. Taylor and M. Woodford ed., *Handbook of Macroeconomics*, Vol. I, New York: Elsevier Science.

Walsh, C. E. (2003): *Monetary Theory and Policy*, Cambridge: MIT Press.

Wen, Y. (1998): Capacity Utilization under Increasing Returns to Scale, *Journal of Economic Theory*, 1998, Vol. 81(1), 7-36.

Woodford, M. (2005): Firm-Specific Capital and the New Keynesian Phillips Curve, *International Journal of Central Bank*, Vol.1(2), 1-46.

Woodford, M. and C. E. Walsh (2005): Interest and Prices: Foundations of A Theory of Monetary Policy, *Macroeconomic Dynamics*, Vol.9(3), 462-468.

第四部分

超越凯恩斯和新古典

第十五章　非理性的房地产需求

本书第四部分可以看成是超越新古典和凯恩斯主义经济学的讨论。

我们已经对新古典宏观经济学和凯恩斯主义宏观经济学分别进行了介绍。与此同时，我们对宏观经济学的两大问题，即长期的增长问题和短期的商业周期问题进行了研究。我们的基本发现是：以完全竞争和市场出清为基本背景假设的新古典经济学在研究经济增长时也许是一种可以接受的简化，然而它却无法解释短期的商业周期现象。对于商业周期问题的研究需要回到凯恩斯主义理论体系。

然而，主流经济学（包括新凯恩斯主义等）对于经济波动（或商业周期）的解释基本上是基于将经济波动归因于外生冲击。这样一种解释强调的是经济本身存在着某种稳定机制，即价格调整，即使这种调整在新凯恩斯主义看来具有黏性，从而必然是一种弱稳定机制。然而，由于主流经济学家甚至都没有认识到经济中还存在着非稳定机制，如投资调整等，从而其对经济波动的解释必然离不开外生冲击。

在上一章中，我们从稳定机制与非稳定机制的视角对商业周期和经济波动现象进行了解释。我们发现，经济确实存在着非稳定机制——投资调整，并且至少按照中国的经验，这种调整所产生的非稳定功效大于稳定机制——价格调整——的稳定功效，这使得经济本身是内生不稳定的。为使经济得以稳定，政府的宏观稳定政策就成为必然。

然而，除了投资调整，经济中是否还存在着其他非稳定机制？本章中，我们将以房地产为例，讨论金融资产的需求和价格调整，我们发现：第一，房地产不仅具有一般商品的属性，同时也具有金融资产的属性；第二，对金融资产的需求与对一般商品的需求存在很大的差别：就一般商品而言，其需求曲线是向下倾斜的；但对金融资产而言，其需求曲线则可能向上倾斜，即价格（或价格增长率）越高，其需求就越旺盛。正因为如此，原本在一般商品市场上作为稳定机制的价格调整在房地产和金融市场上就变成了一种非稳定机制。

一、住房的双重属性与房价的特征化事实

房地产业是一国国民经济的基础性和支柱性产业，其在国民经济中具有举足轻重的地位。房地产业的健康发展，会对经济的稳定发展起到至关重要的作用，而当这一产业的发展遇到问题时，几乎肯定会对整个经济产生极其重要的影响。历史上的很多经济危机、萧条和衰退等，都与房地产业的萎缩与崩溃密不可分。2007 年始于美国房地产业的次债危机就着实让我们见识了一回它的能量。

中国自 1998 年实行住房市场化制度改革以来，房地产业的发展突飞猛进。就房价而言，尽管有跌宕起伏，但总体而言，明显呈现出了持续快速上涨的趋势。持续的房价高涨犹如悬于头上的一把"达摩克利斯之剑"，随时让人感觉泡沫破灭可能来临。毫无疑问，房价问

题已经成为中国社会、政府和学界关注的焦点。

(一) 住房的双重属性

国内对中国住房价格的研究大都基于计量模型,或者借鉴国外模型,从住房供求、土地财政等角度解释房价的上涨等,所得出的主要结论是:房价的持续上涨源于市场供求的失衡等。[①] 毋庸置疑,上述解释具有一定的合理性,因为房地产确实具有一般商品之属性,从而市场的供求关系必然会影响住房价格。

然而,一个不容否认的事实是:

> 房地产不仅具有一般商品之属性,同时也具有金融资产之属性:大量的居民购买房产并不是为了自住,而是为了投资,以追求投资回报。

现实中,房地产的这种双重属性体现为大量家庭拥有两套及两套以上的住房。

与一般商品的价格相比,金融资产的价格一般体现出更大的波动率和更高的增长率,即更容易形成泡沫。如果房地产具有金融资产的属性,那么,其价格波动是否也体现出上述金融资产的价格特性呢?

(二) 房价的波动——来自中国的数据

首先让我们考察一下房价波动的一些特征化事实。表 15-1 给出了中国住房与消费品价格月平均增长率。可以发现,中国的住房价格增长率明显高于由 CPI 所代表的消费品价格平均增长率。在各种消费品中,食品价格的平均增长率最高,但仍然明显低于房价增长率。

表 15-1 中国住房与消费品价格月平均增长率比较(2007 年 1 月—2014 年 2 月)[②]

食品	烟酒	服装	家庭设备	娱乐教育	CPI	住房
1.182	0.164	0.036	0.127	0.064	0.440	1.537

表 15-2 进一步给出了中国的房价、消费品价格和金融资产价格的波动率(月度平均)。这里的波动率是指价格增长率的标准差。可以发现,消费品中食品价格的波动率最高,但仍然低于房价的波动率。总体而言,由 CPI 代表的消费品价格波动率最低,金融资产价格的波动率最高,而房价波动率则介于消费品价格波动率和金融资产价格波动率之间。显然,这充

---

① 参见周晖、王擎(2009),李颖、胡日东(2011),况伟大(2012)等。
② 对于消费品的价格,我们以统计局公布的 CPI 同比增长数据为基础计算环比增长,并进行了相应的季节调整,基期为 1995 年 1 月。对于房地产价格,由于房地产价格的月度数据较难获取,我们采用中金公司(CICC)2007 年 1 月至 2012 年 1 月的月环比数据,其余时间段的数据则由东方财富网提供的数据补齐。数据涵盖了中国五大区域(八大城市):环渤海区域(北京)、长三角区域(上海、杭州)、珠三角区域(深圳)、中部区域(武汉、合肥)和西部区域(成都、西安)。中金公司的数据来自其研究报告《CICC Housing Price/Rent Index: 2012》,东方财富网的数据来自 http://data.eastmoney.com/cjsj/cpi.html。

分体现了房地产所具有的商品和金融之双重属性。

表 15-2　中国的住房、消费品和金融资产的价格波动率(2007 年 1 月—2014 年 2 月)①

食品	烟酒	服装	家庭设备	娱乐教育	CPI	住房	上证指数	深圳成指
0.0105	0.0014	0.0028	0.0014	0.0031	0.0041	0.0257	0.0872	0.0978

为了使我们对表 15-1 和表 15-2 有一个更为直观的了解,我们在图 15-1 中给出了 2007 年 1 月—2014 年 2 月中国的 CPI、住房价格和金融资产价格(由上证指数代表)的增长率数据。

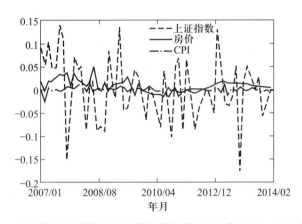

图 15-1　中国的 CPI、房价和上证指数增长率(2007 年 1 月—2014 年 2 月)

(三)房价的波动——来自美国的数据

以上我们讨论的房价波动是来自中国的数据,其特征是时间跨度较小,实际上,即使使用更长时间跨度的美国数据,上述结果依然成立。② 表 15-3 给出了美国的 CPI、房价和金融资产价格(由标普指数代表)的平均增长率及波动率,图 15-2 则给出了其相应的增长率数据。可以看到,上述关于房价的特征化事实同样成立。

表 15-3　美国的 CPI、房价和标普指数的平均增长率及波动率(1953 年第 1 季度—2013 年第 4 季度)

	CPI	房价	标普指数
平均增长率	0.0090	0.0098	0.0204
波动率	0.0091	0.0188	0.0741

数据来源:CPI、标普指数和房价数据来自 http://www.econ.yale.edu/~shiller。

---

① 金融资产主要是指股票,以上证指数和深圳成指为代表。
② 如果不包括美国发生次贷危机时期的数据,美国平均房价增长率更是显著高于其 CPI 增长率。

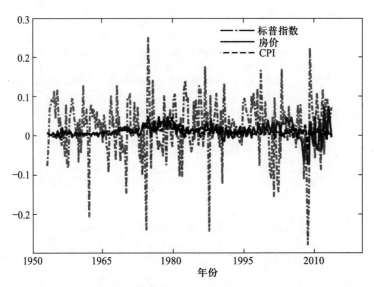

图 15-2 美国的 CPI、房价和标普指数增长率（1953 年第 1 季度—2013 年第 4 季度）

（四）房地产泡沫

房价的这种波动特征必然意味着房地产泡沫。而泡沫到了一定的程度很有可能会破灭，由此带来金融危机。金德尔伯格在为《新帕尔格雷夫经济学大辞典》撰写的"泡沫"词条中写道：

> 泡沫可以不太严格地定义为：一种资产或一系列资产价格在一个连续过程中的急剧上涨，初始的价格上涨使人们产生价格会进一步上涨的预期，从而吸引新的买者——这些人一般是以买卖资产牟利的投机者，其实对资产的使用及其盈利能力并不感兴趣。随着价格的上涨，常常伴随着预期的逆转和价格的暴跌，由此通常导致金融危机。

图 15-3 给出了美国次贷危机前后 Case-Shiller 房价指数的变化。可以看到，次贷危机前房价从 2000 年第 1 季度的 162842 美元，上升到 2006 年第 2 季度最高点的 303265 美元，其间经历了 26 个季度，2007 年第 3 季度则开始快速下跌，从高位下跌到 2009 年第 1 季度的 206248 美元只用了不到 7 个季度的时间，此后，则开始平稳（甚至微弱反弹）。

日本的情况同样如此。自 1982 年到 1990 年，日本的房价一路上涨，并出现泡沫，到 20 世纪 90 年代初房价突然迅速崩溃，导致此后长达 30 年的经济不振。北欧三国（即瑞典、丹麦和挪威）80 年代中后期房价一路上涨，90 年代则迅速崩溃。[①]

根据以上事实我们可以发现：泡沫的形成往往需要一段时间的积累，而在泡沫破灭之后，房价则往往会迅速崩溃。需要说明的是，房价泡沫的这种缓慢积累和迅速破灭的过程与

---

① 参见 Crowe et al.（2010）。

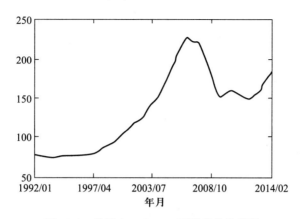

图 15-3　美国 Case-Shiller 房地产价格指数
数据来源：房价数据来自 http://research.stlouisfed.org/fred2。

股票价格的上涨与下跌过程极为相似。[①]

综上所述，关于房价的这些特征化事实充分反映了房地产除了具备商品属性，还有明显的金融属性。

二、无套利条件和异质性交易者——现有研究与理论基础

直至 2001 年，房地产市场还被学界认为是一个不太重要的小众市场，经典的经济学教材对其无一问津(Iacoviello, 2009)。次贷危机发生以后，房地产市场受到了主流经济学前所未有的关注。在许多经济学家看来，房地产和房地产金融是 2008 年金融危机的根源。然而，将房地产纳入主流经济学的分析框架一直是一个重大的挑战：一方面，房地产兼具普通消费品和金融投资品的特征，另一方面，房地产市场的参与者具有明显的异质性。上述两个特点使得房地产的需求动机难以被真实地描述。就目前来看，学界对于房地产价格行为的研究基本上围绕着所谓的无套利条件展开。

(一) 三个无套利条件

无套利条件是金融资产定价理论的一大基石。它指的是在无摩擦的金融市场中，不同投资组合间不存在套利机会。根据房地产的自身特点，学界发展出三种与房地产市场相关的无套利理论：空间无套利、购-租无套利和金融无套利。

第一，空间无套利。空间无套利(或均衡)条件在现代城市经济学和空间经济学中居于核心地位。它广泛运用于预测城市内部和不同城市间的价格分布。[②] 正如 Deng et al. (2012)所指出的，包含经济地理、人文教育、社会治安和房屋质量等信息的特征价格指数能更为科学地测度地价和房价。国内的一些研究，如周京奎(2009)和况伟大(2009)等也基本

---

① 参见 Baker(2002), Case and Shiller(1989, 1990), Case et al. (2005)。
② 参见 Muth(1969), Roback(1982), Glaeser and Gyourko(2006) 和 Glaeser and Gottlieb(2009)等。

上遵循这一思路。然而,空间无套利模型在预测房价行为等方面则较为粗糙,不能回答某些区域的房价是否出现过度投机等问题,尤其是这种基于空间比较的分析,更不能回答一个国家的房价是否合理等问题(Glaeser and Gyourko,2007)。

第二,购-租无套利。由于空间无套利无法解答房价是否合理,学者们基于购房和租房期望收益无差异的假设提出了购-租无套利条件,其核心思想是:如果将房产看成是一种在存续期内连续不断地提供"服务流"(Service Flows)的耐用消费品,同时假定这种服务流对于租房者和购房者是无差异的,那么房价就应该等于未来房租的贴现值,否则就会出现套利机会。值得注意的是,这一模型中房价和租金的关系与股票市场中股价和股息的关系类似(Case and Shiller,1989,1990;Case et al.,2005)。最早研究购-租无套利条件的文献可追溯到 Henderson and Ioannides(1983)和 Poterba(1984),新近的发展有 Sinai and Souleles(2005)和 Smith and Smith(2006)等。龚刚、刘学良(2011)基于购-租无套利条件构建了租房和购房的动态优化模型,得到均衡条件下的购-租比以反映房地产是否存在泡沫,在考察了2010年北京和天津的房地产价格及租金价格后,发现确实存在一定程度的泡沫。

第三,金融无套利。购-租无套利条件是从房地产的一般商品(消费品)属性来考察房价行为等问题。然而,房地产既是消费品,也是投资品(金融资产),即持有者持有房产是为了获得投资回报。从房地产的金融属性出发,学者们进一步提出了金融无套利条件。具体而言,当我们将房地产看作金融资产时,在经过风险调整的期望收益后,投资房地产和投资其他金融资产是无差异的,否则两个市场之间就会存在套利机会。Case and Shiller(1989)作为这一领域的先驱,在研究房地产价格动力学方面,开创性地提出了房地产市场的金融无套利条件。沿袭这一思路的最新研究包括 Bayer et al.(2010)、Arce and López-Salido(2011)和 Fischer and Stamos(2013)。例如,Bayer et al.(2010)批判了经济学家们过于关注住房的消费属性,偏重地理位置、面积、教育环境和治安等城市经济学分析框架,而对占美国家庭投资组合2/3的房地产的投资属性明显关注不足,文中基于资产定价的视角,分析了房地产市场的风险溢价等问题。

尽管基于无套利条件的研究通常具有相当坚实的微观基础,但有关的实证检验仍对这一条件构成了一定程度的挑战。Case and Shiller(1989)的研究发现:由于缺少卖空市场、较高的交易成本及针对自有住房者的税收优惠等,房地产市场的购-租无套利条件受到了一定的抑制。Glaeser and Gyourko(2007)利用美国住房调查(AHS)等微观数据库,对购-租无套利条件和金融无套利条件进行了实证分析,并提出了质疑。其他相似的研究包括 Oikarinen(2008)等。

需要说明的是,以上实证分析主要是针对无套利条件的可预测性,而在一个充满摩擦的市场中,任何一种无套利条件都不可能严格地成立。但不能否认的是,无套利条件确实决定了资产的长期动态。事实上,学者们较为一致的看法是:至少在很大程度上,房价的调整是趋向于无套利条件的(Oikarinen,2008),因为它代表了市场长期的均衡关系。同时需要特别指出的是,本章的核心是分析房价的动态学特征,而不是精确地预测房价,因此在模型中引入无套利条件具有其合理性。

(二)乐观主义者和悲观主义者

无论是金融无套利条件还是购-租无套利条件,一般都会有一个对未来房价的预期。事实上,在一般的金融资产定价模型中,也通常需要有一个对资产未来价格的预期。然而,预期如何确定? 如何引入模型?

尽管经济学家们大多认为市场参与者的预期具有异质性,然而,在研究中他们却通常是将不同的预期分别引入不同的模型中,即一个模型中只考虑一种类型的预期,并考察不同预期假设下房价的动态特征(Bayer et al.,2010)。然而,在一个模型中只考虑一种预期实际上仍然意味着在该模型所代表的经济中,市场的参与者在预期上是同质的。这显然不符合客观的经济社会。因此,一个逻辑上更好的研究方法是将不同的预期同时引入一个模型中。我们将遵循同时引入异质性预期的原则来构建我们的房价动态模型。为此,有必要首先区分出市场参与者在预期上的不同类型。

Gerardi et al.(2010)考察了次贷危机前美国房地产市场交易者对房价预期的分歧。从发表于2004—2006年房地产扩张阶段的有关文献看,经济学家对房价的预期存在着广泛争议。许多悲观主义者认为房地产泡沫已经形成,并警告房地产市场即将发生崩溃,从而将引发严重后果。[①]而乐观主义者则完全无视这种警告。在他们看来,房地产市场的繁荣可以持续。[②] Gerardi et al.(2010)的研究发现,次贷危机发生前,尽管市场存在诸多分歧,然而美国房地产市场交易者中主要以乐观主义者为主,而悲观主义者仅占少数,其影响力被严重忽略。

将房地产市场参与者区分为乐观主义者和悲观主义者将使我们对房地产交易市场和租房市场进行有效的分割,从而能让我们得以区分购-租无套利条件和金融无套利条件下的房价预期。例如,Favara and Song(2014)将房地产市场参与者的异质性区分为悲观主义者和乐观主义者。悲观主义者倾向于认为房价会下跌(或增长很有限),从而愿意租房以避免资本损失;而乐观主义者认为房价将维持上涨趋势,愿意购房以获取资本回报。由于悲观主义者进入的是租房市场而非交易市场,因此,房地产均衡价格仅反映了乐观主义者的预期,从而出现向上偏倚并呈更大波动。Ciarlone(2012)也提供了新兴市场国家房地产市场中存在悲观主义者的经验依据。

(三) 基本面分析者和技术分析者

如前所述,Favara and Song(2014)认为只有乐观主义者才参与房地产交易市场,从而房地产的交易价格仅反映乐观主义者的预期。然而,这样一种分析却忽略了房地产交易市场中也同时存在着房产的出售者。事实上,将房地产市场(包括交易市场和租房市场)的参与者仅仅区分为乐观主义者和悲观主义者是不够的。由于房地产具有金融资产的特性,因此有必要进一步借助金融文献中对市场参与者的划分来分析房地产市场参与者。

金融文献中对市场参与者的划分基本上归为两类:一类是基本面分析者,另一类为技术分析者。需要说明的是,对基本面分析者和技术分析者的称谓在不同的文献中尽管有所不

[①] 典型的悲观主义者包括 Krugman(2005)和 Shiller(2006)等。Baker(2002)和 Case and Shiller(2003)都认为当时美国房地产存在由于过度的投资动机(预期房价上涨)所导致的明显泡沫;Baker and Rosnick(2005)和 Shiller(2006)曾警告:房地产可能发生崩溃,并且将比股票市场崩溃的后果更严重。

[②] 许多乐观主义者属于专业研究人员,享有很高的声望,参见 Quigley and Raphael (2004),McCarthy and Peach (2004),Himmelberg et al. (2005)和 Smith and Smith(2006)。

同,但实质并无二致,如基本面分析者也被称为理性交易者或信息观察者;技术分析者又被称为跟风交易者、趋势交易者、噪声交易者和动量交易者等。早期的代表性文献有 De Long(1990)和 Day and Huang(1990)。他们根据投资者交易风格的差异,将交易者分为基本面分析者和技术分析者,通过考察他们的交易行为,揭示了资产价格动力学的形成机制。基本面分析者通常为理性交易者,关注经济基本面;而技术分析者通常为非理性交易者,不关注经济基本面,只关注价格走势,采取追涨杀跌的惯性投资策略。由于技术分析者的追涨杀跌,资产价格通常会偏离基本面,从而产生泡沫,加剧市场波动。在此基础上,其他有影响力的类似文献有 Brock and Hommes(1998)、Hong and Stein(1999)、Hommes(2006)、Tramontana et al.(2010)和 Huang et al.(2010)等,此类模型通常可以很好地俘获金融资产收益率尖峰厚尾、波动集群和杠杆效应等特征化事实。

借鉴金融市场的异质性假设,Ascari et al.(2013)将基本面分析者和技术分析者引入房地产交易市场,在此基础上,建立了一个异质性交易者模型来考察房价的动态变化,分析房地产泡沫的形成和破灭机制。其他类似的研究包括 Piazzesi and Schneider(2009),Dieci and Westerhoff(2009),王永钦、包特(2011),Chien et al.(2011),Tomura(2013),Dieci and Westerhoff(2013)等。

需要说明的是,上述引入基本面分析者和技术分析者的房地产价格模型基本上都没有区分乐观主义者和悲观主义者,与此同时,它们所使用的无套利条件只有金融无套利条件。从这个意义上说,它们都是把房地产仅仅看成是一种金融资产,从而忽略了房地产所同时具备的商品属性。

综上所述,尽管现有基于无套利条件和异质性交易者来研究房地产价格的文献较为丰富,但仍未形成完整的理论体系,即要么仅考虑房地产的一般商品属性(从而模型只讨论购-租无套利条件,而将异质性交易者只区分为乐观主义者和悲观主义者),要么只考虑房地产的金融资产属性(从而模型只讨论金融无套利条件,而将异质性交易者只区分为基本面分析者和技术分析者)。正因为如此,现有的研究是不完整的,从而也并未被主流经济学家们完全接受,而相关的经验检验文献更是有限。

本章与现有文献的一大区别是:我们将同时考虑房地产所拥有的金融资产属性和一般商品属性,从而在我们的模型中既有购-租无套利条件也有金融无套利条件,而模型所考虑的异质性交易者中既有悲观主义者和乐观主义者的区分,同时也有基本面分析者和技术分析者的区分。

三、模型的构建

(一) 家庭的住房决策问题

考察家庭 j,其 t 期持有的住房不仅可用作消费,也可用作投资,因此既可能自住,也可能出租或出售,以获得回报。令 $W_{j,t}$ 为家庭 j 可获得的一种无风险资产,其回报率为 r。这意味着家庭 j 持有住房必须满足的回报率为 r,否则套利就会存在。设家庭 j 在 t 期拥有的房产总量(如按平方米衡量)为 $H_{j,t}$,其中,$L_{j,t}$ 部分用于自住,$H_{j,t}-L_{j,t}$ 部分用于出租。此外，在 t 期期末，家庭还可能会新购住房 $H_{j,t+1}-H_{j,t}$（若 $H_{j,t+1}-H_{j,t}$ 为负，则可理解为出售住房）。于是，家庭的预算约束可写成

$$W_{j,t+1} = (1+r)W_{j,t} + Y_{j,t} - C_{j,t} - dP_t H_{j,t}$$
$$+ Q_t(H_{j,t} - L_{j,t}) - E_{j,t}[P_{t+1}](H_{j,t+1} - H_{j,t}) \qquad (15.1)$$

其中，$C_{j,t}$ 是家庭 j 的实际消费支出；$Y_{j,t}$ 是家庭 j 的实际收入；Q_t 为每平方米的实际租金（由市场给定），从而 $Q_t(H_{j,t}-L_{j,t})$ 是家庭的实际房租收入；P_t 为当前(t 期)所观察到的房价，$E_{j,t}[P_{t+1}]$ 则为家庭 j 所预期的 $t+1$ 期的房价，这里，$E_{j,t}(\cdot)$ 为家庭 j 在 t 期的预期算子，从而 $E_{j,t}[P_{t+1}](H_{j,t+1}-H_{j,t})$ 为新购置住房的预期支出；$dP_t H_{j,t}$ 为住房的实际使用成本(包括物业费、税费及折旧等)，这里，我们假定使用成本按住房的市场价值 $P_t H_{j,t}$ 衡量，且单位使用成本 d 不随时间而改变。本章中我们假定社会商品的一般价格为 1，从而 Q_t 和 P_t 分别表示实际租金和实际房价，而 r 则为实际利率。

家庭 j 的效用来自其消费 $C_{j,t}$ 和自住房 $L_{j,t}$。给定当前收入 $Y_{j,t}$ 和预期的未来收入 $E_{j,t}\{Y_{j,t+i}\}_{i=0}^{\infty}$、当前房价 $P_{j,t}$ 和预期的未来房价 $E_{j,t}\{P_{t+i}\}_{i=1}^{\infty}$、当前房租 Q_t 和预期的未来房租 $E_{j,t}\{Q_{t+i}\}_{i=1}^{\infty}$，以及 t 期的初始条件 $W_{j,t}$ 和 $H_{j,t}$，家庭 j 将选择决策序列 $\{C_{j,t+i}\}_{i=0}^{\infty}$、$\{L_{j,t+i}\}_{i=0}^{\infty}$ 和 $\{H_{j,t+i}\}_{i=0}^{\infty}$，以最大化其效用

$$\max E_{j,t}\left[\sum_{t=i}^{\infty}\beta^t(\ln C_{j,t+i} + \kappa \ln L_{j,t+i})\right] \qquad (15.2)$$

受约束于公式(15.1)。

命题 15-1 给出了家庭 j 的购房决策问题(15.1)和(15.2)的解。

【命题 15-1】 购房决策问题(15.1)和(15.2)的最优解为

$$C_{j,t} = (1+r)\beta C_{j,t-1} \qquad (15.3)$$

$$L_{j,t} = \frac{\kappa}{Q_t}C_{j,t} \qquad (15.4)$$

$$\frac{E_{j,t}[P_{t+1}] + Q_t}{P_t} = 1 + r + d \qquad (15.5)$$

该命题的证明由本章的附录给出。

上述命题中，公式(15.3)给出了 $C_{j,t}$ 的决定方式；公式(15.4)反映了在给定 $C_{j,t}$ 的情况下自住房 $L_{j,t}$ 的决定方式。然而，我们在这里主要关注的是公式(15.5)。

从逻辑上讲，公式(15.5)给出的是另外一个决策变量 $H_{j,t+1}$ 的决定方式，尽管我们并没有看到该式中包含着 $H_{j,t+1}$。

就家庭 j 而言，公式(15.5)左边的 $(E_{j,t}[P_{t+1}]+Q_t)/P_t$ 可以理解为购买住房资产的预期回报率，其中，$E_{j,t}[P_{t+1}]/P_t$ 代表房价上涨所带来的回报率，Q_t/P_t 则代表着租金回报率；公式右边的 $1+r+d$ 为购买住房资产的机会成本，即来自无风险资产的利息成本和住房使用成本。当 $(E_{j,t}[P_{t+1}]+Q_t)/P_t>1+r+d$ 时，购买住房资产的预期回报率高于其机会成本，此种情况下，家庭将尽可能地购买房产，即动用自己所有的财富使 $W_{j,t+1}=0$；而当 $(E_{j,t}[P_{t+1}]+Q_t)/P_t<1+r+d$ 时，家庭会尽可能地抛售其房产，即使得 $H_{j,t+1}=0$；只有当 $(E[P_{t+1}]+Q_t)/P_t=1+r+d$ 时，家庭购买或抛售其房产是无差异的。

由此可见,公式(15.5)不仅隐含着决策变量 $H_{j,t+1}$ 的决定方式,同时也可以理解为就家庭 j 而言的无套利条件(包括金融无套利和购-租无套利)。为了进一步论证公式(15.5)同时也是家庭 j 的购-租无套利条件,我们不妨将公式(15.5)转化为

$$Q_t = (d+r)P_t + (P_t - E_{j,t}[P_{t+1}])$$

以上,公式的左边代表由租房所引起的家庭 j 的净资产损失,右边则代表由购房所导致的家庭 j 的净资产损失,其中,dP_t 为使用成本,rP_t 为利息成本,$P_t - E_{j,t}[P_{t+1}]$ 则是房价的预期损失。由此我们发现公式(15.5)同时也是家庭 j 的购-租无套利条件。

令 $E_{j,t}[p_{t+1}]$ 为家庭 j 在 t 期所预期的房价增长率,即 $E_{j,t}[P_{t+1}] = (1 + E_{j,t}[p_{t+1}])P_t$,于是,公式(15.5)可进一步写成

$$E_{j,t}[p_{t+1}] + \frac{Q_t}{P_t} = r + d \tag{15.6}$$

公式(15.6)的左边是投资房地产所得到的回报率,右边则为其成本损失率。因此,公式(15.5)和(15.6)同时也满足金融无套利条件。

(二) 悲观主义者

如公式(15.5)和(15.6)所示,反映住房市场均衡的无套利条件取决于预期。然而,不同的家庭其预期是不尽相同的。本章将家庭分为三种类型:悲观主义者、技术分析者和基本面投资者,它们分别持有不同的房价增长率预期 $E_{j,t}[p_{t+1}]$。

悲观主义者认为房价的增长率不会太高。特别地,令 $E_{q,t}[p_{t+1}]$ 为悲观主义者预期的房价增长率,其中,$E_{q,t}(\cdot)$ 为悲观主义者在 t 期的预期算子。为使我们的分析尽量简化,我们假定

$$E_{q,t}[P_{t+1}] = p_q, \quad p_q < r + d \tag{15.7}$$

以下是关于由公式(15.7)所表示的悲观主义者在经济中的存在性定理。

【命题 15-2】 假定经济中不存在家庭购房的金融约束,则要使 $Q_t > 0$,经济中至少存在某些家庭,其预期的房价增长率 $E[p_{t+1}]$ 低于 $r + d$。与此同时,持有此预期的家庭不选择购房。

此命题的证明由附录给出。

由此我们发现,悲观主义者作为家庭的一种类型确实存在于现实经济中,尽管他们并不参与购房,却积极参与租房市场。正是由于悲观主义者的参与,才使得租房市场上 $Q_t > 0$。

给定悲观主义者的预期 p_q,公式(15.6)让我们得到租房市场均衡条件下 Q_t 的决定公式:

$$Q_t = (r + d - p_q)P_t \tag{15.8}$$

当然,上述讨论中我们是以悲观主义者的存在来决定租房市场的存在,并由此得出租金 Q_t 的决定公式(15.8)。然而,现实中,不仅悲观主义者参与租房市场,同时大量的低收入者和受贷款及其他购房约束的居民也参与租房市场。我们没有考虑其他租房市场的参与者纯粹是出于简化,目的是较为容易地得出租金 Q_t。

(三) 技术分析者

然而,由于悲观主义者不愿意购房,其对房地产业购房市场并无实质影响。购房市场的主要参与者来自另外两类家庭:技术分析者和基本面分析者。

技术分析者根据资产价格的历史轨迹来分析和预测资产价格,其基本的思维模式是:资产价格具有惯性,会维持上升或下降的趋势。我们取最简单的技术分析者之预期,即完全的适应性预期:

$$E_{c,t}[p_{t+1}] = p_t \tag{15.9}$$

这里,$E_{c,t}(\cdot)$表示技术分析者在t期的预期算子。给定公式(15.9)中的房价预期,技术分析者购房的预期净回报率$E_{c,t}[\gamma_{t+1}]$可表示为

$$E_{c,t}[\gamma_{t+1}] = p_t + \frac{Q_t}{P_t} - r - d$$

如前所述,p_t代表房价上涨所带来的回报率,Q_t/P_t代表租金回报率,而$r+d$则为购买住房资产的机会成本。将公式(15.8)代入上式以解释Q_t,我们有

$$E_{c,t}[\gamma_{t+1}] = p_t - p_q \tag{15.10}$$

于是,如果$p_t > p_q$(即$E_{c,t}[\gamma_{t+1}] > 0$),那么技术分析者将增购住房;反之亦然。显然,$E_{c,t}[\gamma_{t+1}]$越大,来自技术分析者的新购住房需求就越大。令$\Delta h_{c,t}$为技术分析者$t$期的新购住房需求($\Delta h_{c,t} < 0$代表住房供给)。于是,为使我们的分析尽量简化,我们假定:

$$\begin{aligned}\Delta h_{c,t} &= a_c E_{c,t}[\gamma_{t+1}] \\ &= a_c (p_t - p_q)\end{aligned} \tag{15.11}$$

其中,参数$a_c > 0$反映了技术分析者的市场力量。公式(15.11)表明技术分析者的需求$\Delta h_{c,t}$与住房价格正相关。从这个意义上说,技术分析者的市场行为体现为追涨杀跌,是违反需求规律的,即价格越涨,需求越旺,从而是市场不稳定的根源。

(四) 基本面分析者

第三类的家庭为基本面分析者。基本面分析者主要依据宏观经济形势及资产自身特质等评估资产的长期价值。基本面分析者认为资产未来的价格会收敛于其长期的均衡路径。这意味着其预期价格为

$$E_{f,t}[p_{t+1}] = p_f$$

其中,$E_{f,t}(\cdot)$表示基本面分析者在t期的预期算子,p_f可视为基本面分析者所认定的长期均衡路径上的房价增长率。从而,其交易行为可表示为

$$\Delta h_{f,t} = a_f (p_f - p_t) \tag{15.12}$$

其中,$\Delta h_{f,t}$为基本面分析者t期的新增购房需求($\Delta h_{f,t}$为负,表示新增供给),参数$a_f > 0$反映了基本面分析者的市场力量。显然,这样一种交易行为意味着,如果住房价格p_t低于其预期的基本价值(或长期均衡价值)p_f,基本面分析者认为房价将上涨,故而会增加其对住房的购买需求;反之亦然。显然,基本面分析者的市场行为符合市场需求规律,从而是市场得以稳定的基本力量。

(五) 住房市场的总需求

设 h_t 为 t 期的住房市场总需求。这里，h_t 既包括已经实现的需求（如家庭已经持有的住房存量），也包括还未实现的需求。这样，在 $t+1$ 期，住房市场的总需求为

$$h_{t+1} = \Delta h_{c,t} + \Delta h_{f,t} + h_t$$

将公式(15.11)和(15.12)代入，得

$$h_{t+1} = (a_c - a_f)p_t - h_t + (a_f p_f - a_c p_q) \tag{15.13}$$

公式(15.13)可以理解成是住房市场的需求函数。我们发现，除一些常数项外，住房市场的新增需求 $h_{t+1} - h_t$ 取决于住房价格的增长率 p_t，而该函数是否如同常规的需求函数那样向下倾斜（或是否与 p_t 负相关）则取决于 a_f 和 a_c 的比较，即基本面分析者和技术分析者市场力量的比较。特别地，当 $a_c > a_f$，即技术分析者的市场力量大于基本面分析者时，需求曲线是向上倾斜的。

龚刚、张路、魏熙晔(2018)采用了中国的数据对公式(15.13)进行实证检验。检验结果表明，$a_c - a_f$ 显著为正，并且这一结果是极为稳健的。这实际上表明，至少在中国，技术分析者的市场力量大于基本面分析者，从而使中国房地产的市场需求曲线向上倾斜。

四、动态分析

给定前文所讨论的房地产需求，我们接着分析在这样一种需求行为下房价的动态特征。为便于分析，我们假设住房市场的供给固定为 h_s。这样，在 $t+1$ 期，住房市场的供需状况为 $h_{t+1} - h_s$，该状况可视为住房价格变化的基础。为使分析尽量简化，我们假定

$$p_{t+1} = \theta(h_t - h_s) \tag{15.14}$$

其中，$\theta > 0$。于是，公式(15.13)和(15.14)构成了一个在 (p_t, h_t) 空间上标准的二维动态系统。

我们现在对由公式(15.13)和(15.14)所构成的二维动态系统进行分析。

(一) 稳定状态

系统 (p_t, h_t) 的稳定状态由如下命题给出：

【命题15-3】 令 $p_{t+1} = p_t = \bar{p}$ 和 $h_{t+1} = h_t = \bar{h}$，其中，$\bar{p}$ 和 $\bar{h}$ 分别为 p_{t+1} 和 h_{t+1} 的稳定状态，于是

$$\bar{p} = p_q - \frac{a_f(p_f - p_q)}{a_c - a_f}, \quad \bar{h} = \frac{\bar{p}}{\theta} + h_s \tag{15.15}$$

该命题的证明极为容易，因此在此省略。

(二) 稳定性分析

接下来，我们考察动态系统 (p_t, h_t) 的稳定性。很容易发现，稳定状态 $(\bar{p}, \bar{h})$ 下系统

(p_t, h_t) 的雅克比矩阵为

$$J = \begin{bmatrix} 0 & \theta \\ a_c - a_f & 1 \end{bmatrix}$$

从而,其特征方程可写成

$$\lambda^2 - \lambda - \theta(a_c - a_f) = 0 \tag{15.16}$$

求解上式,得

$$\lambda_{1,2} = \frac{1}{2}[1 \pm \sqrt{1 + 4\theta(a_c - a_f)}]$$

由此我们得到如下关于两个特征根 λ_1 和 λ_2 的命题。

【命题 15-4】 设 $\lambda_1 \geqslant \lambda_2$,则特征根 λ_1 和 λ_2 具有如下性质:
(1) 如果 $a_f \leqslant a_c$,则两个特征根均为实根,且 $\lambda_1 \geqslant 1$;
(2) 如果 $a_f > a_c$,但 $a_f \leqslant a_c + 1/(4\theta)$,则两个特征根均为实根,且 λ_1 和 λ_2 均小于 1,大于 0;
(3) 如果 $a_f > a_c + 1/(4\theta)$,则特征根 λ_1、λ_2 为一对共轭复根。此种情况下,存在着一个大于 $1/[4(a_f - a_c)]$ 的 θ,记为 θ^*,使得

- 当 $\theta < \theta^*$ 时,$|\lambda_{1,2}| < 1$;
- 当 $\theta = \theta^*$ 时,$|\lambda_{1,2}| = 1$;
- 当 $\theta > \theta^*$ 时,$|\lambda_{1,2}| > 1$。

此命题的证明由本章的附录给出。

命题 15-4 的经济含义可解释如下。假设 $a_f \leqslant a_c$(即情形 1),此时市场主要由技术分析者所主导,我们有 $\lambda_1 \geqslant 1$,从而房价出现单调发散,其上涨或下跌则取决于初始条件。a_f 增加,且大于 a_c,但仍小于 $a_c + 1/(4\theta)$(即情形 2),此时市场主要由基本面分析者主导,但由于 θ 值较小,此时 λ_1 和 λ_2 均小于 1,大于 0,从而房价出现单调收敛至稳定状态。a_f 进一步增加,且大于 $a_c + 1/(4\theta)$(即情形 3),此时 λ_1 和 λ_2 为一对共轭复根,经济体出现波动。但如果 θ 仍然适中,如小于 θ^*,从而使 $|\lambda_{1,2}| < 1$,则经济体将仍然波动收敛至稳定状态。相反地,如果 θ 过大,大于 θ^*,则由于 $|\lambda_{1,2}| > 1$,则房价呈波动式发散。很容易发现,$\theta^* = 1/(a_f - a_c)$,从而 θ^* 是一个 Hopf 分岔。

(三) 模拟

接下来,我们对系统 (p_t, h_t) 进行模拟,以证实前文所讨论的模型的动态特征。表 15-4 首先给出了模拟所用的基准参数。

表 15-4　模拟所用的基准参数

a_c	a_f	θ	h_s	p_q	p_f
0.5	0.3	0.4	100	0.02	0.04

我们注意到,按照表 15-4 所给出的基准参数,$a_f<a_c$,即命题 15-4 中的情形 1,正如之前所讨论的,$a_f<a_c$ 意味着基本面分析者市场力量过弱,从而房价 p_t 的动力学行为主要由技术分析者所主导。很容易算出:$\bar{p}=-0.01,\bar{h}=99.975$。前面已指出,当住房市场主要由技术分析者主导时,房价 p_t 呈单调发散状态。图 15-4 给出了两种不同初始条件下 (p_t,h_t) 的动力学轨迹。

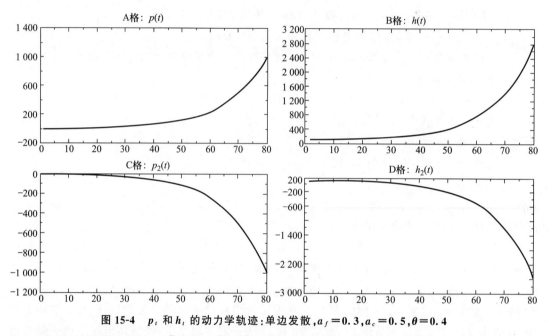

图 15-4　p_t 和 h_t 的动力学轨迹:单边发散,$a_f=0.3,a_c=0.5,\theta=0.4$

注:A 格和 B 格的初始条件为 $p_0=\bar{p},h_0=1.1\bar{h}$,C 格和 D 格的初始条件为 $p_0=\bar{p},h_0=0.9\bar{h}$。

现在我们考虑改变 a_c 和 a_f。假定 $a_c=0.3,a_f=0.5$,从而 $a_f>a_c$,其他参数不变。很容易发现,此种情况下,$a_f\leqslant a_c+1/(4\theta)$,且 $\bar{p}=0.07,\bar{h}=100.175$,显然,此种情况为命题 15-4 中的情形 2。图 15-5 给出了相应的关于 (p_t,h_t) 的动力学轨迹:如我们所预期的,p_t 和 h_t 呈单边收敛至各自的稳定状态。

现在我们考察将 θ 增加至 4,其他参数不变,此时,$a_f>a_c+1/(4\theta)$ 得到满足,从而特征根 λ_1 和 λ_2 为一对共轭复根,即经济进入情形 3。很容易发现 Hopf 分岔 θ^* 则为 5,从而 $\theta<\theta^*$。图 15-6 出了相应的关于 (p_t,h_t) 的动力学轨迹:如我们所预期的,p_t 和 h_t 呈波动性收敛至各自的稳定状态。

现假定 θ 进一步增加至 6,从而 $\theta>\theta^*$。图 15-7 给出了相应的关于 (p_t,h_t) 的动力学轨迹:如我们所预期的,p_t 和 h_t 呈波动性发散。

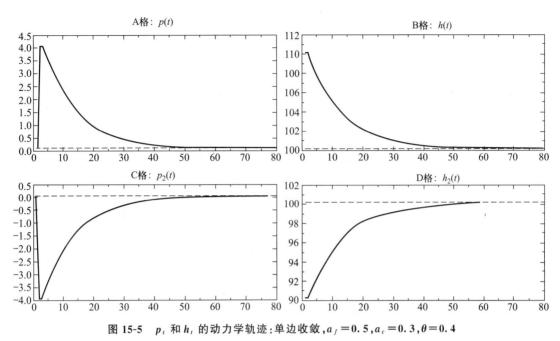

图 15-5　p_t 和 h_t 的动力学轨迹：单边收敛，$a_f=0.5, a_c=0.3, \theta=0.4$

注：A 格和 B 格的初始条件为 $p_0=\bar{p}, h_0=1.1\bar{h}$，C 格和 D 格的初始条件为 $p_0=\bar{p}, h_0=0.9\bar{h}$。

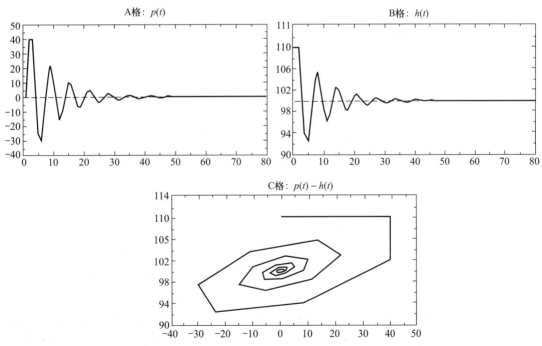

图 15-6　p_t 和 h_t 的动力学轨迹：波动性收敛，$a_f=0.5, a_c=0.3, \theta=4$

注：初始条件为 $p_0=1.01\bar{p}, h_0=\bar{h}$。

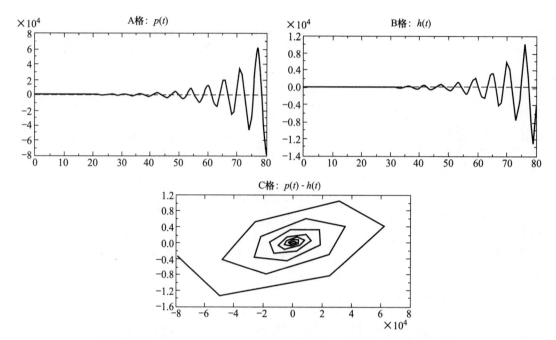

图 15-7 p_t 和 h_t 的动力学轨迹:波动性发散,$a_f=0.5,a_c=0.3,\theta=6$。

注:初始条件为 $p_0=1.01\bar{p},h_0=\bar{h}$。

(四) 泡沫是如何破灭的?

我们已经知道,如果市场由技术分析者主导,房价可能快速上升,这就是所谓的泡沫,而所有的泡沫最终都会破裂。然而,泡沫究竟是如何破灭的呢?

需要注意的是,前文我们假定房屋的供给固定为 h_s,然而,房价越高,越有可能产生正向供给冲击。为此,我们定义一个随机冲击 ε_t,从而使得 t 期住房的供给变为时间变量 $h_{s,t}$,满足

$$h_t^s = h_{t-1}^s + \varepsilon_t \quad (15.17)$$

随即,冲击 ε_t 定义如下:

$$\varepsilon_t = \begin{cases} 0, & p_{t-1} < p_f \\ \mu p_{t-1} u_t, & 其他 \end{cases} \quad (15.18)$$

其中,u_t 为在 0—1 区间取值的服从均匀分布的随机变量。公式(15.18)意味着当房价的增长率 p_t 高于某个临界水平,如 p_f 时,存在一个正向的供给冲击,且该冲击随着房价增长率 p_t 的上升而加大。

给定公式(15.17)和(15.18)的供给冲击,我们发现即使市场由技术分析者主导,从而房价可能会持续快速上升,即产生泡沫,但只要存在着供给冲击,泡沫最终必然会破裂,此情形如图 15-8 所示。

在图 15-8 中,我们模拟了房价水平 P_t(而非其增长率 p_t)的动力学轨迹。参数为基准参数,从而市场由技术分析者主导(即 $a_c > a_f$),初始条件为 $p_0=1.1\bar{p},h_0=h_s,P_0=1$,而公

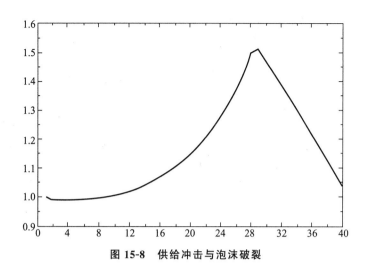

图 15-8 供给冲击与泡沫破裂

式(15.18)中的函数参数 μ 则设为 3。可以看到,图 15-8 与图 15-3 极为相似。

(五) 讨论

我们基于房地产所具备的商品属性和金融资产属性,构建了一个关于房地产需求的动态模型,通过引入金融无套利条件和购-租无套利条件及异质性交易者,揭示了房价的变动规律。

我们的研究发现,由于房地产同时具备商品属性和金融资产属性,市场对住房的需求可能会违背一般的市场供求规律,出现房价越高(或房价增长率越高),人们(如技术分析者)会认为其投资回报率越高,从而对住房的需求就越大。显然这样一种违背市场需求规律的金融资产属性使得房价与股票价格一样不仅极其难以稳定和预测,同时,也极易被操控、炒作和投机。住房市场的这些特点使得房地产市场很容易产生泡沫,而任何泡沫积累到一定程度,都很容易破裂。

由于房地产所具有的这种金融资产属性,对房地产市场的调控显然应不同于对一般商品市场的调控。事实上,我们还应考虑借助金融市场的监管手段来对住房市场进行监管。比如已经在 2013 年 3 月颁布实施的二手房交易税,其作用机制在于提高交易成本,抑制投机者通过频繁"买入卖出"来推高房价,这类似于国际金融市场上的"托宾税"。

如果说二手房交易税是为了增加技术分析者的投机成本的话,政府还可以从影响购房者的预期入手对房地产市场进行干预。与金融市场类似,在房地产市场中,购房者的预期对整个市场的走向具有举足轻重的影响,我们的理论模型和实证分析已经充分证明了这一点。有鉴于此,我们认为,政府在对房地产市场进行调控的过程中,必须充分重视对购房者的预期进行"管理"。例如,政府有必要根据各地实际,每年公布一个关于房价增长率的目标,这一增长率目标的设定可以参照公式(15.6),即使得购-租无套利和金融无套利条件得以满足。为了使家庭相信政府的预期是"可信的",政府必须以所公布的房价增长率目标为基准,采取相关调控措施。通过对房价增速目标的遵守及相应的调控措施,政府可以以较低的成本有效地影响家庭对房价的预期。

我们还需说明的是，作为一种金融资产，房价是很容易被炒高的。而房价一旦被炒高，就会激发更多的房地产投资。由于地方政府本身也可以从房地产投资中得到大量的卖地收入，而房地产投资本身也能在短期内推动当地的经济增长，因此，由房价高涨而激发的房地产投资（即前文模拟中的供给冲击）无疑为各地方政府所期待。实际上，在一定程度上这已经构成了目前许多地方的一种主要经济增长方式。

然而，这种由房价高涨所带动的房地产需求必然是投资性需求，因为正如本章所论证的，只有投资性需求才会因房价的高涨而增长。现实中，大量家庭拥有两套及两套以上住房本身就意味着其对商品房的需求并不是为了自住，而是出于投资的目的。而且，正如我们在前文的模拟中所看到的，这样一种由房价高涨所激发的供给冲击（或房地产投资）最终必然会带来泡沫的破灭：在总体已供给过剩的条件下，由房地产投资所创造的供给已不再是有效供给，它所提高的只能是空置率，而空置率不断提高的最终结果必然是泡沫的破灭。通过房地产投资来刺激经济增长本质上是一种粗放型的增长方式，它不仅会占用大量的土地和资源，从而使经济具有涸泽而渔的倾向，与此同时，也不利于全社会的技术进步：一方面，房地产业本身的全要素生产率并不高[1]，另一方面，由泡沫所带动的房地产业的超额利润会损害制造业的投资和研发激励，在现实中这表现为房地产的投资增速远远超过制造业的投资和研发投入，甚至很多制造业企业原本用于研发或扩大再生产的资金也被吸引到房地产行业。所有这些都将损害长期经济增长。中国要警惕以房地产投资来拉动和刺激经济的这种旧的经济增长方式的死灰复燃（龚刚，2016）。

附录

命题 15-1 的证明

定义拉格朗日算子 L 为

$$L = \sum_{t=0}^{\infty} \beta^t (\ln C_{j,t} + \theta \ln L_{j,t}) -$$

$$\sum_{t=0}^{\infty} \lambda_{t+1} \beta^{t+1} \{W_{j,t+1} - [(1+r)W_{j,t} + Y_{j,t} - C_{j,t}$$

$$- dP_t H_{j,t} + Q_t(H_{j,t} - L_{j,t}) - E_j[P_{t+1}](H_{j,t+1} - H_{j,t})]\}$$

由此得到家庭决策问题的一阶条件为

$$\frac{1}{C_{j,t}} - \lambda_{t+1}\beta = 0 \tag{15.19}$$

$$\frac{\theta}{L_{j,t}} - \lambda_{t+1}\beta Q_t = 0 \tag{15.20}$$

$$\lambda_{t+1}\beta(-dP_t + Q_t + E_j[P_{t+1}]) - \lambda_t P_t = 0 \tag{15.21}$$

$$\lambda_{t+1}\beta(1+r) - \lambda_t = 0 \tag{15.22}$$

---

[1] 例如，根据赵春雨等（2011）的研究，1999—2009 年，中国制造业部门的平均 TFP 年增长率为 20.9%，而房地产业的 TFP 年增长率仅为 6.1%

由公式(15.19)得 $\lambda_t=1/(\beta C_{j,t-1})$，将其代入公式(15.22)，即得命题中的公式(15.3)。将公式(15.19)代入公式(15.20)，得命题中的公式(15.4)。最后将公式(15.22)代入公式(15.21)，得

$$\lambda_{t+1}\beta(-dP_t+Q_t+E[P_{t+1}])-\lambda_{t+1}\beta(1+r)P_t=0$$

两边同除以 $\lambda_{t+1}\beta P_t$：

$$-d+\frac{Q_t+E[P_{t+1}]}{P_t}=1+r$$

此即为命题中的公式(15.5)。命题得证。

命题 15-2 的证明

由公式(15.6)我们可以发现，如果 $E[p_{t+1}]>r+d$，则 Q_t 为负。从而，如果所有家庭都相信 $E[p_{t+1}]>r+d$，那么所有家庭均会选择购房，这使得经济中不存在租房需求。因此，若使 $Q_t>0$，经济中必然存在着一些家庭，其预期体现为 $E[p_{t+1}]<r+d$。命题得证。

命题 15-4 的证明

不失一般性，不妨设 $\lambda_1\geq\lambda_2$，从而

$$\lambda_1=\frac{1}{2}[1+\sqrt{1+4(a_c-a_f)}] \tag{15.23}$$

$$\lambda_2=\frac{1}{2}[1-\sqrt{1+4(a_c-a_f)}] \tag{15.24}$$

首先，考虑 $a_f\leq a_c$ 的情形。此时，λ_1 和 λ_2 均为实根，且由公式(15.23)可知，$\lambda_1\geq 1$。由此，我们就证明了命题15-4的第一部分。

接下来，我们考虑情形 $a_c<a_f\leq a_c+1/(4\theta)$。此时，

$$0<1+4\theta(a_c+a_f)<1$$

从而，特征根 λ_1 和 λ_2 仍然均为实根，但均小于 1 大于 0。由此，我们就证明了命题15-4的第二部分。

现在，让我们考察情形 $a_f>a_c+1/(4\theta)$。此时，λ_1 和 λ_2 为一对共轭复根。由公式(15.16)可知，$|\lambda_{1,2}|=\theta(a_f-a_c)$，从而我们发现 $\theta^*=1/(a_f-a_c)$。命题15-4的第三部分得证。

参考文献

龚刚(2016)：警惕旧的经济增长方式死灰复燃——有感于2016年上半年经济统计数据，人民论坛网：http://www.rmlt.com.cn/2016/0716/433239.shtml。

龚刚、刘学良(2011)：中国的房产市场泡沫：基于购-租无套利条件的模型分析，*CFRN Working Paper* NO.2856。

龚刚、张路、魏熙晔(2018)：非理性的房地产需求——基于房地产的商品和金融属性的研究，《经济研究》工作论文，WP1289。

龚刚等(2013):从技术引进走向自主研发——论新阶段下中国的经济增长方式,《经济学动态》,第5期,16—26。

国家统计局城市社会经济调查司(2002－2014):《中国城市统计年鉴》,北京:中国统计出版社。

况伟大(2009):住房特性、物业税与房价,《经济研究》,第4期,151—160。

况伟大(2012):土地出让方式、地价与房价,《金融研究》,第8期,56—69。

李颖、胡日东(2011):中国房地产价格与宏观经济波动,《宏观经济研究》,第2期,26—30。

王永钦、包特(2011):异质交易者、房地产泡沫与房地产政策,《世界经济》,第11期,84—102。

赵春雨,朱承亮,安树伟(2011):生产率增长、要素重置与中国经济增长——基于分行业的经验研究. 中国工业经济,第8期,79—88。

周晖、王擎(2009):货币政策与资产价格波动:理论模型与中国的经验分析,《经济研究》,第10期,61—74。

周京奎(2009):城市舒适性与住宅价格、工资波动的区域性差异——对1999—2006中国城市面板数据的实证分析,《财经研究》,第9期,80—91。

Arce, Ó. and D.López-Salido (2011): Housing Bubbles, *Macroeconomics*, Vol. 3(1), 212-241.

Ascari, G., N.Pecora and A.Spelta (2013): Boom and Burst in Housing Market with Heterogeneous Agents, *SSRN Working Paper*.

Baker, D. (2002): The Run-Up in Home Prices: A Bubble, *Challenge*, Vol. 45(6), 93-119.

Baker, D. and D.Rosnick (2005): Will a Bursting Bubble Trouble Bernanke? The Evidence for a Housing Bubble, *CEPR Working Paper* No.20248.

Bayer, P., B.Ellickson and P. B.Ellickson (2010): Dynamic Asset Pricing in a System of Local Housing Markets, *American Economic Review*, Vol. 100(2), 368-372.

Bernanke, B. S. (2008): Housing, Mortgage Markets, and Foreclosures, Remarks at The Federal Reserve System Conference on Housing and Mortgage Markets, Washington, D.C.

Bernanke, B. S. and M.Gertler (2001): Should Central Banks Respond to Movements in Asset Prices?, *American Economic Review*, Vol. 91(2), 253-257.

Brock, W. A. and C. H. Hommes(1998), Heterogeneous Beliefs and Routes to Chaos in a Simple Asset Pricing Model, *Journal of Economic Dynamics and Control*, Vol. 22, 1235-1274.

Campbell, J. Y. and J. F. Cocco (2007): How Do House Prices Affect Consumption? Evidence from Micro Data, *Journal of Monetary Economics*, Vol. 54(3), 591-621.

Carroll, C. D., M.Otsuka and J.Slacalek(2010): How Large Is the Housing Wealth Effect? A New Approach, *NBER Working Papers* 12746.

Case, K. and R.Shiller (1989): The Efficiency of the Market for Single-Family Homes, *American Economic Review*, Vol. 79(1), 125-137.

Case, K. and R.Shiller(1990): Forecasting Prices and Excess Returns in the Housing Market, *Real Estate Economics*, Vol. 18(3), 253-273.

Case, K. and R. Shiller (2003): Is There a Bubble in the Housing Market, *Brookings Panel on Economic Activity*, manuscript.

Case, K., J. Quigley and R. Shiller (2005): Comparing Wealth Effects: The Stock Market versus the Housing Market, *Advances in Macroeconomics*, Vol. 5(1), 1-32.

Chien, Y. L., H. Cole and H. Lustig (2011): A Multiplier Approach to Understanding the Macro Implications of Household Finance, *The Review of Economic Studies*, Vol. 78 (1), 199-234.

Ciarlone, A. (2012): House Price Cycles in Emerging Economies, *SSRN Working Paper*.

Crowe, C. et al. (2010): How to Deal with Real Estate Booms: Lessons from Country Experiences, *Journal of Financial Stability*, Vol. 9, 300-319.

Day, R. H. and W. H. Huang (1990): Bulls, Bears and Market Sheep, *Journal of Economic Behavior and Organization*, Vol. 14, 299-329.

De Long, B. et al. (1990): Positive Feedback Investment Strategies and Destabilizing Rational Speculation, *Journal of Finance*, Vol. 45(2), 379-395.

Deng, Y. H., J. Gyourko and J. Wu (2012): Land and Housing Price Measurement in China, *NBER Working Paper* NO. 18403.

Dieci, R. and F. Westerhoff (2009): A Simple Model of a Speculative Housing Market, *BERG Working Paper*.

Dieci, R. and F. Westerhoff (2013): Modeling House Price Dynamics with Heterogeneous Speculators, *Working Paper*.

Favara, G. and Z. Song (2014): House Price Dynamics with Dispersed Information. *Journal of Economic Theory*, Vol. 1(12), 1-33.

Fischer, M. and M. Z. Stamos (2013): Optimal Life Cycle Portfolio Choice with Housing Market Cycles, *Review of Financial Studies*, Vol. 26(9), 2311-2352.

Gelain, P. and K. J. Lansing (2014): House Prices, Expectations, and Time-varying Fundamentals. *Journal of Empirical Finance*, Vol. 29, 3-25.

Gerardi, K., L. Goette and S. Meier (2010): Financial Literacy and Subprime Mortgage Delinquency: Evidence from a Survey Matched to Admninistrative Data, *Federal Reserve Bank of Atlanta Working Paper*, 10.

Glaeser, E. L. and J. Gyourko (2006): Housing Dynamics, *NBER Working Paper* No. 12787.

Glaeser, E. L. and J. Gyourko (2007): Arbitrage in Housing Markets, *NBER Working Paper* No. 13704.

Glaeser, E. L. and J. D. Gottlieb (2009): The Wealth of Cities: Agglomeration Economies and Spatial Equilibrium in the United States, *Journal of Economic Literature*, Vol. 47 (4), 983-1028.

Henderson, V. and Y. Ioannides (1983): A Model of Housing Tenure Choice, *American Economic Review, Vol. 73(1), 93-113.

Himmelberg, C., C. Mayer and T. Sinai(2005): Assessing High House Prices: Bubbles, Fundamentals and Misperceptions, *Journal of Economic Perspectives*, Vol. 19(4), 67-92.

Hommes, C. H. (2006): Heterogeneous Agent Models in Economics and Finance, *Handbook of Computational Economics*, Vol. 2, 1109-1186.

Hong, H. and J. C. Stein (1999): A Unified Theory of Underreaction, Momentum Trading, and Overreaction in Asset Markets, *Journal of Finance*, Vol. 54(6), 2143-2184.

Huang, W. H., H. H. Zheng and W. M. Chia(2010): Financial Crises and Interacting Heterogeneous Agents, *Journal of Economic Dynamics and Control*, Vol. 34(6), 1105-1122.

Iacoviello, M. (2009): Housing in DSGE Models: Findings and New Directions, Speech at the International Research Conference on "The Macroeconomics of Housing markets".

Krugman, P. (2005): That Hissing Sound, *New York Times*, August. http://www.nytimes.com/2005/08/08/opinion/08krugman.html.

McCarthy, J. and R. W. Peach(2004): Are Home Prices the "Next Bubble"?, *Economic Policy Review*, Vol. 10(3), 1-17.

Muth, R. F. (1969): *Cities and Housing: The Spatial Pattern of Urban Residential Land Use*, University of Chicago Press.

Oikarinen, E. (2008): Empirical Application of the Housing Market No-Arbitrage Condition: Problems, Solutions and a Finnish Case Study, *SSRN Working Paper*.

Ortalo-Magné, F. and S. Rady(2006): Housing Market Dynamics: On the Contribution of Income Shocks and Credit Constraints, *Review of Economic Studies*, Vol. 73, 459-485.

Piazzesi, M. and M. Schneider(2009): Momentum Traders in the Housing Market: Survey Evidence and a Search Model, *American Economic Review*, Vol. 99(2), 406-411.

Poterba, J. (1984): Tax Subsidies to Owner-Occupied Housing: An Asset Market Approach, *Quarterly Journal of Economics*, Vol. 99(4), 729-745.

Quigley, J. M. and S. Raphael(2004): Is Housing Unaffordable? Why Isn't It More Affordable?, *Journal of Economic Perspectives*, Vol. 18(1), 191-214.

Roback, J. (1982): Wages, Rents, and the Quality of Life, *Journal of Political Economy*, Vol. 90(4), 1257-1278.

Shiller, R. J. (2006): Long-term Perspectives on the Current Boom in Home Prices, *The Economists's Voice*, Vol. 3(4), 1-4.

Sinai, T. and N. S. Souleles(2005): Owner-occupied Housing As a Hedge Against Rent Risk, *Quarterly Journal of Economics*, Vol. 120(2), 763-789.

Smith, M. H. and G. Smith(2006): Bubble, Bubble, Where's the Housing Bubble?, Pomona College Mimeo, March.

Tomura, H. (2013): Heterogeneous Beliefs and Housing-market Boom-bust Cycles, *Journal of Economic Dynamics and Control*, Vol. 37(4), 735-755.

Tramontana, F., F. Westerhoff and L. Gardini (2010): On the Complicated Price Dynamics of a Simple One-dimensional Discontinuous Financial Market Model with Heterogeneous Inter-acting Traders, *Journal of Economic Behavior & Organization*, Vol. 74(3), 187-205.

第十六章　债务与货币

经济中不仅存在着稳定机制,同时也存在着非稳定机制,而经济的波动或商业周期现象就源自稳定机制与非稳定机制的相互作用。这是本书对经济波动(或商业周期)现象最为主要的解释,区别于主流经济学的外生冲击理论。前文已经讨论了经济中两种主要的非稳定机制,即投资调整和资产价格的调整。本章和下一章将讨论另外一种非稳定机制,即明斯基的金融(或债务)非稳定机制。由2007年次贷危机所引爆的全球性经济危机不仅让我们认识到房地产市场的重要性,同时也使我们了解了债务破坏经济之能量。

一、债务危机之一般概述

(一) 金融危机

在传统凯恩斯主义理论体系下,经济的下行(或危机)通常来自有效需求的不足,也正因如此,应对经济下行的常规宏观稳定政策是需求管理。然而,更为严重的经济危机源自金融体系的崩溃(或金融危机)。那么,什么是金融危机?Reinhart and Rogoff(2008,2009,2011)从定量和定性两个层面对金融危机进行了界定。在定量层面,金融危机包括:

(1) 货币危机(Currency Crises),其被定义为某种货币对美元这一基准货币年贬值超过15%;

(2) 通货膨胀危机(Inflationary Crises),其被定义为年通货膨胀率超过20%;

(3) 恶性通货膨胀危机(Hyperinflation),其被定义为年通货膨胀率超过500%。

在基于事件识别的定性层面,金融危机则是指:

(1) 银行危机(Banking Crises),如发生银行挤兑和系统性金融机构倒闭、合并或向政府申请救助等;

(2) 外债危机(External Debt Crises),如以政府为代表的某国经济主体对以外币计价的他国债务不履行偿付义务(即对国外债权人直接违约);

(3) 国内债务危机(Domestic Debt Crises),即本国居民对以本币计价的债务大量违约,如债务拒付、债务重组、中止债务偿还等。

Reinhart and Rogoff(2009)在对全球66个国家和地区近八个世纪的金融危机史进行研究后认为,各种类型的金融危机都有一个共同特征,即经济体都存在着过度负债。于是,对金融危机的研究本质上就转化为对债务问题的研究。

(二) 债务危机

债务对经济的重要性是不言而喻的。在宏观层面,一国债务率水平的高低会极大地影响其金融体系的稳定性;在微观层面,债务结构对企业的财务状况起着十分重要的作用,尤其是那些具有高杠杆的债务合约。大规模的债务违约必然会对宏观经济造成十分负面的影响。

在对发生债务危机的148个国家和地区进行统计的基础上,表16-1总结了债务违约对宏观经济的影响。可以发现,债务违约实际发生前(即债务大量积累,或债务危机即将爆发之前),经济产出持续地下滑,且幅度越来越大,而在内债违约发生当年,产出的下降幅度甚至高达4%。

表16-1 债务违约对宏观经济的影响

时间	平均的实际GDP增长率(%)	
	内债违约	外债违约
T−3	−0.2	1.8
T−2	−0.9	0.4
T−1	−2.6	−1.4
T(违约发生当年)	−4.0	−1.2
T−3 至 T(均值)	−1.9	−0.1

注:样本包括32个发生内债违约的国家和地区以及116个发生外债违约的国家和地区。
数据来源:Reinhart and Rogoff(2009)。

由此可见,债务通过其对金融体系的破坏,直接作用于宏观经济,进而造成经济危机。

尽管债务有外债(以外币计价的债务)和内债(以本币计价的债务)之分,但就美国这样发行世界货币的大国而言,其金融危机不可能来自大规模的外债违约;同样,就中国而言,由于具有足够多的外汇储备,更由于资本市场不开放,其外债规模也不可能导致大规模的债务违约。此外,由表16-1可知,内债危机所带来的后果似乎远比外债危机更为严重。[①] 由此我们将主要研究内债危机。

(三) 常规的宏观稳定政策已无法应对债务危机

债务问题的严重性不仅体现在其对经济的巨大冲击上,更在于常规的宏观稳定政策已无法应对债务危机。

通常情况下,随着商业周期繁荣阶段的结束,经济会出现下行波动。按照我们之前的研究,这种波动(或不稳定)是极为正常的,因为经济体本身就同时存在着稳定机制(价格行为)和非稳定机制(投资行为),正是这两种机制的相互作用才使得经济产生了波动。但由于价格调整具有黏性,其作为对经济的一种稳定机制很有可能不足以使经济稳定,因此,另一种稳定机制,即政府的宏观稳定政策就成为必要。[②]

---

① Reinhart(2010)也证实了这一点。

② 参见第十四章的研究。

【常规宏观稳定政策】 我们把这种政府频繁使用的宏观稳定政策称为"常规宏观稳定政策"。常规宏观稳定政策本质上就是凯恩斯需求管理型的宏观经济政策。

然而,并不是所有的下行波动(或危机)都可以由常规的宏观稳定政策予以救助。由于在债务正常的状态下,经济的波动通常源自需求的波动,因此,以需求管理为目标的常规宏观稳定政策通常能够平抑因需求不稳定而产生的波动。然而,当债务处于非正常状态时,经济所面临的不仅仅是纯粹的需求波动,同时也面临银行惜贷和企业违约风险的上升等。此种情况下,常规宏观稳定政策必然失效。

有鉴于此,我们将在本章和下一章中考察由国内债务违约所引发的经济危机,研究债务的形成和发展过程、债务对宏观经济的影响和传导机制,以及应对债务危机的非常规宏观稳定政策等。

二、经济学家们的看法

(一)"MM 理论"的不相关命题

关于债务对经济影响的研究可以追溯到 1958 年由莫迪格利尼和米勒所提出的 MM 理论(Modigliani and Miller,1958)。MM 理论的核心概念是所谓的"资本结构"。资本结构是指企业通过其融资过程所形成的债务与股权的相对比例。具体地,它可以用债务率(即债务与股权之比)来表示。

在完美市场假设下,莫蒂里安尼和米勒运用无套利原理,得出"企业价值和融资成本与其资本结构(如债务率等)无关"。这就是著名的"MM 理论"的不相关命题。值得注意的是,在 MM 理论看来,在完美市场条件下,由所处等级所决定的企业未来收益不仅是确定的,而且对社会而言是公开和一致公认的。于是,在无套利原则下,这种对企业未来收益的确定、公开和一致性就保证了企业的融资成本并不受债务率提高的影响:企业完全可以通过调整债务和股权的组合来抵消由资本结构变化对融资成本所带来的影响。比如,债务比例增加所导致的借款成本上升将会为相应股权所要求的回报率的同等下降所抵消。于是,无论企业债务率有多高,资本结构如何变化,企业的融资成本(如贷款利率等)可以始终不受影响。

MM 理论尽管很好地纠正了当时传统观点上的一些认识误区,如完美市场条件下企业会有一个最优的资本结构(或债务率)等,但其完美市场假设显然不适用于现实世界中存在着诸多摩擦的不完美市场,从而遭到了经济学家们的挑战,其中最为著名的是明斯基的"金融不稳定"假说(Minsky,1971,1975,1986)和 Bernanke and Gertler(1989)的"金融加速器"理论等。[①]

[①] 在不完美市场框架下的其他研究还包括 Modigliani and Miller(1963),Miller(1977),Bradley et al.(1984)和 Fischer et al.(1989)等。

(二)"金融不稳定"假说

MM理论的完美市场假说意味着企业和个人是在一种相对确定的环境下进行投融资决策的。然而,现实经济通常充满着风险和不确定性,此种风险和不确定性在金融市场尤为突出。基于此,明斯基于1971年提出了其著名的"金融不稳定"假说(Minsky,1971)。与凯恩斯一样,明斯基认为经济并不是完全竞争的,非完全竞争、风险和不确定性是经济的一般特征,正因为如此,投资所产生的现金流具有不确定性,从而企业的资本结构和资产负债表状况对融资成本和融资模式的选择等具有显著的影响。

明斯基(Minsky,1975)借鉴了凯恩斯(Keynes,1936)和Kalecki(1937)的观点,将金融的不稳定(或风险)归纳为两类:借款人风险和贷款人风险。前者是指借款人期望可得的未来收益存在不确定性;后者则是因道德风险、担保不足等对贷款人所造成的风险。在明斯基看来,随着企业债务率的不断高企,上述两类风险也随之大幅上升,于是,在债务合约中,这必将表现为利率的提高、借款期限的缩短和以特定资产作为抵押品等。

在此基础上,明斯基(Minsky,1986)进一步把现实经济中的融资按其风险高低依次分为三种类型:对冲性融资(Hedge Finance)、投机性融资(Speculative Finance)和庞氏融资(Ponzi Finance):

【对冲性融资、投机性融资和庞氏融资】 对冲性融资是指企业在债务融资之后,每期能产生足够的净现金流,从而可以有效地对冲债务;投机性融资所产生的净现金流尽管有时不足以对冲到期债务,但每期的净流入足以满足支付利息的需要,进而在必要时也可以通过发新债来弥补到期债务和资金缺口;庞氏融资则几乎每一期都入不敷出,甚至连利息都难以兑付,从而只能通过不断地借新还旧来维持。

在明斯基看来,随着企业债务率的不断高企,其融资风险模式通常会从对冲性融资向投机性融资以及庞氏融资转化,但如果企业的资产负债表状况不断好转(或债务率不断降低),那么上述融资风险模式的转化就会逆转。

基于上述讨论,明斯基进一步分析了金融体系由稳定到不稳定的形成机制,Kindleberger(2005)则形象地将这一传导机制总结为三个阶段。

第一阶段是危机形成期。此时,金融体系运转稳定,企业债务水平不高,经济繁荣增长。所有这些都使得借贷双方更偏好风险:作为借方的企业对未来投资的预期收益十分乐观,融资需求旺盛;而作为贷方的金融机构也愿意提供信贷支持,包括对那些原本具有很高风险的投资项目,而这也为危机的最终发生埋下了伏笔。

第二阶段是危机发展期。此时,经济过热和投资繁荣已经使得借贷双方的资产负债表急剧扩张,企业的债务水平不断攀升,而这必然意味着利率(尤其是贷款利率)开始上升。尽管此时资产价格仍可能在上涨,但由于整体利率水平的上升导致资产现值与投资成本间的溢价空间收窄,金融体系的不稳定因素正在不断积累,其表现就是企业的对冲性融资比重开始下降,投机性融资和庞氏融资的比重开始上升。

第三阶段是危机爆发期。此时,微观企业的投机性融资和庞氏融资不断上升,并达到了所谓的"明斯基时刻"。① 在"明斯基时刻",企业的融资成本不断提高,盈利低于预期,这就使得企业不得不压缩投资,企业净值也大幅下降。而居高不下的负债水平更有可能使企业不得不依靠出售资产来维持正常运营所需的现金流,其结果必然是一轮又一轮"债务通缩"。② 所有这些都使得金融体系开始变得脆弱和不稳定,并且也完全陷入一个不可控制的自我循环困境之中,最终导致危机的爆发。因此,金融危机表面上也许体现为资产价值的崩溃等,但归根结底是债权人开始重新审视当前债务所存在的风险,从而令经济陷入"债务通缩"。

综上所述,明斯基的"金融不稳定"假说不仅打破了MM理论关于债务与企业价值和融资成本不相关的命题,同时更进一步提出了债务问题是金融(经济)危机爆发的根源。

(三)"状态查证成本"和"金融加速器"理论

尽管明斯基的"金融不稳定"假说有力地批判了MM理论,同时也对债务危机的传导机制进行了很好的分析,然而,明斯基的分析通常被认为是缺乏微观基础的,即无论是企业还是金融机构,其行为分析都没有从最优化过程中导出,正因为如此,明斯基的理论在相当长一段时期内并没有进入主流经济学的视野。

基于企业融资的微观基础,Townsend(1979)和Gale and Hellwig(1985)首先利用状态查证成本(the Cost of State Verification)对MM理论进行了批判。他们假定在债务融资过程中,借贷双方的信息是不对称的:通常,只有借款企业掌握投资项目的真实状况,金融机构则需要支付一定的审计成本才能查证到借款企业现金流的真实状态。由于高负债企业很可能会出现违约(即现金流不足的现象),因此,金融机构需要对其现金流状况实时进行查证,从而造成审计成本高企。所有这一切都意味着金融机构会对高负债的借款企业要求更高的借贷利率以弥补其高昂的状态查证成本和可能的违约风险。

Bernanke and Gertler(1989)进一步将"状态查证成本"融入其委托-代理模型之中,并在此基础上提出了"金融加速器"理论。该理论认为,借款企业的资产负债表状况的变化是经济波动的主要来源之一。借款企业如果有较高的净值(即资产负债表状况较好,或债务率较低)③,则其融资的代理成本就较低。一般地,经济繁荣能改善企业净值、降低代理成本并增加投资,这就进一步加速了经济增长和繁荣;反之亦然。Bernanke et al.(1996)总结了"金融加速器"理论的三个要点:

(1) 企业融资有内源融资(Internal Finance)和外源融资(External Finance)之分,其中,内源融资的主要来源是企业净值,且其融资成本远低于外源融资。而外源融资的这种高成本则反映了借贷过程中由信息不对称所引起的代理成本。

(2) 在融资总额不变的前提下,外源融资的代理成本与借款企业的净值呈负相关,即借款企业净值越低,其融资的代理成本就越高。

---

① "明斯基时刻"(Minsky Moment)是指经济体的投机性融资与庞氏融资的比重达到一定高度的时刻。
② "债务通缩"(Debt Deflation)这一概念最初由Fisher(1933)提出,它是指由债务所引起的经济紧缩。
③ 净值是流动资产(即企业的保留收益)和可抵押的固定资产价值的总和。高净值等同于低负债或资产负债表的状况较好,并且企业净值往往是下面提到的内源融资的来源。

(3) 借款企业的净值下滑,会通过代理成本上升和外源融资减少的方式,使企业减少支出和生产。

由此可见,该传导机制的关键在于借款企业净值的变化,它既决定了代理成本的高低,又直接影响了借款企业的支出和生产,也正是因为企业净值具有放大实体经济波动的作用,从而被称为"金融加速器"。

综上所述,"金融不稳定"假说和"金融加速器"理论都首先否定了 MM 理论关于债务与企业价值和融资成本不相关的命题,与此同时,在对金融危机形成机理上也具有极为相似的观点,即都强调债务的重要作用。然而,"金融不稳定"假说更为强调的是金融体系从稳定到不稳定的必然性(或金融危机的内生性),而"金融加速器"理论则只是强调企业的债务变化是产出波动的主要来源,并且认为经济波动本质上是外生的(尽管外生冲击是通过企业的债务进行传导的)[①]。

必须说明的是,无论是"金融不稳定"假说还是"金融加速器"理论,都没有从宏观动态模型的视角来描述债务的动态变化轨迹,从而也就无法说明为何金融体系从稳定到不稳定是必然的,或者说,在什么条件下经济将进入危机的加速轨道。在下一章中,我们将在"金融不稳定"假说和"金融加速器"理论的基础上,构建一个融入债务动态变化的宏观动态模型,从而对上述问题进行更为深入的阐释。然而,在这之前,我们有必要讨论一下货币循环。这将帮助我们更好地理解债务问题。

三、货币循环

债务问题本质上是货币问题。通常,人们把货币看成是一种存量,进而使用传统的供给和需求方法对其进行研究。然而,货币既是存量,也是流量。作为存量的货币,也同时伴随着交易在不同的经济人之间循环反复。于是,当我们研究债务问题时,我们首先需要明确货币是如何循环的。

(一) 魏克赛尔的"三角"困境

对于货币循环的研究,可以追溯到魏克赛尔的《利息与价格》。[②] 在某种程度上,现代货币微观经济学中的许多研究都可以看成是沿着魏克赛尔的思路进行的。为此,我们的讨论也将从魏克赛尔最著名的"三角"困境开始。

让我们再次回到瓦尔拉斯的拍卖过程。[③] 假定我们神秘的市场拍卖员通过调价和拍卖,使得现有的市场价格等于均衡价格。这样,他就完成了使命,离开了自己的舞台。接下来,各交易者之间将在给定的均衡价格下展开交易。考察三个经济人:A、B 和 C。其中,经济人 A 所拥有的商品(商品 A)是经济人 B 所需要的;B 所拥有的商品(商品 B)由 C 来购买,而经济人 C 的商品(商品 C)则为经济人 A 所钟爱(见图 16-1)。此时,交易将如何开始?

---

① 事实上,在此后的一些研究中,学者们也针对造成企业净值变化的各种冲击进行了研究。有关文献请参见 Oliner and Rudebusch(1996)和 Kiyotaki and Moore(1995)等。
② 参见 Wicksell(1898)。
③ 参见第九章的讨论。

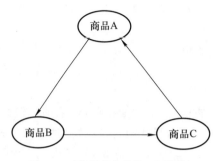

图 16-1 魏克赛尔的"三角"困境

首先,我们发现,如果没有货币,交易将非常困难。因为交易者 A 所需要的商品并不是 B 愿意供给的,尽管 B 所需要的商品由 A 提供。其次,即使我们假定交易者手中有货币,仍然存在着一个谁将首先购买(或付出)的问题。作为一个一般的交易者,如本例中的 A、B 和 C,他们来到市场不仅是为了购买,同时也是为了出售。于是,如果经济中存在着某种不确定性,则我们没有理由相信其中任何一个人会首先购买。如果 B 首先向 A 购买,而 C 最后没有向 B 购买,B 有可能破产。然而,如果没有人愿意首先购买,则交易就不可能展开,货币也就不可能流动。这使我们重新回到了第十章中 Javits 中心交易日的开始。

(二) 实体经济中的货币循环

魏克赛尔的这一"三角"困境的例子再次证明,为了使交易能展开,我们必须有一个特殊的交易者,他来到市场的目的只是购买,而不是出售。正如我们在第十章中所指出的,现实中,这样的交易者确实存在,他们是投资者和其他自需求者。

需要说明的是,此种类型的交易者在现代微观货币学中也同样存在。例如,Kiyotaki and Wright(1993)就曾在他们的搜索模型中假定:

一开始,交易者中有 M 比例的人,每人都拥有货币,而 $(1-M)$ 比例的交易者中,每人仅拥有某一实物商品。(Kiyotaki and Wright,1993)

显然,这 M 比例的人可以理解为我们的特殊交易者,即投资和其他自需求者。正如我们在第十章中所描述的,在他们来到市场,并进行了有关的交易后,市场中将出现一系列的反应(其他交易),从而将经济激活。这一过程可以看成是一乘数反应过程。这里我们想强调的是,乘数过程实际上也就是货币的流动和循环过程。事实上,投资者(和其他自需求者)的购买行为可以理解为一种资金(或货币)的注入,从而成为货币在实体经济中循环的起点(见图 16-2)。

我们首先想说明,这里所指的实体经济是由一般的商品市场和劳动力市场所构成的,它并不包括金融和货币市场。现在,我们考察图 16-2。投资者的支出 I 可以被理解为货币循环流程的起点。在交易完成以后,该部分货币从投资者的存款账户中流入相关企业(第一轮企业)的账户。这将使这些企业的生产 $v_1=I$ 得以实现,并产生相应的利润。利润中的一部

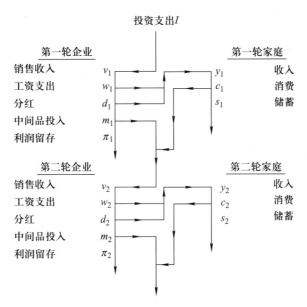

图 16-2　实体经济中的货币循环

分 π_1 将成为企业的利润留存,并存留在企业的账户上,从而退出循环。收入中的其余部分,包括支付的劳动力工资 w_1、利润分红 d_1 和购买的中间品 m_1,则分别流入相关家庭(第一轮家庭)和相关企业(第二轮企业)的存款账户中。其中,家庭收入 $y_1=w_1+d_1$ 中的一部分 c_1 将用于消费,从而流入相关企业(第二轮企业)的账户之中。而其余部分 s_1 则成为家庭储蓄,从而退出循环。现在,流入第二轮企业的货币金额为 c_1+m_1。它相当于第二轮企业的收入总额 v_2。显然,它们中的一部分 π_2 将成为利润留存而退出循环。其余部分则继续循环,分别流入第三轮企业和第二轮家庭的账户之中。

我们可以想象,此种循环将持续下去。然而,由于在每一轮的循环中,总有部分货币以储蓄(包括企业的利润留存和家庭储蓄)的形式被滞留下来从而退出循环,市场中流动的货币将越来越少。我们可以想象,如果没有新的货币通过投资及其他自需求的形式注入市场,则货币循环最终将收敛于 0。这也同时意味着储蓄(即从循环中退出的货币)必将等于投资(即一开始注入市场并启动循环的货币)。

(三) 金融和货币市场中的货币循环

需要说明的是,上述关于货币的循环只是涉及商品市场和劳动力市场,我们并没有考虑货币市场。与此同时,我们假定投资者有足够的存款,使得他们能够支付对固定资产的投资。然而,投资者的资金又从何而来,或者说,投资者是如何筹资的？正是筹资使得金融市场中的货币得以流动和循环！

我们已经知道,储蓄可以被看成是货币在商品市场和劳动力市场中的退出,并滞留在储蓄者的存款账户之中。当储蓄者发现账户中有更多的货币时,他们也许会觉得自己的现金余额过多。于是除保留那些必要的用于日常交易的现金外,他们会寻求转移账户中多余的现金。如果把这些现金用于固定资产的投资或购买住房和汽车等实物资产,则他们的行为等同于自需求者,从而将现金注入由商品市场和劳动力市场所构成的实体经济中,并开始如图 16-2 所示的新一轮的循环过程。如果他们把这些现金用于购买股票和债券等金融资产,则他们直接或者间接地弥补了其他自需求者的资金不足。

这里的"直接"可以理解为储蓄者直接从有关的投资者(或其他自需求者)手中购买股票等金融资产。而"间接"则可以看成是储蓄者从其他金融交易者手中购买金融资产。在这些金融交易者出售了手中的金融资产之后,又会再次购买其他资产,从而再一次直接或间接地弥补着投资者资金的不足。于是,可以想象,在我们的储蓄者将多余的现金注入金融市场之后,货币将在金融市场中循环。当货币流出金融市场时,则直接进入投资者(或其他自需求者)的账户之中。

于是我们可以用图 16-3 来描述货币的上述循环过程。投资(或其他自需求)使得货币从投资者的账户中流入由商品市场和劳动力市场所构成的实体经济中,并在各交易者之间循环往复。货币的此种循环产生了一系列的经济活动:生产、就业、消费和储蓄等。而储蓄则可以看成是货币从商品市场和劳动力市场(或实体经济)中流出,进而流入金融市场。当这些货币从金融市场流出时,它们将进入新一轮的投资者(或其他自需求者)的账户之中,从而产生一系列新的经济活动。显然,上述关于货币的循环过程是持续和动态的。

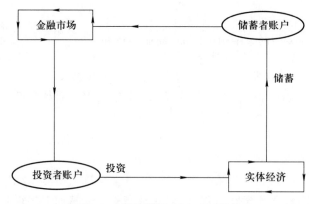

图 16-3　货币循环:引入金融市场

需要说明的是,图 16-3 中关于货币的循环同时也反映了新古典经济学和凯恩斯关于投资和储蓄恒等式的解释。在新古典经济学看来,在投资和储蓄这一恒等式中,储蓄决定投资,因为储蓄为投资者提供了资金,而其均衡过程通常可以通过利率的调整达到。然而,按照凯恩斯理论,投资通过乘数过程决定了储蓄(见图 16-2 和第十章的讨论)。在我们的货币循环模型中,我们发现上述两种关系都能得以体现,只不过它们表现出不同的动态形式。如果我们假定 t 期的投资由 t 期期初注入,而把通过乘数过程所产生的储蓄看成是 t 期期末的结果,则 t 期的储蓄事实上为 $t+1$ 期的投资提供了资金。

上述设想为我们提出了一个非常有意思的问题。假如我们现在考察的是一个不断增长的经济。此时,$t+1$ 期的投资将大于 t 期的投资。假定货币的流量速度不变,即完成由图 16-3 所示的一个货币循环所需要的时间不变。由于 $t+1$ 期的投资资金来源于 t 期的储蓄,而 t 期的储蓄又等于 t 期的投资,因此,这里就存在着一个资金缺口。如何弥补这一缺口?

也许在现代银行体系建立以前,这种资金缺口只能来源于开凿更多的金矿或银矿,甚至向外掠夺。然而在建立了现代银行体系的今天,这种缺口则由商业银行通过贷款的形式提供。因此,在我们引入商业银行的贷款以后,我们的货币循环流程应由图 16-3 改成图 16-4。

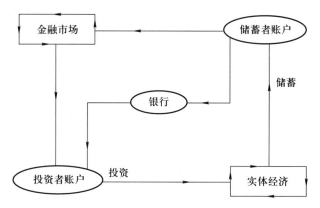

图 16-4　货币循环:引入商业银行

在图 16-4 中,我们假定商业银行在获得存款来源后,只用于贷款给实体经济的投资者。然而,20 世纪七八十年代以后,随着发达国家金融市场的开放以及银行和金融业的不断演变及发展,出现了各种类型的金融衍生产品,商业银行和其他金融中介(如投资银行、保险公司等)在各自经营的业务上不断地相互渗透,这使得信用和货币的创造已绝非仅仅由商业银行所独占。而商业银行除了提供贷款,也同时可以选择投资金融资产。例如,在中国,商业银行同样可以用用户的存款购买国债等金融资产,为客户提供各种类型的金融服务。此种情况下,图 16-4 可以进一步修改为图 16-5。这里,我们有必要揭示一下所谓货币空转的概念。

【货币空转】　所谓货币空转,是指新增的货币供给并不流向生产领域,而是流向金融领域。

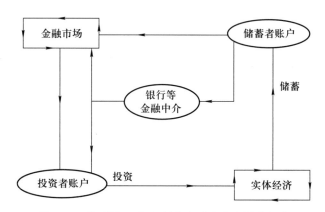

图 16-5　货币循环:引入其他金融中介和混业经营

这里,所谓流向金融领域基本上可以分为两个方向:一是流向股市和证券等二级市场;二是流向资金贩子。前者将推高资产价格,易于形成泡沫;后者则推高资金成本,如最后进入投资者口袋时的贷款利率。

在中国,尽管就正规的商业银行来讲,其贷款利率也许并不算很高,政策上可能也就是6%—7%左右,但此种贷款很可能是给一个金融中介(如小贷公司、影子银行等),当然也可能是给一家国有企业,但是这家国有企业拿到钱以后可能不是自己直接投资,而是转身再拆借给他人,事实上许多国有企业也有所谓的金融服务公司。

这实际上意味着,大量资金有可能在各资金贩子之间空转,进入不了真正需要贷款者(如中小企业)手中;而且即使最后进入真正需要贷款者手中,那也已经是经过多道资金贩子之手,利率可能就非常高了,可能达到13%—20%。这样一种货币(贷款)的传导机制肯定会给经济体带来巨大的伤害。[1]

货币空转不仅使大量正规商业银行的贷款滞留于多道资金贩子手中,使货币的传导机制受阻,同时,也将使资金进入实体经济时成本(即利率)急剧上升。

有关问题我们将在下一章中讨论。

(四) 政府和中央银行的引入

然而,由图16-4或图16-5所示的货币循环流程仍然不能使我们满意,因为它并没有考虑中央银行和政府的作用。在把政府和中央银行的作用考虑进去以后,我们才得到较为完整的货币循环流程图(参见图16-6)。

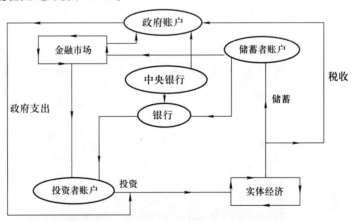

图16-6　货币循环:引入政府和中央银行[2]

现在我们可以想象,在 t 期期初(或 $t-1$ 期期末),金融和货币市场的交易将使得货币流入投资者和政府的存款账户之中。在投资者和政府实施了其投资和支出计划之后,货币

---

[1] 参见龚刚(2019)。

[2] 注意:该图只是在图16-4的基础上进行改进,引入政府和中央银行。

被注入实体经济中,并开始了如图 16-2 所示的流程,其结果是产生一系列的生产、就业和消费活动。我们可以假定这些活动将在 $t+1$ 期期末结束。这样,所产生的储蓄和税收将通过 $t+1$ 期期初(或 t 期期末)的金融和货币市场的交易流入下一轮($t+1$ 期)的投资者和政府的存款账户之中。当然,投资者的资金缺口将由商业银行的贷款所弥补,而政府也可以在债券市场上筹集资金。与此同时,中央银行可以通过各种途径向社会注入高能量货币,从而商业银行的储备金得以增加。

四、从货币循环看债务的形成

我们已经讨论了作为一种存量的货币如何伴随着交易在不同的经济人之间循环往复。对于货币循环的讨论也许能够让我们得到如下启示。

(一) 货币是否为一种稀缺资源?

不可否认,就某些发展中国家而言,外汇(美元等)可能是一种稀缺资源。没有美元,它们很难购买到国外先进的机器和设备,从而阻碍经济的进一步发展。因此,一些发展中国家在其发展初期实行对外汇的管制也许是合理的,韩国就是一例。然而把本国货币也看成是一种稀缺资源,那就太过牵强了。货币完全可以通过银行体系被创造出来!事实上,货币资源的闸门掌握在中央银行手中。只要这闸门一开,新的货币就可以通过各种渠道(如通过公共市场的业务等)流入商业银行的储备金账户中。而商业银行的贷款机制一启动,新的货币就可以以贷款的形式源源不断地流入社会各个领域(参见图 16-6)。需要说明的是,尽管由银行体系所造成的货币是一种"假"货币,然而只要人们普遍接受并信任它,那么"假币"也能"真做"。因此,就一个国家层面上来说,那些所谓没钱办大事、没钱发展经济等想法应该都是作茧自缚。

(二) 货币与通货膨胀的关系

主流经济学家们认为,货币是通货膨胀的根源:当货币供给的增长率超过 GDP 增长率时,通货膨胀必然会发生。这样一种观点首先来自传统的货币数量恒等式(又称费雪方程):

$$M = \frac{1}{V}PY \tag{16.1}$$

这里,M 为经济中所流通的货币供给;V 为货币的流通速度,即一定时期内货币的周转次数;P 和 Y 则为价格和产量。该恒等式表明,一定时期内,经济按货币衡量的交易总额 VM 应该等于其名义总产量 PY。如果总产量 Y 由社会资源所决定[①],从而外生给定(即不受货币供给的影响),与此同时,货币的流通速度 V 受金融体系的效率影响而相对稳定,那么,该恒等式告诉我们,货币增加的唯一影响是通货膨胀,即价格 P 上升。

货币数量恒等式(16.1)也可以理解为货币市场的均衡公式,其中,M 可以理解为货币供给,PY/V 为货币需求。显然,这里对货币的需求仅仅来自与生产相关的交易性需求。然

---

① 这是新古典的产量决定方式。

而,在凯恩斯主义理论体系下,不仅产量不是外生给定的,而且,对于货币的需求不仅包括交易性需求,同时还包括资产性需求。这种对资产的需求反映了货币在金融市场上的沉淀和流通。需要说明的是,这种沉淀和流通在现代经济中已经越来越多,甚至远远超过与生产活动相关的交易性需求。

由此可见,认为货币供给的增加(如大于实际 GDP 的增加时)必然会带来通货膨胀的观点显然忽略了货币影响经济的传导机制。其实,货币对通货膨胀的影响仍然是通过影响总需求和总供给之间的平衡而实现的。当人们手中拥有更多货币时,他们有可能对商品的购买形成更多的需求。此时,如果供给跟不上,通货膨胀就可能产生。相反地,在人们手中拥有更多的货币之后,不形成新的购买需求,却把它们储存起来,或流入金融市场,甚至让货币在金融领域空转,这样一种货币供给的增长就不可能增加需求,当然也就不可能引发通货膨胀。

图 16-7 给出了 1987 年至 2006 年中国的名义 GDP 增长率与货币供给增长率的比较。可以看到,中国在相当长的一段时期内(特别是在 1997 年以后),货币供给的增长率远大于名义 GDP 的增长率。然而,这种现象并没有引起通货膨胀,相反地,1997—2002 年间,中国经济却出现了通货紧缩现象。这就足以说明货币供给对通货膨胀的影响必然是通过需求购买这一机制得以实现的。这也同时说明货币数量理论中的货币恒等式实际上是站不住脚的(至少在中国是如此)。因此,在一般情况下,控制总需求和总供给的关系仍然是控制通货膨胀的根本之道。

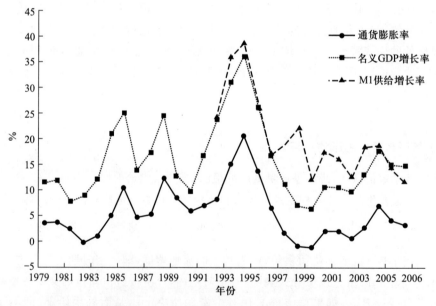

图 16-7　中国名义 GDP 增长率、货币 M1 供给增长率和通货膨胀率
数据来源:国家统计局(2007)。

然而,无论如何,我们仍然必须警惕,在任何一个时点上,人们手中所拥有的货币,其所形成的购买力都远远大于该时点上社会所能提供的商品总量,这意味着通货膨胀的危险无时无刻不在我们的身边。这就如同表面平静的活火山,随时可能喷发。而当人们手中所拥有的货币越多时,这座火山蓄积的能量就越大,其所形成的潜在危险就越大。当然,这种潜

在的危险要成为现实,必须由某种机制所触发,而这一导火线通常来自人们的预期,如对未来的不确定、对政府失去信心或者说恐慌等。实际上,许多恶性的通货膨胀都来自人们的恐慌心理,例如俄罗斯及东欧国家实行休克疗法时期,就出现过此种情形。值得注意的是,当中央银行持续不断地通过发行货币来弥补政府的财政赤字时,同样可能造成人们对未来预期的不确定性,进而引起恶性的通货膨胀。南美国家在20世纪七八十年代就是这样一种情况。

预期可以说是影响经济的重大因素,当一种具有非积极作用的预期成为普遍现象时,它对经济所造成的杀伤力是极大的。而事实上人们的预期很大程度上是非理性的,通常受他人和媒体等的引导。因此,保持经济的稳定,维护人民对政府及国家未来经济的信心仍是经济稳定和增长必不可少的条件。

(三) 货币与债务的关系

尽管货币已不是稀缺资源,货币的创造不一定就能带来通货膨胀,然而,货币的创造是否就没有成本? 从图16-6可以看出,货币的创造基本上有两种途径:一种是有偿的,另一种是无偿的。例如,当中央银行直接开出支票给政府时,货币的创造是无偿的。此种情况发生于20世纪80年代的一些南美国家。这种无偿的货币创造通常被认为是造成当时南美国家恶性通货膨胀的主要原因。在表16-2中,我们列举了这些南美国家当时的通货膨胀率。

表16-2 1976—1990年南美国家恶性通货膨胀[①]

国家	月平均通货膨胀率(%)		
	1976—1980年	1981—1985年	1986—1990年
阿根廷	9.3	12.7	20.0
巴西	3.1	7.9	20.7
尼加拉瓜	1.3	3.6	35.6
秘鲁	3.4	6.0	23.7

然而,在绝大多数条件下,新货币的创造并不是没有代价的,它们无一不是通过某种资产的转型机制,如负债的增加(通过银行贷款)或债券的转移(通过公共市场的业务)等得以实现的。因此,

> 在绝大多数情况下,货币供给的增加意味着债务的增加。

遗憾的是,许多西方主流经济学的货币理论通常把货币的创造看成是"直升机撒钱" (Helicopter Drop of Cash)。这一形象的比喻出自货币主义大师和诺贝尔奖获得者米尔顿·弗里德曼。[②] 这里的"撒钱"当然是指无偿的货币创造,而这种无偿性又是针对一般的老

---

① 数据来源于 International Financial Statistics, IMF, 各期。
② 参见 Friedman(1969)。

百姓而言的。① 总之，

尽管货币已不再是稀缺资源，而且货币的创造不一定就能带来通货膨胀，但货币的创造并不是没有成本的：货币的创造通常意味着债务。

参考文献

龚刚(2019)：理解中国特色的宏观调控，观察网：https://www.guancha.cn/GongGang/2019_03_08_492779_2.shtml。

国家统计局(2007)：《中国统计年鉴：2006》，北京：中国统计出版社。

Bemanke, B., M. Gertler and S. Gilchrist(1996)：The Financial Accelerator and the Flight to Quality, *The Review of Economics and Statistics*, Vol.78, No.1, 1-15.

Bernanke, B. and M. Gertler(1989)：Agency Costs, Net Worth, and Business Fluctuations, *American Economic Review*, Vol.79, No.1, 14-31.

Bradley, M., G. A. Jarrell and E. Kim(1984)：On the Existence of an Optimal Capital Structure：Theory and Evidence, *Journal of Finance*, Vol.39, No.3, 857-878.

Fischer, E. O., R. Heinkel and J. Zechner(1989)：Dynamic Capital Structure Choice：Theory and Tests, *The Journal of Finance*, Vol.44(1), 19-40.

Fisher, I.(1933)：The Debt-deflation Theory of Great Depressions, *Econometrica*, Vol.1, No.4, 337-357.

Friedman, M.(1969)：*The Optimum Quantity of Money and Other Essays*. Chicago：Aldine。

Gale, D. and M. Hellwig(1985)：Incentive-compatible Debt Contracts：The One-period Problem, *The Review of Economic Studies*, Vol.52, No.4, 647-663.

Kalecki, M.(1937)：The Principle of Increasing Risk, *Economica*, Vol.4, No.16, 440-447.

Keynes, J. M.(1936)：*The General Theory of Interest, Employment and Money*, London：Macmillan Press.

Kindleberger, C. P.(2005)：*Manias, Panics, and Crashes：A History of Financial Crises*, 5th edition, New Jersey：John Wiley & Sons Press.

Kiyotaki, N. and M. John(1995)：Credit Cycles, *NBER Working Paper No.5083*.

Kiyotaki, N. and R. Wright(1993)：A Search-theoretic Approach to Monetary Economics, *American Economic Review*, Vol.83, 63-77.

Miller, M. H.(1977)：Debt and Taxes, *Journal of Finance*, Vol.32, No.2, 261-275.

Minsky, H. P.(1971)：Financial Instability Revisited：The Economics of Disaster, in Fun-

---

① 为了使这一假设合理化，人们通常借用"政府转移支付"这一机制，即中央银行首先开支票给政府，政府再以"转移支付"的形式"撒钱"给老百姓。

damental Reappraisal of the Discount Mechanism, the Board of Governors of the Federal Reserve System.

Minsky, H.P. (1975): *John Maynard Keynes*, New York: Columbia University Press.

Minsky, H.P. (1986): *Stabilizing an Unstable Economy*, Yale University Press.

Modigliani, F. and M.H. Miller (1958): The Cost of Capital, Corporation Finance and the Theory of Investment, *American Economic Review*, Vol.48, No.3, 261-297.

Modigliani, F. and M.H. Miller (1963): Corporate Income Taxes and the Cost of Capital: A Correction, *American Economic Review*, Vol.53, No.3, 433-443.

Oliner, S.D. and G.D. Rudebusch (1996): Is There a Broad Credit Channel for Monetary Policy, *Federal Reserve Bank of San Francisco Economic Review*, No.1, 4-13.

Reinhart, C.M. (2010): This Time Is Different Chart Book: Country Histories on Debt, Default and Financial Crises, *NBER Working Paper No.15815*.

Reinhart, C.M. and K.S. Rogoff (2008): This Time Is Different: A Panoramic View of Eight Centuries of Financial Crises, *NBER Working Paper No.13882*.

Reinhart, C.M. and K.S. Rogoff (2009): *This Time Is Different: Eight Centuries of Financial Folly*, Princeton: Princeton University Press.

Reinhart, C.M. and K.S. Rogoff (2011): From Financial Crash to Debt Crisis, *American Economic Review*, Vol.101, No.5, 1676-1706.

Townsend, R.M. (1979): Optimal Contracts and Competitive Markets with Costly State Verification, *Journal of Economic Theory*, Vol.21, No.2, 265-293.

Wicksell, K. (1898): *Interest and Prices*, English translation by R.F. Kahn, London: Macmillan, 1936.

第十七章 债务定理:基于理论模型的研究

在上一章中,我们从货币循环的视角对债务的来源进行了考察。我们发现,尽管货币已不再是稀缺资源,并且货币的创造不一定就会带来通货膨胀,然而,货币的创造却往往意味着债务,是债务问题的根源。货币总是要发行的,否则经济就不能发展,但我们应注意,货币(或债务)的发行都是有成本的,即所谓的利率;利率直接决定着债务的积累速度。于是,对债务问题的研究不仅要研究货币发行是否过度,更为重要的是要研究货币发行的成本——利率——是否过高。本章将讨论债务的利率对经济的影响。

一、债务定理的简单论证

利率对经济的影响可以用债务定理进行概括。我们首先考察一个简单的债务滚动模型。

(一) 简单的债务滚动模型

假定政府(中央或地方)在 t 年的支付可以分为两部分:一部分是它用于实现政府功能和为经济发展服务等的支出 G_t;另一部分是利息支出 $i_t B_{t-1}$,这里,i_t 为利率,B_{t-1} 为政府上一年($t-1$ 年)年底所积累的债务。政府的收入也主要有两个来源:一是它的税收收入 T_t;二是新发行的债券,记为 ΔB_t,$\Delta B_t = B_t - B_{t-1}$。所有变量都是名义值。于是,政府在 t 年的预算平衡可写成

$$T_t + \Delta B_t = i_t B_{t-1} + G_t \tag{17.1}$$

对公式(17.1)重新进行安排,我们可以得到如下反映政府债务变化的恒等式:

$$B_t = (1 + i_t) B_{t-1} + G_t - T_t \tag{17.2}$$

令 Y_t 为名义 GDP,并将公式(17.2)两边同除以 Y_t,我们得到

$$\frac{B_t}{Y_t} = \frac{(1 + i_t) B_{t-1}}{Y_t} + \frac{G_t - T_t}{Y_t} \tag{17.3}$$

设 g_t 为名义 GDP 在 t 期的增长率,即 $Y_t = (1 + g_t) Y_{t-1}$。将其代入上式右边的第一项,我们有,

$$\frac{B_t}{Y_t} = \frac{(1 + i_t) B_{t-1}}{(1 + g_t) Y_{t-1}} + \frac{G_t - T_t}{Y_t} \tag{17.4}$$

进一步设 b_t 为 t 期的债务率,$b_t = B_t / Y_t$;d_t 为 t 期的赤字率,$d_t = (G_t - T_t) / Y_t$。于是,公式(17.4)可进一步写成

$$b_t = \frac{1+i_t}{1+g_t}b_{t-1} + d_t \tag{17.5}$$

公式(17.5)是我们要讨论的主要公式。

(二) 债务定理

借债要还,这是天经地义的,但除了本金,还须还利息,即所谓连本带利。于是利率的高低将很自然地成为债务积累(或是否形成债务危机)的关键变量。由公式(17.5)可知,当利率大于名义GDP的增长率时,债务率将更容易上升,即使d_t是负的(即财政盈余)。也就是说,由于债务是按利率增长,而经济是按其增长率增长的,因此,当债务利率长期大于经济增长率时,债务率将不可避免地升高。这样一个结论可以推广到如下一般状态:

【债务定理】 一般地,就个别企业而言,如果其贷款利率长期大于其资产(或收益)增长率,则该企业早晚会进入"明斯基时刻"。就整体经济而言,如果债务(如贷款)利率长期大于经济的整体增长率,则经济体早晚会进入"明斯基时刻"。

这就是本章需要论证的债务定理。尽管我们已经使用了一个极为简单的债务滚动模型对此进行了论证,但似乎远远不够。现实中,债务有各种各样的形式,如中央政府的债务(如国债)、地方政府的债务、企业负债和居民负债等,而利率也有多种类型,如国债利率、企业和居民的贷款利率,甚至所谓的高利贷等。接下来,我们将通过比较现实中的各种利率,来考察它们对各自债务的影响,这实际上也可以理解成用经验数据来论证上述债务定理。

(三) 债务知多少?

我们先考察现实中的各种债务水平。

首先考察总体债务水平。一国的总体债务通常是指除金融机构之外的居民、非金融企业和政府部门的债务余额总额,其占GDP的比例反映了该国的总体债务水平。表17-1给出了各国和全球的总体债务水平。

由表17-1可知,2008年金融危机之后,全球的总体债务水平仍在继续提高。2013年达到占GDP的212%,创下了历史新高,相较于2008年金融危机时期的174%大幅上升了38%。无论是发达经济体还是新兴市场经济体似乎都落入"债务陷阱"。以2013年的数据为例,发达经济体的债务余额占GDP的比重高达272%,比2008年和21世纪初的2001年分别上升了25%与64%,其中,英国、美国和欧元区的负债率分别为276%、264%和257%,依次比2008年金融危机时期上升了25%、23%和19%,比2001年更是上升了56%、84%和73%。更有甚者,日本2013年的债务余额占GDP的比重竟然达到411%。就新兴市场经济体而言,尽管其债务余额占GDP的比重为151%,低于发达经济体的债务水平,但也比2008年金融危机时上升了36%。

表 17-1　总体债务余额占 GDP 的比重① 　　　　　　　　　　　　　（单位：%）

	2013 年	比 2008 年增加	比 2001 年增加
全球	212	38	—
发达经济体	272	25	64
新兴市场经济体	151	36	—
英国	276	25	56
美国	264	23	84
欧元区	257	19	73
日本	411	—	—
中国	217	72	—

数据来源：Buttiglione et al. (2014)。

同一时期，中国的总体债务水平也迅速升高。2013 年，中国的总体负债率（不包括金融机构）为 217%，比 2008 年大幅增加了 72%，年均增速超过 14%，这一增幅不仅远高于同期新兴市场经济体中排名第二的土耳其（增幅只有 33%，不到中国增幅的一半），而且也比危机之前美国的债务增长速度更快（Buttiglione et al.，2014）。

接下来，我们将分别就政府、非金融企业和居民的债务水平进行考察。首先是政府债务。表 17-1 给出了各主要经济体 2008—2014 年政府债务占 GDP 的比重。

表 17-2　各主要经济体的政府债务比重变化（2008—2014 年） 　　　　　（单位：%）

	日本	美国	欧元区	英国	中国
2008 年	191.81	72.84	68.63	51.78	31.67
2009 年	210.25	86.04	78.38	65.81	35.79
2010 年	215.95	94.76	83.91	76.39	36.56
2011 年	229.84	99.11	86.50	81.83	36.47
2012 年	236.76	102.39	91.08	85.82	37.30
2013 年	242.59	103.42	93.40	87.31	39.38
2014 年	246.42	104.77	94.01	89.54	41.06

数据来源：Abbas et al. (2010)，国际货币基金组织公共债务历史数据库 HPDD。

可以看到，2008 年金融危机之后，各主要经济体的政府债务规模均有较大程度的扩张，并且部分国家的负债率（年末债务余额/当年国内生产总值）早已超过国际公认的 60% 的风险警戒线。但就中国而言，目前离债务风险警戒线仍相对较远。

在我国，与中央政府所不同的是，地方政府的债务规模快速积累。无论是按宽口径（地方政府性债务）还是按窄口径（地方政府债务），2014 年年底的债务规模都至少在 2010 年的

---

① 这里的发达经济体共包括 21 个国家，分别是澳大利亚、奥地利、比利时、加拿大、丹麦、芬兰、法国、德国、希腊、爱尔兰、意大利、日本、荷兰、新西兰、挪威、葡萄牙、西班牙、瑞典、瑞士、英国、美国；新兴市场经济体也有 21 个国家，分别为阿根廷、保加利亚、巴西、智利、中国、哥伦比亚、捷克、匈牙利、印度、印度尼西亚、以色列、韩国、马来西亚、墨西哥、菲律宾、波兰、俄罗斯、南非、泰国、土耳其、乌克兰。

基础上翻了一番,其中,宽口径的地方政府性债务规模从 2010 年的 10.72 万亿元增长至 2014 年的 24 万亿元,而窄口径的地方政府债务规模也从 2010 年的 6.71 万亿元增长至 2014 年的 15.4 万亿元。由此可见,地方政府债务压力正在与日俱增(见表 17-3)。

表 17-3 中国地方政府性债务的规模

债务类型	2010 年		2012 年		2013 年 6 月		2014 年	
	余额(万亿元)	比重(%)	余额(万亿元)	比重(%)	余额(万亿元)	比重(%)	余额(万亿元)	比重(%)
地方政府债务	6.71	62.59	9.27	59.69	10.89	60.84	15.4	64.17
政府负有担保责任的债务	2.34	21.83	2.49	16.03	2.67	14.92	3.1	12.92
政府可能承担一定救助责任的债务	1.67	15.58	3.77	24.28	4.34	24.25	5.5	22.91
合计	10.72	100.00	15.53	100.00	17.90	100.00	24.0	100.00

数据来源:国家审计署(2011,2013b),国务院(2015)。

就非金融企业的债务而言,主要有传统银行信贷、金融市场债务工具、类影子银行的信用融资(包括信托贷款、委托贷款、未贴现银行承兑汇票等)这三个部分构成。图 17-1 首先给出了 2014 年各主要经济体非金融企业债务占 GDP 的比重。可以看到,与主要经济体相比,中国非金融企业债务占 GDP 的比重是最高的,不仅高于其他四个金砖国家,而且也超过发达国家。事实上,如戈登(2014)所言:中国非金融企业债务跃升全球第一。即使就债务余额的绝对值而言,截至 2013 年年底,中国非金融企业的债务余额达 14.2 万亿美元,已超过同期美国的水平(13.1 万亿美元),成为全球非金融企业债务最多的国家。[①] 国内的研究也显示,2014 年非金融企业的债务总额(不含地方政府融资平台债务)为 78.33 万亿元人民币(李扬等,2015)。

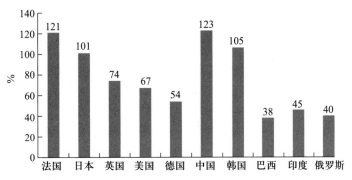

图 17-1 各主要经济体非金融企业债务占 GDP 的比重

资料来源:李扬等(2015)。

---

① 标普:中国非金融企业债务跃升全球第一,www.chinanews.com/cj/2014/06-18/6293994.shtml。

居民部门的债务主要产生于居民和金融机构之间,如居民的住房贷款等。表17-4给出了2015年我国金融机构本外币信贷资金的运用。

表17-4 金融机构本外币信贷资金的运用

	余额(亿元)	比重(%)
住户贷款	270312	27.96
短期贷款	89084	32.96
中长期消费贷款	148532	54.95
中长期经营性贷款	32695	12.10
非金融企业及机关团体贷款	687727	71.15
短期贷款	270105	39.28
中长期贷款	356604	51.85
其他	61017	8.87
非银行业金融机构贷款	8584	0.89
境内贷款合计	966625	100

注:"其他"包括票据融资、融资租赁与各项垫款。

数据来源:http://www.pbc.gov.cn/diaochatongjisi/116219/116319/2161324/index.html。

表17-4至少让我们得出以下有关居民部门债务的两点结论:第一,居民部门的债务(即住户贷款)只占到境内贷款总量的27.96%,远低于非金融企业及机关团体贷款71.15%的比重;第二,住户贷款中,中长期消费贷款的占比超过50%,这反映出与居民住房相关的抵押贷款是主要的住户贷款。

此外,与主要经济体相比,中国居民债务占GDP的比重是比较适中的,尽管高于其他四个金砖国家,但远低于发达国家的水平。图17-2比较了2014年主要经济体居民债务占GDP的比重。

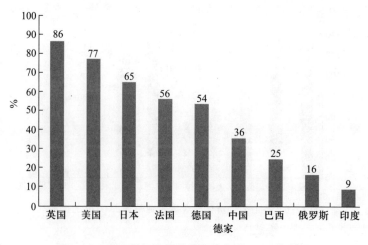

图17-2 各主要经济体的居民债务占GDP的比重

资料来源:李扬等(2015)。

上述分析可以让我们得到关于中国债务问题的如下基本结论：

中国的债务问题主要在非金融企业和地方政府。

(四) 利率知多少?

我们已经知道,债务利率是决定债务积累速度、形成债务危机的关键变量。当利率水平高于经济增长率时,债务积累速度将超过经济增长速度,从而债务危机早晚会到来。现实中,不同的债务类型会有不同的利率。那么,各种不同的利率到底处于一种什么样的水平呢?

我们首先考察国债利率。图17-3给出了2008—2015年中国国债利率的走势。

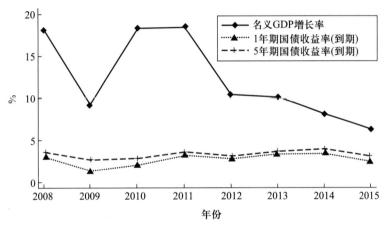

图 17-3 中国国债收益率和名义 GDP 增长率比较

数据来源：国家统计局(2015)、中国统计局网站和中国人民银行网站。

可以看到,尽管存在着波动,但无论是长期还是短期的国债利率,都远小于名义GDP的增长率。事实上,在这段时期,名义GDP的平均增长率为12.27%,短期(3月期)平均国债收益率为2.14%,长期平均国债收益率为3.3%。毫无疑问,国债利率长期明显小于名义GDP增长率是中国中央政府的债务率一直没有明显上升的根本原因。

反观发达国家,尽管其国债利率和中国相差并不太大,但其GDP的名义增长率却远小于中国,并且接近甚至小于其国债利率。表17-5给出了2008—2015年几个主要发达国家国债利率与名义GDP增长率之比较。

表 17-5 中国与主要发达国家国债利率与名义 GDP 增长率　　(单位:%)

国家	指标	2008年	2009年	2010年	2011年	2012年	2013年	2014年	2015年	年均值
中国	国债收益率	3.52	2.69	2.90	3.55	3.09	3.64	3.89	3.14	3.30
	GDP 增长率	18.18	9.12	18.31	18.40	10.33	10.09	8.18	6.38	12.27

(单位:%)(续表)

国家	指标	2008年	2009年	2010年	2011年	2012年	2013年	2014年	2015年	年均值
美国	国债收益率	2.80	2.19	1.93	1.52	0.76	1.17	1.64	1.53	1.69
	GDP增长率	1.66	−2.04	3.78	3.70	4.11	3.14	4.11	3.45	2.72
加拿大	国债收益率	3.03	2.33	2.48	2.06	1.38	1.62	1.58	0.85	1.92
	GDP增长率	5.05	−5.18	6.05	6.49	2.99	3.81	4.27	0.52	2.94
澳大利亚	国债收益率	5.59	4.66	5.10	4.55	2.96	2.88	3.08	2.15	3.87
	GDP增长率	6.84	3.05	8.71	5.76	2.24	3.95	1.60	1.19	4.14
日本	国债收益率	0.98	0.69	0.41	0.43	0.24	0.23	0.16	0.07	0.40
	GDP增长率	−2.29	−6.00	2.45	−2.30	0.80	0.79	1.64	2.46	−0.35
德国	国债收益率	3.64	2.39	1.76	1.83	0.52	0.63	0.35	−0.02	1.39
	GDP增长率	1.93	−3.96	4.87	4.77	1.91	2.39	3.36	3.78	2.35
法国	国债收益率	3.87	2.61	2.00	2.38	1.23	1.05	0.58	0.12	1.73
	GDP增长率	2.58	−2.85	3.07	3.04	1.34	1.36	1.17	1.92	1.44
西班牙	国债收益率	4.00	2.97	3.41	4.70	4.83	3.29	1.36	0.75	3.16
	GDP增长率	3.28	−3.33	0.17	−0.97	−2.57	−1.11	0.96	3.84	0.00
意大利	国债收益率	4.30	3.10	2.98	4.85	4.43	3.15	1.47	0.74	3.13
	GDP增长率	1.40	−3.63	2.01	2.05	−1.48	−0.54	0.46	1.52	0.21

数据来源:国家数据来源于国家统计局(2015)、国家统计局网站和中国人民银行网站。其他国家数据来源于OECD数据库和各国中央银行或财政部网站。

其次,我们考察中国地方政府的利率。地方政府的利率取决于其举债方式。这其中,既包括银行贷款,也包括地方政府的债券发行等。表17-6给出了各种不同举债方式在地方政府举债中所占的比重。

表17-6　不同举债方式在地方政府举债中所占的比重　　(单位:%)

举债方式	2010年	2012年	2013年6月	2014年
银行贷款	74.84	78.07	50.76	51
发行债券	8.21	12.06	10.71	8
BT	—	—	11.16	—
其他	16.95	9.87	27.37	41
合计	100	100	100	100

注:BT是Build−Transfer的缩写,意为建设-移交,是地方政府利用非政府资金进行基础设施建设的一种融资模式。"其他"举债方式包括上级财政、其他单位和个人借款等。

数据来源:国家审计署(2011,2013a,2013b),国务院(2015)。

可以看到,发行债券在地方政府举债中所占的比重在10%左右,其余主要为银行贷款和其他举债方式。值得注意的是,2010年以来,银行贷款的比重在逐渐下降,其他举债方式的比重则明显上升,2014年达到41%。但无论如何,银行贷款仍然是地方政府举债的主要方式,2014年仍然达到51%。

那么,地方政府各种举债方式的利率又处于什么样的水平呢?根据财政部、中国人民银行、银监会(2015)联合下发的规定,采用定向承销方式发行的地方债,发行利率区间下限不得低于发行日前1至5个工作日相同待偿期记账式国债收益率的平均值,上限不得高于其30%。鉴于记账式国债收益率一般平均在3%—4%之间,这就表明地方债的发行利率区间将在3%—5%之间。

然而,根据有关研究(楼继伟,2015),非债券方式举债的地方政府债务(如银行贷款等)的平均成本一般在10%左右。由此我们可知地方政府的债务为什么会积累得如此之快。

2015年,经国务院批准,财政部向地方下达3.2万亿元的置换债券额度,即用发行地方政府债券的方式来置换存量债务,这使得被置换的存量债务的平均成本下降至3.5%左右,预计为地方政府每年节省利息2000亿元。

综上,尽管一部分地方政府的债务利率较低,在3%—5%左右,但由于其90%的债务利率在10%左右,接近甚至超过各地方政府的名义GDP和财政收入的增长率,从而使地方政府的债务余额迅速积累。

最后,目前,中国非金融企业的举债仍以银行业的间接融资为主,即由商业银行向非金融企业提供信贷,因此,非金融企业的债务成本就是由商业银行所提供的贷款利率。而商业银行所提供的贷款利率一般由中央银行提供的法定贷款利率和商业银行自己规定的在法定贷款利率上的加成两部分构成。也就是说,中央银行所提供的法定贷款利率是非金融企业债务成本的下限。表17-7汇总了2008年金融危机后我国金融机构的法定贷款利率。可以看到,2008年时法定贷款利率被规定在7%以上,到2015年则下降至不到5%。但因为商业银行在此基础上需要有一个加成(一般在2%以上),所以非金融企业的贷款利率水平已经非常接近一般企业的收益增长率(或成长率)。

表17-7 金融机构的法定贷款利率 (单位:%)

日期	短期贷款利率(1年)	中期贷款利率(1年以上至3年)	中长期贷款利率(3年以上至5年)	长期贷款利率(5年以上)
2008-09-16	7.20	7.29	7.56	7.74
2008-10-09	6.93	7.02	7.29	7.47
2008-10-30	6.66	6.75	7.02	7.20
2008-11-27	5.58	5.67	5.94	6.12
2008-12-23	5.31	5.40	5.76	5.94
2010-10-20	5.56	5.60	5.96	6.14
2010-12-26	5.81	5.85	6.22	6.40

(单位：%)（续表）

日期	短期贷款利率(1年)	中期贷款利率（1年以上至3年）	中长期贷款利率（3年以上至5年）	长期贷款利率（5年以上）
2011-02-09	6.06	6.10	6.45	6.60
2011-04-06	6.31	6.40	6.65	6.80
2011-07-07	6.56	6.65	6.90	7.05
2012-06-08	6.31	6.40	6.65	6.80
2012-07-06	6.00	6.15	6.40	6.55
2014-11-12	5.60	6.00	6.00	6.15
2015-03-01	5.35	5.75	5.75	5.90
2015-06-28	4.85	5.25	5.25	5.40
2015-08-26	4.60	5.00	5.00	5.15
2015-10-24	4.35	4.75	4.75	4.90

数据来源：中国经济统计数据库。

此外，中国的金融体系还经常会出现中小型民营企业贷不到款的现象，从而中小型民营企业不得不诉诸民间借贷、地下钱庄等非正规的民间融资手段。[①] 非正规的民间融资通常意味着极高的利率。以民间借贷利率中最具代表性的温州民间融资综合利率指数为例，该利率水平大约是同期金融机构所提供法定贷款利率的4倍左右（见表17-8）。

表17-8 温州民间融资综合利率指数

时间	利率指数（%）	时间	利率指数（%）
2015年第一季度	19.59	2014年第一季度	20.07
2015年第二季度	19.32	2014年第二季度	20.16
2015年第三季度	18.95	2014年第三季度	20.27
2015年第四季度	18.62	2014年第四季度	20.01

注：作为反映民间融资利率市场的"晴雨表"，"温州民间融资综合利率指数"经过3年的发展，目前已覆盖全国46个民间金融活跃城市，形成更具代表性的资金价格信息来源。

数据来源：温州金融办。

上述分析可以让我们得到关于中国债务问题的如下结论：

为什么中国的非金融企业部门和地方政府的债务会增长得如此之快，甚至成为世界之首？答案只有一个：贷款利率太高！

[①] 作为中国第一部民间借贷的地方性法规，《温州民间融资管理条例》对民间融资的定义为：民间借贷和私募债券、私募基金等货币资金融通活动的总称。

高利率无疑使中国的商业银行和金融中介业绩辉煌。全球性金融危机以来,中国的商业银行成长快速:在福布斯发布的2015年世界五百强公司排行榜中,排名前四位的是中国的四大国有商业银行:中国工商银行、中国建设银行、中国农业银行和中国银行。[①]

由于商业银行的辉煌业绩并非来自竞争压力下效益的不断提高和技术的不断进步,因此,这样一种辉煌并不能提高整个社会的经济效益,相反,它是以牺牲企业利益并给经济社会带来债务风险为代价的。

二、融入债务变化的宏观动态模型

接下来,我们将构建融入债务变化的宏观动态模型来论证我们的债务定理。首先,我们将讨论融入债务变化的企业投资决策。

(一) 企业的投资决策

如前文第十二章所述,投资提供未来的产能,所以我们假定代表性企业在0期作投资决策时,对未来拥有一系列的预期,这其中包括对产量需求的预期序列 $E\{Y_t\}_{t=0}^{\infty}$ 和对利率的预期序列 $E\{r_t\}_{t=0}^{\infty}$。给定这一系列的预期序列,企业的投资决策问题就可以表示为:选择一个从现在到未来的投资序列 $\{I_t\}_{t=0}^{\infty}$,使折现后的净现金流量之和最大,即

$$\max_{\{I_t\}_{t=0}^{\infty}} E \sum_{t=0}^{\infty} \beta^t \{[Y_t - c(U_t)Y_t] - I_t - r_t D_t\} \quad (17.6)$$

满足

$$c_t = \omega(U_t)^{(1-\alpha)/\alpha} + \frac{v}{A}(U_t)^{-1} \quad (17.7)$$

$$U_t = \frac{Y_t}{AK_t} \quad (17.8)$$

$$K_{t+1} = (1-\delta)K_t + I_t \quad (17.9)$$

$$D_{t+1} = (1+r_t)D_t + I_t - [Y_t - c(U_t)Y_t] \quad (17.10)$$

其中,D_t 是企业在 t 期所积累的债务(按 t 期的期初值衡量);K_t 为资本存量(按期初值衡量);U_t 为产能利用率,其定义由公式(17.8)给出即假定价格为1,[②] $c(U_t)$ 为企业的平均成本函数,其形式由公式(17.7)给出[③],即假定价格为1;δ 为折旧率。与第十二章所考虑的投资决策问题所不同的是:这里我们并没有引入价格,这显然是为了简化,同时也不会影响我们的基本结论;但是我们同时考虑了企业的融资问题,从而加上了企业的债务积累公式(17.10)。其中,企业利润 $Y_t - c(U_t)Y_t$ 可以看成是内源融资,其余则为外源融资,即银行贷款。[④]

值得注意的是,公式(17.10)可进一步写成

[①] http://www.sundxs.com/phb/11276.html。
[②] 与第十二章所不同的是,我们这里用 K_t 而非 K_{t-1} 进入产能利用率 U_t。正因为如此,K_t 按 t 期的期初值衡量,从而为 t 期的生产提供产能。
[③] 该形式与第十二章的公式(12.10)是一致的。
[④] 当然,现实中企业利润有可能用于分红。但如果我们假定家庭将所得到的分红用于购买企业的股权,从而成为企业的股权融资,那么此种情况下,由公式(17.10)所反映的企业债务的动态变化在宏观上仍然适用。

$$[Y_t - c(U_t)Y_t] - I_t - r_t D_t = -(D_{t+1} - D_t)$$

上式左边为目标函数(17.6)中 t 期的净现金流量。于是,企业目标同样也可以理解为减少债务(如果 D_t 为正)或增加净资产(如果 D_t 为负),而这里的利率不仅可以理解为贷款利率,也可以是净资产投资(如果 D_t 为负)的回报率。

将公式(17.8)和(17.9)分别代入模型(17.6)和(17.10),模型(17.6)—(17.10)就可以转换为:选择一个资本序列$\{K_t\}_{t=1}^{\infty}$,使得

$$\max_{\{K_t\}_{t=1}^{\infty}} E \sum_{t=0}^{\infty} \beta^t [Y_t - c(Y_t/(AK_t))Y_t - K_{t+1} + (1-\delta)K_t - r_t D_t] \quad (17.11)$$

满足

$$D_{t+1} = (1+r_1)D_t + K_{t+1} - (1-\delta)K_t - [Y_t - c(Y_t/(AK_t))Y_t] \quad (17.12)$$

公式(17.11)—(17.12)构成了企业的投资决策问题。

命题 17-1 给出了投资决策问题(17.11)和(17.12)的解。

【命题 17-1】 假定 $\beta = 1$(即企业对现在和未来一样看重),则企业投资决策问题(17.11)和(17.12)的最优解可表示为

$$U_t = \left(\frac{\delta + v + r_t}{\omega A(1-\alpha)/\alpha}\right)^{\alpha} \quad (17.13)$$

该命题的证明由本章的附录提供。

命题 17-1 表明较高的利率水平将导致较高的产能利用率。其经济学原理可以解释如下:假定在 $t-1$ 期,企业所预期的 t 期利率为 r_t,需求为 Y_t。为了满足这一需求,企业需要通过在 $t-1$ 期的投资 I_{t-1} 来调整资本存量。① 因此,该命题实际上可以简单地表示为:预期的利率水平 r_t 越高,投资 I_{t-1} 就越低,从而导致产能 AK_t 减少。于是,在预期需求 Y_t 给定的条件下,预期的产能利用率 U_t 就会上升。

命题 17-1 尽管给出了利率和产能利用率之间的关系,但因为平均生产成本是产能利用率的复杂 U 形函数(见图 12-1),所以有必要考察利率和平均生产成本之间的关系。

【命题 17-2】 令 $c(U(r))$ 为平均成本函数,其中,$c(U)$ 和 $U(r)$ 分别由公式(17.7)和(17.13)给出,则

$$\frac{dc(U(r))}{dr} > 0$$

该命题的证明由本章的附录给出。

由此我们看到,高利率不仅会推升利息支出,而且也会造成投资需求的下降、产能利用率的上升,进而带动平均生产成本增加。特别是,当平均生产成本因高昂的利率而远大于 1(即产品的价格)时,企业将不得不宣布破产。

---

① 由公式(17.8)可知,给定 t 时的需求 Y_t,$t-1$ 时的投资 I_{t-1} 将影响产能 AK_t,进而影响产能利用率 U_t。

(二) 利率的决定

利率的决定来自两个方面的力量：一是货币政策，二是商业银行对借款者违约风险的考量。其中，货币政策决定基准利率(如联邦基金利率等)，并且表现为逆周期，从而与总值增长率 y_t 呈正相关。商业银行所考虑的企业违约风险通常与企业的债务率 d_t 相关：债务率 d_t 越高，企业的违约风险就越大，从而商业银行给出的贷款利率也就越高(见第十六章的讨论)。

假定基准利率 r_t^* 服从货币政策规则[①]：

$$r_t^* = r^* + \theta(y_{t-1} - y^*) \tag{17.14}$$

基准利率 r_t^* 是商业银行从货币市场借入资金的利率。给定 r_t^*，商业银行所设定的贷款 r_t 服从

$$r_t = \begin{cases} m + r_t^*, & d_{t-1} < d^* \\ m + r_t^* + \mu(d_{t-1} - d^*), & d_{t-1} \geqslant d^* \end{cases} \tag{17.15}$$

其中，m 可以看成是正常情况下商业银行在基准利率(或从货币市场借入资金的利率)基础上所作的一个加成。公式(17.15)意味着当企业的债务率超过正常范围(如 $d_{t-1} \geqslant d^*$)，从而使企业的违约风险增大时，商业银行所给出的贷款利率也将随之提高。进一步将公式(17.14)代入(17.15)，我们得到

$$r_t = \begin{cases} m + r^* + \theta(y_{t-1} - y^*), & d_{t-1} < d^* \\ m + r^* + \theta(y_{t-1} - y^*) + \mu(d_{t-1} - d^*), & d_{t-1} \geqslant d^* \end{cases} \tag{17.16}$$

(三) 宏观动态模型

给定代表性企业的投资函数和利率的决定，下面将接着构建总体经济模型。

假定由代表性企业生产的总产出 Y_t 由两部分组成：一为消费 C_t，二为投资 I_t。如果消费 C_t 取 $(1-s)Y_t$，其中 s 为平均储蓄倾向，则我们可以得到

$$Y_t = \frac{1}{s} I_t \tag{17.17}$$

令 k_t 为资本存量的总值增长率(Gross Growth Rate)，即 $k_t \equiv K_t / K_{t-1}$，则公式(17.9)让我们得到

$$k_t = (1-\delta) + \frac{I_{t-1}}{K_{t-1}}$$

使用公式(17.17)和产能利用率的定义(17.8)，上式可进一步写成

$$k_t = (1-\delta) + sAU_{t-1} \tag{17.18}$$

同时，令 y_t 为产出的总值增长率，即 $y_t \equiv Y_t / Y_{t-1}$。很容易证明

$$y_t = \frac{k_t U_t}{U_{t-1}} \tag{17.19}$$

接下来，我们考察债务率的动态变化。将公式(17.12)两边同除以 K_t：

$$\frac{D_{t+1}}{K_t} = (1+r_t)\frac{D_t}{K_t} + \frac{K_{t+1}}{K_t} - (1-\delta) - \left[A\frac{Y_t}{AK_t} - c\left(\frac{Y_t}{AK_t}\right)A\frac{Y_t}{AK_t}\right]$$

---

① 此为忽略价格条件下的泰勒规则，见 Taylor and McCallum(1993)。

令 $d_t \equiv D_t/K_t$，称 d_t 为债务率(显然，d_t 能够很好地反映企业的资本结构，或债务-股权比例)，将其代入上式，整理后得

$$k_{t+1}d_{t+1} = (1+r_t)d_t + k_{t+1} - (1-\delta) - AU_t[1-c(U_t)]$$

再将公式(17.18)代入，整理可得

$$d_t = \frac{(1+r_{t-1})d_{t-1} - AU_{t-1}[1-s-c(U_{t-1})]}{1-\delta+sAU_{t-1}} \qquad (17.20)$$

由此，我们的经济系统由公式(17.7)、(17.13)、(17.16)、(17.18)—(17.20)构成，所涉及的变量包括 c_t、U_t、r_t、k_t、y_t 和 d_t。

三、动态分析

我们将首先考虑 $d_t < d^*$ 的情况，即所谓的债务正常状态。

(一) 模型的集约形式

在债务正常状态下，由公式(17.16)可知，利率的动态变化为

$$r_t = m + r^* + \theta(y_{t-1} - y^*) \qquad (17.21)$$

与此同时，由公式(17.13)、(17.18)和(17.19)可以推出

$$y_t = \left[\frac{1-\delta}{(\delta+v+r_{t-1})} + \kappa\right][\delta+v+m+r^*+\theta(y_{t-1}-y^*)]^\alpha \qquad (17.22)$$

其中，

$$\kappa = \frac{sA}{[\omega A(1-\alpha)/\alpha]^\alpha}$$

公式(17.21)和(17.22)构成了关于 r_t 和 y_t 的一个标准的动态系统。给定 r_t 和 y_t 的动态变化，c_t、U_t、k_t 和 d_t 的动态轨迹分别可以从公式(17.7)、(17.13)、(17.18)和(17.20)中得出。值得注意的是，负债率 d_t 的变化对由 U_t、k_t、c_t 和 y_t 所组成的经济没有反馈作用。这似乎从宏观经济的视角证实了MM理论的不相关命题。

(二) 稳定状态

接下来，我们将求解系统(17.21)—(17.22)的稳定状态。

【命题17-3】 假定模型的结构参数 α、δ、v、θ 等在合理范围内赋值，则系统(17.21)—(17.22)可具有唯一的稳定状态 $(\bar{r}, \bar{y})$，其中，$\bar{r}$ 满足

$$\bar{r} = \sigma + \theta\kappa(\delta+v+\bar{r})^\alpha \qquad (17.23)$$

这里，$\sigma = m + r^* + \theta(1-\delta-y^*)$。给定 $\bar{r}$，则 $\bar{y}$ 可从如下公式中得到

$$\bar{y} = 1 - \delta + \kappa(\delta+v+\bar{r})^\alpha \qquad (17.24)$$

该命题的证明较为简单，因而不再给出。

值得注意的是，由于存在非线性，稳定状态 $\bar{r}$ 不能直接从公式(17.23)求出。为此，必须借

助数值算法来计算稳定状态 $\bar{r}$。这就意味着稳定状态 $(\bar{r},\bar{y})$ 不能直接用结构参数进行表述。

给定稳定状态 $(\bar{r},\bar{y})$，其他变量的稳定状态就可以从公式(17.7)、(17.13)、(17.18)和(17.20)中得到。

(三) 稳定性分析

命题 17-4 是关于动态系统(17.21)—(17.22)的稳定性。

【命题 17-4】 令 J 为动态系统(17.21)—(17.22)在稳定状态 $(\bar{r},\bar{y})$ 下的雅可比矩阵，$\lambda_{1,2}$ 为 J 的两个特征根。假定 $\bar{y}<2(1-\delta)$ 得以满足，则在合理的取值范围内，存在着一个 θ，用 θ^* 表示，使得在 θ^* 附近，

(1) $\lambda_{1,2}$ 是一对共轭复根；

(2) 按结构参数的不同数值组合，该共轭复根的模 $|\lambda_{1,2}|$ 既可以大于 1 也可以小于 1。特别地，

  (a) 当 $\theta<\theta^*$ 时，$|\lambda_{1,2}|<1$；
  (b) 当 $\theta=\theta^*$ 时，$|\lambda_{1,2}|=1$；
  (c) 当 $\theta>\theta^*$ 时，$|\lambda_{1,2}|>1$。

该命题的证明由本章的附录给出。

我们注意到，如果结构参数 α、δ、v、θ、A、s 等在合理的范围内取值，则假定条件 $\bar{y}<2(1-\delta)$ 很容易得到满足。于是，该命题告诉我们：经济可呈现出周期性的波动，这种波动既可以是收敛的，也可以是发散的，主要取决于结构参数 θ 的取值。特别是，当 $\theta=\theta^*$ 时，系统经历了一个 Hopf 分岔，从而模型允许有限循环(Limit Cycle)的存在。[①] 接下来，我们用数值模拟来论证我们所得到的模型的稳定性特点。

(四) 数值模拟

表 17-9 给出了我们用于数值模拟的结构参数，而经济系统的稳定状态则由表 17-10 给出。

表 17-9　模拟所使用的结构参数

α	s	δ	ω	θ	A	r^*	m	v	y^*	μ	d^*
0.64	0.20	0.07	0.70	0.25	0.15	0.02	0.02	0.05	1.04	0.24	1.00

表 17-10　计算得到的稳定状态

$\bar{r}$	$\bar{y}$	$\bar{U}$	$\bar{c}$	$\bar{k}$
0.03298	1.01192	0.921027	0.78600	1.01192

---

① 关于二维空间内离散型动态系统的 Hopf 分岔的存在性定理，请参见 Guckenheimer and Holmes (1986)。

给定表 17-9 所示的结构参数,我们对动态系统进行了模拟,并得到变量 r_t、U_t、k_t、c_t 和 y_t 的运动轨迹,结果如图 17-4 所示。可以发现,经济呈周期性变化且收敛至稳定状态。这表明表 17-9 中的 $\theta=0.25$ 小于分岔点 θ^*。

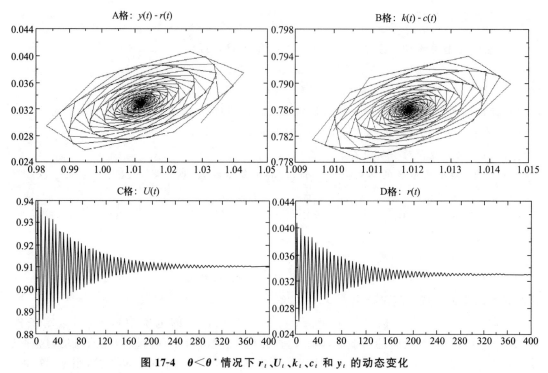

图 17-4 $\theta<\theta^*$ 情况下 r_t、U_t、k_t、c_t 和 y_t 的动态变化

注:模拟所用的初始条件为 $r_0=0.03$,$y_0=1.03$,$k_0=1.01$,U_0 和 c_0 分别按公式(17.13)和(17.7)求得。

现假定 θ 取值 0.26,其他参数及初始条件不变,对系统再次进行模拟,结果如图 17-5 所示。可以看到,在此种情况下,经济仍然呈周期性变化,但却是发散的。这表明 $\theta=0.26$ 大于分岔点 θ^*,因此,分岔点 θ^* 的取值在 0.25 至 0.26 之间,即 $\theta^* \in (0.25, 0.26)$。

(五) d_t 的动态变化

如前所述,如果政策参数 θ 设定合适(即 $\theta<\theta^*$),那么由 r_t 和 y_t 所构成的动态系统可以稳定增长(即 $\bar{y}>1$)。然而,我们对动态系统的模拟并没有包括债务率 d_t。给定 r_t、y_t 和 U_t 的动态变化,我们事实上能够从公式(17.20)中得出 d_t 的动态变化。

图 17-6 和图 17-7 模拟了 d_t 的变化轨迹,其中,结构参数仍然由表 17-9 给出,初始状态也与图 17-4 一致。两张图的区别在于:在图 17-6 中,我们设定 d_t 的初始状态 d_0 为 0.2;而在图 17-7 中,则设定 d_0 为 0.3。如图所示,当 $d_0=0.2$ 时,负债率 d_t 发散至负无穷,这表明了净资产的持续不断积累;而当 $d_0=0.3$ 时,尽管经济的其他方面都是健康的(如具有稳定的增长率),但负债率 d_t 则不断上升。

上述分析为我们提供了如下命题,其数学证明由本章的附录提供。

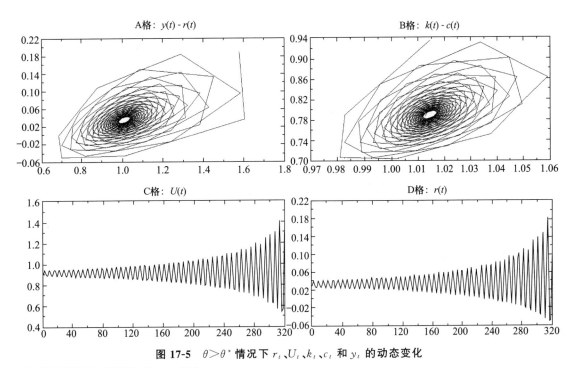

图 17-5　$\theta > \theta^*$ 情况下 r_t、U_t、k_t、c_t 和 y_t 的动态变化

注：模拟所用的初始条件与图 17-4 相同。

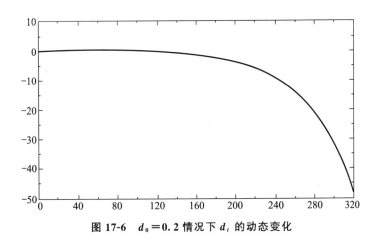

图 17-6　$d_0 = 0.2$ 情况下 d_t 的动态变化

【命题 17-5】 假定经济系统是稳定的。如果稳定状态下经济的增长率小于实际利率，即 $1-\bar{y} < \bar{r}$[①]，则就债务率 d_t 而言，存在一个临界值 d_0^*：

(1) 当 $d_0 < d_0^*$ 时，$d_t \to -\infty$；

(2) 当 $d_0 > d_0^*$ 时，$d_t \to +\infty$。

---

① 由表 17-9 可知，该条件在现有结构参数下能够得到满足。

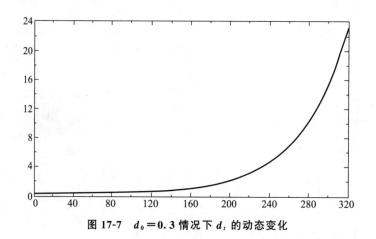

图 17-7 $d_0=0.3$ 情况下 d_t 的动态变化

上述分析让我们得到如下结论:假如利率完全由货币政策决定,则债务率 d_t 本身对实体经济不具有反馈作用,即所谓宏观意义上的 MM 理论不相关命题成立。然而,

> 如果经济增长率长期小于实际利率,则当债务率跨过某个临界值时,债务有可能持续不断地积累,以至于 d_t 发散至无穷大。

当债务率 d_t 很高时,我们仍能相信债务对实体经济没有影响吗?

(六) 债务非正常状态

现假定 $d_0 > d_0^*$,从而使 d_t 逐渐增大,并最终超过 d^*。此时,经济进入债务非正常状态,而当经济进入债务非正常状态时,债务开始对经济产生负反馈作用。首先,由公式(17.16)可知,

$$r_t = m + r^* + \theta(y_{t-1} - y^*) + \mu(d_{t-1} - d^*) \tag{17.25}$$

即非正常状态的债务使银行开始担心违约,从而提高利率。或者说,企业无法从正规的商业银行获得贷款,从而不得不转向民间借贷或影子银行,以更高的利率获得贷款。然而,随着利率的升高,产能利用率会上升(见命题 17-1),进而促使平均生产成本上升(见命题 17-2)。而当平均成本接近(或超过)1 时,企业将不得不面临破产的困境。图 17-8 对此种情况进行了模拟。

在图 17-8 中,模拟所用的结构参数仍然由表 17-9 给出,初始条件与图 17-4 相同,但设 $d_0=0.3$,即与图 17-7 相同。此外,与图 17-4 和图 17-7 所不同的是,当 $d_{t-1} \geqslant d^*$ 时,我们用公式(17.25)来代替原先的公式(17.21)。可以看到,尽管经济一开始是较为稳定的,但当债务率突破 1(即 d^*)时,利率开始上升,经济迅速恶化,而且这种恶化的速度极快,如同前文所述的金融加速器机制。

(七) 传导机制:债务是如何引发经济危机的?

为了讨论高债务率引发经济危机的传导机制,我们首先对企业破产进行界定(见图 17-9)。

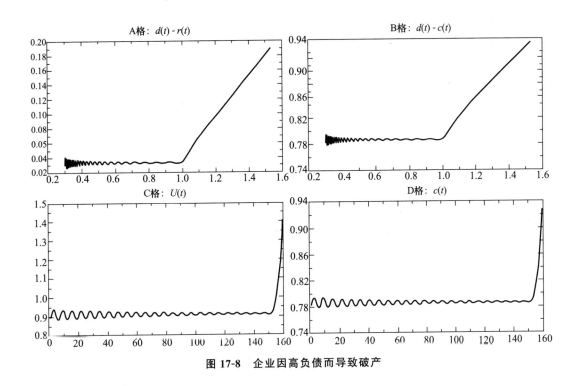

图 17-8 企业因高负债而导致破产

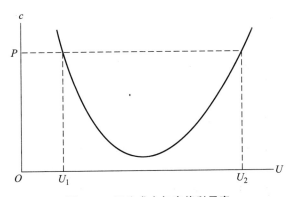

图 17-9 平均成本与产能利用率

图 17-9 来自图 12-1。其中，U 为产能利用率，c 为平均成本，从而平均成本 c 是产能利用率 U 的 U 形函数（该 U 形函数的推导过程由第十二章给出）。由此可见，平均成本的高企要么来自产能利用率过高，要么来自产能利用率过低（或产能过剩）。而当平均成本高于企业产品价格 P 时（如产能利用率低于 U_1，或高于 U_2）[①]，企业将不再产生现金流，将会破产。

当一个企业处于债务正常状态时，它会很容易从银行获得贷款，并且其贷款利率正常。此时，债务本身对实体经济不具有反馈作用，即所谓 MM 理论的不相关命题成立。然而，当这样一种正常的贷款利率高于企业的成长率（或资产和收益增长率）时，企业的债务率将逐

---

① 本模型中价格均假定为 1。

渐升高。当企业的债务率升高到一定程度时，企业将进入债务非正常状态。

处于债务非正常状态的企业所面临的最大困境是无法再从正规的商业银行得到贷款，或者按明斯基的说法，即使能得到贷款，新的债务合约也必然具有更高的贷款利率、更短的借款期限和以特定资产作为抵押品等条件（Minsky，1975）。在中国的现实中，这可能表现为企业不得不转向其他金融中介，如影子银行和民间借贷公司等，以更高的利率获得贷款，维持其生存，由此企业进入"明斯基时刻"。

进入"明斯基时刻"的企业，由于其利率远高于正常利率，因此其投资需求也必然会减少，设备不能如愿更新调整，无法进行设备更新和产能扩大（即使其产品仍有一定的市场销路）。总体而言，经济的投资将急剧减少。

投资的减少必然意味着总需求的减少，因此，就一部分企业而言，产能过剩是必然的，即小于图17-9中的U_1。然而，由于因投资减少所引起的总需求减少在各行业的分布并不均衡，因此不排除某些行业的需求并不减少（或减少不多）的情况。但一个债务高企的企业通常不能如愿更新调整自己的设备和产能，因此，它完全有可能过度地使用已有的设备来进行生产，即产能利用率高于图17-9中的U_2。两种情况都意味着平均成本过高[①]，而当平均成本很高时（如高于图17-9中企业的产品价格P时），企业将无法产生现金流用于归还贷款，即企业将陷入债务危机，随时面临破产的风险。

四、应对债务危机

由上述传导机制的描述可知，由债务问题引发经济危机所需的周期相对较长，远长于由需求冲击所带来的经济危机。也正因为如此，人们经常会忽略它。然而，债务危机对经济所造成的伤害却远远超过一般的由需求冲击所带来的经济危机。事实上，在应对债务危机方面，常规的宏观稳定政策已完全失效。

（一）常规宏观稳定政策的失效

在债务危机爆发之后，为应对大规模债务违约，各国政府通常会先采用常规的宏观稳定政策，如扩张基础货币与财政赤字等。然而，在面对债务危机时，常规的宏观稳定政策往往难以熨平经济的下行波动。表17-11揭示了危机发生后三年各国所采取的常规宏观稳定政策及相应的产出损失累计，可以看到，常规的宏观稳定政策并没有带来经济的复苏。

为什么常规的宏观稳定政策在面对债务危机时会失效？前文指出，当债务高企时，企业一般无法再从银行得到贷款，或者，即使能得到贷款，新的债务合约也必然包含更高的贷款利率等。无论是哪一种情况，都意味着企业无法如愿进行设备的更新和调整。总体而言，经济的投资将减少。而投资减少意味着总需求下降，从而使一部分企业的产能低于U_1，进而破产。

---

① 本模型只模拟了第二种情况。

第十七章 债务定理：基于理论模型的研究

表 17-11　各国采用常规宏观稳定政策应对大规模债务违约的效果　　（单位：%）

国家(危机发生年份)	常规宏观稳定政策(危机发生后三年的平均值)		产出损失(危机发生后三年累计值)
	基础货币的年增长率	财政赤字占 GDP 的比重	
瑞典(1991)	21.63	7.33	30.60
芬兰(1991)	1.75	5.07	59.08
墨西哥(1994)	22.03	4.77	4.25
委内瑞拉(1994)	79.32	1.64	9.62
保加利亚(1996)	245.13	3.09	1.30
牙买加(1996)	19.35	5.71	30.08
日本(1997)	8.88	6.17	17.56
韩国(1997)	4.05	1.66	50.10
印度尼西亚(1997)	47.66	2.47	67.95
泰国(1997)	12.95	2.51	97.66
越南(1997)	24.17	2.74	19.72
哥伦比亚(1998)	11.97	4.28	33.52
土耳其(2000)	33.99	10.55	53.50
阿根廷(2001)	36.28	7.23	42.65
乌拉圭(2002)	17.37	0.00	28.79
多米尼加(2003)	45.95	6.45	15.51

注：样本包括 1990 年以来爆发大规模债务违约且数据可得的 16 个国家的典型案例。
数据来源：Laeven and Valencia(2008)。

现假设宏观政策进行了需求管理，从而使总需求(如通过增加政府支出)恢复。然而，总需求的恢复并不能使债务高企的企业进行设备更新和产能调整。此种情况下，企业唯有过分地使用旧有的设备进行生产，而这也必然意味着平均成本过高(即产能利用率接近 U_2，从而使平均成本 c 上升)。而当平均成本很高时，企业无法产生足够的现金流用于归还贷款，即企业将继续陷入债务陷阱，随时面临破产的风险。

由此可见，当债务高企时，经济所面临的不仅仅是纯粹的需求波动，同时也面临着银行惜贷和企业违约风险的上升等。显然，在这种情况下，以需求管理为目标的常规宏观稳定政策就会失效，唯有非常规宏观稳定政策才能救经济于危机之中。

(二) 非常规宏观稳定政策

那么，什么是非常规宏观稳定政策？下面将分别以中国应对 1997—1999 年国有商业银行大规模不良资产问题和美国应对 2007 年次贷危机为例进行探讨。

1997 年，中国商业银行体系的不良资产比例高达 50%，尤其是占到整个银行体系资产 68% 的四大国有商业银行(工、农、中、建)均被认为因资不抵债而有技术性破产的风险，并且整个金融体系也陷入困境之中(Caprio and Klingebiel,2002)。[①]面对国有商业银行如此大规模的不良资产,中央政府不得不下决心对国有商业银行体制进行较为彻底的市场化改革。此次体制改革的逻辑就是把现有的国有独资银行改造成符合市场经济规律的由国家控股的股份制商业银行,并让其最终在境内外资本市场上市。在改革过程中,政府主要着手对国有商业银行异常糟糕的资产负债结构进行了大幅改善。具体是由财政部出资成立了四家国有资产管理公司(东方、长城、信达、华融),先后分两次对口剥离四大国有商业银行的不良资产,合计剥离了3万多亿元的银行不良资产(具体见表17-12和表17-13)。由此可见,中国政府应对商业银行大规模不良资产问题所采取的非常规宏观稳定政策,便是由政府主导来直接剥离金融机构的不良资产。

表17-12 四大资产管理公司对不良贷款的第一次剥离(1999—2001年)

资产管理公司	对口银行	剥离的资产总额(亿元)	不良贷款率(%)(1998年年底的数据)
东方	中行	2674	20.4
长城	农行	3458	24.6
信达	建行	3730	21.7
华融	工行	4077	17.9
合计		13939	20.7

数据来源:Ma and Ben(2002)。

表17-13 四大资产管理公司对不良贷款的第二次剥离(2004—2008年)

建行	中行	工行	农行
2004年6月25日,与信达资产管理公司签署《可疑类贷款转让协议》,向其出售1289亿元可疑类贷款,并无偿转让569亿元损失类贷款	2004年6月,以50%的面值向东方资产管理公司出售181亿元的不良贷款	2005年5月27日,向华融资产管理公司出售2460亿元损失类资产;2005年6月27日,向四大资产管理公司转让4590亿元可疑类贷款	2008年11月21日,财政部以无追索权方式购买按面值剥离的不良资产8156.95亿元

资料来源:龚刚、徐文舸、杨光(2016)。

为应对2007年的次贷危机,美国政府同样采取了非常规宏观稳定政策。由于常规的货币政策几近失效(即名义联邦基金利率接近0的目标下限,但仍然不能使经济好转),美联储只得采取非常规货币政策,即大规模运用基于其自身的资产和负债的一揽子货币政策(徐文舸,2013)。其中,美联储先后实施了四轮大规模的资产购买计划,其资产负债表的规模也因此急剧扩张了3万多亿美元,并且所购买的资产对象主要是本次危机的罪魁祸首——"两房"(房利美和房地美)所发行的"机构抵押贷款支持证券"(AMBS)。此外,美联储也积极配

[①] 在欧债危机最为严重的2012年,欧元区银行业的不良贷款率也只不过是5%(BIS,2013)。

合财政部直接救助(或接管)陷入困境的金融机构和工业企业,如美国国际集团、"两房"和美国三大车企(通用、福特和克莱斯勒)等。当然,在推出这些救助措施的同时,监管和立法机构也对旧的金融监管体系进行了全面整改。从上述案例可知:

【非常规宏观稳定政策】 非常规宏观稳定政策与以需求管理为目标的常规宏观稳定政策具有本质的区别,它是以政府直接购买债务的方式来缓解企业或金融机构的债务问题。

当然,中国通过行政命令所采取的债转股和债券置换等手段也属于非常规宏观稳定政策。然而,不得不说明的是,尽管债转股和债券置换都大为降低了债务人的债务成本(或债务利率),但实际上是将债务风险从企业和地方政府转嫁至银行和债券持有人。其实际效果将取决于被救助的债务人未来经济活动的效益。如果被救助的债务人未来经济活动的效益良好,成长率超过新的债务利率,则这样一种救助就是成功的;否则,无论是债转股还是债券置换,都仅仅是延缓了债务危机的爆发时间。

然而,非常规宏观稳定政策通常会带来"动态不一致"和"道德风险"等问题。

(三) 惩罚性救助

基德兰德和普雷斯科特在其获得诺贝尔经济学奖的文章(Kydland and Prescott,1977)中提出了"动态不一致"(Time Inconsistency)的概念。

【动态不一致】 所谓"动态不一致",是指政府事先的承诺与其事后的行动不相一致。

在危机发生之前,政府通常会宣称绝不会对不负责任的银行(或企业)提供救助,但由于金融体系的不稳定性和传染性,个别银行的破产将有可能导致整个金融体系的崩溃,因此,为避免发生金融危机,作为最后贷款人的中央银行经常会违背之前的承诺,对问题银行展开救助,这就产生了"动态不一致"问题。"动态不一致"不仅使政府自食其言、失去信用,同时也会助长被救助银行(或企业)和其他银行(或企业)未来的"道德风险"。此外,一些大型金融机构在危机期间非但能够"大而不倒"(Too Big to Fall),而且在危机过后也能够"大到不能关"(Too Big to Jail)。此外,美国政府在金融危机中救助了一大批金融机构,但同时也让一些金融机构破产倒闭,其中不乏大型的金融机构(像雷曼兄弟、华盛顿互惠银行等),这种选择性救助无疑也会让人担心政府的"寻租行为"和"道德危机"。

也正因为如此,有许多经济学家反对政府采取非常规宏观稳定政策。像Fama(2010)就认为政府救助金融机构是不恰当的,这种救助所产生的动态不一致等问题会在未来显露出来,并且也批评选择性救助缺乏逻辑性。不过,也有部分经济学家,如Stiglitz(2008)和Romer(2009)等支持政府的救助行为,特别是针对由债务所引起的经济危机。其中,Kindleberger(2005)从金融危机史的视角,对危机期间的政府救助给予了积极评价:"当金融市场面临崩溃时,需要政府进行干预,尤其要求最后贷款人提供稳定的公共产品——额外的流动性。"

综合上述两种观点,我们认为,政府采取非常规宏观稳定政策来应对由债务所引起的经济危机是必要的,但为了避免"动态不一致"等问题,政府在救助时必须辅以相应的惩罚,即本着"谁出事,谁负责"的原则,对相关当事人进行经济上的惩罚和法律上的起诉,这种既救助又惩罚的机制可被称为"惩罚性救助"。可以说,"惩罚性救助"是政府应对债务危机的根本之道。

(四)制度性降息

"惩罚性救助"是债务危机发生后政府不得不采取的应对之道。然而,更为重要的是,政府本身也应事先采取制度性降息以防范债务危机。

【制度性降息】 所谓制度性降息是指通过对金融体制的改革、监管以及对货币政策传导机制的疏通,使得贷款利率能系统性地下降,并在宏观上低于名义GDP增长率,在微观上低于企业的成长率。

根据债务定理,贷款利率必须低于名义GDP的增长率,否则经济早晚会进入"明斯基时刻"。以前中国处于高增长阶段,实际GDP的增长率通常在9%左右,再加上通货膨胀率,名义GDP的增长率通常在13%左右。这实际上意味着债务率中的分母增长率很高,一般情况下高于贷款利率,从而债务问题就不会那么显著。然而,2012年之后,中国经济的潜在增长率开始逐渐下降[①],企业本身也面临各种各样的转型压力,如果债务利率还是居高不下的话,中国的债务问题只会越来越严重。因此,为了防范债务危机,中国应采取制度性降息。

制度性降息首先要求减少资金空转。如前所述,在中国,就正规的商业银行而言,其贷款利率也许并不算很高,政策上可能也就是6%—7%左右。但此种贷款很可能是给一个大型国有企业,也可能是给一个金融中介(如小贷公司、影子银行等)。一些大型国有企业也有金融服务公司,它们凭借其相对良好的信用而轻易获得贷款,转而投向信托贷款、委托贷款等高收益领域,从而某种意义上成了资金的"二道贩子"。此外,个别大型银行也经常扮演着资金拆出行的角色。更有甚者,在金融深化(或金融自由化)和解决中小企业贷款难的口号下,中国的各种金融中介(如影子银行、小贷公司和民间借贷等)如雨后春笋般涌现,扮演着资金的"三道贩子"甚至"四道贩子"的角色。大量资金滞留于"资金贩子"之手而没有进入实体经济,本身就意味着整个经济实际上并不缺乏资金的流动性,而是资金没法流入实体经济,在金融领域空转。

主流经济学家们也许会说,金融深化(或金融自由化)因金融压抑而起,其本身就是为了解决信息不对称情况下中小企业贷款难等问题。尽管信息不对称和中小企业贷款难等问题在中国确实存在,但如果以增加"资金贩子"的形式出现,那么,它对经济的损害无疑是巨大的。

多道资金贩子的出现必然意味着更高的资金成本,例如,尽管一般商业银行的贷款利率

---

① 即中国经济进入其发展的第二阶段。关于两阶段理论的研究,请参见下一章的讨论。

也许并不高（大约在 7% 左右），但经过多道贩卖，最终进入实体经济的利率很可能达到百分之十几，例如，温州民间借贷的利率通常在 20% 左右，这样一种利率毫无疑问已经是高利贷了。然而，在许多经济学家看来，在有效市场和理性经济人的假设下，高利贷的出现也属正常，因为经济中本身就存在着所谓的异质性贷款人：他们愿意接受高利贷，本身就意味着其盈利水平很高，成长率很快。然而，这种有效市场和理性经济人假设却很难通过实践的检验。现实中，很少有人会心甘情愿地接受高利贷。能够接受高利贷者很可能就是那些本身已债务累累，已经无法从正规的渠道获得贷款之人；获得高利贷也许是他们最后的希望。即使如此，除了使他们能延续一段时期，高利贷也无法帮助他们最终走出破产等困境。此外，接受高利贷者也可能包括一些怀着侥幸心理的赌徒，如炒股和炒房者；甚至也有可能包括一些无知和非理性的大学生等人群：此种非理性经济人的存在，使得校园贷款和套路贷等现象出现，从而对社会造成一定的伤害。

总之，理顺货币政策传导机制，减少货币在金融领域的空转，降低货币进入实体经济的贷款利率，使之在微观上低于企业本身的成长率，在宏观上低于名义 GDP 的增长率，才能避免经济走向"明斯基时刻"。

附录

命题 17-1 的证明

定义如下的拉格朗日函数：

$$L = \sum_{t=0}^{\infty} \beta^t \left[Y_t - c\left(\frac{Y_t}{AK_t}\right) Y_t - K_{t+1} + (1-\delta)K_t - r_t D_t \right] - \sum_{t=0}^{\infty} \lambda_{t+1} \beta^{t+1} \left\{ D_{t+1} - (1+r_t)D_t - K_{t+1} + (1-\delta)K_t + \left[Y_t + c\left(\frac{Y_t}{AK_t}\right) Y_t \right] \right\}$$

则一阶条件为

$$\frac{\partial L}{\partial K_t} = \beta^t c'\left(\frac{Y_t}{AK_t}\right) \frac{Y_t^2}{AK_t^2} + \beta^t (1-\delta) - \lambda_{t+1} \beta^{t+1} (1-\delta) \\ - \lambda_{t+1} \beta^{t+1} c'\left(\frac{Y_t}{AK_t}\right) \frac{Y_t^2}{AK_t^2} - \beta^{t-1} + \lambda_t \beta^t = 0 \tag{17.26}$$

$$\frac{\partial L}{\partial D_t} = -\beta^t r_t + \lambda_{t+1} \beta^{t+1} - \lambda_t \beta^t = 0 \tag{17.27}$$

利用 U_t 来替换 Y_t/AK_t，化简公式（17.26）得到

$$Ac'(U_t)U_t^2 + (1-\delta) - \lambda_{t+1}\beta(1-\delta) - \lambda_{t+1}\beta Ac'(U_t)U_t^2 - \beta^{-1} + \lambda_t = 0$$

上述公式可进一步化简为

$$Ac'(U_t)U_t^2 + (1-\delta) = \frac{1-\beta\lambda_t}{\beta(1-\beta\lambda_{t+1})} \tag{17.28}$$

另一方面，由公式（17.27）可得

$$1 + r_t = \frac{1-\lambda_t}{1-\beta\lambda_{t+1}} \tag{17.29}$$

于是,如果 $\beta=1$,我们从公式(17.28)和(17.29)发现

$$Ac'(U_t)U_t^2 = r_t + \delta \tag{17.30}$$

由平均成本函数(17.7)可得

$$c'(U_t) = \omega\frac{1-\alpha}{\alpha}(U_t)^{(1-\alpha)/\alpha-1} - \frac{v}{A}(U_t)^{-2} \tag{17.31}$$

将公式(17.31)代入(17.30),我们得到

$$\omega A\frac{1-\alpha}{\alpha}(U_t)^{1/\alpha} - v = r_t + \delta$$

这就导出了命题17-1中的等式(17.13)。

命题 17-2 的证明

将公式(17.13)代入(17.7),我们得到

$$c(U(r)) = \omega\left(\frac{\delta+v+r}{\omega A(1-\alpha)/\alpha}\right)^{1-\alpha} + \frac{v}{A}\left(\frac{\delta+v+r}{\omega A(1-\alpha)/\alpha}\right)^{-\alpha}$$

对 r 求导并进行化简,得到

$$\frac{dc(U(r))}{dr} = \frac{\alpha}{A}\left(\frac{\delta+v+r}{\omega A(1-\alpha)/\alpha}\right)^{-\alpha}\left(1 - \frac{v}{\delta+v+r}\right)$$

由于 $v/(\delta+v+r)<1$,所以

$$\frac{dc(U(r))}{dr} > 0$$

命题17-2得证。

命题 17-4 的证明

由公式(17.21)和(17.22)可知,稳定状态 $(\bar{r},\bar{y})$ 处的雅克比矩阵可写成

$$J = \begin{bmatrix} 0 & \theta \\ -\dfrac{\alpha(1-\delta)}{\delta+v+\bar{r}} & \dfrac{\alpha\theta\bar{y}}{\delta+v+\bar{r}} \end{bmatrix} = 0$$

从而其特征方程为

$$\lambda^2 - \frac{\alpha\theta\bar{y}}{\delta+v+\bar{r}}\lambda + \frac{\alpha\theta(1-\delta)}{\delta+v+\bar{r}} = 0$$

解该特征方程,得到两个特征根:

$$\lambda_{1,2} = \frac{1}{2}\left\{\frac{\alpha\theta\bar{y}}{\delta+v+\bar{r}} + \sqrt{\left(\frac{\alpha\theta\bar{y}}{\delta+v+\bar{r}}\right)^2 - 4\left[\frac{\alpha\theta(1-\delta)}{\delta+v+\bar{r}}\right]}\right\}$$

令 $|\lambda_{1,2}|=1$,我们要求 $\alpha\theta(1-\delta)/(\delta+v+\bar{r})=1$,从而求得

$$\theta^* = \frac{\delta+v+\bar{r}}{\alpha(1-\delta)} \tag{17.32}$$

同时,也为了保证有一对共轭复根,我们要求在 θ^* 附近,有

$$\left(\frac{\alpha\theta^*\bar{y}}{\delta+v+\bar{r}}\right)^2 - 4\left[\frac{\alpha\theta^*(1-\delta)}{\delta+v+\bar{r}}\right] < 0$$

将公式(17.32)代入上式,化简得到

$$\frac{\alpha\theta^*\bar{y}}{\delta+v+\bar{y}}<2$$

将公式(17.23)和(17.24)所示的稳定状态代入,我们得到 $\bar{y}<2(1-\delta)$。命题17-4得证。

命题17-5的证明

为了便于证明,我们假定除变量 d_t 之外,经济系统的其他变量都处于稳定状态,于是由(17.20)可知,

$$d_t = \frac{(1+\bar{r})d_{t-1} - A\bar{U}[1-s-c(\bar{U})]}{1-\delta+sA\bar{U}} \quad (17.33)$$
$$= -a + bd_{t-1}$$

其中,

$$a = \frac{A\bar{U}[1-s-c(\bar{U})]}{1-\delta+sA\bar{U}}, \quad b = \frac{1+\bar{r}}{1-\delta+sA\bar{U}}$$

由公式(17.18)和(17.19)可知,$1-\delta+sA\bar{U}$ 不仅等于 $\bar{k}$,同时也等于 $\bar{y}$。因此,根据命题的假定条件 $1-\bar{y}<\bar{r}$,我们有 $b>1$,从而 d_t 是单调发散的,即要么趋于正无穷,要么趋于负无穷,具体则取决于初始值 d_0。为了考察 d_0^*,我们令 $d_1=d_0=d_0^*$。将此代入公式(17.33),得 $d_0^*=-a+bd_0^*$,从而解得

$$d_0^* = \frac{a}{b-1}$$

参考文献

财政部、中国人民银行、银监会(2015):关于2015年采用定向承销方式发行地方政府债券有关事宜的通知。

龚刚、徐文舸、杨光(2016):债务视角下的经济危机,《经济研究》,第6期,30—44。

国家审计署(2011):全国地方政府性债务审计结果(第35号公告)。

国家审计署(2013a):36个地方政府本级政府性债务审计结果(第24号公告)。

国家审计署(2013b):全国政府性债务审计结果(12月30日公告)。

国家统计局(2015):《2015中国统计年鉴》,北京:统计出版社。

国务院(2015):关于提请审议批准2015年地方政府债务限额的议案(第十二届全国人民代表大会常务委员会第十六次会议)。

李扬、张晓晶、常欣(2015):中国国家资产负债表2015:杠杆调整与风险管理,北京:中国社会科学出版社。

楼继伟(2015):国务院关于规范地方政府债务管理工作情况的报告,http://money.163.com/15/1223/14/BBHCVD4400254TI5.html

徐文舸(2013):解读美联储第四轮非常规货币政策,《国际金融》,第3期,57—62。

Abbas, S.M. et al. (2010): A Historical Public Debt Database, *IMF Working Paper*, WP/

10/245.

Bank for International Settlements(2013): International Banking and Financial Market Developments, *BIS Quarterly Review*, December.

Buttiglione, L. et al. (2014): Deleveraging, What Deleveraging? *Geneva Report on the World Economy*, No. 16.

Caprio, G. and D. Klingebiel(2002): Episodes of Systemic and Borderline Banking Crises, *World Bank Discussion Paper* No. 428.

Fama, E. (2010): Interview with Eugene Fama, http://www.newyorker.com/online/blogs/johncassidy/2010/01/interview-with-eugene-fama.html.

Gordon, S. (2004): China Overtakes US in Issued Non-financial Corporate Debt, *Financial Times*, 16th June.

Guckenheimer, J. and H. Philip(1986): *Nonlinear Oscillations, Dynamical Systems, and Bifurcations of Vector Fields*, New York: Springer-Verlag Press.

Kindleberger, C. P. (2005): *Manias, Panics, and Crashes: A History of Financial Crises*, John Wiley & Sons Press.

Kydland, F. E. and E. C. Prescott(1977): Rules Rather Than Discretion: The Inconsistency of Optimal Plans, *The Journal of Political Economy*, Vol. 85, 473-492.

Laeven, L. and F. Valencia (2008): Systemic Banking Crises: A New Database, *IMF Working Paper* No. 61.

Ma, Guonan and S. C. F. Ben(2002): China's Asset Management Corporations, *BIS Working Papers* No. 115.

Minsky, H. P. (1975): *John Maynard Keynes*, Columbia University Press.

Romer, C. D. (2009): Lessons from the Great Depression for Economic Recovery in 2009, To be presented at the Brookings Institution, Washington, D.C., March 9th.

Stiglitz, J. (2008): How to Get Out of the Financial Crisis, *Time Magazine*, Oct. 17th.

Taylor, J. B. and B. T. McCallum(1993): Discretion versus Policy Rules in Practice: A Comment, *Carnegie-Rochester Conference Series on Public Policy*, 195-220.

第十八章 两阶段理论

从本章开始,我们将重回关于经济增长问题的讨论。在前文对经济增长的讨论中,我们是从经济的供给侧(即新古典框架下)来讨论经济增长,当时我们所给出的理由是:

> 价格、工资的调整和政府的宏观稳定政策使得经济一般情况下不可能过分偏离市场的均衡,因此,当我们研究经济增长这一长期问题时,忽略需求仅关注供给也许是一种可以接受的简化。

确实,就发达国家而言,这样一种简化是可以接受的,毕竟它能使我们集中精力研究增长领域中一些更为重要和复杂的问题,如技术进步等。然而,这种仅仅从供给角度讨论经济增长的简化(即假定经济体为供给决定型经济)是否适用于发展中国家呢?例如,在中国,我们以前经常听到的是以三驾马车(即投资、出口和消费)来推动经济增长。这实际上意味着经济的需求侧才是推动经济增长的动力。

事实上,新古典的经济增长理论忽略了经济的不同发展阶段。不同的经济发展阶段(由资源禀赋和经济结构所决定)具有不同的经济增长方式和经济增长动力,从而必有不同的经济增长理论与之相适应。也许,忽略需求仅关注供给的新古典增长理论能够解释发达国家的增长现象,却不能解释发展中国家的经济增长。发展中国家存在着大量的剩余劳动力,这使得发展中国家很难被看成是供给决定型经济。

本章将构建发展中国家向发达国家发展的两阶段理论。我们发现,发展中国家脱离贫困陷阱后向发达国家的发展可以分为两个阶段,两个阶段在资源禀赋、经济结构、生产模式、收入分配,以及经济增长的动力等方面表现出显著的不同。我们将同时发现,两阶段理论也为习近平的新常态思想提供了坚实的学术基础。

一、经济发展的两个阶段

两阶段理论由本书作者在2008年首先提出,这一观点在2012年前后也曾多次被反复强调。[①] 两阶段理论具有坚实的经济学理论基础,它可以由宏观经济学中的增长理论和发展经济学中的各种"拐点"理论演绎而来。

(一) 宏观经济学中的增长理论

发展中国家落后于发达国家的主要标志在于人均产量的差异。按照宏观经济学中的增

[①] 参见龚刚(2008,2012)、Gong(2012,2013)和龚刚等(2013)等。

长理论[①]，发展中国家人均产量低主要有两个方面的原因：一是人均所拥有的资本（机器、设备等）较少，即生产方式主要体现为劳动密集型；二是技术水平落后。正因为如此，人均产量的提高可以通过生产方式上的趋资本密集化和趋技术（知识）密集化而得以实现。

现实中，生产方式上的趋资本密集化（或人均资本的提高）通常表现为更多的农村剩余劳动力进入城市工作，即越来越多的劳动力脱离土地而与资本结合。城市也正是通过不断地投资和开工建厂来吸纳、消化农村剩余劳动力。因此，就整个国家而言，农村剩余劳动力的消化和转移过程也就是生产方式从劳动密集型向资本密集型逐渐转化的过程，即人均资本拥有量不断提高的过程。

然而，在增长理论框架下，我们还会发现：在没有技术进步的条件下，由资本密集所带动的人均资本和人均产量的提高是有极限的。如第五章中的图5-3和图5-4所示，如果人均资本的初始状态为 k_0，技术水平维持在 A，经济的持续增长体现为人均资本 k 和人均产量 y 不断提高。人均资本 k 的不断提高可以被理解成经济趋资本密集化，从而使经济体进入稳定状态 H，此时人均资本为 $\bar{k}$，人均产出则为 $\bar{y}$。显然，如果技术维持在 A，一旦经济体达到稳定状态 H，人均资本和人均产量的上限将稳定在 $\bar{k}$ 和 $\bar{y}$，无法继续提升。然而，如图5-4所示，如果技术从 A 进步到 A'，人均资本和人均产出也会相应提高到 $\bar{k}'$ 和 $\bar{y}'$，经济将会进入更高的稳定状态 H^*。显然，技术的提高（如从 A 进步到 A'）意味着生产方式的趋技术密集化。

由此，发展过程存在着生产方式从劳动密集型向资本密集型转移再向技术密集型转移的两个发展阶段。

（二）发展经济学中的"拐点"理论

发展经济学中存在着各种不同类型的拐点理论。首先是所谓的"刘易斯拐点"。美国经济学家刘易斯于1954年提出了著名的"二元经济"理论（Lewis，1954）。在刘易斯看来，发展中国家在其发展初期存在着大量甚或无限的剩余劳动力，经济社会被分隔成相对现代化的工业（或城市）部门和传统的农业（或农村）部门，而大量的剩余劳动力则滞留于农村。然而，随着经济的发展，传统农业部门中的剩余劳动力逐渐被现代工业部门吸收。所谓刘易斯拐点，就是指劳动力由过剩向短缺的转折点，此时，进一步的增长将使工资快速上升。

库兹涅茨曲线是美国经济学家库兹涅茨于1955年提出的另一种拐点理论（Kuznets，1955）。按照这一理论，一国的收入分配状况随该国的经济发展（由人均GDP水平衡量）呈先恶化后改善的趋势。这样一种变化规律可以用图18-1中的库兹涅茨曲线来表示。借助该曲线，我们可以找到一国经济发展过程中所出现的"拐点"。

需要说明的是，库兹涅茨曲线不仅可以用来解释收入分配的演变规律，同时也可以解释其他许多演变规律，例如，环境库兹涅茨曲线（Grossman and Kruger，1991；Panayotou，1993）；消费占GDP比例的库兹涅茨曲线（见图18-2）和投资占GDP比例的库兹涅茨曲线（见图18-3）等。

---

① 参见 Solow（1956）和各种中级宏观经济学教材，如龚刚（2012）等。

第十八章 两阶段理论

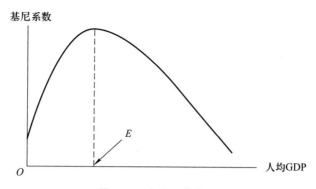

图 18-1　库兹涅茨曲线

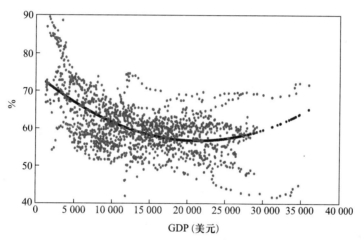

图 18-2　消费占 GDP 比例（OECD 国家，1950—2004 年）

资料来源：本图引自龚刚、杨光（2013）。

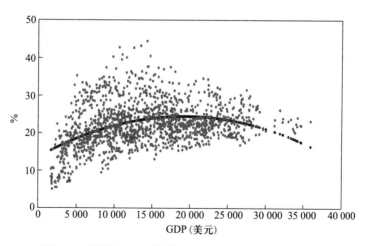

图 18-3　投资占 GDP 比例（OECD 国家，1950—2004 年）

资料来源：本图引自龚刚、杨光（2013）。

发展经济学中与"拐点"理论相关的另一个理论是"中等收入陷阱"。所谓"中等收入陷阱",是指在一个国家的人均收入达到中等水平之后,由于经济增长动力开始变得不足,从而经济出现停滞的现象(见第三章的讨论)。当今世界有相当一部分发展中国家曾在经济发展的初期实现过经济的高速增长,但最后仍陷入"中等收入陷阱"。例如巴西、阿根廷、墨西哥、智利、马来西亚等,在20世纪70年代均已进入中等收入国家行列,但直到现在,这些国家仍属于中等收入国家,并且见不到增长的动力和希望。"中等收入陷阱"也意味着库兹涅茨曲线中的"拐点"(即图18-1中的E点)不易出现,或人均GDP水平到达E点后,不容易进一步增长。

(三) 发展中国家向发达国家发展的两个阶段

发展过程是指经济体从落后的发展中国家向发达国家转变的过程,具体体现为人均GDP的不断提高。发展过程必然伴随着经济体在经济结构和资源禀赋等方面的不断演变,从而会形成不同的发展阶段。

首先,可以证明的是,刘易斯"拐点"和库兹涅茨曲线中的"拐点"是相互关联的,它们所代表的是经济发展过程中的同一状态。在经济发展初期(或刘易斯拐点出现之前),大量剩余劳动力的存在必然意味着工资的上涨速度缓慢,低于经济的增长速度,从而使工资性收入占GDP的比例下降。由于除基尼系数外,衡量收入分配问题的另一种方法就是从功能性收入分配的视角出发,于是,工资性收入占GDP比例的下降就意味着收入分配持续恶化。而当劳动力开始逐渐变得紧缺时,工资的上升速度会相应加快,这实际上意味着收入分配的恶化开始缓解,而当工资的增长速度超过GDP的增长速度时,工资性收入占GDP的比例会出现逆转,从而库兹涅茨曲线的拐点将会出现。由此我们看到,刘易斯"拐点"和库兹涅茨曲线中的"拐点"相互关联。①

其次,发展中国家的剩余劳动力消化(或接近消化)之时,该国一般也会进入中等收入国家行列。这里有必要说明的是,剩余劳动力的消化并不意味着经济体内就不存在失业。即使就发达国家而言,失业也是自然现象,例如,美国的平均失业率一般在4%左右,而在欧洲的许多国家(如法国等),失业率平均在10%左右。②所谓剩余劳动力接近消化,是指失业率接近发达国家的平均水平,如10%以下。

最后,生产方式从资本密集型向技术密集型的转化也通常发生于进入中等收入国家行列之后。

龚刚(2008,2012)和Gong(2012,2013)在总结了宏观经济学中的增长理论和发展经济学中的拐点理论之后,提出了发展中国家在脱离贫困陷阱后向发达国家发展的两阶段理论。其中,"拐点""中等收入"及"剩余劳动力消化"等则可以看成是两个阶段的分水岭:

【经济发展的两个阶段】 发展中国家在脱离贫困陷阱后向发达国家发展会经历如下两个阶段:

---

① 有关上述机制的数学模型请参见龚刚、杨光(2010a,2010b)。
② 自然失业率一般受福利政策和劳动力市场结构等因素的影响。参见龚刚(2012)。

- 第一阶段,剩余劳动力的消化过程。此时,经济处在刘易斯拐点出现之前、库兹涅茨曲线前半部分,发展过程体现为从低收入向中等收入发展,生产方式从劳动密集型逐渐向资本密集型过渡。
- 第二阶段,技术的追赶过程。此时,刘易斯拐点出现,经济处于库兹涅茨曲线后半部分,发展过程体现为从中等收入向高收入发展,生产方式从资本密集型向技术密集型转型。

必须指出的是,第一,两个阶段有可能是部分重叠的(见图18-4);第二,两个阶段之间存在着中等收入陷阱。这实际上意味着从第一阶段向第二阶段的转移(或中等收入经济体向高收入经济体的发展)并不是一个生产力增长的内生的自然过程,而是需要对经济发展战略进行调整,以实现经济增长方式的转变。关于中等收入陷阱的讨论,我们将在下一章展开。

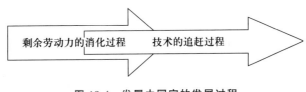

图 18-4 发展中国家的发展过程

(四) 两阶段的其他特征

上述关于两阶段的不同特征也同样可以引申出其他特征。

第一,在经济发展初期,由于存在大量剩余劳动力,因此,经济社会的一般状态是需求决定性的。这在此后所构建的数学模型中表现为:①稳定状态下的经济增长率完全取决于投资率;②稳定状态下存在着类似于菲利普斯曲线的经济增长率和通货膨胀率之间的替代关系。而当发展中国家步入其第二阶段时,大量剩余劳动力已不复存在,于是,其经济的一般状态(或常态)将转向供给决定型。在此后的数学模型中,这表示为稳定状态下,不仅经济增长率与投资率无关,而且其与通货膨胀率之间的替代关系也不复存在,稳定状态下的经济增长率就等于由供给侧所决定的自然增长率。①

第二,就经济增长动力而言,如果一个国家处于发展初期,则必然存在着大量的农村剩余劳动力。于是,只要政治稳定,体制合理,就可以很容易地调动剩余劳动力为经济增长服务。这样一种调动通常体现为:在城市投资建厂,吸纳农村剩余劳动力脱离土地与资本结合,从而经济增长动力充沛。然而,当经济发展到一定阶段以后,农村剩余劳动力将逐渐减少。此时,经济的增长只能让已经使用的劳动力进一步提高他们的生产力水平,而这只能靠技术进步,但技术进步绝非易事。于是,到了第二阶段,经济增长的动力就会减少。这样一种增长动力逐渐减弱的现象,符合经济学中的趋同假设。②

---

① 自然增长率是新古典供给决定型增长模型中稳定状态下的经济增长率。
② 所谓趋同假设是指:人均GDP越低,发展程度越落后,经济增长速度就越高;或者越是接近前沿国家,经济增长率就越低。趋同假设为落后国家趋向前沿国家提供了可能。关于趋同假设的讨论请参见本书第三章。

第三,趋同假设并不能阻碍发展中国家继续接近前沿发达国家,并且最后进入发达国家的行列,真正能够阻止发展中国家进入发达国家行列的是中等收入陷阱。所谓中等收入陷阱是指这样一种状态:当一个国家的人均 GDP 进入中等收入水平之后,其人均 GDP 的增长率再也不能以高于前沿发达国家水平(如2%)的速度增长,从而再也不能缩小与前沿发达国家在人均 GDP 水平上的差异。世界上很少有发展中国家或地区能够走出中等收入陷阱,并进而进入发达经济体行列。本章研究的一个重要目标就是揭示中等收入陷阱的原因。

表18-1比较了发展中国家向发达国家发展的两个阶段的各种不同。

表18-1 经济发展的两个阶段

特征	第一阶段	第二阶段(新常态)
基本特征	剩余劳动力的消化过程	技术的追赶过程
生产方式特征	从劳动密集向资本密集转化	从资本密集向技术密集转化
劳动力市场特征	刘易斯拐点出现之前	刘易斯拐点出现之后
库兹涅茨曲线特征	库兹涅茨曲线前半部分	库兹涅茨曲线后半部分
常态下的供需特征	需求决定型经济	供给决定型经济
经济增长动力	充沛	逐渐减弱
收入(发展)水平	低收入向中等收入发展	中等收入向高收入发展

(五) 一致增长理论下的两阶段理论

加勒和韦尔于2000年发表了其著名的一致增长理论(Unified Growth Model)。[①] 该增长理论在学界通常被看成是近期在增长理论方面最为重要的贡献。一致增长理论将经济发展阶段分为马尔萨斯阶段、后马尔萨斯阶段和现代增长阶段。

一致增长理论所讨论的经济增长现象,涵盖了人类社会延续不断的历史长河。论文引用的数据可追溯至公元500年,模型中也刻意没有引入资本这一经济变量,而资本无疑是现代经济增长理论的核心变量。事实上,该文作者在文末也不得不承认,该文用于分析现代经济社会的增长不一定适合。其所谓的现代增长阶段也就是指经济进入现代经济社会。而现代经济社会显然既包括当代的高收入经济群体,也包括当代的中等收入经济群体等。相比而言,索洛的增长理论无疑更适合于解释现代经济社会的增长现象。国内外一些著名的经济学家也认为,在马尔萨斯类型的经济增长和索洛类型的经济增长之间存在着一个过渡阶段,因而无法用一个统一模型描述人类社会漫长的增长和发展过程。[②] 由此可见,

> 在一致增长理论框架下,所谓"经济发展的两个阶段"是指经济脱离了贫困陷阱(或后马尔萨斯阶段)后,进入现代增长阶段。因此,两阶段理论是对一致增长理

[①] 参见 Galor and Weil(2000)。
[②] 参见 Hayashi and Prescott(2008)和蔡昉(2013)等。

论在现代增长阶段后的进一步细划。

二、中国已经进入经济发展的第二阶段了吗?

(一) 新常态的提出

2014年5月,习近平在考察河南论及经济形势时指出:

> 我国发展仍处于重要战略机遇期,我们要增强信心,从当前我国经济发展的阶段性特征出发,适应新常态,保持战略上的平常心态。①

这是习近平第一次使用"新常态"一词。此后,2014年7月29日,在中南海召开的党外人士座谈会上,习近平论及当前经济形势时,又一次提到新常态:

> 要正确认识我国经济发展的阶段性特征,进一步增强信心,适应新常态,共同推动经济持续健康发展。②

2014年11月10日,在北京召开的APEC工商领导人峰会上,习近平再次提及新常态。2014年12月9日的中央经济工作会上,习近平更进一步指出:

> 我国经济发展进入新常态是我国经济发展阶段性特征的必然反映,是不以人的意志为转移的。认识新常态,适应新常态,引领新常态,是当前和今后一个时期我国经济发展的大逻辑。③

由此可见,习近平所提出的新常态事实上反映了中国经济进入了一个新的发展阶段,而中国经济当前所出现的一系列问题无疑与这一新的发展阶段相关。

如果把新常态看成是独立于国际经济环境的中国自身经济发展的阶段性特征,则新常态必然意味着中国经济在向发达国家的发展过程中已经进入了前文所述的第二阶段。那么,目前中国经济发展的进程是否已经符合(或接近符合)经济发展第二阶段的特征了呢?即中国是否已经跨跃中等收入陷阱呢?剩余劳动力在中国是否已经消化?库兹涅茨曲线的拐点是否已经在中国出现?中国是否已经完成了从劳动密集型向资本密集型的过渡?接下来,我们将对此进行讨论。

按照各种国际标准,中国仍然是一个中等收入国家(见第四章的讨论)。

---

① 参见 http://zt.ccln.gov.cn/xxxjp/zyls12/jjjs1/8260.shtml。
② 参见 http://opinion.people.com.cn/n/2015/0602/c1003-27088631.html。
③ 参见 http://opinion.people.com.cn/n/2015/0602/c1003-27088631.html。

（二）剩余劳动力消化已经（或接近）完成

经过四十多年的高速增长，大规模的剩余劳动力在中国确实已不复存在。现实中，"招工难"等情况已经在东部沿海地区不时出现。有关研究（徐文舸，2015）显示，中国的剩余劳动力已经从1990年的9 800万人减少到2012年的4 267万人。这使得中国当前的综合失业率约在6.6%。这一失业率水平已经和同期的城镇登记失业率相当，小于西欧发达国家（如法国等）的失业率。

也许在许多经济学家看来，4 000多万的剩余劳动力规模仍然是巨大的，大于世界上大多数国家的人口总和，因此，中国远未达到剩余劳动力已经（或接近）消化的发展阶段。[①]但这一观点值得商榷。

首先，任何国家在任何时候，总是或多或少存在着失业，无论经济景气与否，无论发展水平如何。经济学中有所谓的自然失业率的概念，它可以理解成经济处于一般状态或常态下的失业率。例如，20世纪90年代以后欧洲一些国家的自然失业率一般在10%左右，而在美国则为4%左右。中国是一个人口大国，这4 000多万的剩余劳动力使得中国当前的综合失业率在6.6%左右，已经小于欧洲发达国家。

其次，经济学中衡量失业水平的指标不是失业规模，而是失业率，因为在劳动力市场上，影响工资水平（或劳动力成本）的是失业率而非失业规模，而劳动力成本低则是长期以来中国经济发展的比较优势。

最后，尽管中国目前还存在着一定规模的剩余劳动力，但按照简单的经济学原理，只要经济增长率高于由技术进步所带动的劳动生产率的提高，社会对劳动力的需求就会继续上升。按照现在的许多研究，中国全要素生产率的增长率在4%左右[②]，因此，只要中国的经济增长率继续保持在6%以上，对劳动力需求的增长率就会在2%以上，明显大于劳动力供给的增长率。所有这些都意味着，未来随着经济的发展，剩余劳动力将继续减少，从而劳动力成本上升的趋势将不可逆转。

（三）工资性收入占GDP的比例已经开始上升

剩余劳动力的短缺也必然意味着工资上涨得更快。早在2011年，温家宝总理就在《求是》杂志上把劳动力成本的上升看成是推动通货膨胀的"长期"和"刚性"要素（温家宝，2011）。有关统计数据也说明了这一点。自2011年起，城镇私营单位在岗职工工资已经以大于GDP的速度增长。2011年，城镇私营单位在岗职工工资的名义增长率为18.3%，实际增长率为12.3%，明显大于GDP增长率。而私营单位的工资更能反映市场状态。工资的快速增长也已使得工资性收入占GDP的比例出现了逆转，从功能性收入分配的视角看，这也同时意味着中国的收入分配开始好转，即库兹涅茨曲线的拐点已经出现（尽管劳动报酬占GDP比例的逆转仍不明显）。图18-5给出了近年来中国工资性收入和劳动报酬占GDP比例的动态轨迹。

---

① 这是在一些研讨会中部分经济学家的观点。
② 见下一章（第十九章）的讨论。

图 18-5 劳动报酬和工资性收入占 GDP 的比例

注：图中工资性收入是指城镇单位就业人员工资总额，劳动报酬占比数据与工资性收入占比数据的起止时间分别为 **1994—2012** 年与 **1990—2013** 年。

数据来源：历年的《中国统计年鉴》。

事实上，即使用基尼系数来衡量中国的收入分配状况，我们也可以看到中国库兹涅茨曲线的拐点也已经出现。按照亚洲开发银行的研究，2008 年中国的基尼系数达到最高值 0.491，2015 年则降为 0.463（庄巨忠，2016）。

（四）资本密集型经济

作为一个发展中国家，中国经济已经在很大程度上具有资本密集型经济的特征。例如，中国的钢产量已经连续十几年位居世界第一，进一步增资扩产的空间已经很小。大力发展资本密集型经济在现实中必然意味着以大项目来促增长，而产能过剩也通常集中在资本密集型产业（如钢铁业等）。像建成于 2008 年和 2009 年钢铁需求量上升期的鞍钢鲅鱼圈项目和首钢曹妃甸项目，迄今仍未盈利（郎咸平、马行空，2014）。

综上所述，中国经济已经进入了其经济发展的第二阶段——新常态。

三、模型

接下来我们将以构建数理模型的方式论证两阶段理论。

所谓"增长"自然是指产量（GDP）的增长。关于产量的决定，经济学中的两大理论体系会给出两种截然不同的答案：新古典经济学认为，产量是由经济社会的供给侧决定；凯恩斯经济学则认为，产量是由经济社会的需求侧决定。事实上，经济社会的供给侧所决定的是经济社会潜在的生产能力。在给定的供给下，实际的 GDP 仍然由需求决定，当然，当由需求所决定的 GDP 与供给过分接近时，通货膨胀就可能产生。因此，供给为经济的增长提供了可能，而经济增长的实现则必须通过需求。

然而，经济学研究通常又有所谓的长期与短期之分（或经济增长与商业周期之分）。当我们研究经济增长时，由于所考察的是经济的常态（或一般状态），从而会忽略经济的临时性波动和冲击，因此，供给决定型经济，即产量由供给侧决定的经济通常被看成是一个可以接受的研究框架。这样一种研究方法上的设定实际上隐含着如下假设：常态下（或平均而言），经济社会的供给与需求相等（或偏差不大），从而经济社会的供给侧（或潜在的生产能力）制约着经济的增长。相反地，短期内，由于供给是给定的（或不存在增长的趋势），因此，为了体现经济的波动，凯恩斯的需求决定型经济，即产量由需求侧决定的经济（如IS－LM模型等）则经常被用于解释经济的波动。

必须说明的是，无论是凯恩斯的需求决定型经济，还是新古典的供给决定型经济都仅仅是一种简化：它们能使我们摆脱因同时考虑供给和需求所带来的复杂性。例如，当我们研究经济增长时，忽略需求也许能使我们更为容易地抓住推动经济增长的一些关键性因素，如技术进步等。显然，这种简单化的分析方法并不意味着我们应该排斥那些同时考虑供给和需求的经济增长（或商业周期）模型。

本章与其他现有模型（要么只考虑供给，要么只考虑需求）的一个区别在于：模型中既包括了供给侧，又包括了需求侧。① 也正是由于我们同时考虑了供给与需求，我们才能看到在不同的发展阶段，经济社会的供给侧和需求侧对经济增长所起到的不同作用。

现在构建两阶段理论的宏观模型。

（一）模型的结构形式

我们考察一个简单的封闭经济，其运行由如下方程描述：

$$Y_t = I_t + C_t \tag{18.1}$$

$$C_t = (1-s)Y_t \tag{18.2}$$

$$U_t = \frac{Y_t}{BK_{t-1}} \tag{18.3}$$

$$K_t = (1-d)K_{t-1} + I_t \tag{18.4}$$

$$L_t = \frac{Y_t}{A_t}(U_t)^{\frac{1-a}{a}} \tag{18.5}$$

$$L_t^s = (1+l)L_{t-1}^s \tag{18.6}$$

$$N_t = \frac{L_t}{L_t^s} \tag{18.7}$$

$$m_t = \kappa(p^* - p_{t-1}) - m_{t-1} \tag{18.8}$$

$$\frac{I_t}{K_{t-1}} = -\xi_i + \xi_u U_{t-1} + \xi_m (m_{t-1} - p_{t-1}) \tag{18.9}$$

$$p_t = \beta_p + \beta_w w_t + \beta_a U_{t-1}, \quad \beta_p, \beta_w, \beta_a > 0 \tag{18.10}$$

$$w_t = \alpha_w + \alpha_p p_t + \alpha_{n,t} N_{t-1} + \alpha_x x_t, \quad \alpha_p, \alpha_{n,t}, \alpha_x > 0 \tag{18.11}$$

$$a_{n,t} = \begin{cases} 0, & 0 \leq N_{t-1} < N^b \\ -a + bN_{t-1}, & N^b \leq N_{t-1} < N^* \\ c, & N^* \leq N_{t-1} < +\infty \end{cases} \tag{18.12}$$

$$A_t - A_{t-1} = \begin{cases} \theta_f [A_{t-1}^f(1-\varepsilon) - A_{t-1}] + \theta_a A_{t-1}, & A_{t-1}^f(1-\varepsilon) > A_{t-1} \\ \theta_a A_{t-1}, & 其他 \end{cases} \tag{18.13}$$

---

① 有关这方面的模型请参见龚刚、林毅夫（2007），Flaschel et al.（2001, 2002）等。

$$A_t^f = (1+x^f)A_{t-1}^f \tag{18.14}$$

以上,Y_t 为产量,其由消费 C_t 和投资 I_t 构成;U_t 为产能利用率;K_t 为资本存量;L_t 为就业;A_t 为技术水平(全要素生产率);L_t^s 为劳动力供给,其增长率 l 为外生给定;N_t 为就业率;m_t 为货币供给增长率;p_t 为通货膨胀率;I_t/K_{t-1} 为投资率;w_t 为名义工资增长率;$x_t \equiv (A_t - A_{t-1})/A_{t-1}$ 为技术增长率;$a_{n,t}$ 是一个工资增长率函数中的时变参数;A_t^f 为作为比较的前沿国家(如美国)的技术水平。所有变量都是宏观变量。

公式(18.1)是关于总产量的决定方式(需求决定);公式(18.2)是消费函数,其中,s 为储蓄率;公式(18.3)是关于产能利用率的定义,其经济学含义如前文(第十二章)所述;公式(18.4)为资本的积累公式;公式(18.5)为对劳动力的需求,其推导来自第十二章中的公式(12.4);公式(18.6)反映了劳动力供给的动态变化,其中,l 为固定增长率;公式(18.7)是关于就业率的定义;公式(18.8)为货币政策的反应函数,这里我们假定货币政策只对通货膨胀率进行反应,其中,p^* 为通货膨胀率目标;公式(18.9)为投资函数,其微观基础由第十二章提供[1];公式(18.10)和(18.11)为双重菲利普斯曲线;公式(18.12)是时变参数 $a_{n,t}$ 的动态轨迹;公式(18.13)和(18.14)反映了发展中国家(本国)和前沿发达国家技术水平的动态变化。

针对这一模型,我们说明如下:

首先,该模型既包括经济的供给侧,又包括经济的需求侧。这与新古典增长模型只讨论经济的供给侧是不一样的。如前所述,忽略需求仅关注供给的新古典增长理论也许能够解释发达国家的增长现象,却很难解释发展中国家的经济增长。发展中国家存在着大量甚或无限的剩余劳动力,这使得发展中国家很难被看成是供给决定型经济。该模型本质上是哈罗德类型的宏观动态模型,却同时引入了能使劳动力和资本相互替代的柯布-道格拉斯生产函数,以及价格和货币政策等稳定机制。

其次,关于技术进步,前沿发达国家必须依靠自主研发(R&D)来实现技术进步。标准的内生增长理论(或新增长理论),如 Romer(1990)和 Lucas(1988)等,可适用于此。就发展中国家而言,自主研发型的技术进步往往是困难的,因为它需要大量高风险的研发投入和高素质的人力资本,更重要的是,它还要求合适的制度环境以激励和保护研发。就发展中国家而言,这些要求可能很难得到满足。然而,发展中国家可以利用它们与前沿国家在技术方面的巨大差距引进技术。此种类型的技术进步可能更经济,风险更小,尽管所引进的可能不是最先进的技术。因此,在公式(18.13)中,我们将发展中国家的技术进步 $A_t - A_{t-1}$ 分为两类:一是引进型技术进步 $\theta_f[A_{t-1}^f(1-\varepsilon) - A_{t-1}]$,二是自主研发型技术进步 $\theta_a A_{t-1}$,其中,ε 可以被认为是封锁率,这意味着只要技术差距 $A_{t-1}^f - A_{t-1}$ 小于一定的比例 εA_{t-1}^f,引进技术将不再可能;θ_f 可以被看作引进系数,θ_a 为由国内的自主研发所带来的技术增长率。毫无疑问,θ_f 和 θ_a 都取决于本国的制度和人力资本水平。[2]

最后,在双重菲利普斯曲线(18.10)和(18.11)中,我们假定价格和工资的动态变化是基于非常对称的市场供求(由 U_{t-1} 和 N_{t-1} 反映)和成本(由 p_t、w_t 和 x_t 反映)的压力。这在

---

[1] 参见公式(12.22)。
[2] 关于发展中国家技术进步函数的讨论,请参见 Benhabib and Spiegel(1994),Acemoglu et al.(2006),Vandenbussche et al.(2006)和龚刚等(2017)等。

Flaschel et al.(2001,2002)和 Fair(2000)等文献中均获得了广泛的认可和检验。与此同时,这些关于价格和工资的动态变化与最近的新凯恩斯主义的黏性价格理论相一致:既反映了市场供求关系对价格的调整,又兼顾到了价格调整的黏性,从而使市场并不能在 t 期完全出清。① 毫无疑问,市场的非完全出清在发展中国家更为普遍。与现有文献所不同的是,我们这里假定了一个时变参数 $\alpha_{n,t}$,其动态轨迹由公式(18.12)给出,这样一个动态轨迹反映了发展中国家从二元经济向发达国家转变的发展过程。时变参数 $\alpha_{n,t}$ 的经济学意义可解释如下。在二元经济条件下,农村存在大量的剩余劳动力。在一个单部门的宏观模型中,这可以被认为是一个就业率很低(低于 N^b)的经济。由此我们可合理地假定,工资的动态变化 w_t 不受劳动力市场供求关系 N_t 的影响,即 $\alpha_{n,t}=0$。然而,随着经济的发展,更多的剩余劳动力被吸纳和利用。这表明,N_t 将不断增加,当 N_t 增加到阈值 N^b 时,工资率 w_t 对劳动力市场的状况 N_t 开始变得敏感,于是,$\alpha_{n,t}>0$。当然,我们假定工资率 w_t 对 N_t 的反应有一个上限 c。图 18-6 对函数 $\alpha_{n,t}$ 进行了说明。②

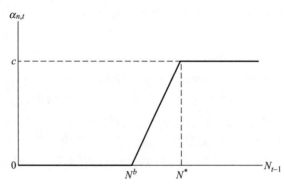

图 18-6 时变参数 $\alpha_{n,t}$ 的动态轨迹

(二) 模型的集约形式

命题 18-1 给出了模型的集约形式:

【命题 18-1】 令 $i_t \equiv I_t/K_{t-1}$,$y_t=(Y_t-Y_{t-1})/Y_{t-1}$,$k_t \equiv (K_t-K_{t-1})/K_{t-1}$ 和 $h_t \equiv A_t^f/A_t$。于是,模型的结构形式(18.1)—(18.14)可以转化成如下集约形式:

$$m_t = \kappa(p^* - p_{t-1}) - m_{t-1} \tag{18.15}$$

$$i_t = \xi_i + \frac{\xi_u}{sB} i_{t-1} + \xi_m (m_{t-1} - p_{t-1}) \tag{18.16}$$

$$p_t = \beta_0 + \beta_1 i_{t-1} + \beta_2 a_{n,t} N_{t-1} + \beta_3 x_t \tag{18.17}$$

---

① 显然,我们这里借助了新凯恩斯主义的黏性价格理论。例如,在 Gali(2007)中,其价格公式被定义为 $\pi_t = \beta E[\pi_{t+1}] + \kappa \tilde{y}_t$,其中,$\pi_t$ 为通货膨胀率,$\tilde{y}_t$ 为产量缺口,类似于我们的产能利用率。如果我们假定预期 $E[\pi_{t+1}]$ 与 w_t 线性相关(w_t 为名义工资的增长率),那么该价格公式将与这里的双重菲利普斯曲线中的价格公式相一致。

② 类似的非线性请参见 Fair(2000)。

$$N_t = \frac{1-d+i_{t-1}}{(1+x_t)(1+l)}\left(\frac{i_t}{i_{t-1}}\right)^{1/a} N_{t-1} \qquad (18.18)$$

$$w_t = \alpha_0 + \alpha_1 i_{t-1} + \alpha_2 \alpha_{n,t} N_{t-1} + \alpha_3 x_t \qquad (18.19)$$

$$k_t = -d + i_t \qquad (18.20)$$

$$y_t = \frac{i_t(1-d+i_{t-1})}{i_{t-1}} - 1 \qquad (18.21)$$

$$x_t = \begin{cases} \theta_f(1-\varepsilon)h_{t-1} + (\theta_a - \theta_f), & h_{t-1} > \dfrac{1}{1-\varepsilon} \\ \theta_a, & \text{其他} \end{cases} \qquad (18.22)$$

$$h_t = \begin{cases} \dfrac{(1+x^f)h_{t-1}}{1+\theta_f(1-\varepsilon)h_{t-1} + (\theta_a - \theta_f)}, & h_{t-1} > \dfrac{1}{1-\varepsilon} \\ \dfrac{(1+x^f)}{1+\theta_a}h_{t-1}, & \text{其他} \end{cases} \qquad (18.23)$$

其中,公式(18.19)中的 $\alpha_{n,t}$ 由公式(18.12)给出,且

$$\beta_0 = \frac{\beta_p + \beta_w \alpha_w}{1 - \beta_w \alpha_p}, \quad \beta_1 = \frac{\beta_u}{sB(1-\beta_w \alpha_p)}$$

$$\beta_2 = \frac{\beta_w}{1-\beta_w \alpha_p}, \quad \beta_3 = \frac{\beta_w \alpha_x}{1-\beta_w \alpha_p}$$

$$\alpha_0 = \frac{\alpha_w + \alpha_p \beta_p}{1 - \alpha_p \beta_w}, \quad \alpha_1 = \frac{\alpha_p \beta_u}{(1-\alpha_p \beta_w)sB}$$

$$\alpha_2 = \frac{\alpha_w + \alpha_p \beta_p}{1 - \alpha_p \beta_w}, \quad \alpha_3 = \frac{\alpha_x}{1-\alpha_p \beta_w}$$

该命题的证明由本章的附录提供。

(三) 模型的分解

模型的集约形式看上去具有极高的维度,但与技术相关的两个变量 h_t 和 x_t 则相对独立地自行决定,其中,h_t 反映了前沿国家的技术与本国(发展中国家)技术之比,它可以由公式(18.23)自行决定。给定 h_t,本国的技术进步率 x_t 由公式(18.22)决定,并且作为外生变量进入公式(18.17)、(18.18)和(18.19)中。此外,模型的集约系统同时具有递归特性:变量 w_t、k_t 和 y_t 的动态变化可以由变量(m_t, i_t, p_t, N_t)的动态所决定。这意味着就数学分析而言,模型的集约形式实际上是一个在(m_t, i_t, p_t, N_t)空间上的四维系统。

取决于劳动力市场的状态 N_t,模型同时包含着三个可转移的子系统,从而具有不同的稳定状态。如果就业率 N_t 处于$[0, N^b)$区间,经济就处于由三维空间(m_t, i_t, p_t)构成的子系统中,其中,m_t 和 i_t 分别由公式(18.15)和(18.16)决定,p_t 的动态变化则为

$$p_t = \beta_0 + \beta_1 i_{t-1} + \beta_3 x_t \qquad (18.24)$$

给定(m_t, i_t, p_t)的动态轨迹,N_t、k_t 和 y_t 则分别由公式(18.18)、(18.20)和(18.21)决定,与此同时,工资 w_t 的变化则表现为

$$w_t = \alpha_0 = \alpha_1 i_{t-1} + \alpha_3 x_t \qquad (18.25)$$

我们称该系统为子系统1。

当就业率 N_t 处于区间 $[N^b, N^*]$ 时，经济就处于由四维空间 (m_t, i_t, p_t, N_t) 构成的子系统中，其中，m_t、i_t 和 N_t 分别由公式(18.15)、(18.16)和(18.18)决定，p_t 则由

$$p_t = \beta_0 + \beta_1 i_{t-1} + \beta_2 a N_{t-1} + \beta_2 b N_{t-1}^2 + \beta_3 x_t \tag{18.26}$$

决定。给定 (m_t, i_t, p_t, N_t) 的动态轨迹，k_t 和 y_t 再次由公式(18.20)和(18.21)决定，而工资 w_t 的动态变化则表示为

$$w_t = \alpha_0 + \alpha_1 i_{t-1} + \alpha_2 a N_{t-1} + \alpha_2 b N_{t-1}^2 + \alpha_3 x_t \tag{18.27}$$

我们称该系统为子系统2。

当就业率 N_t 进入 $[N^*, +\infty)$ 区间时，经济将进入子系统3。该子系统与子系统2相似，唯一不同的是公式(18.26)和(18.27)由如下公式代替：

$$p_t = \beta_0 + \beta_1 i_{t-1} + \beta_2 c N_{t-1} + \beta_3 x_t \tag{18.28}$$

$$w_t = \alpha_0 + \alpha_1 i_{t-1} + \alpha_2 c N_{t-1} + \alpha_3 x_t \tag{18.29}$$

四、分析

由于技术之比 h_t 和技术进步率 x_t 是个相对独立的动态系统，其具体的动态变化特征我们将在下一章中进行研究。给定技术 x_t 的动态变化，我们接着分析经济的发展过程，可以发现经济的发展过程实际上就体现为从子系统1向子系统2再向子系统3的转移过程。

（一）稳定状态

系统(18.15)—(18.21)的稳定状态由如下命题给出：

【命题18-2】 令 $(\bar{m}, \bar{i}, \bar{p}, \bar{N}, \bar{k}, \bar{y})$ 为变量 $(m_t, i_t, p_t, N_t, k_t, y_t)$ 的稳定状态。给定由公式(18.22)给出的变量 x_t 的稳定状态 $\bar{x}$，我们发现系统(18.15)—(18.21)具有如下有经济学意义的稳定状态：

(1) 子系统1

$$\bar{p} = p^* \tag{18.30}$$

$$\bar{i} = \frac{p^* - \beta_0 - \beta_3 \bar{x}}{\beta_1} \tag{18.31}$$

$$\bar{m} = \frac{1}{\xi_m}\left[\left(1 - \frac{\xi_u}{sB}\bar{i}\right) - \xi_i + \xi_m p^*\right] \tag{18.32}$$

$$\bar{w} = \alpha_0 + \alpha_1 \bar{i} + \alpha_3 \bar{x} \tag{18.33}$$

$$\bar{k} = \bar{y} = -d + \bar{i} \tag{18.34}$$

同时，当其他变量处于稳定状态时，就业率 N_t 按如下规则移动：

$$N_t = \frac{1 - d + \bar{i}}{(1 + \bar{x})(1 + l)} N_{t-1} \tag{18.35}$$

(2) 子系统2

$$\bar{i} = \bar{x} + l + d + \bar{x}l \tag{18.36}$$

$$\bar{N} = \frac{1}{2\beta_2 b}\left(a\beta_2 + \sqrt{(-a\beta_2)^2 - 4\beta_2 b(\beta_0 + \beta_3 \bar{x} + \beta_1 \bar{i} - p^*)}\right) \tag{18.37}$$

$$\bar{w} = \alpha_0 + \alpha_1 \bar{i} + \alpha_2 a\bar{N} + \alpha_2 b\bar{N} + \alpha_3 \bar{x} \tag{18.38}$$

稳定状态 $\bar{p}$、$\bar{m}$、$\bar{k}$ 和 $\bar{y}$ 与子系统1相同。

(3) 子系统3

$$\bar{N} = -\frac{\beta_0 + \beta_3 \bar{x}}{\beta_2 c} - \frac{\beta_1}{\beta_2 c}\bar{i} + \frac{1}{\beta_2 c}\bar{p}$$

$$\bar{w} = \alpha_0 + \alpha_1 \bar{i} + \alpha_2 c\bar{N} + \alpha_3 \bar{x}$$

稳定状态 $\bar{i}$、$\bar{p}$、$\bar{m}$、$\bar{k}$ 和 $\bar{y}$ 与子系统2相同。

该命题的证明相对简单,无须在这里给出。

关于该命题,我们注意到如下几个要点:

第一,就系统1而言,公式(18.34)告诉我们,无论是资本还是产量GDP,其增长率均为 $-d + \bar{i}$。这实际上意味着经济体的增长是一种需求拉动型的经济增长,即经济增长依赖于投资需求。

第二,需求决定型经济增长的另一个表现是:稳定状态下的经济增长率与通货膨胀率之间存在着一个类似于菲利普斯曲线的替代关系。这一替代关系可以由公式(18.31)和(18.34)导出:

$$\bar{y} = \frac{p^* - \beta_0 - \beta_3 \bar{x}}{\beta_1} - d$$

这实际上意味着提高通货膨胀率目标通常也能提高稳定状态下的经济增长率。

第三,就系统1而言,我们发现 N_t 没有稳定状态:当系统中的其他变量,如 i 趋于稳定状态时,N_t 将根据公式(18.35)继续移动。这意味着只要

$$\frac{1 - d + \bar{i}}{(1 + \bar{x})(1 + l)} > 1 \tag{18.39}$$

成立,N_t 将继续增长(即使其他变量已不动,处于不动点),从而最终使经济进入系统2。将公式(18.31)代入条件(18.39),得

$$\frac{p^* - \beta_0 - \beta_3 \bar{x}}{\beta_1} - d > \bar{x} + l + \bar{x}l$$

这意味着政府可以通过设置更高的通货膨胀率目标 p^* 使经济转移至系统2。

第四,由公式(18.34)可知,资本 K_t 和产量 Y_t 的总值增长率为 $1 - d + \bar{i}$。利用公式(18.36)来解释 $\bar{i}$,我们发现系统2、系统3的资本和产量的总值增长率为 $(1+\bar{x})(1+l)$,即

$$1 + \bar{y} = 1 + \bar{k} = (1 + \bar{x})(1 + l) \tag{18.40}$$

这实际上意味着当经济进入系统2和系统3(或经济发展的第二阶段)时,经济将按自然增长率增长。这与索洛的新古典增长模型是一致的。[①]

---

① 这里的自然增长率来自 Harrod(1939)。参见本书第四章的讨论。

第五,由公式(18.34)和条件(18.39)可知,为使经济体从系统 1 进入系统 2 和系统 3,资本 K_t 和产量 Y_t 的总值增长率必须高于自然增长率。于是,我们的研究发现在整个经济的发展过程(即经济体从系统 1 逐渐转移至系统 2 和系统 3 的过程)中,经济增长率逐渐从高处(高于自然增长率)递减,最终等于自然增长率。

(二) 为什么第一阶段是需求决定型的经济增长?

尽管我们已经发现第一阶段和第二阶段的稳定状态是完全不同的,即第一阶段的稳定状态具有需求决定型的特征,即经济增长依赖投资需求,然而,我们仍然有必要对其背后的经济学机理作进一步的分析。

已经知道,产量的增长既受制于供给侧,也被需求侧所制约。经济社会的需求侧由三驾马车(投资、消费和出口)构成,而供给侧则由资本、劳动力和技术构成。其中,资本存量决定了产能 BK_{t-1} 的供给,而劳动力 L_t^s 则体现了就业市场中的供给。它们与需求之间的不平衡分别反映为产能利用率 U_t 和就业率 N_t。而供给侧的另一重要因素,即技术,则嵌入在资本设备和劳动力(如人力资本水平)之中。

就劳动力供给而言,在经济发展的第一阶段,一个明显特征是无限的剩余劳动力供给。大量过剩的农村剩余劳动力的存在意味着劳动力供给并不能对经济的高速增长形成约束。就资本(由固定资产所形成的生产设备或产能)的供给而言,其存量增加主要来自投资:固定资产是由投资所累积的,投资创造了产能。因此,只要投资高涨,其所引起的产能增加也不可能对经济的高增长形成约束。而投资高涨恰恰是许多发展中国家起飞的第一阶段的主要特征。例如,过去四十年中国经济的一大特点就是投资高涨:投资增长率明显高于 GDP 增长率。由于资本系数(即产量—资本比)长期而言是稳定的,因此,这样一种投资高涨所引起的产能增加也不可能对经济的高速增长形成约束。最后,就技术而言,它本身是嵌入在劳动力(如人力资本水平)和资本设备之中的,因此,当资本和劳动力都不能形成对经济高增长的约束时,经济社会的供给侧也就无法对需求形成约束,从而经济的增长就由需求侧的三驾马车所推动。事实上,以三驾马车来分析中国过去的经济增长常见于政府文件、相关媒体报道和经济学家的文章之中。

(三) 参数

我们的模型是一个高维度的离散型动态系统:就系统 2 和系统 3 而言,其维度为 4,从而对其进行数学上的稳定性分析几乎不太可能。正因为如此,我们将主要使用数值模拟的方法考察模型的动态特征。为此,首先需确定数值模拟所使用的基准参数(见表 18-2)。

本研究所使用的大部分参数来自 Gong(2013),其中,公式(18.16)、(18.17)和(18.19)三个行为方程是按中国年度统计数据估计而得。部分参数稍有调整以使导出的稳定状态更合适。表中的其他参数要么用矩估计得到,要么只是简单地予以规定(特别是当所对应的数据不可得时)。应当指出的是,尽管我们只是提供了一些非常简单的估计,并且估计也可能会产生偏差,但这些参数只要处于经济上有意义的区域,我们随后分析所得到的基本结论就不会受到影响。此外,表 18-1 中的基准参数还表明,国内自主研发的技术增长率低于前沿技术,即 $\theta_a < x_f$。

表 18-2　模拟所用的基准参数

ξ_i	0.01	β_u	0.34542	p^*	0.03	N^b	0.7	θ_a	0.015
ξ_u	0.22903	α_w	−0.001	B	0.655967	N^*	0.9	θ_f	0.00130
ξ_m	0.06052	α_p	0.74861	s	0.4	c	0.11800	ε	0.3
β_p	−0.2	α_x	0.43363	l	0.01	α	0.66		
β_w	0.58450	d	0.8	κ	0.4	x_f	0.02		

给定表 18-2 中的参数,模型的稳定状态由表 18-3 给出。

表 18-3　基准参数下三个子系统的稳定状态

子系统	$\bar{i}$	$\bar{p}$	$\bar{w}$	$\bar{m}$	$\bar{N}$	$\bar{k},\bar{y}$	$\bar{h}$	$\bar{x}$
1	0.1613	0.0300	0.0094	0.2033	N.A.	0.0813		
2	0.1102	0.0300	N.A.	0.0960	N.A.	0.0302		
3	0.1102	0.0300	0.1453	0.0960	0.976	0.0302	4.8951	0.02

(四) 发展过程之模拟

作为一项练习,我们首先对系统 1 进行模拟。假定就业率 N_t 很低,从而对价格和工资没有反馈效应,即 p_t 和 w_t 分别由公式(18.24)和(18.25)决定。我们还假设技术增长率固定在稳定状态,所以发展过程只体现为子系统的转换。设 N_0 为 0.40,其他初始条件小于相应的稳定状态 5%。图 18-7 显示,尽管系统在空间上渐进稳定,但就业人数不断增加。因此,经济最终将从子系统 1 退出。

图 18-8 进一步提供了发展过程的模拟:N_t 由小变大,通过不同的阈值。初始条件如下所示。首先,我们将 N_t 的初始条件设定为 0.40,表明经济开始于欠发达的二元经济。其次,我们将初始条件 h_0 设定为 50,大致代表了当中国经济进入收敛路径(例如,改革开放初期)时,前沿国家(如美国)与中国的技术之比,给定 h_0,根据公式(18.22),初始条件 x_0 设置在 0.08。所有其他初始条件如图 18-7 所示。

可以看到,经过 40 年的发展,经济结构确实发生了巨大的改变:投资、货币供给和产量在经历了 40 年的高增长后急剧下降(参见 A、C 和 F 格);工资则开始周期性增加(B 格);就业增长开始放缓(D 格);而通货膨胀率波动变大(E 格)。这表明经济发展的第二阶段大约发生在 40 年后。这样一个发展过程也同时符合第三章所述的趋同假设。

(五) 理解发展过程

在市场经济中,产量的形成来自两种力量:需求和供给。给定供给(或模型中所定义的

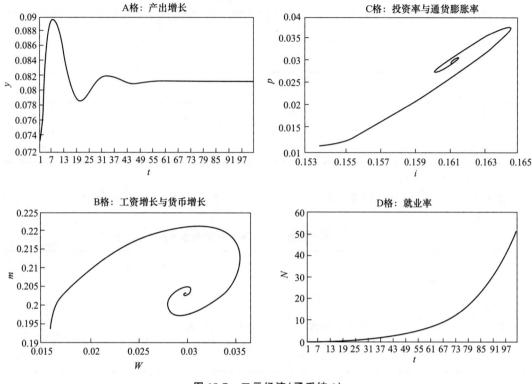

图 18-7 二元经济(子系统 1)

生产能力),产量由需求决定。然而,如果由需求决定的产出与供给太过接近,通货膨胀就可能发生。这表明供给只提供经济增长的可能性,而实际的增长必须通过需求来实现。

发展过程是产量不断提高的过程。我们发现,在发展过程中投资起着极为关键的作用。如前所述,投资通过资本的积累创造了新的产能(建立新的生产线和新设施等),同时通过乘数效应创造了新的需求。为了使工厂和设施能够运行,必须吸引更多的劳动力进入城市,而经济发展初期(即子系统 1)大量剩余劳动力的存在意味着劳动力供应不构成约束。因此,经济发展初期的高产出主要是由投资 i_t 的高涨所驱动的。

然而,经济发展意味着越来越多的剩余劳动力被城市吸收,因此就业率提高。当就业率达到 70% 以上时,它对工资开始有反馈作用,从而通过工资的上升影响通货膨胀。较高的通货膨胀率会促使货币当局缩小货币供应量,从而对投资产生负面影响[见投资函数(18.16)]。

因此,发展过程就可视为就业率 N_t 的逐步提高(参见图 18-8 中的 D 格),以及工资增长率 w_t 的提高(参见 B 格)和货币供应量增长率 m_t 的下降(参见 C 格)。通货膨胀率 p_t 则可以通过货币政策(见 E 格)保持在目标水平 p^* 附近。所有这些变化都反映在投资率 i_t 和产出增长率 y_t 由高到低的过程中,特别是在就业率通过 N^b 之后(参见 A 格和 F 格)。

(六)库兹涅茨曲线

发展过程的一个重要特征是所谓的库兹涅茨曲线。库兹涅茨 1955 年的研究发现,在发

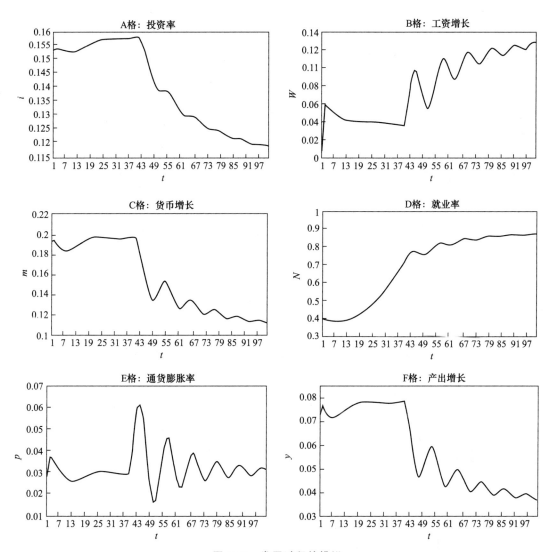

图 18-8 发展过程的模拟

展过程中,收入分配一开始会随经济的发展而逐渐恶化,但到了一定的阶段之后,则随着发展水平的提高而逐渐改善。如果我们用工资占 GDP 的比例代表收入分配水平,则整个过程如同一个 U 形曲线。接下来我们将证明本模型也能产生类似的库兹涅茨曲线。

令 ω_t 代表工资占总收入的比例,于是,按照定义:

$$\omega_t = \frac{W_t L_t}{P_t Y_t}$$

这里,W_t 和 P_t 分别代表名义工资和名义价格水平,利用公式(18.5)解释 L_t 得

$$\omega_t = \frac{W_t (U_t)^{(1/\alpha)/\alpha}}{A_t P_t}$$

注意,公式(18.1)—(18.3)意味着 $U_t = i_t/(sB)$,于是,上述公式可进一步写成

$$\omega_t = \frac{1+w_t}{(1+x_t)(1+p_t)}\left(\frac{i_t}{i_{t-1}}\right)^{(1-a)/a}\omega_{t-1} \tag{18.41}$$

显然,工资(占 GDP)份额 ω_t 是否上升(或下降)取决于工资的增长速度是否大于价格和技术的增长速度等。令 q_t 为人均产量,即 $q_t \equiv Y_t/L_t$。显然,

$$q_t = \frac{1+y_t}{1+l}q_{t-1} \tag{18.42}$$

这里,y_t 为产量的增长率,由公式(18.21)给出。

图 18-9 给出了工资份额 ω_t 和人均产量 q_t[分别由公式(18.41)和(18.42)决定]及库兹涅茨曲线,即工资份额 ω_t 对人均产量 q_t 的变化的响应。初始条件则和图 18-8 相一致。可以看到,整个发展过程中的 U 形曲线确实存在。

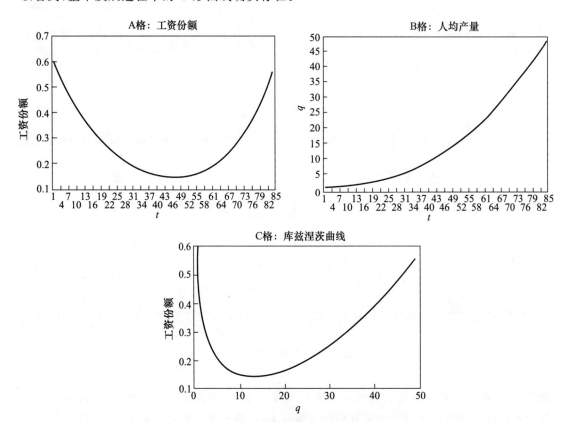

图 18-9 库兹涅茨曲线

本章的研究发现,在发展中国家走出贫困陷阱后,其发展过程可以分为两个阶段。两个阶段在资源禀赋、生产模式、收入分配、发展水平和增长动力等方面均具有明显的区别。"两阶段理论"可以由宏观经济学中的增长理论和发展经济学中的各种"拐点"理论(如刘易斯拐点、库兹涅茨曲线和中等收入陷阱等)演绎而来。通过构建数理模型,我们证明了两阶段理论。

中国经济通常被认为已经进入了新常态,在两阶段理论框架下,新常态实际上意味着中国经济进入了其经济发展的第二阶段。然而,中国经济进入新常态(第二阶段)并不意味着

中国可以跨越中等收入陷阱。在本章中,我们还没有讨论跨越中等收入陷阱所需的条件和机制等。跨越中等收入陷阱无疑是中国经济在未来相当长一段时期内所面临的最为严重的挑战,这也是本书下一章将要讨论的问题。

附录

命题 18-1 的证明

首先,命题中的公式(18.15)来自结构模型中的(18.8)。由公式(18.1)和(18.2)我们首先得到

$$Y_t = \frac{1}{s} I_t \tag{18.43}$$

将公式(18.43)代入(18.3),与此同时利用 $i_t \equiv I_t / K_{t-1}$,我们得到

$$U_t = \frac{1}{sB} i_t \tag{18.44}$$

于是,投资函数(18.9)就可以写成命题中的公式(18.16)。接下来,利用公式(18.11)和(18.10)分别解释公式(18.10)和(18.11)中的 w_t 和 p_t,并且用公式(18.44)来代替 U_t,我们得到

$$p_t = \beta_p + \beta_w (\alpha_w + \alpha_p p_t + \alpha_{n,t} N_{t-1} + \alpha_x x) + \frac{\beta_u}{sB} i_{t-1}$$

$$w_t = \alpha_w + \alpha_p \beta_p + \beta_w w_t + \frac{\beta_u}{sB} i_{t-1} + \alpha_{n,t} N_{t-1} + \alpha_x x$$

整理上述两式,我们得到命题中的公式(18.17)和(18.19)。

接下来,我们推导命题中的公式(18.18)。利用公式(18.5)解释(18.7)中的 L_t,我们得到

$$N_t = \frac{Y_t}{A_t L_t^s} (U_t)^{\frac{1-\alpha}{\alpha}}$$

$$= \frac{(1+y_t) Y_{t-1}}{(1+\bar{x})(1+l) A_{t-1} L_{t-1}^s} (U_t)^{\frac{1-\alpha}{\alpha}}$$

两边同除以 N_{t-1},并且利用

$$\frac{Y_{t-1}}{A_{t-1} L_{t-1}^s} (U_{t-1})^{\frac{1-\alpha}{\alpha}}$$

来解释右边的 N_{t-1},我们发现

$$\frac{N_t}{N_{t-1}} = \frac{(1+y_t) Y_{t-1} A_{t-1} L_{t-1}^s}{(1+\bar{x})(1+l) A_{t-1} L_{t-1}^s Y_{t-1}} \left(\frac{U_t}{U_{t-1}} \right)^{\frac{1-\alpha}{\alpha}}$$

$$= \frac{(1+y_t)}{(1+\bar{x})(1+l)} \left(\frac{U_t}{U_{t-1}} \right)^{\frac{1-\alpha}{\alpha}}$$

将公式(18.44)代入,得到

$$\frac{N_t}{N_{t-1}} = \frac{(1+y_t)}{(1+\bar{x})(1+l)}\left(\frac{i_t}{i_{t-1}}\right)^{\frac{1-a}{a}} \tag{18.45}$$

接下来,我们推导 y_t。为此,首先将公式(18.43)两边同除以 Y_{t-1},由此得到

$$1+y_t = \frac{I_t}{sY_{t-1}}$$

根据定义,我们用 $i_t K_{t-1}$ 代替 I_t,由此得到

$$\begin{aligned}1+y_t &= \frac{i_t K_{t-1}/K_{t-2}}{BsY_{t-1}/(BK_{t-2})} \\ &= \frac{i_t(1+k_{t-1})}{BsU_{-1}}\end{aligned} \tag{18.46}$$

这里,$k_t \equiv (K_t - K_{t-1})/K_{t-1}$ 为资本增长率。由公式(18.4)可知,

$$k_t = -d + i_t \tag{18.47}$$

这是命题中的公式(18.20)。将公式(18.47)和(18.44)代入(18.46),得

$$1+y_t = \frac{i_t(1-d+i_{t-1})}{i_{t-1}} \tag{18.48}$$

这是命题中的公式(18.21)。将公式(18.48)代入(18.47)并进行整理,我们获得命题中的公式(18.18)。

最后,我们推导命题中的公式(18.22)和(18.23)。根据定义,$h_t \equiv A_t^f/A_t$。于是当 $A_{f,t-1}(1,\varepsilon) - A_t$ 成立时,$h_t > 1/(1-\varepsilon)$ 成立,从而公式(18.13)中的两个条件等同于公式(18.22)和(18.23)中的条件。用公式(18.14)和(18.13)的前半部分解释 h_t,我们得到

$$\begin{aligned}h_t &= \frac{(1+x_f)A_{t-1}^f}{\theta_t[A_{t-1}^f(1-\varepsilon) - A_{t-1}] + (1+\theta_a)A_{t-1}} \\ &= \frac{(1+x_f)h_{t-1}}{\theta_f[A_{t-1}^f(1-\varepsilon) - 1] + (1+\theta_a)}\end{aligned}$$

这是命题中公式(18.23)的前半部分。命题中公式(18.23)的后半部分则直接来自公式(18.13)和(18.14)的后半部分。相似地,公式(18.13)的前半部分让我们得到

$$x_t = \theta_f[h_t(1-\varepsilon) - 1] + \theta_a A_{t-1}$$

这是公式(18.22)中的前半部分。命题中公式(18.22)的后半部分则直接来自公式(18.13)的后半部分。由此,我们对命题18-1进行了证明。

参考文献

蔡昉(2013):理解中国经济发展的过去、现在和将来,《经济研究》第11期,4—16+55。

龚刚(2008):《当代中国经济——第三种声音》,北京:高等教育出版社。

龚刚(2012):《宏观经济学——中国经济的视角(第二版)》,北京:清华大学出版社。

龚刚、杨光(2010a):从功能性收入分配看中国收入分配的不平等,《中国社会科学》,第2期,54—68+221。

龚刚、杨光(2010b):论工资性收入占国民收入比例的演变,《管理世界》,第5期,45—55+187—188。

龚刚、杨光(2013):消费与投资占GDP比例演变规律之研究,南开大学当代中国经济研究中心工作论文。

龚刚等(2013):从技术引进走向自主研发——论新阶段下中国的经济增长方式,《经济学动态》,第5期,16—26。

龚刚等(2017):建设中国特色国家创新体系跨越中等收入陷阱,《中国社会科学》,第8期,61—86+205。

郎咸平、马行空(2014):《郎咸平说:萧条下的希望》,北京:东方出版社。

温家宝(2011):关于当前的宏观经济形势和经济工作,《求是》,第17期,3—8。

徐文舸(2015):"新常态"下的供给约束——我国农业剩余劳动力究竟还有多少?《人口与社会》,第4期,42—51。

庄巨忠(2016):评论:缩小收入差距仍存挑战,《环球网》,http://world.huanqiu.com/hot/2017—01/9973914.html。

Acemoglu, D., P. Aghion and F. Zilibotti (2006): Distance to Frontier, Selection, and Economic Growth, *Journal of the European Economic Association*, Vol.4, No.1, 37-74.

Benhabib, J. and M. M. Spiegel (1994): The Role of Human Capital in Economic Development Evidence from Aggregate Cross-country Data, *Journal of Monetary Economics*, Vol.34, No.2, 143-173.

Fair, R. (2000). Testing the NAIRU Model for the United States, *The Review of Economics and Statistics*, Vol.82(1), 64-71.

Flaschel, P., G. Gong and W. Semmler (2001): A Keynesian Econometric Framework for Studying Monetary Policy Rules, *Journal of Economic Behavior and Organization*, Vol.46, 101-136.

Flaschel, P., G. Gong and W. Semmler (2002): A Macroeconometric Study on Monetary Policy Rule, Geman and EMU, *Jahrbuch fur Wirtschaftswissenschaften*, Vol.53, 1-31.

Galor, O. and D. N. Weil (2000): Population, Technology, and Growth: From Malthusian Stagnation to the Demographic Transition and Beyond, *The American Economic Review*, Vol.90, No.4, 806-828.

Gali, J. and M. Gertler (2007). Macroeconomic Modeling for Monetary Policy Evaluation, *Journal of Economic Perspectives*, Vol.21(4), 25-46.

Gong, G. (2012): *Contemporary Chinese Economy*, New York: Routledge Press.

Gong, G. (2013): Growth and Development in a Harrodian Economy: With Evidence from China, *Metroeconomica*, Vol.64, No.1, 73-102.

Grossman, G. M. and A. B. Kruger (1991): Environmental Impacts of A National American Free Trade Agreement, *NBER Working Paper*, No.3914.

Harrod, R. F. (1939): An Essay in Dynamic Theory, *Economic Journal*, Vol.49, 14-33.

Hayashi, F. and E. Prescott (2008): The Depression Effect of Agriculture Institutions on the Prewar Japanese Economy, *Journal of Political Economy*, Vol.116, No.4, 573-632.

Kuznets, S. (1955): Economic Growth and Income Inequality, *American Economic Review*,

Vol.45,1-28.

Lewis,S.A.(1954): Economic Development with Unlimited Supplies of Labour, *The Manchester School*,Vol.22,139-191.

Lucas,R.(1988): On the Mechanics of Economic Development, *Journal of Monetary Economics*,Vol.22,3-42.

Panayotou, T. (1993): Empirical Tests and Policy Analysis of Development, *ILO Technology and Employment Program Working Paper* WP238.

Romer,P.M.(1990): Endogenous Technological Change, *The Journal of Political Economy*,Vol.98,71-102.

Solow,R.M.(1956): A Contribution to Theory of Economic Growth, *Quarterly Journal of Economics*,Vol.70,65-94.

Vandenbussche,J.,P.Aghion and C.Meghir(2006): Growth,Distance to Frontier and Composition of Human Capital, *Journal of Economic Growth*,Vol.11,97-127.

第十九章　跨越中等收入陷阱

中国经济已经进入了新常态。在两阶段理论框架下,这实际上意味着中国经济已开始进入了其经济发展的第二阶段。然而,经济从第一阶段到第二阶段的发展并非自然而然,其间存在着中等收入陷阱。世界上有相当一部分发展中国家曾在经济发展的初期实现过高速增长,其人均收入的增长率远远高于前沿发达国家。但在达到中等收入水平之后,它们经济增长的动力骤然下降,其人均收入不再以高于发达国家的水平继续增长。那么,为什么会存在中等收入陷阱呢？陷入或跨越中等收入陷阱的机制和条件是什么？中国会陷入中等收入陷阱吗？为避免陷入中等收入陷阱,中国应如何进行改革？所有这些都将在本章予以讨论。

一、中等收入陷阱:原因、机制和条件

(一) 为什么会有中等收入陷阱？

按照第三章关于相对意义上的中等收入陷阱的定义,在一个国家进入中等收入行列之后,其人均GDP的增长率开始下降,低于或等于前沿发达国家,从而不能缩小与前沿发达国家在人均GDP水平上的差距,由此,该国陷入中等收入陷阱。那么,为什么一国达到中等收入水平后,其经济增长的动力开始变得不足？其人均GDP增长率为什么开始下降？

在经济发展的第一阶段,由于存在着大量的剩余劳动力,因此,经济增长的动力既包括由资本投入所带动的剩余劳动力的大量投入,同时也包括技术投入(或技术进步)。这实际上意味着经济增长的动力充沛。但在第二阶段,由于剩余劳动力已不复存在,因此,经济增长的动力只能来自由技术进步所带来的劳动生产率的提高,即增长动力开始减弱。

不仅如此,在经济发展的第二阶段,技术进步的方式也出现改变,从而使技术进步本身也变得更为困难。技术进步可分为引进型技术进步和自主研发型技术进步。以中国为例,中国过去的技术进步最主要的源泉就是技术引进,即充分利用与国际前沿水平的巨大差距,通过"干中学"和接受发达国家的技术外溢,提高技术水平。技术引进的好处在于不需要从头做起,可以节省研发投入。然而,随着中国的技术水平逐渐接近国际前沿,技术引进的空间将越来越小,甚至还有外国政府开始明令禁止相关技术的对华转移,这无疑让引进技术的模式走到了尽头。因此,在经济发展的第二阶段,自主研发将取代技术引进成为推动技术进步的主要模式。然而,转向自主研发式的技术进步绝非易事。

第一,因为发展初期存在大量剩余劳动力,而技术进步则意味着节省单位产量所需的劳动力投入,因而技术进步的比较优势不够明显;更因为技术是可以传播和引进的,发展初期可以很容易引入技术,从而实现技术进步,所以在发展初期,自主研发的技术通常不会被重视,而这很有可能会形成一种路径依赖和养成一种缺乏自主研发的惰性。

第二，自主研发需要大规模的研发投入，包括高质量的人力资本和大量的研发经费等，与此同时还存在着巨大的风险和不确定性。例如，一般地，每一百个研发项目立项，到最后大约只有五个可以申请专利；在十个申请专利的技术中，大约只有一两个具有商业价值。①

第三，如果说在经济发展的第一阶段，中国的主要竞争对手是其他发展中国家，那么到了经济发展的第二阶段，自主研发本质上就是直接和发达国家竞争，而这需要有极大的勇气和极强的实力。

发展中国家正是因为长期依赖技术引进，缺乏自主研发型的技术进步，才陷入中等收入陷阱。

（二）发展中国家技术的动态演变

现在，我们已经认识到自主研发对发展中国家跨越中等收入陷阱的重要性。那么，技术进步要达到何种程度时，发展中国家才能跨越中等收入陷阱？接下来，我们将通过构建模型的方法对此进行论证。

如第十八章所述，发展中国家的技术进步一部分来自自主研发，另一部分来自引进（或模仿）外国前沿技术。引进型技术进步取决于发展中国家与前沿发达国家的技术差距。基于这一思考，我们将发展中国家的技术进步函数写成②

$$A_t - A_{t-1} = \begin{cases} \theta_f[A_{f,t-1}(1-\varepsilon) - A_{t-1}] + \theta_a A_{t-1}, & A_{f,t-1}(1-\varepsilon) - A_{t-1} > 0 \\ \theta_a A_{t-1}, & 其他 \end{cases} \quad (19.1)$$

公式(19.1)表明③，当发展中国家的技术与前沿技术差距较大（即 $A_{f,t-1}(1-\varepsilon) > A_{t-1}$）时，引进技术成为可能，否则，技术进步只能靠自主研发。当然，无论是引进参数 θ_f 还是研发参数 θ_a，其大小都取决于该国的人力资本和知识资本等要素的积累。

对于前沿国家的技术进步，我们仍然假定④

$$A_{f,t} = (1 + x_f) A_{f,t-1} \quad (19.2)$$

公式(19.1)和(19.2)让我们得到如下关于发展中国家稳定状态下技术进步（增长）率的命题：

【命题 19-1】 令 x_t 为本国（发展中国家）的技术进步率，即 $x_t \equiv (A_t - A_{t-1})/A_{t-1}$；$\bar{x}$ 为 x_t 的稳定状态，即当 $t \to +\infty$ 时，$x_t \to \bar{x}$。由公式(19.1)和(19.2)得到

$$\bar{x} = \begin{cases} x_f, & \theta_a \leqslant x_f \\ \theta_a, & 其他 \end{cases} \quad (19.3)$$

该命题的证明请见本章的附录。这里只作如下直观意义上的解释。

首先，当 $\theta_a > x_f$ 时，即使不靠技术引进，本国的技术进步率 x_t 也将大于前沿国家的技

---

① 林毅夫：《技术创新、发展阶段与战略选择》，《经济参考报》，2003 年 9 月 3 日。
② 我们注意到，这一技术进步函数与上一章的技术进步函数(18.13)实质上是一样的。
③ 详见上一章对公式(18.13)的解释。
④ 这和上一章的公式(18.14)一致。

术进步率,从而到了一定阶段,本国的技术水平将超过前沿国家的技术水平,此时引进技术就为 0。事实上,当本国的技术水平高于(或等于)前沿国家技术水平的某一比例,即 $A_{t-1} > A_{f,t-1}(1-\varepsilon)$ 时,就不会有技术引进了。而当技术引进为 0 时,本国的技术进步率将等于自主研发的技术进步率,即 $\bar{x} = \theta_a$。

其次,考察 $\theta_a \leqslant x_f$ 的情况。当本国自主研发的技术进步率小于(或等于)前沿国家的技术进步率时,本国的技术进步率 x_t 不可能长期超过前沿国家的技术进步率 x_f,因为长期超过该值必然意味着本国的技术水平将高于前沿国家,从而使引进技术为 0,届时本国的技术进步率 x_t 将回到 θ_a,即 x_t 下跌。与此同时,本国的技术进步率 x_t 也不可能长期小于前沿国家的技术进步率 x_f,因为长期小于该值必然意味着本国技术水平与前沿国家技术水平的差距越来越大,从而引进技术就会越来越多,使 x_t 提高。因此,长期均衡的结果(或在稳定状态下),本国的技术进步率只能等于前沿国家的技术进步率,即 $\bar{x} = x_f$。具体地,当 $\theta_a \leqslant x_f$ 时,均衡的结果必然是两种技术进步共存:自主研发型技术进步率为 θ_a,引进型技术进步率为 $x_f - \theta_a$。

(三) 跨越(或陷入)中等收入陷阱的条件

现在我们利用第十八章的两阶段理论模型,推导发展中国家陷入(或跨越)中等收入陷阱的条件。假定前沿国家处于稳定状态,从而其人均产量(GDP)以 x_f 的速度增长:

$$q_t^f = (1+x_f)q_{t-1}^f \tag{19.4}$$

其中,q_t^f 为前沿国家的人均 GDP。本国的人均产量 q_t 则按公式(18.42)增长。令 H_t 为前沿发达国家与本国发展中国家人均产出(GDP)之比,即 $H_t \equiv q_t^f/q_t$。于是,中等收入陷阱就可以定义如下:

【定义】 所谓中等收入陷阱,是指落后国家在经历了一段人均收入的快速增长之后,其人均收入与前沿发达国家之间的差距再也不能缩小。数学上这具体体现为

$$\lim_{t \to +\infty} H_t = \overline{H}$$

其中,$\overline{H}$ 明显大于 1。

显然,这是一个相对意义上的中等收入陷阱的定义(见第二章的讨论)。定义中"$\overline{H}$ 明显大于 1"排斥了如下情况:例如,如果将美国定义为前沿国家,则 $\overline{H}$ 仅仅被规定为大于 1(如 1.05 时)会将现实中的许多发达国家(如法国、英国等)也归入陷入中等收入陷阱国家之列。利用公式(18.42)和(19.4)分别解释 H_t 中的 q_t 和 q_t^f,我们发现

$$H_t = \frac{(1+x_f)(1+l)}{1+y_t}H_{t-1}$$

由第十八章的分析可知,如果经济能够完成第一阶段的发展,那么终将按自然增长率增长,从而长期内 H_t 将服从

$$H_t = \frac{1+x_f}{1+\bar{x}}H_{t-1}$$

将公式(19.3)代入上式,我们得到

$$\overline{H} = \begin{cases} 0, & \theta_a > x_f \\ H^*, & 其他 \end{cases} \tag{19.5}$$

上述公式意味着如果 $\theta_a \leq x_f$,从而使得 $\overline{x} = x_f$[见公式(19.3)],那么 H_t 将在某 H^* 点不动,而 H^* 是否大于 1 则取决于 H_t 的初始值 H_0。由于 H_0 代表着前沿发达国家与发展中国家人均 GDP 之比,因此,H_0 必然会足够大,使得 H_t 的不动点 H^* 明显大于 1。这实际上意味着经济将陷入中等收入陷阱。相反地,如果 $\theta_a > x_f$,则 $\overline{H}$ 等于 0,从而发展中国家将跨越中等收入陷阱,并最终超越前沿发达国家。

(四) 模拟

利用第十八章的两阶段理论模型,图 19-1 模拟了 H_t 的动态演变,初始条件与图 18-8 一致。如 A 格所示,本国的技术增长率 x_t 从初始水平 8.2% 逐步下降至 2% 的稳定状态,即与前沿发达国家的技术增长率 x_f 持平。其中,引进型技术增长率从原来的 6.7% 逐渐下降至 0.5%(见 B 格)。由此,2% 的稳定状态由 1.5% 的自主研发型技术进步率 θ_a 加上 0.5% 的引进型技术进步率构成。这样一种技术增长模式导致发达国家与发展中国家的技术之比 h_t 的下降停止在 5 附近(见 C 格),这与表 18-2 所示的稳定状态 $\overline{h}$(4.8951)相一致。而这样一种技术差距使得人均产量之比 H_t 的下降停止在 3.7 附近(见 D 格)。由此,发展中国家陷入中等收入陷阱:其与前沿发达国家的差距被固定在 3.7 倍。

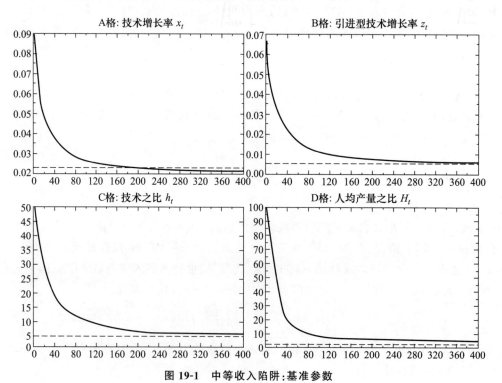

图 19-1 中等收入陷阱:基准参数

需要说明的是,上述模拟是建立在基准参数 $\theta_a=0.015$ 基础上的(见表 18-1)。这一基准参数意味着本国自主研发的技术进步率 θ_a 小于前沿发达国家的技术进步率 $x_f=0.02$。现假定 $\theta_a=0.025$,从而 $\theta_a>x_f$。图 19-2 再次模拟了 H_t 的动态演变,初始条件与图 19-1 相同。可以发现,此种情况下,本国技术进步率 x_t 的下降停止在 2.5%,这一稳定状态大于 x_f(见 A 格)。与此同时,引进型技术进步率最后固定在 0(见 B 格)。技术之比和人均 GDP 之比最后都降至 0。这实际上意味着该国不仅走出了中等收入陷阱,同时远远超越了前沿发达国家。

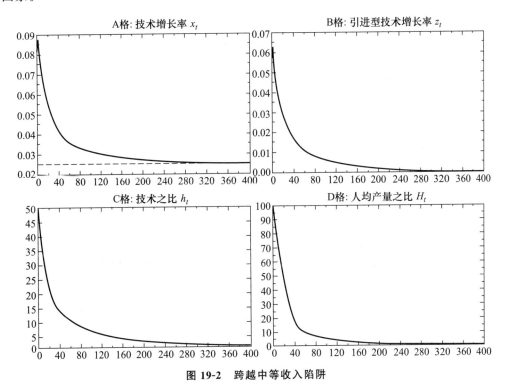

图 19-2 跨越中等收入陷阱

由此我们发现,仅从表面上看,命题 19-1 并没有让人感觉到自主研发型技术进步的重要:即使发展中国家自主研发的技术进步率比不上前沿国家,长期均衡的结果却是两者的技术进步率相同。但这样一种均衡恰恰意味着发展中国家陷入了中等收入陷阱。增长率相同并不意味着水平相同,而只是水平之比的固化,即发达国家的技术水平永远领先于发展中国家。无论是按照增长理论还是两阶段理论,稳定状态下的人均 GDP 增长率必等于技术进步率,因此,这一固化也必然意味着人均 GDP 水平之比的固化,从而发达国家的人均 GDP 水平永远领先于发展中国家——发达永远发达,落后永远落后。由此我们论证了判断发展中国家是否会跨越(或陷入)中等收入陷阱的条件:

【跨越中等收入陷阱的条件】 发展中国家要走出中等收入陷阱,其自主研发所获得的技术进步率必须大于前沿国家的技术进步率,否则将陷入中等收入陷阱。

二、中国能跨越中等收入陷阱吗？——计量检验与模拟

我们已经看到，发展中国家能否跨越中等收入陷阱关键是看 $\theta_a > x_f$ 是否可以得到满足。接下来，我们将根据上述模型，对中国自主研发型技术进步率 θ_a 进行估计，并在此基础上，对中国的经济发展前景进行模拟。

（一）技术的测度：基于产能利用率的方法

我们的首要目标是估计上述模型中的参数 θ_a。对于参数 θ_a 的估计首先要求我们获得关于技术水平 A_t 的测量。传统的方法通常用索洛残差来进行衡量。然而，用索洛残差衡量的技术水平通常存在如下问题：

首先，由索洛残差所得出的"技术"通常会随商业周期（如产出的波动）而波动，这使得技术水平有可能会退步。通常的解决办法是用"滤波"技术去掉波动，从而得出较为光滑的趋势线，以反映技术发展的大体趋势。①

其次，更为重要的是，新古典增长模型是假定经济处于长期的均衡之中，从而忽略短期的经济波动。这种简化在研究经济增长这一长期问题时通常是可以接受的，因为这将不影响研究所得到的关于经济增长方面的基本结论。然而，我们从中获取数据的现实社会通常在经济学意义上是一个短期社会，从而波动、失业和产能过剩等到处可见。正因为如此，在我们使用生产函数来衡量技术时，必须考虑未被使用的劳动力和资本设备。② 本章中，当我们使用生产函数(19.6)来衡量技术水平时，我们将以实际所雇用的劳动力来代替劳动力供给，并且引入产能利用率从而将未被使用的资本设备考虑在内。

假定生产函数仍然为经典的柯布-道格拉斯生产函数：

$$Y_t = BK_{t-1}^{1-\alpha}(A_t L_t)^{\alpha} \tag{19.6}$$

该式与一般的生产函数并无本质区别。令 $\widetilde{A} \equiv B^{1/\alpha}$，则公式(19.6)让我们得到

$$A_t = \frac{Y_t}{L_t}\left(\frac{Y_t}{\widetilde{A} K_{t-1}}\right)^{\frac{1-\alpha}{\alpha}}$$

令 U_t 为产能利用率：$U_t \equiv Y_t/(\widetilde{A} K_{t-1})$。于是，上式可以写成

$$A_t = \frac{Y_t}{L_t}(U_t)^{\frac{1-\alpha}{\alpha}} \tag{19.7}$$

由此可见，技术水平可以理解为经产能利用率 U_t 调整后的劳动生产率。公式(19.7)是我们衡量技术水平的基本公式。

---

① 有关研究请参见 Gong, Greiner and Semmler(2004a, 2004b)等。
② 事实上，用索洛残差来衡量技术水平已经受到国际学术界的广泛批评，尤其体现在对 RBC 理论的评价中。例如，按照 King and Rebelo(1999)的说法，"索洛残差对技术冲击这一有问题的衡量才是 RBC 文献中真正的阿喀琉斯之踵"。也正是由于索洛残差在衡量技术上的不可信，经济学家转而研究利用其他方法来衡量技术，如数据包络分析法和随机前沿分析法等（参见苏治、徐淑丹，2015）。这些方法通常利用行业和微观数据来推导经济社会的技术水平。我们将仍然在柯布-道格拉斯生产函数的基础上，通过引入产能利用率的方法，对技术进行测量，以克服索洛残差在衡量技术上的不可信。

(二) 数据来源与处理

显然,按照公式(19.7),技术水平的计算要求我们获得关于产能利用率 U_t 和人均产量 Y_t/L_t 的数据。这里我们用美国代表前沿国家。样本区间为 1978—2011 年。图 19-3 给出了样本区间内中国、美国的产能利用率和人均产量,其中,虚线为实际样本数据,实线为经过 HP 滤波后的数据。滤波将避免此后所计算的技术水平 A_t 或 $A_{f,t}$ 出现倒退。

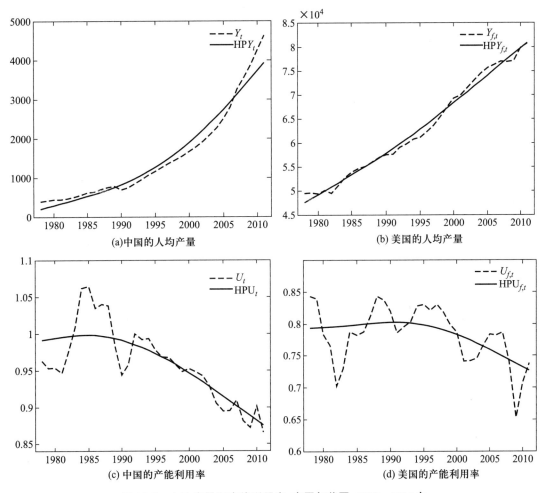

图 19-3 人均产量和产能利用率:中国与美国,1978—2011 年

这里,中国和美国的 GDP 数据都来自世界银行世界发展指数(WDI)数据库①,按 2000 年不变美元计算。美国的就业人口采用美国劳工统计局(BLS)提供的就业人口比例,再用 WDI 数据库提供的总人口调整后计算得到;用《新中国 60 年统计资料汇编》得到 1978—2008 年的中国就业数据,2009—2011 年的就业数据则分别来自 2010—2012 年的《中国统计

---

① http://data.worldbank.org/products/wdi。

年鉴》。由此我们得到中国和美国的人均产量,即公式(19.7)中的 Y_t/L_t。美国的产能利用率采用美联储网站提供的数据①,中国的产能利用率数据来自杨光(2012)。

对于生产函数中的参数 α,我们假定中国为 0.4,美国为 0.6。这一假定与中美两国工资性收入占 GDP 比例的基本事实相符。此外,我们也尝试过不同的 α 取值,所得结果没有太大差异。

给定参数 α 和图 19-3 中经过滤波后的数据,我们就可以按照公式(19.7)计算出中国和美国的技术水平 A_t 和 $A_{f,t}$[见图 19-4 中的(a)和(b)]。可以看到,中国与美国之间存在着明显的技术差距,改革开放初期,两者之间甚至相差 170 倍。但依靠技术引进,中国的技术增长明显较美国快,因此,美-中技术之比,即模型中的 h_t 逐步下降[见图 19-4 中的(c)]。与此同时,如同我们所预期的,随着中国的技术不断进步,技术引进的优势不断减弱,这使得中国的技术增长率呈下降趋势[见图 19-4 中的(d)]。

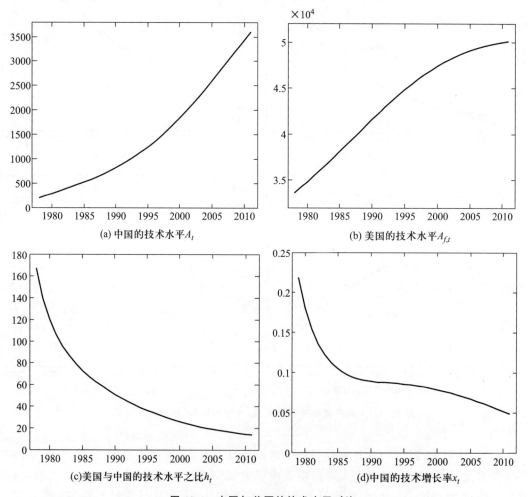

图 19-4 中国与美国的技术水平对比

---

① http://www.federalreserve.gov/releases/g17/current/。

(三) 估计与解释

接下来,我们将利用本章的核心公式(19.1)对中国的自主研发型技术进步率 θ_a 进行估计。我们假定在样本区间内,中美之间的技术差距还未达到美国要对中国进行技术封锁的临界点,即 $A_{f,t-1}(1-\varepsilon) > A_{t-1}$。将公式(19.1)两边同除以 A_{t-1},得到

$$x_t = a + bh_{t-1} + \mu_t \tag{19.8}$$

其中,$a = -\theta_f + \theta_a$;$b = \theta_f(1-\varepsilon)$;$h_t$ 被定义为前沿国家(美国)与发展中国家(中国)的技术水平之比,即 $h_t \equiv A_{f,t}/A_t$;随机变量 u_t 则假定为独立同分布。公式(19.8)为我们将要估计的核心公式。

为避免伪回归,我们采用经典的 ADF 检验,发现 x_t 和 h_t 均为趋势平稳过程。利用最小二乘法,我们对公式(19.8)进行估计,结果如下:

$$x_t = \underset{(23.894169)}{0.044762} + \underset{(18.269710)}{0.000912} h_{t-1} \tag{19.9}$$

其中,括号内数值为相应参数的 t 值。显然,估计值具有明显的显著性,且估计所得的 R^2 达 0.948。图 19-5 进一步给出了估计值和样本值的拟合。

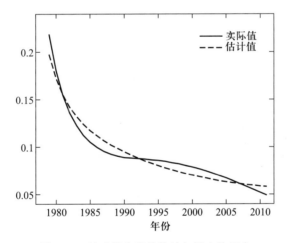

图 19-5 技术进步率的估计与样本的拟合

比较公式(19.8)和(19.9),我们得到

$$\hat{\theta}_f(1-\hat{\varepsilon}) = 0.000912, \quad \hat{\theta}_a - \hat{\theta}_f = 0.044762$$

其中,$\hat{\theta}_f$、$\hat{\theta}_a$ 和 $\hat{\varepsilon}$ 分别为 θ_f、θ_a 和 ε 的估计值。由于我们还无法获得所关心的估计值 $\hat{\theta}_a$,因此,有必要对其中的一个参数作一些假定。表 19-1 给出了不同技术封锁率 ε 下 θ_f 和 θ_a 的估计结果。

表 19-1 不同技术封锁率 ε 下的估计结果

ε	$\hat{\theta}_f$	$\hat{\theta}_a$
30%	0.00130	0.0461

(续表)

ε	$\hat{\theta}_f$	$\hat{\theta}_a$
40%	0.00152	0.0463
50%	0.00180	0.0466
60%	0.00228	0.0470
70%	0.00304	0.0478

可以看到,在不同的技术封锁率假定下,$\hat{\theta}_a$ 被估计在 0.0461 和 0.0478 之间。由于美国的技术增长率一般为 0.02 左右[①],因此,按照这一估计,中国依靠自主研发和创新所获得的技术增长率 θ_a 明显大于技术前沿国家(如美国)的技术增长率,即 $\theta_a > x_f$ 得到满足。

按照表 19-1 的估计结果,我们可以进一步推导出技术引进和自主研发对我国技术进步贡献的相对变化。给定所估计的参数 $\hat{\theta}_f$、$\hat{\theta}_a$ 和 $\hat{\varepsilon}$,由公式(19.1)可知,如果 $A_{f,t-1}(1-\hat{\varepsilon}) > A_{t-1}$,则

$$A_t - A_{t-1} = \hat{\theta}_f [A_{f,t-1}(1-\hat{\varepsilon}) - A_{t-1}] + \hat{\theta}_a A_{t-1}$$

其中,$\hat{\theta}_a A_{t-1}$ 是由自主研发所实现的技术进步率,$\hat{\theta}_f [A_{f,t-1}(1-\hat{\varepsilon}) - A_{t-1}]$ 为技术引进所实现的技术进步。从而,$\hat{\theta}_a A_{t-1}/(A_t - A_{t-1})$ 可以看成是自主研发型技术进步占总技术进步的比例,$\hat{\theta}_f [A_{f,t-1}(1-\hat{\varepsilon}) - A_{t-1}]/(A_t - A_{t-1})$ 为引进型技术进步占总技术进步的比例。表 19-2 给出了 1978—2010 年两种技术占比的相对变化。可以看到,中国的技术进步已经从改革开放初期的以引进为主转向目前的以自主研发为主。以 $\varepsilon=0.3$ 为例,1978 年,中国引进技术占比为 76.6%,自主研发技术占比仅为 23.4%;到了 2010 年,引进技术占比为 24.9%,而自主研发技术占比上升至 75.1%。

表 19-2　1978—2010 年引进技术与自主研发技术占比的相对变化　　(单位:%)

ε	1978 年引进技术占比	1978 年自主研发技术占比	2010 年引进技术占比	2010 年自主研发技术占比
30	76.6	23.4	24.9	75.1
40	76.5	23.5	24.6	75.4
50	76.1	23.9	23.8	76.2
60	76.2	23.8	23.4	76.8
70	75.8	24.2	22.1	77.9

---

① 由于稳定状态下技术增长率等于人均 GDP 增长率,而美国长期人均 GDP 增长率约为 2%,因此,我们可以假定美国的技术增长率约为 2%。

三、构建中国国家创新体系以跨越中等收入陷阱

我们已经知道,发展中国家陷入中等收入陷阱的根本原因在于其自主研发型技术进步率不足,过分依赖技术引进,从而形成习近平所说的"引进—落后—再引进"的恶性循环。在模型中,这具体体现为其自主研发型技术进步率小于或等于前沿发达国家的技术进步率,即 $\theta_a \leqslant x_f$。而本章的经验研究又表明,中国的技术进步率明显大于发达国家的技术进步。也许在许多人看来,这是不可信的。为此,我们有必要讨论一下为什么中国的自主研发型技术进步率会如此之高。而要回答这一问题,我们必须研究在没有引进、没有模仿的条件下,技术进步是如何实现的?其条件是什么?机制是什么?需要什么样的制度保障?特别地,政府在这一过程中将发挥什么样的作用?

(一) 国家创新体系

主流的内生增长理论似乎对这些问题已经进行了解答,因为其模型特征就是将 θ_a 内生化:在该理论看来,θ_a 取决于一国的研发投入,包括研发人员(如人力资本)和研发经费等;一定数量的研发投入通过某种概率必然带来一定的技术进步,即所谓全要素生产率 A_t 的提高。尽管这样一种解答在宏观上也许并没有错,但显然是将问题简单化了,事实上为我们留下了一个巨大的黑箱,无法让我们看到研发是如何启动、如何通过各种传导机制形成技术进步,进而影响经济增长的。例如,在苏联,其研发投入常为 GDP 的 4% 以上,远远高于一般的发达国家。然而,其中的 70% 用于军事,与此同时,其技术(知识)传播的军转民机制并没有建立起来,从而其大规模的研发投入并没有给经济带来高增长。[1] 因此,这样一种纯粹的函数分析方法,无助于我们理解技术进步的本质和所需要的各种制度和网络环境等(Nelson and Winter,1982)。

研发投入(包括研发人员和研发经费等)本身并不能直接成为生产力。研发投入的成果仅仅体现为各种论文、专著、设计和专利等的知识存量(即所谓知识资本)。事实上,要使知识转化为生产力,必须要有一个过程。在经济学中,这一过程被称为创新:创新是将知识转化为生产力的过程。熊彼特就曾指出,如果没有创新,知识将一无是处。[2] 于是,研究技术进步就需要我们去研究创新,研究创新的过程和创新是怎么发生的。

传统上,人们通常认为技术创新会自然地发生在"硅谷的车库"中。罗默曾使用一个完全竞争的拍卖市场使所有的知识一旦被发明出来就能被出售和使用,这显然忽略了创新过程的复杂性、阶段性和所可能产生的各种风险。[3] 事实上,任何一个有意义的创新都应该被理解为产生于特定国家的国家创新体系。

国家创新体系是指由公共和私营机构所形成的网络,在该网络体系中,人们的交流活动和相互作用使得新技术的研发得以启动、持续和传播,并最后通过商业化形成实质的生产

---

[1] 参见 Freeman(1995)。
[2] 参见 Schumpeter(1934)。
[3] 参见 Romer(1990)。

力。国家创新体系理论认为技术和信息在人、企业与机构间的流动是创新过程的关键。创新是系统中各方参与者之间复杂关系的结果,这其中包括个人、企业、大学、金融机构和政府研究机构等。对于政策制定者而言,了解国家创新体系可以帮助其确定杠杆点,以提高创新绩效和整体竞争力。[①]

阿特金森将国家创新体系归纳为三个方面:商业环境(Business Environment)、管制环境(Regulation Environment)和创新环境(Innovation Environment)。[②] 理解国家创新体系必须从这三个方面入手(见表19-3)。

表 19-3 国家创新体系

商业环境	管制环境	创新环境
企业制度 　管理者天赋、时间维度、风险偏好、信息化程度等 金融体系 　风投基金、股票市场、债券市场和商业银行体系等 文化因素 　消费者的需求偏好(如是否愿意尝新等)、冒险精神、对科学的态度和尊重、合作习惯和时间维度等	管制体制 　对垄断的容忍、行业的壁垒、设立公司的难易程度、管制的形式和作用、法律的透明度等 税收、贸易和政策 　宏观经济环境、税收政策、贸易政策、专利保护政策和商业标准化政策等	研发体系 　大学研发体制、科研机构和国家实验室的研发体制、对企业研发的支持等 知识流动体系 　技术转移系统、创新园区(或集群)、产学研协作系统、技术的应用和传播系统等 人力资本体系 　中小学教育、高等教育、技术和技能培训、移民政策等

商业环境中的企业制度决定了企业行为,并且通过管理者天赋、企业决策时所考量的时间维度、企业的风险偏好和企业决策所依赖的信息化程度等对企业行为产生影响。例如,时间维度对创新具有决定性的影响:一个追求短期利益的企业是不可能进行创新的。当然,企业决策时所考量的时间维度和冒险精神等同样也受文化因素的影响。例如,许多美国人自豪地认为,与其他国家相比,由移民及其后代所组成的美国公民更具有冒险精神。金融体系(特别是其中的风投基金等)在创新体系中无疑发挥着巨大的作用:许多"硅谷的车库"中的创新如果没有风投基金的支持是不可能产生奇迹的,而股票市场能否有效地让科技创新型企业上市,也是技术创新过程中商业化的重要一环。

管制环境中管制体制对垄断和行业进出壁垒的容忍将严重阻碍企业的创新:一个获得垄断保护的企业不可能拥有创新的激励。此外,对处于发展阶段的创新型企业进行税收减免和对专利保护政策进行调整等显然也会促进和鼓励创新。例如,在美国的创新史中,普遍认为美国1980年出台的《拜杜法案》是推动研发技术商业化的一个关键举措,该法案容许国家资助的项目研发者(大学和中小企业等)拥有研发技术的专利权。此外,由于创新本身也意味着对现有产业的破坏,即所谓"创造性破坏",因此也会遇到很大的阻力。美国的许多创

---

① OECD(1997)。

② Atkinson(2014)。

新项目正是由于现有利益集团的阻挠而胎死腹中,例如,美国的水泥行业就因担心住房技术的创新可能会减少对水泥的需求而通过游说国会阻止了行政部门所提出的《民用工业技术计划》(Civilian Industrial Technology Program,CITP)。[1]

就创新环境而言,研发体系和人力资本体系能够生产并积累知识资本与人力资本,它们是一个国家创新的原动力。而知识流动体系则反映了知识在不同的人、机构和企业间的流转、扩散、融合和发展,并最后向商业化转移的流畅程度等。

由此可见,技术创新是一个复杂的系统工程,并不像人们所想象的那样自然地发生在"硅谷的车库"中。任何一个有意义的创新都必须借助国家的创新体系才可能实现。

(二) 政府在国家创新体系中的作用

尽管经济学家们并没有对国家创新体系理论持有太多的争议,毕竟它能够帮助我们较好地理解创新的复杂性和创新所涉及的方方面面,然而,当讨论政府在国家创新体系中的作用时,经济学家们则存在着激烈的争论。主流经济学家认为,政府的作用仅仅在于维护好创新所需的市场和商业环境,制定好有利于创新的管制规则,做好守夜人,除提供一些必要的基础设施、基础研究和承担好必要的教育投入之外,不应主动参与创新活动,创新活动应由市场和企业家们自发去做。中国的一些经济学家更是认为,企业家远比政府更了解市场,政府反而更有可能借任何参与经济活动的机会行贪污腐败之实。正因为如此,应该去除一切形式的产业政策。

然而,一个没有政府积极主动参与的国家创新体系能否具有活力?能否产生足够的创新?特别是对于执行追赶计划的发展中国家而言,能否实现其自主研发型技术进步率大于前沿发达国家的技术进步率?

创新可分为经典创新和非经典创新。"经典创新是天赐的礼物,是一种全新的创造事件,是采用之前从未被使用过的方法来创造新的产品并获得价值的一种行为。"[2]经典创新能够在相当长的一段时间内助推和驱动整个经济的可持续增长。大量的经典创新主要出现在工业革命时期,近期则有计算机、人工智能和互联网等。非经典创新则通常表现为对已有产品的更新、升级和换代。非经典创新通常由一些已经建立起一定市场地位的成熟企业在竞争的压力下创造和完成。

许多成熟的大型企业都有自己的研发部门,每年会投入大量的研发资金,积累大量的企业专用技术(或知识)。对于这些技术(具体体现为一些设计、图纸和软件等),企业也许并不立即将其投入生产(即创新),甚至有可能不申请专利,而只是对其进行严格的保密和保护。正是此种技术储备能确保企业在行业中长期保持技术领先:每当已投入市场的产品开始逐渐变得过时时,或其竞争对手开始推出新的升级产品时,企业就会从其技术储备中将新技术投入使用,以产品升级的方式投放市场。这种技术的积累及创新过程,能确保企业产品的不断升级换代,难以被竞争对手超越。然而,这种仅局限于对已有产品更新换代的创新活动本身不能创造新的市场、开拓新的领域、创造新的生活方式,更难以助推和驱动整个经济的可

---

[1] Atkinson(2014)。
[2] 引自诺贝尔经济学奖得主埃德蒙德·菲尔普斯,参见《中国若没有自己的经典创新,中等收入陷阱不可避免》,http://www.cenet.org.cn/index.php?siteid=1&a=show&catid=123&id=68421。

持续增长;与此同时,这种创新也有可能被经典创新的创造性毁灭;此外,这样一种创新其风险程度相对较低,可以由企业自行控制,商业化过程也较为简单,一般情况下也无须政府和风险资本的介入及支持。

然而,经典创新则完全不同。由于经典创新是一种全新的创造事件,是采用之前从未被使用过的方法来创造一种全新的产品,并将其商业化和市场化的过程,因此,不仅其整个创新过程缓慢,同时风险更大;经典创新需要经历从最初的设想和种子阶段到最后的商业化等不同阶段所经历的漫长过程,且每个阶段都存在着失败的风险,而且,越是前期,失败的概率越大。表19-4给出了不同阶段创新失败的概率。

表19-4 不同阶段创新失败的概率

投资进入的各个阶段	失败的概率(风险)
种子(设想)阶段	66.2%
启动阶段	53.0%
第二阶段	33.7%
第三阶段	20.1%
前商业化阶段	20.9%

资料来源:Pierrakis(2010)。

可以看到,在种子(设想)阶段,其失败的概率达到66.2%,即使到了相对成熟的前商业化阶段,仍有20.9%的概率失败。由该表可知,即使不考虑商业化的风险,一个创新项目从最初投资进入的种子(设想)阶段起,在进入商业化之前其存活的概率仅为

$$(1-0.662)\times(1-0.53)\times(1-0.337)\times(1-0.201)\times(1-0.209)=6.66\%$$

显然,如果我们进一步考虑商业化的风险,其存活的概率将更小。

也许有人会说,发达和完善的金融体制下的风险资本(Venture Capital)能够解决这些问题。事实是,风险资本从来不会进入创新研发的前期阶段,它们所进入的最早阶段是表19-4中的前商业化阶段。图19-6给出了风险资本的进入阶段。

图19-6 风险资本的进入阶段[①]

---

① Ghosh and Nanda(2010)。

正是由于创新活动前期所具有的巨大的风险和不确定性,私人资本(如风险资本等)基本上不可能介入创新的前期阶段,来自政府等公共部门的资金才是创新前期的主要投入。由此我们看到政府在经典创新活动中的作用。

我们以美国国防部下属的国防高级研究计划局(Defense Advanced Research Projects Agency,DARPA)为例。该局是在 1957 年苏联发射"斯普特尼克 1 号"卫星的刺激下于 1958 年成立的,其宗旨是"保持美国的技术领先地位,防止潜在对手意想不到的超越"。DARPA 每年能获得财政拨款 30 多亿美元,工作人员在 240 人左右,分为局长、业务处长和项目官员三层,其中,项目官员有 100 多名(其余大多为后勤保障人员),他们都是从学术界或产业界"借调"过来的各学科的一流专家和学者,3—5 年为一个聘期。由于他们不进入公务员系列,因此,在 DARPA 内部不存在一般政府机构内普遍存在的等级制度。项目官员有非常大的自主权去识别和资助本人所熟悉领域内的相关技术项目。一位项目官员如果希望资助某个项目,那么他只需要说服两个人:自己所在业务处的处长和 DARPA 局长。

项目官员不仅要识别自己所熟悉领域内的项目,并使之立项,同时也将负责和协调该项目的研发,如在国家创新体系范围内构建研发团体,协调研发事项,分配研发经费,在项目接近成熟时,寻找风险资本,甚至为使研发成果商业化,建议相关管制、政策和规则的调整等。例如,在美国的大学设立计算机系等就是由 DARPA 提出的。在成果尤为丰硕的领域,DARPA 造就了一大批前赴后继的项目官员,用 DARPA 的话讲,这种超前的探索理念在开始阶段通常会被认为是"疯狂"的。秉持这样一种超前理念(一般 10—20 年),DARPA 的创新业绩有目共睹:互联网、半导体、个人计算机、操作系统 UNIX、激光器、全球定位系统(GPS)等许多重大科技成果都可以追溯到 DARPA 资助项目(Mazzucato,2018)。

需要说明的是,在美国的国家创新体系中,像 DARPA 这样的政府机构绝非个案。在这样一个号称最为资本主义和最为市场化的国家,政府官员在其国家创新体系中事实上起到了"企业家"的作用,成为经典创新活动中的主要推手。他们率先识别和制定超前的创新愿景(例如互联网或基因序列),投资于最早期的研发阶段(私营部门不能或不愿进入该阶段),协调和组建研发团队,提出管制体系下的规则调整(如大学设立计算机系,推动《拜杜法案》),寻找风险资本,创建创新企业,帮助创新企业上市等。

然而,就像任何其他投资项目一样,政府的创新项目并不一定会成功,失败可能更为常见——因为政府所投资的通常是那些经典创新项目的前期研发,那些最具不确定性的项目(见图 19-6 和表 19-4),对于这些领域,私人部门的风险资本根本不可能进入。因此,政府也最容易成为公众和舆论批判指责的对象。然而,对于成功的创新项目,公众和舆论也许因不知情而通常保持沉默,不予关注,甚至因后期的商业化过程通常由私人风险资本接手,并最后通过 IPO 上市,因此,经典创新项目的荣耀通常由私人部门获得。更为重要的是,私人风险投资项目的失败通常可以从成功的投资项目中获得补偿,但政府风险投资项目成功后却很少可以从其产生的收益中设立基金来弥补那些失败的项目。这实际上意味着政府主导的创新活动总体而言是亏损的,通常情况下,只有支出,没有收入。正因如此,经济学中的经典规律——风险越大回报越高——在经典创新领域完全失效。

(三) 中国的技术进步率为什么会如此之高?

在我们对自主研发型技术进步机制进行了讨论之后,我们接着解释为什么中国的技术进步率会像我们的计量检验所表明的那样高于发达国家。

第一，技术增长率高并不意味着中国的技术水平总体而言比美国先进，它只是说明中国的技术进步速度高于美国的技术进步速度。事实上，按照我们的计算，即使在2011年，中国的总体技术水平还不到美国的十分之一。

第二，中国自主研发型技术增长率之所以高于美国在很大程度上归因于中国目前的技术水平仍远低于美国，从而增长率的基数远低于美国，这意味着同样的技术进步（增幅）在中国可以赢得很高的增长率，而在美国就可能很低。例如，假定美国的技术水平为100，中国为10。那么，当技术进步（增幅）同为2时，就美国而言，技术进步的增长率为2%，而就中国而言，技术进步的增长率则为20%。因此，增长率高于美国是完全合理的。

第三，经济学理论告诉我们，技术进步具有某种程度的非线性特征，即容易的技术总是首先被发现，而随着技术水平的提高，新的发现会越来越难。① 正因为如此，处于技术前沿的国家发现新技术的难度要大于技术落后的国家。

第四，中国的技术增长率大于发达国家同样得到了其他研究的支持。例如，Zhu(2012)估算的中国1978—2007年的技术进步率为4.34%。赵志耘等（2007）的估算认为中国1990—2005年的技术进步年均增长率为5.1%—6.0%。宋冬林等（2011）估算认为中国1980—2007年的技术进步年均增长率为4.78%。

第五，作为一个大国，中国的国家创新体系实力并不弱。研发投入（包括人力资本投入和研发经费投入）是一国创新的原动力。就人力资本而言②，中国拥有6到8倍于美国的科研队伍，这无疑是中国技术创新最为重要的优势。根据清华大学技术创新研究中心《国家创新蓝皮书》的统计③，2007—2011年，全球研发人员年均增长率为3.7%，而我国研发人员同期年均增长率为13.5%，为全球最高。我国研发人员总量占到世界总量的25.3%，高于美国的17%。就研发经费而言④，根据世界银行的数据⑤，2012年，中国的研发经费为1631.5亿美元（占GDP的比重为1.93%），美国的研发经费为4535.5亿美元（占GDP的比重为2.81%），中国的研发经费仍然少于美国。尽管如此，中国仍然是世界上研发支出增长最快的国家。1996年，中国的研发经费仅为48.6亿美元，而美国的研发经费为1977.9亿美元，即同一时期（1996—2012年），中国的研发经费增长了32.57倍，而美国只增长了2.29倍。事实上，从1996年到2012年，中国的研发费用年均增长率高达24.3%，大大高于同期美国5.32%的年均增长率。最后，从科研成果来看，1980年中国科技人员发表的论文数占世界总量的比重为0.33%，中美两国之间的相对差距为119倍，中日两国之间的相对差距为23倍（胡鞍钢、熊义志，2008）。然而，根据中国科技论文统计与分析课题组（2015）的调查，2013年SCI数据收录中国科技论文为23.14万篇，连续五年排在世界第2位，占世界的份额达13.5%。与此同时，2013年，中国在国际论文被引用次数排名世界第4位。科研成果的另一

---

① 参见Jone(1995)和Gong, Greiner and Semmler(2004a, 2004b)等。
② 参见 http://www.360doc.com/content/14/0531/06/10758327_382436137.shtml。
③ 参见陈劲（2014）。
④ 参见世界银行WDI数据库：http://data.worldbank.org/products/wdi。
⑤ 参见世界银行WDI数据库。

个表现是专利。根据世界银行的数据[①],1985年,中国申请的专利为4 065件,美国申请的专利为63 673件,美国为中国的15.7倍;2013年,中国申请的专利反超美国,两国分别是704 936件和287 831件,中国为美国的2.5倍。也就是说,从1985年到2013年,中国专利申请数量年增长率为21%,大大超过美国同期的5.54%。[②] 在全球企业国际专利申请量排名中,中国共有4家公司进入前50位,其中,中兴公司和华为公司分别以2 309件和2 094件居第2位和第3位,华星光电公司和腾讯公司分别以916件和365件排名第17位和第48位。

此外,中国的社会主义市场经济体制也为中国的技术创新提供了基本的制度保障。中国的市场经济为参与市场的中国企业(无论是民营企业还是国有企业)提供了激励自主研发和创新的商业环境,已涌现出华为、中兴和腾讯等许多具有创新活力并引领世界科技前沿的企业。中国的市场经济体制也对那些不进行自主研发和创新,只靠引进技术的企业进行了惩罚——市场是公正的,没有自主研发和创新,产能过剩终将降临。中国的市场经济不仅淘汰了无数这样的民营企业,同时也给这样的国有企业造成了极大的压力,迫使它们重组、整顿甚至破产。中国的金融体制改革也发展得较快,中国专门创建了新三板,为科技型创新企业的IPO融资和股权交易提供了便利。近年来,中国的风险资本也发展快速,2013年,中国的风险资本仅为45亿美元,是美国的10%,而到了2016年,中国的风险资本迅速发展到310亿美元,为美国的45%(见表19-5)。值得一提的是,中国社会主义制度所特有的优势,如集中力量办大事和高效的政府执政能力[③]等,为中国调动资源、克服重大科技攻关项目的资金人才短缺等,提供了强有力的保障。

表19-5 中美风险资本比较

年份	中国风险资本总额(亿美元)	美国风险资本总额(亿美元)
2013	45	448
2014	150	689
2015	370	793
2016	310	691

注:中国的数据来源于伦敦咨询机构Preqin:2017 *Preqin Global Private Equity and Venture Capital Report*。美国的数据来源于PitchBook—NVCA,http://nvca.org/research/venture-monitor/。

由此可见,中国的技术进步率明显高于美国等发达国家是完全合理的。

(四) 构建中国特色的国家创新体系以跨越中等收入陷阱

中国近期所取得的各项成就为中国跨越中等收入陷阱提供了强有力的支持证据。习近平也在多个场合强调中国定能跨越中等收入陷阱。2013年11月3日,习近平在会见21世

---

① 参见世界银行WDI数据库。
② 当然,申请的专利的质量可能会有所不同。
③ 关于政府执政能力的讨论,参见福山(2015)。

纪理事会外方代表时表示:"我们对中国经济保持持续健康发展抱有信心。中国不会落入所谓'中等收入国家陷阱'。"①

尽管如此,中国的技术水平在未来相当长的时期内仍将落后于美国。4%左右的自主研发型技术进步率不宜简单外推。当中国的技术越来越走向前沿时,不仅引进技术已绝无可能,而且自主研发型的技术进步也越来越困难。因此,在认识到中国的后发、人口、制度和大国优势的同时,我们还必须清醒地认识到,中国在构建国家创新体系方面仍然存在诸多不足。

第一,尽管中国具有明显的人口优势,使得中国每年所培养的博士和工程师等远多于美国,但中国所培养的人力资本的平均质量低于美国。人力资本是自主研发和创新的原动力。为此,中国不仅要进一步加大对教育和科研的投入,更需要对中国的教育和科研体制进行改革,使得中国的教育和科研投入更为有效。改革的目的在于提供一种宽松、公正和自由的环境,鼓励从事研究的科研人员"沉下心来搞研究,把冷板凳坐热"②。此外,作为教育改革的试点和方向,中国还应鼓励院校采取更加灵活的办学体制。

第二,就企业制度而言,阻碍企业研发积极性的因素来自两个方面:一是企业的短期行为,二是企业的垄断行为。由于研发需要大量的投入,而且收益并不马上显现,因此,一个追求短期利益的企业不可能进行研发。此外,当企业的利益大量来自其垄断地位时,企业也没有激励去进行研发。目前中国的国有企业尚未建立起有效的自主研发和创新的激励机制,一般情况下甚少有研发投入,但事实上国有企业在规模和财务能力等方面的独特优势决定了其理应成为中国自主研发和创新的中坚力量,至少可以持续进行非经典研发创新。

第三,在文化因素方面,与美国等国家相比,中国对科学家的尊重和对科学的态度远远不够。对科学家和教授的不够尊重体现在大学高度的行政化体制上。此外,对科学家的不够尊重还体现在对科学家个人劳动成果的归属上。在中国,职务发明(即执行本单位的任务或者主要利用本单位的物质技术条件所完成的发明创造,又称雇员发明)的专利权属本单位所有,而在英美法系条件之下(包括现代的日本),职务发明的权属原则上可归发明人。在许多研究者看来,这也是中国版的《拜杜法案》,即《中华人民共和国科学技术进步法》没有像美国那样取得成功的关键因素。③

然而,我们认为,中国要走出中等收入陷阱,不仅需要持续和大量的非经典创新,更需要经典创新。如前所述,政府积极有为的企业家精神是经典创新的推手和催化剂,没有政府在经典创新方面的企业家精神,没有政府对经典创新的识别和前期研发投入,没有政府在政策、管制和规则上为支持经典创新而进行必要的调整,没有政府为经典创新的商业化推广和应用积极进行融资,经典创新根本不可能发生。

中国的各级政府从来不缺乏企业家精神,然而,中国各级政府的"企业家精神"并不完美,其精力通常集中在那些具有相对明确前景和风险相对较小的经济建设方面,如基础设施

---

① 《习近平:中国不会落入所谓中等收入国家陷阱》,http://www.chinanews.com/gn/2013/11-03/5456625.shtml,访问日期:2020年5月13日。
② 《李克强主持召开教科文卫体界人士和基层群众代表座谈会》,http://china.cnr.cn/news/20170118/t20170118_523497344——shtml,访问日期:2020年5月13日。
③ 参见李犁:《中国版拜杜法案(Bayh Dole Act)的失灵及其出路》,http://news.hexun.com/2016-03-21/182862443.html,访问日期:2020年5月13日。

建设、房地产投资和其他固定资产投资等,而在具有巨大风险的经典创新方面,既缺乏大量的投资,也没有明确的规划(即使有规划,也没有很好的执行机制予以保障)。根据张德荣(2013)的计量研究,进入中等收入阶段之后,制度和原创性技术进步成为推动经济增长的主要力量,而其衡量制度质量的指标则为腐败指数。为此我们建议,中国政府应继续秉承其优良的企业家精神,然而,除必要的基础设施建设之外,政府的企业家精神更应体现在国家创新体系的建设方面,中国应尽快启动科技方面的军转民机制,更好地疏通知识的传播和应用机制;为了尽可能地减少政府官员在创新活动中所可能发生的乱为和腐败,可以参考美国国防部的 DARPA 机制,让非公务员系列的专家学者识别和主导创新项目,并支配相关的研发经费。

此外,如果失败是创新游戏中不可避免的一部分,如果政府积极有为的企业家精神对创新至关重要,那么社会就必须对"政府失灵"更宽容——尽管政府必须从错误中不断吸取教训。也许,中等收入陷阱的一大难题在于"政府陷阱":跨越中等收入陷阱需要政府在具有不确定性的创新活动中积极有为,并且保持高效廉洁,否则中国将无法跨越中等收入陷阱。

附录

命题 19-1 的证明

令 $x_t \equiv (A_t - A_{t-1})/A_{t-1}$,$h_t \equiv A_{f,t}/A_t$,其中,$x_t$ 为本国(发展中国家)技术进步(或增长)率;h_t 为前沿国家技术与本国技术水平之比。由第十八章的论证可知,模型(19.1)和(19.2)的集约形式可表示为

$$h_t = \begin{cases} \dfrac{(1+x_f)h_{t-1}}{\theta_f(1-\varepsilon)h_{t-1} + (1+\theta_a - \theta_f)}, & h_{t-1} > 1/(1-\varepsilon) \\ \dfrac{1+x_f}{1+\theta_a}h_{t-1}, & \text{其他} \end{cases} \tag{19.10}$$

$$x_t = \begin{cases} \theta_f(1-\varepsilon)h_{t-1} - \theta_f + \theta_a, & h_{t-1} > 1/(1-\varepsilon) \\ \theta_a, & \text{其他} \end{cases} \tag{19.11}$$

考察上式,h_t 可以由公式(19.10)自行决定;给定 h_t,x_t 可以由公式(19.11)求得。按照这一思路,我们首先通过公式(19.10)求解 h_t 的动态路径。

首先定义如下函数:

$$f(h) \equiv \frac{(1+x_f)h}{\theta_f(1-\varepsilon)h + (1+\theta_a - \theta_f)}, \quad g(h) \equiv \frac{1+x_f}{1+\theta_a}h$$

由此,公式(19.10)可以写成

$$h_t = \begin{cases} f(h_{t-1}), & h_{t-1} > 1/(1-\varepsilon) \\ g(dh_{t-1}), & \text{其他} \end{cases}$$

于是,给定 h_{t-1},h_t 的完整映射(表达)由一段直线 $g(h)$ 和一段曲线 $f(h)$ 组成。在图 19-7 中,我们对 $f(h)$ 和 $g(h)$ 进行了描述,其中的虚线部分则是 $f(h)$ 和 $g(h)$ 的自然延伸,并不代表给定 h_{t-1} 时 h_t 的映射。需要说明的是,依据 $\theta_a < x_f$ 是否成立,我们分别得到两条 $f(h)$ 和

$g(h)$，从而得到 h_t 的两个完整映射。

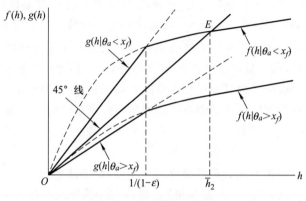

图 19-7　h_t 的稳定状态

我们首先考察 $\theta_a < x_f$ 所对应的映射。显然，其与 45°线的交点有两个，一个为原点 O，另一个为 E 点。由此，所对应的稳定状态为 0 和 $\bar{h}_2$，很容易求得

$$\bar{h}_2 = \frac{1}{1-\varepsilon} + \frac{x_f - \theta_a}{\theta_f(1-\varepsilon)} \tag{19.12}$$

显然，在 $\theta_a < x_f$ 条件下，$\bar{h}_2 > 1$。

接下来，我们考察 $\theta_a > x_f$ 所对应的映射。显然，其与 45°线的交点只有一个，即原点，所对应的稳定状态为 0。

图 19-8 和图 19-9 分别给出了当 $\theta_a < x_f$ 和 $\theta_a > x_f$ 时，h_t 的动态路径。

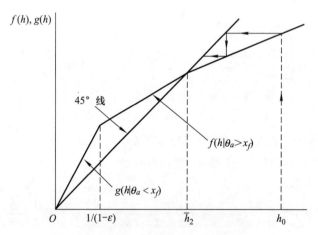

图 19-8　$\theta_a < x_f$ 时 h_t 的动态路径

由于发展中国家的技术水平相对落后，因此，h_t 的初始值 h_0 相对较大，在图中，这体现为 h_0 位于图的右边。可以看到，当 $\theta_a < x_f$ 时，h_t 将趋于 $\bar{h}_2$（见图 19-8）；而当 $\theta_a > x_f$ 时，h_t 将趋于 0（见图 19-9）。

给定 h_t 的动态路径，我们现在讨论 x_t。已经知道，如果 $\theta_a < x_f$，则 $h_t \to \bar{h}_2$，从而由公式

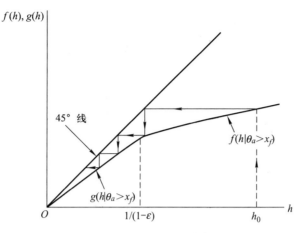

图 19-9 $\theta_a > x_f$ 时 h_t 的动态路径

(19.11)可知,$x_t \to \theta_f(1-\varepsilon)\bar{h}_2 - \theta_f + \theta_a$。将公式(19.12)中的 $\bar{h}_2$ 代入,我们发现,$\theta_f(1-\varepsilon)\bar{h}_2 - \theta_f + \theta_a = x_f$,即 $x_t \to x_f$。而当 $\theta_a > x_f$ 时,公式(19.11)告诉我们,$x_t \to \theta_a$。由此,命题 19-1 得以论证。

参考文献

陈劲(2014):《国家创新蓝皮书——中国创新发展报告(2014)》,北京:社会科学文献出版社。

弗朗西斯·福山(2015):《政治秩序和政治衰败:从工业革命到民主全球化》,南宁:广西师范大学出版社。

龚刚(2016):国企改革重在健全激励机制,《中国社会科学报》,2016 年 10 月 12 日。

胡鞍钢、熊义志(2008):对中国科技实力的定量评估(1980—2004),《清华大学学报(哲学社会科学版)》,第 2 期,104—119+160。

林毅夫(2003):技术创新、发展阶段与战略选择,《经济参考报》,2003 年 9 月 3 日。

宋冬林、王林辉、董直庆(2011):资本体现式技术进步及其对经济增长的贡献率(1981—2007),《中国社会科学》,第 2 期,91—106+222。

苏治、徐淑丹(2015):中国技术进步与经济增长收敛性测度,《中国社会科学》,第 7 期,4—25+205。

杨光(2012):中国设备利用率与资本存量的估算,《金融研究》,第 12 期,54—66。

张德荣(2013):"中等收入陷阱"发生机理与中国经济增长的阶段性动力,《经济研究》,第 9 期,17—29。

赵志耘等(2007):资本积累与技术进步的动态融合:中国经济增长的一个典型事实,《经济研究》,第 11 期,18—31。

中国科技论文统计与分析课题组(2015):2013 年中国科技论文统计与分析简报,《中国科技期刊研究》,第 1 期,73—81。

Atkinson, R. D. (2014): Understanding the U. S. National Innovation System, *The*

Information Technology and Innovation Foundation, June, 1-27.

Freeman, C. (1995): The National System of Innovation in Historical Perspective, *Cambridge Journal of Economics*, Vol.92, Issue 1, 5-24.

Ghosh, S. and R. Nanda (2010): Venture Capital Investment in the Cleantech Sector, *Harvard Business School Working Paper*, 11-20.

Gong, G., A. Greiner and W. Semmler (2004a): The Uzawa-Lucas Model without Scale Effects: Theory and Empirical Evidence, *Structural Change and Economic Dynamics*, Vol.15, 401-420.

Gong, G., A. Greiner and W. Semmler (2004b): Endogenous Growth: Estimating the Romer Model for the U.S. and Germany, *Oxford Bulletin of Economics and Statistics*, Vol.66, 147-164.

Jone, C. (1995): R & D Based Models of Economic Growth, *Journal of Political Economy*, Vol.103, 759-784.

King, R.G. and S.T. Rebelo (1999): Resuscitating Real Business Cycles, in J. Taylor and M. Woodford ed., *Handbook of Macroeconomics*, Vol.I, Elsevier Science.

Mazzucato, M. (2018): *The Entrepreneurial State, Debunking Public vs. Private Sector Myths*, London: Penguin.

Nelson, R.R. and S.G. Winter (1982): *An Evolutionary Theory of Economic Change*, Cambridge MA: Belknap Press.

OECD (1997): *National Innovation Systems*, Paris: OECD Press.

Pierrakis, Y. (2010): Venture Capital: Now and After the Dotcom Crash, *NESTA Research Report*.

Romer, P.M. (1990): Endogenous Technological Change, *Journal of Political Economy*, Vol.98, No.5, 71-102.

Schumpeter, J.A. (1934): *The Theory of Economic Development: An Inquiry into Profits, Capital, Credit, Interest, and Business Cycle*, Cambridge: Harvard University Press.

Zhu, X.D. (2012): Understanding China's Growth: Past, Present, and Future, *Journal of Economic Perspectives*, Vol.26, No.4, 103-124.

第二十章　市场能有效配置资源吗？
——再论"看不见的手"

到目前为止,我们已经从宏观经济学的视角,对经济学的一些基本问题,如增长问题、波动问题和发展问题等进行了探讨。特别地,我们对主流经济学在这些问题上的研究和解释进行了批判,并尽可能地提出我们自己的见解。作为本书的最后一章,我们将在总结前文的基础上,再次回到亚当·斯密的"看不见的手"。我们发现经济学之所以会出现如此多的问题,很大程度上来自对斯密"看不见的手"的误解。

一、文献中"看不见的手"指什么？

> 固然,他们通例没有促进公共利益的心思。他们亦不知道他们自己曾怎样促进社会利益。……在这场合,像在其他许多场合一样,他们是受着一只看不见的手的引导,促进了他们完全不放在心上的目的。(斯密,1776,下卷)

这是亚当·斯密在《国富论》中对著名的"看不见的手"的论述。斯密的这一至理名言是在告诉我们:一个自私和贪婪的人,为追逐自己的利益而参与经济活动,却在不知不觉中(在一只"看不见的手"的引导下)促进了他本没有想追逐的社会利益。

(一) 主流经济学的解释

经济学中对"看不见的手"的主流解释是明确的。弗里德曼认为:

> 价格体系就是这样一种机制,它既不需要中央指令,也不需要人与人之间彼此沟通或相互喜爱,就能完成这一任务。……亚当·斯密天才的灵光之处便是,他认识到价格产生于买者和卖者之间的自愿交易——简言之,产生于自由市场。价格体系协调着千百万人的活动,他们每个人都追求自身的利益,并且通过这种途径使每个人都过得更好。(弗里德曼、弗里德曼,2013)

显然,按照弗里德曼的观点,斯密那只"看不见的手"指的就是价格的调节机制。[①] 日本经济学家堂目卓生(2008)就直截了当地指出:"所谓'看不见的手'指的是市场的价格调节机制。"其他持相同解释的经济学家还包括 Grampp(1948),Gordon(1968),Hahn(1982)和 Coase(1994)等。毫无疑问,这样一种解释强调的是市场的交易功能,从而将市场看成是一种资源的配置机制。这与经济学家们通常的认识,即市场(资源配置)机制是"看不见的手",

---

① 参见聂文军(2006)。

而政府干预是"看得见的手"相一致。

确实,斯密在《国富论》的第一篇中也曾经提到过价格的调整如何影响供给和需求:

> 当某种商品因有效需求增长而市价高于自然价格时,这商品的供给者,例皆小心谨慎的,想瞒住这种事变。如果这种事变被人探知了,其利润之大,定会诱致许多新竞争者,来这方面投资,结果,有效需求完全得到供给,这商品的市场价格,遂须低落而等于自然价格,甚或落在自然价格之下。(斯密,1776,上卷)

然而,没有迹象表明这样一种论述就一定意味着"看不见的手"就是指价格调整这一使资源得以配置的机制。

(二) 其他非主流的解释

如前所述,"看不见的手"就是价格机制(或资源配置机制)这一主流经济学解释是明确的,它已经深入人心,成为赞美市场在资源配置能力方面最有力的依据。然而,"看不见的手"在《国富论》中只出现过一次,而在斯密一生的论著中,也仅仅出现过三次,其中一次又与经济学无关。[①] 与此同时,斯密又从来没有对"看不见的手"到底是指什么进行过详细的解释。也正因为如此,经济学家们对"看不见的手"的解释从来没有形成完全一致的结论。Grampp(2000)一共总结了九种不同的解释。在许多经济学家看来,"看不见的手"仍是千古之谜。

例如,有人将"看不见的手"看成是"人类看不见的'神'的手"[②]。也有人认为"看不见的手"不是亚当·斯密重要的经济学概念,而是在开一个反讽的玩笑。[③] 更有人认为亚当·斯密自己对"看不见的手"的内容把握尚不明晰。[④] 与此同时,也有人干脆把"看不见的手"模糊和笼统地规定为市场或市场机制[⑤],从而将"看不见的手"赋予尽可能多的多样化的解释。[⑥] 更有甚者,如 Knight(1947)和刘清平(2019)等则试图打破斯密"经济人"的假设,认为斯密在其交易通义(即只要交易自愿,必能改善双方福利)中,已经自发承认了"经济人不仅拥有利己动机,而且拥有利他动机"。而当人们认识到这种双重动机时,所谓"看不见的手"将不再神秘。

这里,我们需要特别强调一下英国经济学家艾玛·罗斯柴尔德的研究(Rothschild,1994a,1994b)。罗斯柴尔德通过考察斯密同时代的诸多英国文学作品时发现,"看不见的手"在当时无一例外地代表着阴冷、血淋淋和罪恶。她认为,亚当·斯密无疑是熟知这些文学作品的,也正因为如此,她将其后来发表在《美国经济评论》上的工作论文,一开始就命名

[①] 另外两次,一次出现在《道德情操论》中(斯密,1759),另一次出现在其关于天文学历史的讲座中,参见 Rothschild(1994a,1994b)。

[②] 参见王继华(2015)。

[③] 参见百度百科:https://baike.baidu.com/item/看不见的手/7294754。

[④] 参见聂文军(2006)。

[⑤] 参见姚建开(2019)。

[⑥] 例如,张志军(1999)就将"看不见的手"归为五种,即经济运行机制、市场调节、利己心、价值规律和自由竞争。

为"血淋淋和看不见的手"(Rothschild,1994b)。在她看来,正是由于"看不见的手"在斯密那个年代是一个家喻户晓的不光彩的概念,因此斯密既无须对其进行解释,也不愿过多地提及它:

> 斯密并不特别敬重"看不见的手",而将它看成是一个具有讽刺性质,但却是有意义的玩笑。(Rothschild,1994a)

总之,按照罗斯柴尔德的考证,"看不见的手"对亚当·斯密而言是一个重要且有意义的经济学概念,但却不是一个光彩的、值得大书特书的经济学概念。

(三) 对现有研究的简单评述

我们首先讨论主流经济学的解释,即将"看不见的手"解释成价格调整(或市场的资源配置)机制。

第一,这样一种解释显然是基于市场的交易功能。然而,市场自古就有,市场的交易功能也自古就有。与此同时,利己之心也古已有之。如果这种解释能够成立,我们不禁要问:为什么只有在资本主义社会,个人的利己追求通过市场的交易功能(或通过价格的调整)无意中促进了社会利益呢?

第二,资源配置(或价格调整)本身最多只能保证现有的资源能得到充分利用(如没有失业等)以及所生产的产品都能为市场所需求——尽管实际情况远非如此,但它不能解释资源是如何增值的以及所生产的产品是如何增加的。或用斯密的语言,国民财富是如何积累的。而斯密所述的增进社会利益无疑是指国民财富的积累。也就是说,从资源配置(或价格调整)的视角无法全面解释个人的利己追求如何增进社会利益或如何积累国民财富。

就非主流解释而言,关于经济人不仅拥有利己动机而且拥有利他动机的解释仍然是基于市场的交易功能,因此仍然无法解释国民财富的积累过程。那些将"看不见的手"模糊和笼统地规定为市场机制的解释,仍然需要清晰地告诉我们:个人的利己追求是通过什么样的机制(或力量)增进了社会利益或积累了国民财富? 否则,"看不见的手"的神秘面纱仍然无法揭开。罗斯柴尔德通过考证,将"看不见的手"看成是一只不光彩和血淋淋的手,非常接近我们将要作出的解释。然而,罗斯柴尔德并没有具体告诉我们这只血淋淋的手到底是什么。

(四) "看不见的手"的思想古已有之

作为文献研究的一部分,也为了后文论述上的方便,我们还有必要将"'看不见的手'的思想"和"'看不见的手'的原理"进行区别。"'看不见的手'的思想"在一般意义上是指"有一种力量可以使人们对私利的追求不知不觉地促进了社会利益","'看不见的手'的原理"则是指上述过程之所以发生的条件、机制和原因。我们认为,现有研究的许多困惑实际上来自对"思想"和"原理"的认识不清。

经济学家常常将"看不见的手"的这一思想当作亚当·斯密的发明,但事实上,"'看不见的手'的思想",即"有一种力量可以使得人们对私利的追求不知不觉地促进了社会利益",最初源自贵族和骑士们对追逐名声的辩护。而且,在亚当·斯密之前,它曾被多位哲学家、思想家甚至文学家以不同方式论述过,亚当·斯密只是将其冠以了"看不见的手"的形象比喻。

中世纪早期,圣奥古斯丁曾在描述早期罗马人时说:"他们为了自己的一种恶欲,即对美名的爱,抑制对财富和许多其他恶欲的渴望。"① 这种对追求名声的欲望的认可被后来的贵族和骑士们夸大为"大获全胜的宣言",即争取名声是"人类美德和崇高的试金石""与单纯追求私人财富不同,对荣誉的热爱可以重振社会价值"。② 在这里,我们可以看到"'看不见的手'的思想"的雏形。

对"'看不见的手'的思想"的更清晰的表述来自孟德斯鸠,他认为对名声的追求为君主制的政体注入了活力,因此,"当每个人都认为是在为自身利益努力时,结果却是为公共福利作出了贡献"③。这里的"自身利益"指的是名声,它与追求金钱无关。

18世纪初,维柯在更宽泛的意义上阐述了"'看不见的手'的思想":"社会利用使全人类步入邪路的三种罪恶——残暴、贪婪和野心,创造出了国防、商业和政治,由此带来国家的强大、财富和智慧。社会利用这三种注定会把人类从地球上毁灭的大恶,引导出公民的幸福。这个原理证明了天意的存在:通过它那智慧的律令,专心致志于追求私利的人们的欲望被转化为公共秩序,使他们能够生活在公共社会中。"④

赫尔德则将"'看不见的手'的思想"表述为:"人心中的所有欲望都是一种狂野的驱动力,它并不了解自己,但是由其性质所定,它只能暗中促进一种更好的事物秩序。"⑤

重农学派则根据自由放任原理阐述了其著名的利益和谐论,即"公共利益是每个人自由追求自身利益的结果"⑥。

歌德也认同通过神秘的过程可以驯化欲望为社会秩序和社会目的服务,在《浮士德》中,墨菲斯特的自我定义是:"一股总想作恶,却总会带来好处的力量"。⑦

然而,我们必须看到,尽管"'看不见的手'的思想"古已有之,但在所有这些关于"'看不见的手'的思想"的论述中,在亚当·斯密之前,"'看不见的手'的原理"却从来没有被揭示出来。

二、能有效配置资源的完全竞争市场既不完全也不存在,更无法参照

必须说明的是,如果将"看不见的手"看成是价格的资源配置机制,也就是说,如果我们认定那种将人们对私欲的追逐不知不觉中转化为对社会利益的促进的神秘机制来自市场的价格调节机制,与此同时,如果我们认可斯密的"看不见的手"的力量,那么,这样一种认定和认可就自然会导致"有效配置论",即市场能有效配置资源,从而促进了财富增值和社会

---

① Deane(1963)。
② 赫希曼(2013,第8页)。
③ 同上书,第8页。
④ 同上书,第14页。
⑤ 同上书,第16页。
⑥ 同上书,第90页。
⑦ 同上书,第17页。

利益。

确实,在斯密之后,瓦尔拉斯给市场经济构建了一个非常具体的模型——拍卖市场,这一拍卖市场后来被新古典经济学家们(如马歇尔等)完善成了看上去更为漂亮的完全竞争市场。20世纪五六十年代,阿罗和德布鲁则进一步基于完全竞争市场,构建了其著名的一般均衡的数学模型。由此,经济学家们所设想的一系列关于资源有效配置的结论,如"均衡""市场出清",甚至"帕累托最优"等也在他们的一般均衡模型框架下被严格地一一论证。

(一) 阿罗-德布鲁经济并不是完整的经济

阿罗和德布鲁所构建的完全竞争市场下的一般均衡理论无疑是对"有效配置论"最强有力的支持和守护,它是如此复杂和漂亮,以至于很少有人能真正理解。然而,正如我们在第九章中所批判的,阿罗-德布鲁的完全竞争市场经济存在着两大致命的弱点,一个是集值问题,另一个是预期(充分信心的预期)问题。破解这两大致命的弱点将使我们自然而然地回到凯恩斯主义理论体系。接下来我们将进一步论证阿罗-德布鲁的完全竞争市场在现实中根本就不可能存在,也不可能参照构建。

阿罗-德布鲁经济并不是一个完整的经济。如同我们在第九章中所介绍的,阿罗-德布鲁经济是一个静态经济,其中生产要素等是给定的。如同现有微观经济学的研究范式,模型中既没有考虑投资,也没有引入技术,从而模型并不能体现资本的积累、技术的进步和产业结构等的动态演变。也正因为如此,阿罗-德布鲁经济并不能解释经济的增长和发展,而这正是经济学中最为重要和最有意义的命题。

需要说明的是,阿罗和德布鲁并不是没有考虑到这一致命的缺陷。他们也曾尝试着去弥补这一缺陷。例如,德布鲁在其名著《价值理论》(1959)的最后一章中,特地为我们构建了一个类似期货市场的经济体。这里,市场所交易的产品不仅包括当前 0 时的产品,同时也包括未来 t 时的产品,$t=1,2,\cdots,T$。而市场则被假定为在 0 时一次性开放(Once-and-for-all Market)。在市场关闭之后,经济人未来在 t 时只是简单地按交易合同规定的数量发送或接收要素和产品。尽管我们不能否认期货市场在现实经济中确实存在,然而,以这样一种一次性开放的市场来描述现实中的市场经济,并使之动态化,无疑又是一次"讨厌和无法令人相信的动态"。

(二) 完全竞争市场存在吗?

尽管经济学教科书中把完全竞争市场看成是一种市场类型,并对其大加赞誉和论证,然而,完全竞争市场在现实中存在吗?

也许在历史的长河中,完全竞争市场曾经有过昙花一现,那就是资本主义商品经济的初级阶段:工匠时代(Nell,1980),那个时候拍卖市场也许确实大量存在。然而,随着生产力的不断发展,经济社会早已进入了以大规模生产为特征的制造业时代。在当今社会,根本就不存在所谓千千万万个生产同质商品的厂商,即使在同一竞争性行业,各个不同的厂商所生产的产品在质量、规格、颜色和品牌上都存在着千差万别。

事实上,完全竞争市场最为本质的特征是厂商(生产者)无权决定自己所生产的产品价格。于是,我们不得不问:当生产者无权决定自己所生产的产品价格时,价格到底由谁决定?

可能的答案只有两种：拍卖市场中的拍卖员，或"看不见的手"。然而，现实中拍卖市场已经非常少见，而所谓的"看不见的手"无疑只是一种无奈的搪塞（尽管蒙上了一层神秘的面纱）。也正因为如此，新古典经济学家们根本无法回答或解决不了价格是如何决定的问题，即使就所谓的农贸市场而言。①

事实上，非完全竞争市场（垄断、垄断竞争和寡头垄断等）才是市场经济的一般状态。价格绝不是由那只"看不见的手"所决定的，它是由那些生产不同品牌、质量和规格的厂商自行决定的！厂商并不是在给定的（即由那只"看不见的手"所决定的）价格下提供自己的商品。

（三）参照系

事实上，新古典经济学家们自己也认识到完全竞争市场在现实中并不存在。阿罗自己就曾经说过：一般均衡理论中有五个假定，每一个假定可能都有五种不同的原因与现实不符。② 然而，为了使一般均衡理论这一"有效配置论"最强有力的支持者能够冠冕堂皇地保留并占据经济学研究的制高点，经济学家们又搬出了所谓的"参照系"理论。如钱颖一教授所述：

> 现代经济学提供了多个"参照系"或"基准点"。这些参照系本身的重要性并不在于它们是否准确无误地描述了现实，而在于建立了一些让人们更好地理解现实的标尺。比如一般均衡理论中的阿罗-德布鲁定理……参照系的建立对任何学科的建立和发展都极为重要，经济学也不例外。（钱颖一，2002）

所谓参照系无疑是指比较的对象。由于完全竞争市场确实为我们描绘了一幅资源分配的最完美的景象，因此，以完全竞争市场作为基准和比较的对象，研究现实经济与此最优状态的背离，看上去自然无可厚非。然而，我们不得不说，利用参照系原理对"有效配置论"提供支持有可能对经济学的研究和实践产生不可估量的负面影响。

第一，参照系原理无疑会加固西方社会一向引以为傲的价值观。在许多不明真相、对经济学一知半解的人看来，"有效配置论"通过严格的数学推演，已经得到了"科学"的论证。

第二，鉴于"参照"一词本身的含义，实践中经济学家们在讨论经济体制改革和各项政府政策时，很容易把完全竞争市场看成是一种真实的参照。由于完全竞争市场确实意味着无须任何形式的政府干预，这样一种参照在实践中就会演变成"去除一切产业政策""打倒凯恩斯"和"反对有为政府"等口号。

第三，在参照系的作用下，现有的大量研究（如对房地产市场的研究、对环境和自然资源的研究和对产业结构转型升级的研究等）都不约而同地将完全竞争市场作为其基本的市场环境的假设。事实上，当经济学开辟对某一领域的研究时，如当下中国兴起的新结构经济学的研究等，通常会首先选择以完全竞争市场作为其基本的市场类型的假设。一个不可忽略的原因就在于完全竞争市场通常更便于构建数理模型。但是，参照系能参照吗？

---

① 农贸市场通常被经济学家们用来类比完全竞争市场。
② 引自钱颖一（2002）。

(四) 参照系能参照吗？

在物理学和化学等自然科学的研究中，研究者们通常会构建一个实验室来论证之前的某种猜想，由此得出一定条件下物质变化的某种规律。由于这些实验室通常可以扩大重建，并形成生产产品的工厂，因此，这种科学的研究方法所得出的许多成果最后都可以产业化，进而极大地促进人类社会生产力的进步。

某种程度上，阿罗和德布鲁的研究方法非常类似于这种科学的研究方法。经济学家们首先信奉某种理念（或价值观），如"有效配置论"。为了论证这一理念的科学性，他们借用科学研究中构建实验室的方法，构建了一个理想的经济环境——完全竞争的市场经济。在这样一种经济环境下，通过严格的数学推演，论证了"有效配置论"。

于是，一个非常有趣的问题是：如果在自然科学界，实验环境可以扩大重建，从而使研究的成果可以产业化，那么经济环境是否也能像实验室那样构建呢？如果经济环境能够像实验室那样构建，那么我们是否就可以为我们的经济社会构建出一个完全竞争的市场经济呢？

我们认为，在某种程度上，经济社会（环境）确实能够通过外力而得以构建。例如，在中国共产党的领导下，改革开放使中国放弃了之前的计划经济，走向了市场经济。然而，这并不意味着在当前的生产力发展水平下，我们能够构建出一个完全竞争的市场经济！

在历史唯物主义视角下，人类社会有其自身的发展规律。这样一种规律来自生产力发展所具有的自身的演变规律，这种演变规律是客观的、不可逆转的和持续进步的。这样一种客观的、不可逆转的、持续进步的生产力又决定着生产关系（如经济体制和生产方式等）的不断演变。生产关系本质上是由生产力所决定的，尽管生产关系有时会对生产力具有反作用，但这种反作用通常体现在当生产关系不符合生产力时所形成的对生产力发展的制约。由此可见，生产关系必须符合生产力的发展是不可违背的真理。

生产力发展的这种自身演变规律所体现出的客观性，使得完全竞争市场在当代经济社会根本无法构建，即使是使用最为强劲的外在力量。例如，完全竞争市场首先要求各个厂商的生产规模极小，从而无法形成对市场价格的影响，只能接受所谓外在给定的市场价格。然而，生产力的发展本身就意味着规模经济。由此可见，新古典经济学所设想的完全竞争的市场经济（如果曾经存在过的话），在历史的长河中也只能是昙花一现。

三、市场在资源配置上的失灵

我们已经知道，在当代经济社会中，完全竞争市场既不存在，也不可能参照构建，而非完全竞争市场才是市场经济的一般状态。非完全竞争市场包括垄断、垄断竞争和寡头垄断等。现实中的竞争性行业一般都表现为垄断竞争。这是凯恩斯主义（包括传统凯恩斯主义和新凯恩斯主义）理论对市场经济的主要背景假设。然而，当市场经济为非完全竞争时，市场还能有效配置资源吗？

为了论述这一问题，我们将首先总结非完全竞争条件下的企业行为。

(一) 企业行为

企业行为包括价格行为、产量行为和投资行为。

首先,就价格行为而言,企业会根据其对市场需求的预期自行决定价格,并通过广告、菜单和标签等形式向社会公布。企业也会根据销售和库存等情况自行调整价格。然而,价格的调整是有成本的。这种成本不仅包括菜单成本,如重新制定产品价目单(菜单)所需的印刷费和广告费等(Mankiw,1985),同时也包括因不断更改价目给客户造成的形象损失(Rotemberg,1982)。显然,从形象损失来看,调整成本与调整的幅度和调整的频率有关。调整幅度越大,形象损失就越大。例如,消费者也许能够接受5%的价格上调,但很难忍受100%的价格上涨。与此同时,调整的频率越高,形象损失也就会越大。偶尔的调价一般能被客户包涵,但一个价格多变的企业则最终会被客户抛弃。有理由相信,当这种调整成本达到一定程度时,一个追求利润最大化的企业将不会对价格进行调整,即使它知道目前的价格不再最优。正因为如此,企业在面临市场需求发生的变化时,对价格调整会呈现出某种程度的滞后。而所作的调整通常也不是一步到位的,即不是一下子调到最优价格——如果一步到位,所需的调整幅度会过大。新凯恩斯主义经济学家们把这种价格变化的模式称为价格黏性。① 显然,这样一种价格行为与拍卖市场上报价员无摩擦的、及时的和高效的价格调整具有本质的区别。

其次,在企业制定好价格并将其向社会公布之后,企业将接收到市场的需求信息(如订单和实际的购买等),由此,企业将根据市场的需求安排生产。现实中,这具体表现为企业按订单生产、按库存生产②等。毫无疑问,这样一种由需求决定的产量行为本质上就是凯恩斯的有效需求理论,与此同时,它也符合优化的理性原则。③ 这与新古典经济学按所谓的"最优"产量生产有本质的区别。显然,如图10-2所示,新古典的"最优"产量并不一定是市场需求的产量,而当"最优"产量大于市场需求的产量时,企业还会按所谓的"最优"产量生产吗?

最后,就投资行为而言,新古典对投资的处理是极为失败的。例如,阿罗-德布鲁经济没有引入投资,新古典增长模型则让投资简单地等于储蓄。投资是为了积累资本,创造产能。因此,企业的投资取决于产能利用率:当产能利用率很高(或经济很热)时,投资将会增加,反之亦然。尽管投资还取决于其他许多因素(如利率等金融因素等),但主要还是取决于产能利用率并与之正相关是毋庸置疑的,这不仅由哈罗德早在1939就已经提出(Harrod,1939),而且也有坚实的微观基础④。然而,投资的这样一种顺周期行为必然意味着它是一种非稳定机制。

(二) 一般均衡存在吗?

给定前述关于企业的价格、产量和投资行为,我们现在考察市场能否有效配置资源的问题。如第九章所述,在阿罗-德布鲁经济下,关于一般均衡所涉及的资源配置有两大问题:第一,一般均衡是否存在;第二,一般均衡是否稳定或收敛。

---

① 有关新凯恩斯主义黏性价格理论的讨论请参见 Calvo(1983),Christiano et al. (2005),Taylor(1999),Woodford(2003)和本书的第十三章。

② 实际的购买将减少库存。

③ 关于这样一种产量的决定方式符合优化的理性原则,请参见龚刚(2012)和本书第十章的讨论。

④ 即能够通过最优化过程而导出。有关文献请参见龚刚、林毅夫(2007),Gong and Lin(2008),以及本书的第十二章。

首先讨论一般均衡的存在性问题。在非完全竞争下,所谓的一般均衡根本不可能存在,即不可能存在某组价格,使市场得以出清,相反,产能过剩则是常态。让我们回到图10-2。在图10-2中,假定企业 j 所预期的市场需求曲线为 D,从而企业所制定的价格为 $P_{j,t}$。如果我们按传统把市场的供给定义为给定价格条件下企业所愿意出售的所谓"最优"产量,则当价格为 $P_{j,t}$ 时,供给为 $Y_{j,t}^*$,于是,只要企业 j 所预期的市场需求曲线不会太过偏离实际的市场需求曲线,那么,企业会按实际的需求进行生产,同时,供过于求(或产能过剩)也将成为经济的一般状态。这实际上意味着一般均衡的第一个命题,即存在性命题不可论证。

(三)经济会内生稳定吗?

新古典经济学在论证一般均衡的第二个命题,即稳定性(或收敛性)命题时,所依赖的是价格调整。由于这种调整被假定在拍卖市场上完成,从而必然是直接、及时和高效的。然而,当我们进入真实的非完全竞争的市场经济时,由于调整成本的存在,价格的调整(尽管仍然存在)必然是缓慢而具有黏性的,其功效将大打折扣。正因为如此,价格调整充其量只能是一种弱稳定机制。

然而,经济体内除了价格调整这一弱稳定机制,还存在着多项非稳定机制以破坏经济的稳定。最为明显的是企业的投资行为。如前所述,企业投资是一种顺周期行为。例如,当经济有某种程度的过热时,产能利用率会提高,此时,企业看好市场前景,因而会加大投资。然而,企业投资不仅会提高自身的生产能力,同时也会增加整个社会的总需求。由于投资对整个社会的总需求的增加具有乘数效应,因此,从宏观角度讲,由投资增加所创造的总需求的增加要大于它所增加的产能,这样,经济的过热将会扩大。而过热的经济将促使企业进一步加大投资,使得经济离供需平衡越来越远。相反地,如果经济出现供过于求,则投资将会减少。而投资的减少也同样会减少总需求,且总需求的减少将大于产能的减少。于是,供过于求的非均衡将进一步扩大。哈罗德早在1939年就发现了这一非稳定机制,他把这一现象称为刀刃问题。遗憾的是,经济学家们已经将哈罗德的这一非稳定机制完全遗忘了。本书的第十四章则对其重新进行了研究。[①]

经济的非稳定机制还包括明斯基的债务不稳定机制:经济的扩张必然伴随着债务的积累,而当债务积累达到一定程度时,如明斯基时刻,必然会给经济体带来巨大的债务压力,由此爆发危机。[②] 例如,2008年西方世界所爆发的全球性金融危机就是债务危机。

此外,尽管就一般商品而言,其市场需求曲线是向下倾斜的,由此而带来价格调整的弱稳定机制,然而,大量具有金融属性的产品(如股票和房地产等)的需求曲线则完全有可能是向上倾斜的。由于人们购买这些产品是为了投资,以获得更高的投资回报率,因此,当这些产品的价格具有上涨趋势时,人们会蜂拥而上去购买它们,即所谓追涨杀跌。追涨杀跌不仅意味着其相应的需求曲线向上倾斜,同时,泡沫和价格的大起大落现象也更为普遍和严重。[③]

需要说明的是,主流经济学家们基本上不承认非稳定机制的存在:在他们眼里,只有价

[①] 其他相关研究请参见龚刚、高阳(2013)。
[②] 本书的第十六章和第十七章对此进行了讨论。有关债务危机的其他文献请参见 Minsky(1971,1986)和龚刚等(2016)等。
[③] 本书的第十五章对此进行了讨论,其他相关研究请参见龚刚等(2018)。

格调整这一稳定机制,从而经济体本身必然是内生稳定的,这同时也意味着经济的任何波动只能来自外生冲击。然而,当我们认识到市场经济中还存在着如此多的非稳定机制时,我们会发现经济的波动完全可以理解为稳定机制和非稳定机制相互作用的结果。特别地,当非稳定机制的功效大于稳定机制时,经济将是内生不稳定的。由于价格调整具有黏性,从而仅仅是一种弱稳定机制,其功效完全有可能不足以克服非稳定机制,因此,我们完全有理由相信经济体本身是内生不稳定的。[①] 而当经济体本身是内生不稳定时,唯有政府的宏观稳定政策,即一种额外的稳定机制,才能稳定经济。而当市场本身是内生不稳定时,我们还能相信市场能有效配置资源吗?

(四) 非竞争性领域及其他

到目前为止,我们所讨论的均是竞争性领域。那么,在非竞争性领域,市场能否有效配置资源呢?

非竞争性领域通常包括提供公共品或准公共品的领域,如基础设施、教育、国防、科技等,其明显的特征是具有所谓的正外部性。当一项经济活动具有外部性时,其成本和收益不完全由参与该活动的相关当事人承受。外部性包括正外部性和负外部性。负外部性通常包括环境污染等,正外部性则意味着参与者的行为对他人或公众利益有溢出效应,即社会效用大于个人利益。正因为如此,在非竞争性领域,资源也是不能有效配置的。例如,市场经济本身不能为经济社会的发展提供足够的具有正外部性的公共产品,而完整和充足的公共产品是市场的骨架(文一,2018)。

市场经济的失灵(或不能有效配置资源)同时也体现在创新和海外市场等未知领域所面临的巨大的不确定性和风险上。有研究表明,即使不考虑商业化的风险,一个创新项目从最初投资进入的种子(设想)阶段起,在进入商业化之前其存活的概率仅为 6.6%[②],如果进一步考虑商业化的风险,其存活的概率将更小。正是创新领域所面临的巨大的不确定性和风险,大量的企业(包括风险资本)都会望而却步,如果没有政府的支持和保障,很少有企业愿意进行投资,特别是前期的研发。然而,按照龚刚等(2017)的研究,当发展中国家进入其经济发展的第二阶段时,如果没有自主研发和技术进步,经济将无法走出中等收入陷阱。中等收入陷阱的存在本身也意味着仅仅依靠市场机制,发展中国家实现自主研发型的技术突破将极为困难,从而很有可能走不出中等收入陷阱。此外,海外市场的拓展通常也是一个未知领域。

市场也有可能引发道德和伦理等方面的风险。例如,许多领域还存在着污染和损害环境的负外部性;市场中仍存在着劣质商品和次级债券等;市场有时对大多数的劳动者无视和冷漠;市场也会使许多人没有安全感,比如可能突然之间一贫如洗。这些风险都需要进一步管制和约束,从而为人们提供更多的保障。

[①] 本书的第十四章对此进行了讨论,其他相关研究包括龚刚、高阳(2013)等。
[②] 参见 Pierrakis(2010)和本书第十九章的讨论。

四、再论"看不见的手"

我们已经看到,主流经济学首先是将斯密的"看不见的手"解释成价格调整资源的配置机制,由此不仅导出了"有效配置论",同时也成功地将经济学的研究对象锁定在资源配置问题上。通过构建完全竞争的市场经济,主流经济学又在一般均衡的框架下,从学理上更为"严谨"地论证了资源在市场经济中的有效配置。

然而,完全竞争的市场经济毕竟是虚构的市场经济。当我们回到更为现实的市场经济中时,我们发现即使在竞争性领域,资源也不能有效地配置,一般均衡的两大问题,即存在性命题和稳定性(或收敛性)命题均无法得以论证。而在非竞争性领域,经济学界则早有共识:市场不能有效地配置资源。而且,在具有巨大风险和不确定性的创新领域等,市场的投入完全有可能不到位。此外,市场也有可能引发巨大的道德和伦理等方面的风险。

所有这一切是否意味着我们要否定市场经济?中国过去四十年的经济成就难道不就是因为向市场化的改革开放而取得的吗?市场经济的魅力到底何在?为此,我们有必要重新回到斯密的《国富论》中去寻找答案,探寻"看不见的手"的秘密。

(一) 斯密的《国富论》

斯密将"'看不见的手'的思想"引入经济学领域,从而将促进社会利益的私欲限定在了贪财的欲望上。需要说明的是,在中世纪及之前,西方社会在基督教的影响下,普遍认为任何以金钱为目的的活动都是邪恶的。资本主义的兴起,首先需要打破的正是这一思想禁锢。为此,斯密首先将贪财这种在古代思想中被认定的"基本恶"用"利益"这类中性词替换掉,以使其易于被大众接受。由此我们看到了"'看不见的手'的思想"在经济学领域的出现。

必须说明的是,尽管在《国富论》中"看不见的手"这一名词只出现了一次,但经济学意义上的"'看不见的手'的思想"在《国富论》中则反复出现。例如:

> 我们所需的食料不是出自屠宰业者、酿酒业者和面包业者的恩惠,而仅仅是出自他们自己的利益的顾虑。(斯密,1776,上卷)

更为重要的是,斯密不仅将"'看不见的手'的思想"引入经济学领域,并创造性地提出了"看不见的手"这一形象生动的名词,同时,也为这种"神奇变形的条件和机制"提供了其经济学意义上的解释。[①]

那么,斯密是如何描述这一"神奇变形的条件和机制"的?或者说,斯密所言的"看不见的手"到底指的是什么呢?

《国富论》的完整标题是《国民财富的性质和原因的研究》。这里所谓"财富的性质",就是说财富究竟是什么东西;所谓"原因",自然是指财富的来源,即财富是怎么来的,或是如何积累的。斯密在"序论"里开宗明义,给出了国民财富的性质。在斯密看来,国民财富就是生

---

① 尽管正如我们将要揭示的,其解释是非本质性的和不完善的。

产出来的商品总量,是由劳动创造出来的。而追逐国民财富的积累就是所谓的社会利益。与此同时,国民财富的基础就在于个人财富的积累。

除"序论"外,《国富论》分为上、下两卷,共五篇三十二章,其中第一篇和第二篇是全书的重点,详细阐述了国民财富的来源。斯密在第一篇开篇就明确指出,积累国民财富的途径主要有两条:一是加强劳动分工以提高劳动生产率,二是增加资本积累。斯密接下来在此篇的其余部分对分工以及由分工引起的其他经济活动,如交易、价格和货币等进行了讨论。在斯密看来,分工不仅是在微观上提高劳动生产率,而且在宏观上形成了一种经济秩序,即所谓的市场。

如果说第一篇所要解决的问题是分工如何促进生产力的提高,进而形成一种经济秩序,那么第二篇所要回答的问题则是如何通过资本的积累来促进分工。斯密对资本的界定始于对财富的分类,更准确地说是对消费的分类。斯密将消费分为两类:生活性消费与生产性消费。当财富用于生产性消费,从而与劳动相结合时,就成为资本。资本就是用于组织生产的财富。为了说明资本的作用,斯密给出了一个有用劳动(或生产性劳动)的概念。所谓有用劳动力(或生产性劳动),是指与资本结合的劳动。[①] 于是,资本的作用就在于吸纳无用劳动,即现代发展经济学意义上的农村剩余劳动力与资本结合,使其成为有用劳动(或生产性劳动)。显然,这是财富积累的一个极为重要的途径。然而,资本不仅能够吸纳无用劳动,同时还能促进分工。在斯密看来,"预蓄之财愈丰夥,分工亦按比例愈细密。分工越是细密,每个工人所能制造的材料,定然越是增加"(斯密,1776,上卷)。

再次说明,第一篇与第二篇是《国富论》的重点,即对一国财富增长的路径进行了理论上的论证。第三篇则以经济史的考察为依据,研究了国民财富增长的原因。这里,斯密对罗马帝国崩溃后的经济发展史进行了考证,由此分析了国家政策对财富积累的影响。第四篇以经济思想史的视角,对重商主义和重农主义阻碍国民财富增长的理论与政策进行了批判。最后,第五篇是关于国家财政如何影响国民财富增长的分析。如果说前两篇是国民财富积累的理论途径,那么后三篇通过对历史的回顾、对重商主义等的批评和对政府行为的分析,讨论了国民财富积累的现实途径。在斯密看来,这一现实的途径就是建立一套以自由和平等竞争为原则的经济秩序。在这一秩序下,参与社会分工的各经济主体在追逐自身利益的同时,自动经国民财富积累的两大途径(即资本积累和分工)实现社会利益的增值。这是后三篇的意义所在。

(二)"看不见的手"是市场的资源配置机制还是市场的激励机制?

毫无疑问,斯密所指的经济秩序是指竞争性的资本主义市场经济。然而,它所指的"看不见的手"是否就是指市场的资源配置机制呢?

首先,在《国富论》的某些地方,我们确实可以看到斯密关于价格的调整如何影响供给和需求及资本投入方向的论述。[②] 然而,从整部著作的结构安排上看,斯密并没有太多地关注资源配置问题,或经价格的调整而使市场出清、供需相等。在整部著作中,我们甚至都没有

---

① 言下之意,那些无法与资本结合的劳动显然是无用劳动了。斯密的这一有用劳动和无用劳动的区分显然是近代刘易斯二元经济下剩余劳动力理论的雏形。

② 见前文的引用。

看到资源配置这一经济学名词。对于资源配置问题的系统研究最早来自瓦尔拉斯。就斯密而言,资源配置问题并不是《国富论》中所关心的重点,也正因为如此,"看不见的手"并非指价格的调节。

其次,如果说资源配置问题不是《国富论》所关心的重点,那么,《国富论》中,斯密所关注的重点又是什么呢?是一国财富的增长!从这个意义上说,斯密所关注的问题是现代经济学语境下的增长和发展问题(而不是微观经济学或一般均衡理论下的资源配置问题)。如前所述,资源配置问题本质上源自市场的交易功能。然而,市场的这种交易功能最多只能使现有的资源得到充分的使用(如没有失业等)和所生产的产品都为市场所需求[①],但它本身却不能促进资源(如资本等)的积累和所生产的产品的增加,或者用斯密的语言,即国民财富的积累,而这才是斯密所述的"增进社会利益"的真正含义所在。由此,"增进社会利益"并不仅仅是指现有资源得到了有效的配置。

最后,自古以来都存在着作为交易场所的市场,即它发挥着交易的功能,进而通过价格的调节为我们解决了资源配置问题。如前所述,市场的这一功能自古就有——尽管其强度因生产方式等要素而有所不同。但正如我们在第一章中就指出的,一个国家的经济体制不仅仅体现为资源配置机制(即资源是通过市场还是计划进行配置),更重要的是由产权关系所决定的所有制形式。从这个意义上说,市场经济也因参与和主导市场交易的经济人之产权关系的特征而区分出不同的市场经济。例如,当前中国特色的社会主义市场经济与美国的资本主义市场经济就具有本质的区别,斯密时期的市场经济与中世纪的市场经济[②]也具有本质的区别。而市场的激励机制(或动力机制)则更主要地源自参与市场的经济人的特征以及与此相对应的产权关系。

我们认为:

> 隐藏在斯密所描述的推动国民财富增长(这一社会利益)的机制之后的驱动力(这才是真正的"看不见的手")并非产生于市场的资源配置机制(或价格的调节机制),而是建立在资本主义私有制基础上的竞争性市场本身所释放的胁迫式的激励机制。

(三) 资本主义产权制度的改革

资本主义的出现并不是一种自然的实现过程,它与之前的社会之间并不存在延续性,而是以其特异性彰显着一种质的断裂,是人类最重要的生产关系——产权关系——的一种突变。资本主义产权关系的这种突变以剥夺生存性安全感、制造"生产性胁迫和恐惧"为其主要特征。

第一,通过"竞争性地租",废除了之前私有土地上的各种习俗性使用权。资本主义产生之前,如英国在16世纪前,其私有土地上有各种习俗性的使用权(即地租按习俗收取)以保

---

① 再次强调,实际情况远非如此。
② 如果也可以称之为市场经济的话,当然现有文献中仅仅把它称为商品经济。

障穷人的生存。16世纪到18世纪,越来越多的"进步人士"在提高效益的口号下,呼吁废除习俗权,以"竞争性地租"代替习俗地租。"竞争性地租"使得地租由竞争性的市场决定而非由之前的法律或习俗标准来固定,其后果必然是实力雄厚的农场主获得了土地使用权,而之前靠习俗获得土地的农民则突然变得一无所有。

第二,通过"圈地运动",大量原本共有的土地、矿产和森林等被私有化。私人占有物的扩大化和普遍化推动了大量无产者的产生,他们必须靠出卖劳动力才能购买生活所需,从而完全丧失了生存性安全感。①

第三,通过立法建立具有排他性的私有产权制度。对排他性的私有产权制度的立法标志着资本主义的彻底胜利,它完全剔除了私人产权之上的对他人生存的责任,即资本主义产权是凌驾于生存权之上的。

总之,如伍德(2015)所述,资本主义产权制度的改革是"以宣称排他性的私有产权来对抗共有土地有争议的产权,废除私有土地上的各种习俗性使用权,以及挑战那些给予小所有者在没有明确法律规定的条件下的习俗性产权"。

(四)胁迫式的激励机制——那只"看不见的手"

由上可知,资本主义是建立在排他性的私有产权制度上的人类最基本的生产关系的完全转型。此种产权制度的确立无疑给当时的资本主义社会制造了前所未有的生存性胁迫。

第一,资本主义产权是凌驾于生存权之上的,即拥有了私人产权,也就控制了生产资料的使用权。也就是说,产权所有者可以合法拒绝对其所拥有的生产资料的使用,哪怕这种拒绝可能剥夺他人生存的可能性。由此,排他性的私有产权制度制造了前所未有的"对金钱和财产的匮乏感"这种"生存性胁迫",进而逼迫着个体盲目追逐私有财产和金钱。

第二,资本主义的这种排他性产权的获得通常是以直接生产者的财产被完全剥夺为基础的。古典政治经济学家们通常强调所谓的原始积累是获得资本的主要途径。但在马克思看来,资本只是一种社会关系,单纯的积累本身根本无法催生资本主义。② 正是完全排他性的私有产权制度才最终促使财富转化为资本。"这种社会产权关系的重要转型发生在英国的乡村,其具体形式是直接生产者财产的被没收。"③无论是"竞争性地租"还是"圈地运动",都是对大量小生产者赖以生存的基本生产资料的直接剥夺,使他们变得一无所有,从而不得不成为雇佣劳动者。马克思将这种"产权关系的转型视为真正的'原始积累',并非因为这种

---

① 而这种原本共有的土地曾经为解决饥民的生存提供了极大的帮助。
② 关于资本主义的起源,马克思本人的作品中存在两种不同的叙述。其中一种叙述与传统的模式非常相似,即资本主义的"自然化"论断,这种叙述认为"资本主义早以某种方式存在于封建主义之'缝隙'中,而当资本主义'冲破'封建制度的'藩篱'时,它便成了历史的主流。"这在本质上正是《德意志意识形态》和《共产党宣言》等马克思早期作品中所体现的叙述形式。"至于马克思真正的'马克思主义路径',我们则必须深入研读其本人对政治经济学的批判,这些体现在《政治经济学批判大纲》和《资本论》中。尽管这一路径是马克思在对他所处的时代的资本主义进行革命性分析时所形成的,但他也在《资本论》(第一卷)有关'所谓的原始积累'的剖析中将之应用于其对资本主义制度起源的批判中。在这部作品中,马克思与旧有范式之间实现了具有决定意义的决裂,同时也为后世马克思主义历史学家的进一步阐释奠定了坚实基础。"参见伍德(2015,第30页)。
③ 伍德(2015,第31页)。

转型创造了巨额财富,而是因为这种新型社会产权关系催生了新的经济迫切性"[①]。这种对小生产者赖以生存的土地之共有习俗使用权的剥夺催生了"经济迫切性",本质上就是给他们制造了前所未有的生产性胁迫和恐惧。

第三,排他性的私有产权制度必然会导致强制性的市场。经济学家们通常认为市场是一个交换的场所,市场所形成的交易被看成是双方自由选择的结果,是互利和共赢的。这样的市场在资本主义之前确实存在。资本主义市场是以排他性的私有产权制度为基础的,这种排他性的产权制度必然会给资本主义市场带来其独特性——"强制性的市场",而非自由选择的市场。在资本主义社会中,所有的人(包括无产者和资本家)必须依赖市场才能生存。对一无所有的无产者而言,他们只能依赖于在市场中被资本家选中才能生存,为此,他们不得不通过提升自身素质、服从劳动纪律和延长劳动时间等方式来满足市场的要求。对于资本家而言,他们只有依靠市场,并在市场的竞争中胜出才能使资本升值,才能得以生存。因此,"资本主义市场与众不同的显性特征并不是机会或选择,恰恰相反,其特征是强制"[②]。

第四,由资本主义产权关系所决定的资本主义市场不仅是强制性的市场,同时也是生存性竞争的场所。此种竞争是一种丛林式的竞争,即唯有胜者才可能生存,由此便在人们的物质生存性恐惧的基础上制造出"竞争生存性"的胁迫和恐惧。此种竞争不仅体现为无产者在人力资本市场上为了获得生存机会而进行的相互厮杀,也体现为资本家在产品市场和资本市场上为了其财产不被剥夺的相互搏斗。财产的被剥夺可能来自两个方面。一方面是货币化导致的"流沙化",即资本主义社会中,财产是货币化的,而货币本身的不稳固性使得财产可能"灰飞烟灭"。另一方面是竞争所带来的随时被剥夺的可能性。对于资本家而言,为了防止财产缩水就需要进入竞争性市场以求财产增值,而这又必须承受因竞争失败而使财产被剥夺的可能性。

由此可见,资本主义的产权制度为人类制造了前所未有的"生存性胁迫和恐惧",此种胁迫使得人们对经济利益(或金钱)的追逐达到了无以复加的地步,由此推动了资本主义社会不断运转的能量,促进着资本主义经济以前所未有的惊人速度高速发展。总之,由资本主义产权关系所带来的生存胁迫式的激励机制无疑是财富积累的主要来源,这样一种胁迫式的激励机制所产生的推动财富积累的力量根本无法用资源的配置机制来解释。例如,资源配置机制无法解释为什么人们从过去每天有效工作 5 个小时左右,增加到现在每天拼命工作 8 个小时甚至 12 个小时。由此我们看到,隐藏在斯密所描述的推动国民财富增长的机制背后的驱动力并非产生于市场的资源配置机制(或价格的调整机制),而是产生于由资本主义独特产权关系所带来的竞争性市场下的生存胁迫式的激励机制——这才是真正的"看不见的手"!是罗斯柴尔德所考证的那只血淋淋的罪恶之手!也是资本主义的秘密!遗憾的是,出于对资本主义产权制度的维护,斯密既不愿意,也不可能揭示这一秘密。

五、市场经济的魅力

现在让我们回到之前所提出的问题:市场经济的魅力到底何在?

[①] 伍德(2015,第 31 页)。

[②] 伍德(2015,第 5 页)。

(一) 传统计划经济无激励机制

计划经济无疑也是一种资源的配置机制。但传统计划经济体制以公有制为其基本的企业所有制形式,并且以高度集权的、庞大的官僚机构作为其制订和执行计划的保证。这样一种体制与经济人本身追求自身利益最大化的本性相矛盾,从而使整个经济缺乏激励。

就个人而言,由于其就业和收入完全由国家分配,个人不能选择自己所喜欢的工作,也无法因自己的努力而得到更多的回报。这使得他在参与经济活动时已无追求可言,只能沦为完成计划的工具。人一旦沦为工具而无追求目标时,就失去了活力,失去了其主观能动性。当然,也必须看到,在传统计划体制下,对个人的激励并不是完全没有,而主要表现为一些精神奖励等弱激励机制。

就企业而言,传统计划经济体制所带来的预算软约束严重制约着企业通过技术发明不断进行创新。而按照熊彼特的观点(Schumpeter,1934),创新是技术进步、经济社会不断向前发展的根本动力。经济社会的发展主要体现为因不断的创新而对旧产品和旧技术的淘汰,即所谓"创造性破坏"。这里,我们想说明的是,创新并不是纯技术的概念。它是将已有的知识(或发明)转化为生产力的过程,因此它是企业家的事。然而,在传统计划经济体制下,由于预算的软约束,企业缺乏创新的动力,因此,尽管计划经济体制能够集中力量,动用国家资源推进一些特殊领域(如军事领域)内的高精尖技术,然而,就整个社会而言,新技术的转化则明显过于缓慢,设备陈旧、技术老化等问题在一般生产性企业中随处可见。有关研究表明,改革开放前,我国国民经济增长中科技进步的贡献率只有10%,而在同时期的一些发达国家,这一比例已经达到60%左右(马凯、曹玉书,2002)。

(二) 市场经济下的高能激励

毫无疑问,与计划经济相比,市场经济释放了人们的欲望,从而是一种更为高能的激励机制。市场为经济人提供了机会,调动了人们参与经济活动的积极性。市场让人们更加勤奋,更加富有创造力。它使个人更具有活力,而不是沦为工具;它使企业更勇于创新,而不是成为完成计划的单位;它使技术更容易进步,社会生产力更容易提高。中国过去四十年所取得的成就离不开市场,离不开市场给予人们的激励。

必须说明的是,市场经济的这种高能激励不仅体现在极大地释放了人们追逐财富的欲望,更体现在其制造了前所未有的生存性恐惧。以私有制为基础的资本主义市场经济,其财富的积累无疑是生存性竞争的结果。竞争不仅出现在资本与资本之间的搏斗上,同时也体现在劳动力市场上劳动者与劳动者之间的竞争上。由于这些竞争遵循的是丛林法则(即唯有胜者才能生存),从而使人彻底丧失了安全感,制造出了生存性的恐惧。正是此种恐惧,胁迫劳动者不得不屈从于被剥削和被奴役,而资本家则不得不穷尽所能去经营、创新并进行资本的积累,即人的全部生命力都被扭曲到财富的积累上。由此可见,市场经济在释放人们欲望的同时也给人们带来了恐惧,它使得人们不得不更加勤奋地创造财富。

遗憾的是,经济学对于这样一种激励机制却很少进行研究。也许是出于一种不言自明的默认从而无须进行讨论,但更有可能是因为无法用数学模型对其进行描述。因此,经济学家们对市场经济的研究就不得不集中在市场作为一种资源配置机制是否有效这一问题上。

出于对市场经济的崇拜,经济学家们由此而创造出了完全竞争市场、市场出清、均衡和"帕累托最优"等描述市场经济在资源配置上最优的理论。

(三) 政府陷阱

由于市场经济一方面提供着高能激励,另一方面则不断地失灵进而错配着资源,因此,市场经济在激励人们更加勤奋地创造财富的同时,却因各自活动的无序、不协调、预期的不准确和不顾及社会利益等造成了经济资源的浪费,并引发了大量的道德风险。正因为如此,市场经济通常需要政府的合理介入。政府(包括国有企业)介入的目的在于弥补市场在资源配置上的失灵。

然而,现实中政府介入并不一定合理,政府通常也会犯错,如介入过度等。例如,张维迎就指出,政府介入有可能成为破坏市场的力量:

> 为什么政府有可能变成市场的破坏力量呢?这是因为,政府发挥作用的前提是政府具有的强制力,而政府本身也是由人控制的,控制政府的人与生活中的每个人一样,也在追求自己的利益,既不比普通人更好,也不比普通人更坏。因此,他们最容易被诱惑,利用自己手中的权力谋取私利,以"公共利益"的名义侵害别人的产权,剥夺别人的自由,阻碍企业家精神的发挥。由于人类本身的"无知",他们也可能好心干坏事。(张维迎,2018)

然而,无论如何,没有政府介入的市场经济一定不会成功!例如,由于创新领域存在着巨大的风险和不确定性,市场在这一领域通常是失灵的:如果没有政府的支持、保障和积极参与,很少有企业愿意去投资,特别是前期的研发。然而,正如我们在第十九章所论证的,在发展中国家进入中等收入阶段之后,自主研发型技术进步是经济可持续增长的主要(甚至是唯一)动力,中等收入陷阱的存在本身就意味着仅仅依靠市场力量,发展中国家实现自主研发型的技术突破将极为困难,从而很可能会掉入中等收入陷阱。

由此我们发现政府在创新领域的两难处境:一方面,由于市场在创新领域通常是失灵的,因此,跨越中等收入陷阱需要政府在具有不确定性的创新活动中发挥积极有为的企业家精神。另一方面,由于政府在创新领域的投入有可能不精准,更可能效率低下,甚至不廉洁,因此,政府有为通常也无法让人接受。所以,跨越中等收入陷阱的一大难题就在于如何破解政府的这一两难处境(或跨越政府陷阱):政府不仅要在具有不确定性的创新活动中发挥积极有为的企业家精神,同时要在整个过程中保持精准、高效和廉洁。

最后,我们以亚当·斯密关于野心与经济发展的论述来结束讨论。亚当·斯密认为,文明之所以进步,人类的物质之所以丰富,都源自人类对财富的野心。尽管这种野心只不过是幻想,而人类却一直为这种幻想所蒙骗。但正是这种蒙骗使经济得到发展,成为社会文明进步的原动力:

> 正是这种哄骗激起了人类的勤勉,并使之永久不懈;正是此一哄骗最初鼓励了人类耕种土地,构筑房屋,建立城市与国家,并且发明与改进了各门学问和技艺,以

荣耀和润饰人类的生命;正是此一哄骗使整个地球的表面完全改观,使原始的自然森林变成肥沃宜人的田野,使杳无人迹和一无是处的海岸不仅成为人类赖以维生的新资源,而且也成为通向世界各国的便捷大道。由于人类的这些劳动,地球已经不得不加倍提高它的自然生产力,并且维持为数更多的居民。(斯密,1759)

参考文献

阿尔伯特·赫希曼(2015):《欲望与利益:资本主义胜利之前的政治争论》,杭州:浙江大学出版社。

艾伦·米克辛斯·伍德(2005):资本主义的起源——一个更长远的视角,北京:中国人民大学出版社。

龚刚(2012):《宏观经济学——中国经济的视角(第二版)》,北京:清华大学出版社。

龚刚、高阳(2013):理解商业周期——基于稳定与非稳定机制的视角,《经济研究》,第11期,17—26。

龚刚、林毅夫(2007):过度反应——中国经济缩长之解释,《经济研究》,第4期,53—66。

龚刚、徐文舸、杨光(2016):债务视角下的经济危机,《经济研究》,第6期,30—44。

龚刚、张路、魏熙晔(2018):非理性的房地产需求——基于房地产的商品和金融属性的研究,《经济研究》工作论文,WP1289。

龚刚等(2017):建设中国特色国家创新体系跨越中等收入陷阱,《中国社会科学》,第8期,61—86+205。

刘清平(2019):试析斯密已经看见的那只看不见的手,《人文杂志》,第4期,51—60。

马凯、曹玉书(2002):《计划经济体制向社会主义市场经济体制的转轨》,北京:人民出版社。

米尔顿·弗里德曼、罗丝·弗里德曼(2013):《自由选择》,北京:机械工业出版社。

聂文军(2006):亚当·斯密"看不见的手"的伦理得失,《湖南文理学院学报(社会科学版)》,第3期,47—52。

钱颖一(2002):理解现代经济学,《经济社会体制比较》,第2期,1—12。

堂目卓生(2008):《解读亚当·斯密之〈道德情操论〉和〈国富论〉》,北京:求真出版社。

王继华(2015):浅析《国富论》中关于"看不见的手"的理论,《佳木斯职业学院学报》,第8期,64—65。

文一(2018):如何正确理解国企与民企的关系?——纪念中国改革开放40周年,北京大学新结构经济学研究院工作论文。

亚当·斯密(1759):《道德情操论》,北京:中央编译出版社。

亚当·斯密(1776):《国民财富的性质和原因的研究(上卷)》,上海:三联书店出版社。

亚当·斯密(1776):《国民财富的性质和原因的研究(下卷)》,上海:三联书店出版社。

姚建开(2008):论斯密"看不见的手",《中国人民大学学报》,第4期,97—104。

张维迎(2018):《政府与市场:中国改革的核心博弈》,西安:西北大学出版社。

张志军(1999):"看不见的手"的否定分析——马克思实现的经济学革命之一,《西南师范大学学报(哲学社会科学版)》,第 1 期,16—19。

Calvo,G.A.(1983):Staggered Contracts in a Utility Maximization Framework,*Journal of Monetary Economics*,Vol.12,383-398.

Christiano,L.,M.Eichenbaum and C.Evans (2005):Nominal Rigidities and the Dynamic Effects of a Shock to Monetary Policy,*Journal of Political Economy*,Vol.113,1-45.

Coase,R.H.(1994):*Essays on Economics and Economists*,Chicago:University of Chicago Press.

Deane,H.A.(1963):*The Political and Social Ideas of St.Augustine*,New York:Columbia University Press.

Debreu,G.(1959):*Theory of Value*,New York:Wiley.

Gong,G.and Y.F. Lin (2008):Deflationary Expansion,an Overshooting Perspective to the Recent Business Cycles in China,*China Economic Review*,Vol.19,1-17.

Gordon,H.S.(1968):Laissez-faire, in L.S.David ed., *International Encyclopedia of the Social Sciences*,Vol.8,New York:Macmillan.

Grampp, W. D. (1948): Adam Smith and the Economic Man, *Journal of Political Economy*,Vol.56,315-336.

Grampp,W.D.(2000):What Did Smith Mean by the Invisible Hand? *Journal of Political Economy*,Vol.108,No.3,441-465.

Hahn,F.(1982):Reflections on the Invisible Hand,*Lloyds Bank Review*,No.144,1-21.

Harrison,R.(2011):*Learning and Development* (5th ed.),London:Chartered Institute of Personnel and Development.

Harrod,R.F.(1939):An Essay in Dynamic Theory,*Economic Journal*,Vol.49,14-33.

Knight,F.H.(1947):*Freedom and Reform:Essays in Economics and Social Philosophy*,New York:Harper.

Mankiw,G.N.(1985):Small Menu Cost and Large Business Cycles:A Macroeconomic Model,*Quarterly Journal of Economics*,Vol.100,529-538.

Minsky,H.P.(1971):Financial Instability Revisited:The Economics of Disaster,Reappraisal of Federal Reserve Discount Mechanism,*The Federal System Working Paper*.

Minsky,H.P.(1986):*Stabilizing an Unstable Economy*,Yale University Press.

Nell,E.J.(1980):Competition and Price-taking Behavior,in E.J.Nell ed.,*Growth,Profit and Property*,Cambridge:Cambridge University Press.

Pierrakis,Y.(2010):Venture Capital:Now and After the Dotcom Crash,*NESTA Research Report*,July.

Rotemberg,J.(1982):Sticky Prices in the United States,*Journal of Political Economy*,Vol.90,1187-1211.

Rothschild,E.(1994a):Adam Smith and the Invisible Hand,*American Economic Review:Paper and Proceeding*,Vol.84,No.2,319-322.

Rothschild,E.(1994b):Bloody and the Invisible Hand,*Centre for History and Economics*,

Discussion Paper, Kings College, Cambridge University.

Schumpeter, J. A. (1934): *The Theory of Economic Development: An Inquiry into Profits, Capital, Credit, Interest, and Business Cycle*, Cambridge: Harvard University Press.

Taylor, J. (1999): Staggered Price and Wage Setting in Macroeconomics, in J. Taylor and M. Woodford ed., *Handbook of Macroeconomics*, Vol. I, New York: Elsevier Science.

Woodford, M. (2003): *Interest Rate and Prices*, Princeton: Princeton University Press.

教辅申请说明

北京大学出版社本着"教材优先、学术为本"的出版宗旨，竭诚为广大高等院校师生服务。为更有针对性地提供服务，请您按照以下步骤通过微信提交教辅申请，我们会在1~2个工作日内将配套教辅资料发送到您的邮箱。

◎扫描下方二维码，或直接微信搜索公众号"北京大学经管书苑"，进行关注；

◎点击菜单栏"在线申请"—"教辅申请"，出现如右下界面：

◎将表格上的信息填写准确、完整后，点击提交；

◎信息核对无误后，教辅资源会及时发送给您；如果填写有问题，工作人员会同您联系。

温馨提示：如果您不使用微信，则可以通过下方的联系方式（任选其一），将您的姓名、院校、邮箱及教材使用信息反馈给我们，工作人员会同您进一步联系。

联系方式：

北京大学出版社经济与管理图书事业部

通信地址：北京市海淀区成府路205号，100871

电子邮件：em@pup.cn

电　　话：010-62767312/62757146

微　　信：北京大学经管书苑（pupembook）

网　　址：www.pup.cn